사이다

사일 동안
이것만 풀면
다 합격!

SK그룹 온라인 SKCT

시대에듀

2025 최신판 시대에듀 All-New 사이다 모의고사
SK그룹 SKCT 온라인 역량검사

Always **with you**

사람의 인연은 길에서 우연하게 만나거나 함께 살아가는 것만을 의미하지는 않습니다.
책을 펴내는 출판사와 그 책을 읽는 독자의 만남도 소중한 인연입니다.
시대에듀는 항상 독자의 마음을 헤아리기 위해 노력하고 있습니다. 늘 독자와 함께하겠습니다.

머리말 PREFACE

SK그룹은 '기업경영의 주체는 사람이며, 사람의 능력을 어떻게 개발하고 활용하느냐에 따라 기업의 성패가 좌우된다.'는 인재관리 철학을 바탕으로 1978년 국내 기업 최초로 인적성검사를 도입하였다. 또한 객관적이고 공정한 채용절차를 실현하기 위하여 꾸준히 부분 개정 작업을 진행해 왔으며 일 잘하는 인재의 요건을 보다 면밀히 분석하여 2013년 하반기부터는 새로운 검사인 SKCT를 도입하였다. 그리고 2023년 하반기부터 전 계열사의 SKCT는 온라인으로 시행되고 있다.

SKCT는 SK그룹에서 직무 수행을 위해 요구되는 역량을 다양하고 종합적인 관점에서 측정하고 있으며, 업무에 필요한 복합적이고 고차원적인 사고능력을 측정하는 인지검사와 SK그룹에 적합한 성격, 가치관, 태도를 갖추고 있는지를 측정하는 심층검사로 구성되어 있다. SKCT는 기업체 인적성검사 중에서도 비교적 난도가 높은 편이므로 철저한 대비가 필요하다.

이에 시대에듀는 수험생들이 SKCT를 효과적으로 준비할 수 있도록 교재를 구성하였으며, 이를 통해 단기간에 성적을 올릴 수 있는 학습법을 제시하였다.

도서의 특징

❶ 언어이해/자료해석/창의수리/언어추리/수열추리 총 5개의 출제영역으로 구성된 모의고사를 4회분 수록하여 매일 1회씩 풀며 시험 전 4일 동안 자신의 실력을 최종적으로 점검할 수 있도록 하였다.

❷ 전 회차에 도서 동형 온라인 실전연습 서비스를 제공하여 실제로 온라인 시험에 응시하는 것처럼 연습할 수 있도록 하였다.

❸ 온라인 모의고사 2회분을 더해 부족한 부분을 추가적으로 학습해 볼 수 있도록 하였다.

끝으로 본서를 통해 SK그룹 채용을 준비하는 여러분 모두에게 합격의 기쁨을 전달하기를 진심으로 기원한다.

SDC(Sidae Data Center) 씀

◇ 경영철학

구성원의 지속적 행복

SK 경영의 궁극적 목적은 구성원 행복이다.

SK는 구성원이 지속적으로 행복을 추구하기 위한 터전이자 기반으로서, 구성원 행복과 함께 회사를 둘러싼 이해관계자 행복을 동시에 추구해 나간다. 이를 위해 회사가 창출하는 모든 가치가 곧 사회적 가치이다.

SK는 이해관계자 간 행복이 조화와 균형을 이루도록 노력하고, 장기적으로 지속 가능하도록 현재와 미래의 행복을 동시에 고려해야 한다.

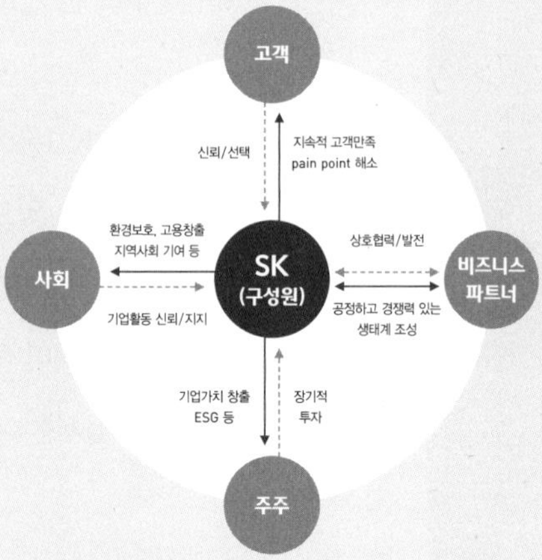

VWBE를 통한 SUPEX 추구

구성원 전체 행복을 지속적으로 키워나가면 구성원 개인의 행복이 더 커질 수 있다는 것을 믿고 실천할 때 구성원은 자발적(Voluntarily)이고 의욕적(Willingly)인 두뇌활용(Brain Engagement)을 하게 된다.

VWBE한 구성원은 SUPEX* 추구를 통해 구성원 행복과 이해관계자 행복을 지속적으로 창출해 나간다.

* Super Excellent Level의 줄임말로 인간의 능력으로 도달할 수 있는 최고의 수준

◇ 인재상

스스로가 더 행복해질 수 있도록
자발적이고 의욕적으로 도전하는 **패기 있는 인재**

기업경영의 주체는 구성원

기업경영의 주체는 구성원이며, 구성원 스스로 기업의 경영철학에 확신과 열정을 가지고 이를 실천해 나가야 한다.

SK 경영철학에 대한 믿음과 확신

구성원 전체의 행복을 지속적으로 키워 나가면 구성원 개인의 행복이 더 커질 수 있다는 것을 믿고, 이를 실천할 때 자발적이고 의욕적인 두뇌활용이 가능하다.

패기 있게 행동

스스로 동기부여하여 문제를 제기하고 높은 목표에 도전하며 기존의 틀을 깨는 과감한 실행을 하는 인재

❶ **과감한 실행력** : 기존의 틀을 깨는 발상의 전환으로 새롭게 도전한다.
❷ **역량 강화와 자기 개발** : 문제 해결 역량을 지속적으로 개발한다.
❸ **팀웍의 시너지** : 함께 일하는 구성원들과 소통하고 협업하며 더 큰 성과를 만들어 간다.

신입사원 채용 안내 INFORMATION

◇ 채용시기

수시채용으로 진행되며 계열사별로 여건에 따라 채용일정 및 방식이 다를 수 있음

◇ 지원자격

❶ 정규 4년제 대학 졸업(예정)자
❷ 남성의 경우, 병역 필 또는 면제자
❸ 해외여행에 결격사유가 없는 자

◇ 채용절차

서류전형	• 지원자의 경력/활동과 모집 직무와의 연관성을 검토하고 결격사유 유무를 확인한다. • 자기소개서는 HR 부서와 지원 부서가 함께 검토한다. 이 과정에서 지원자가 보유한 역량과 가치관이 선발 중인 직무와 잘 맞는지를 검증한다.
필기전형	• 객관적이고 공정한 인재영입을 위해 SK는 1978년부터 국내 최초로 인 · 적성검사를 도입하였으며, 2013년부터 '일 잘하는 사람'의 요건을 분석하여 SKCT를 선발 도구로 개발 · 활용하고 있다. • SKCT(SK Competency Test) ⋯› 인지검사 : 언어 및 수로 구성된 자료를 통해 그 의미를 해석하고 논리적, 수리적으로 사고, 유추하는 능력을 측정하는 검사 ⋯› 심층검사 : SK의 '패기 있는 인재'가 직무를 원활히 수행하기 위해 필요한 성격, 가치관, 태도를 측정하는 검사
면접전형	• 지원자의 가치관, 성격 특성, 역량을 종합적으로 검증하기 위하여 다양한 면접 방식을 활용한다. • 프레젠테이션, 그룹 토론, 심층 면접 등 1~3회 이상의 심도 있는 과정으로 지원자의 역량을 철저히 검증하고 있다. • 직무 역량에 필요할 경우, 글로벌 커뮤니케이션 능력을 검증하기 위하여 외국어 구술 면접을 진행한다. ※ 면접 전형은 관계사별, 직무별로 상이하다.

※ 채용절차는 채용유형, 채용직무, 채용시기 등에 따라 변동될 수 있으므로 반드시 발표되는 채용공고를 확인하기 바랍니다.

온라인 시험 Tip TEST TIP

◇ 필수 준비물

❶ **신분증** : 주민등록증, 외국인등록증, 여권, 운전면허증 중 하나

❷ **그 외** : 휴대폰, 휴대폰 거치대, 노트북, 웹캠, 노트북/휴대폰 충전기

◇ 온라인 종합역량검사 프로세스

❶ 전형 안내사항 확인

❷ 응시자 매뉴얼 숙지/검사 프로그램 다운로드 및 설치

❸ 지정 기한 내 사전점검 진행

❹ 본 검사 응시

◇ 유의사항

❶ 시험 당일 주변 환경 점검을 실시하므로 미리 정리를 해두어야 한다.

❷ 시험 시작 10분 전까지 휴대폰 및 화장실 이용이 가능하다.

❸ 프로그램 내 계산기, 메모장(그림판)만 사용 가능하며, 필기구는 일절 사용 불가하다.

◇ 알아두면 좋은 Tip

❶ 원활한 시험 진행을 위해 삼각대와 책상 정리가 필요하다.

❷ 인터넷 연결이 원활하며 최대한 조용히 시험을 치를 수 있는 장소를 확보한다.

❸ PC 전원공급 상태를 확인하고, 배터리 충전기는 미리 꽂아두어야 한다.

❹ 시험에 응시하기 전 반드시 안내사항과 매뉴얼을 숙지한다.

❺ 인지검사가 끝난 뒤 실시될 심층검사를 위해 평소 SK그룹의 인재상에 대해 숙지해 둔다.

학습플랜 STUDY PLAN

1일 차 학습플랜 1일 차 기출응용 모의고사

＿＿월 ＿＿일				
언어이해	자료해석	창의수리	언어추리	수열추리

2일 차 학습플랜 2일 차 기출응용 모의고사

＿＿월 ＿＿일				
언어이해	자료해석	창의수리	언어추리	수열추리

3일 차 학습플랜 3일 차 기출응용 모의고사

_____월 _____일

언어이해	자료해석	창의수리	언어추리	수열추리

4일 차 학습플랜 4일 차 기출응용 모의고사

_____월 _____일

언어이해	자료해석	창의수리	언어추리	수열추리

취약영역 분석 WEAK POINT

1일 차 취약영역 분석

시작 시간	:	종료 시간	:
풀이 개수	개	못 푼 개수	개
맞힌 개수	개	틀린 개수	개
취약영역 / 유형			
2일 차 대비 개선점			

2일 차 취약영역 분석

시작 시간	:	종료 시간	:
풀이 개수	개	못 푼 개수	개
맞힌 개수	개	틀린 개수	개
취약영역 / 유형			
3일 차 대비 개선점			

3일 차 취약영역 분석

시작 시간	:	종료 시간	:
풀이 개수	개	못 푼 개수	개
맞힌 개수	개	틀린 개수	개
취약영역 / 유형			
4일 차 대비 개선점			

4일 차 취약영역 분석

시작 시간	:	종료 시간	:
풀이 개수	개	못 푼 개수	개
맞힌 개수	개	틀린 개수	개
취약영역 / 유형			
시험일 대비 개선점			

이 책의 차례 CONTENTS

문 제 편 SK그룹 SKCT 온라인 역량검사

1일 차 기출응용 모의고사 2

2일 차 기출응용 모의고사 62

3일 차 기출응용 모의고사 122

4일 차 기출응용 모의고사 180

해 설 편 정답 및 해설

1일 차 기출응용 모의고사 정답 및 해설 2

2일 차 기출응용 모의고사 정답 및 해설 15

3일 차 기출응용 모의고사 정답 및 해설 29

4일 차 기출응용 모의고사 정답 및 해설 44

OMR 답안카드

1일 차
기출응용 모의고사

〈문항 수 및 시험시간〉

SK그룹 SKCT 온라인 역량검사		
영역	문항 수	영역별 제한시간
언어이해	20문항	15분
자료해석	20문항	15분
창의수리	20문항	15분
언어추리	20문항	15분
수열추리	20문항	15분

※ 검사 시간이 모두 완료된 후 종료 가능

※ 이전 문항으로 이동 불가

SK그룹 SKCT 온라인 역량검사

1일 차 기출응용 모의고사

문항 수 : 100문항
시험시간 : 75분

제 1 영역 언어이해

※ 다음 글의 내용으로 가장 적절한 것을 고르시오. [1~4]

01

인공 지능을 면접에 활용하는 것은 바람직하지 않다. 인공 지능 앞에서 면접을 보느라 진땀을 흘리는 인간의 모습을 생각하면 너무 안타깝다. 미래에 인공 지능이 인간의 고유한 영역까지 대신할 것이라고 사람들은 말하는데, 인공 지능이 인간을 대신할 수 있을까? 인간과 인공 지능의 관계는 어떠해야 할까?
인공 지능은 인간의 삶을 편리하게 돕는 도구일 뿐이다. 인간이 만든 도구인 인공 지능이 인간을 평가할 수 있는지에 대해 생각해 볼 필요가 있다. 도구일 뿐인 기계가 인간을 평가하는 것은 정당하지 않다. 인간이 개발한 인공 지능이 인간을 판단한다면 주체와 객체가 뒤바뀌는 상황이 발생할 것이다.
인공 지능이 발전하더라도 인간과 같은 사고는 불가능하다. 인공 지능은 겉으로 드러난 인간의 말과 행동을 분석하지만 인간은 말과 행동 이면의 의미까지 고려하여 사고한다. 인공 지능은 빅데이터를 바탕으로 결과를 도출해 내는 기계에 불과하므로, 통계적 분석을 할 뿐 타당한 판단을 할 수 없다. 기계가 타당한 판단을 할 것이라는 막연한 기대를 한다면 머지않아 인간이 기계에 예속되는 상황이 벌어질지도 모른다.
인공 지능은 사회적 관계를 맺을 수 없다. 반면 인간은 사회에서 의사소통을 통해 관계를 형성한다. 이 과정에서 축적된 인간의 경험이 바탕이 되어야 타인의 잠재력을 발견할 수 있다.

① 미래에 인공 지능이 인간을 대체할 것이다.
② 인공 지능이 인간을 평가하는 것은 정당하지 않다.
③ 인공 지능은 의사소통을 통해 사회적 관계를 형성한다.
④ 인공 지능과 인간의 공통점을 통해 논지를 주장하고 있다.
⑤ 인공 지능은 빅데이터를 바탕으로 타당한 판단을 할 수 있다.

02

> 지진해일은 지진, 해저 화산폭발 등으로 바다에서 발생하는 파장이 긴 파도이다. 지진에 의해 바다 밑바닥이 솟아오르거나 가라앉으면 바로 위의 바닷물이 갑자기 상승 또는 하강하게 된다. 이 영향으로 지진해일파가 빠른 속도로 퍼져나가 해안가에 엄청난 위험과 피해를 일으킬 수 있다.
> 전 세계의 모든 해안 지역이 지진해일의 피해를 받을 수 있지만, 우리에게 피해를 주는 지진해일의 대부분은 태평양과 주변 해역에서 발생한다. 이는 태평양의 규모가 거대하고 이 지역에서 대규모 지진이 많이 발생하기 때문이다. 태평양에서 발생한 지진해일은 발생 하루 만에 발생 지점에서 지구의 반대편까지 이동할 수 있으며, 수심이 깊을 경우 파고가 낮고 주기가 길기 때문에 선박이나 비행기에서도 관측할 수 없다.
> 먼바다에서 지진해일 파고는 해수면으로부터 수십 cm 이하이지만 얕은 바다에서는 급격하게 높아진다. 수심이 6,000m 이상인 곳에서 지진해일은 비행기의 속도와 비슷한 시속 800km로 이동할 수 있다. 지진해일은 얕은 바다에서 파고가 급격히 높아짐에 따라 그 속도가 느려지며, 지진해일이 해안가의 수심이 얕은 지역에 도달할 때 그 속도는 시속 45 ~ 60km까지 느려지면서 파도가 강해진다. 이것이 해안을 강타함에 따라 파도의 에너지는 더 짧고 더 얕은 곳으로 모여 무시무시한 파괴력을 가진 우리의 생명을 위협하는 파도로 발달하게 된다. 최악의 경우, 파고가 15m 이상으로 높아지고 지진의 진앙 근처에서 발생한 지진해일은 파고가 30m를 넘을 수도 있다. 파고가 3 ~ 6m 정도 되면 많은 사상자와 피해를 일으키는 아주 파괴적인 지진해일이 될 수 있다.
> 지진해일의 파도 높이와 피해 정도는 에너지의 양, 지진해일의 전파 경로, 앞바다와 해안선의 모양 등으로 결정될 수 있다. 또한 암초, 항만, 하구나 해저의 모양, 해안의 경사 등 모든 것이 지진해일을 변형시키는 요인이 된다.

① 바다가 얕을수록 지진해일의 파고가 높아진다.
② 해안의 경사는 지진해일에 아무런 영향을 주지 않는다.
③ 지진해일은 파장이 짧으며, 화산폭발 등으로 인해 발생한다.
④ 지진해일이 해안가에 도달할수록 파도가 강해지며 속도는 시속 800km에 달한다.
⑤ 태평양 인근에서 발생한 지진해일은 대부분 한 달에 걸쳐 지구 반대편으로 이동하게 된다.

03

사람의 목숨을 좌우할 수 있는 형벌문제는 군현(郡縣)에서 항상 일어나는 것이고 지방 관리가 되면 늘 처리해야 하는 일인데도, 사건을 조사하는 것이 항상 엉성하고 죄를 결정하는 것이 항상 잘못된다.
옛날에 자산이라는 사람이 형벌규정을 정한 형전(刑典)을 새기자 어진 사람들이 그것을 나무랐고, 이회가 법률서적을 만들자 후대의 사람이 그를 가벼이 보았다. 그 뒤 수(隋)나라와 당(唐)나라 때에 와서는 이를 절도(竊盜)·투송(鬪訟)과 혼합하고 나누지 않아서, 세상에서 아는 것은 오직 한패공(漢沛公 : 한 고조 유방)이 선언한 '사람을 죽인 자는 죽인다.'는 규정뿐이었다.
그런데 선비들은 어려서부터 머리가 희어질 때까지 오직 글쓰기나 서예 등만 익혔을 뿐이므로 갑자기 지방관리가 되면 당황하여 어찌할 바를 모른다. 그래서 간사한 아전에게 맡겨 버리고는 스스로 알아서 처리하지 못하니, 저 재화(財貨)만을 숭상하고 의리를 천히 여기는 간사한 아전이 어찌 이치에 맞게 형벌을 처리할 수 있겠는가?

– 정약용, 『흠흠신서(欽欽新書)』 서문

① 고대 중국에서는 형벌 문제를 중시하였다.
② 아전을 형벌 전문가로서 높이 평가하고 있다.
③ 선비들은 이치에 맞게 형벌을 처리할 수 있었다.
④ 조선 시대의 사대부들은 형벌에 대해 잘 알지 못한다.
⑤ 지방관들은 인명을 다루는 사건을 현명하게 처리하고 있다.

04

휴대전화를 새 것으로 바꾸기 위해 대리점에 간 소비자가 있다. 대리점에 가면서 휴대전화 가격으로 30만 원을 예상했다. 그런데 마음에 드는 것을 선택하니 가격이 25만 원이라고 하였다. 소비자는 흔쾌히 구입을 결정했다. 그러면서 뜻밖의 이익이 생겼음에 좋아할지도 모른다. 처음 예상했던 휴대전화의 가격과 실제 지불한 금액의 차이, 즉 5만 원의 이익을 얻었다고 보는 것이다. 경제학에서는 이것을 '소비자 잉여(消費者剩餘)'라고 부른다. 어떤 상품에 대해 소비자가 최대한 지불해도 좋다고 생각하는 가격에서 실제로 지불한 가격을 뺀 차액이 소비자 잉여인 셈이다.
휴대전화를 구입하고 나니, 대리점 직원은 휴대전화의 요금제를 바꾸라고 권유했다. 현재 이용 중인 휴대전화 서비스보다 기본요금이 조금 더 비싼 대신 분당 이용료가 싼 요금제로 바꾸는 것이 더 이익이라는 설명도 덧붙였다. 소비자는 지금까지 휴대전화의 요금이 기본요금과 분당 이용료로 나누어져 있는 것을 당연하게 생각해 왔다. 그런데 곰곰이 생각해 보니 이건 정말 특이한 가격 체계였다. 다른 제품이나 서비스는 보통 한 번만 값을 지불하면 되는데, 왜 휴대전화 요금은 기본요금과 분당 이용료의 이원 체제로 이루어져 있는 것일까?
휴대전화 회사는 기본요금과 분당 이용료의 이원 체제 전략, 즉 '이부가격제(二部價格制)'를 채택하고 있다. 이부가격제는 소비자가 어떤 상품을 사려고 할 때, 우선적으로 그 권리에 상응하는 가치를 값으로 지불하고, 실제 상품을 구입할 때 그 사용량에 비례하여 또 값을 지불해야 하는 체제를 말한다. 이부가격제를 적용하면 휴대전화 회사는 소비자의 통화량과 관계없이 기본 이윤을 확보할 수 있다.
이부가격제를 적용하는 또 다른 예로 놀이공원을 들 수 있다. 이전에는 놀이공원에 갈 때 저렴한 입장료를 지불했고, 놀이기구를 이용할 때마다 표를 구입했다. 그렇기 때문에 놀이기구를 골라서 이용하여 사용료를 절약할 수 있었고, 구경만 하고 사용료를 지불하지 않는 것도 가능했다. 그러나 요즘의 놀이공원은 입장료를 이전보다 엄청나게 비싸게 하고 놀이기구의 사용료를 상대적으로 낮게 했다. 게다가 '빅3'니 '빅5'니 하는 티켓을 만들어 놀이기구 이용자로 하여금 가격의 부담이 적은 것처럼 느끼게 만들었다. 결국 놀이공원의 가격 전략은 사용료를 낮추고 입장료를 높게 받는 이부가격제로 굳어지고 있는 것이다.
여기서 놀이공원의 입장료는 상품을 살 수 있는 권리를 얻기 위해 지불해야 하는 금액에 해당한다. 그리고 입장료를 내고 들어간 사람들이 놀이기구를 이용할 때마다 내는 요금은 상품의 가격에 해당하는 부분이다. 우리가 모르는 가운데 기업의 이윤 극대화를 위한 모색은 계속되고 있다.

① 놀이공원의 '빅3'이나 '빅5' 등의 묶음표는 이용자를 위한 가격제이다.
② 이부가격제는 이윤 극대화를 위해 기업이 채택할 수 있는 가격 제도이다.
③ 소비자 잉여의 크기는 구입한 상품에 대한 소비자의 만족감과 반비례한다.
④ 휴대전화 요금제는 기본요금과 분당 이용료가 비쌀수록 소비자에게 유리하다.
⑤ 가정으로 배달되는 우유를 한 달 동안 먹고 지불하는 값에는 이부가격제가 적용됐다.

※ 다음 제시된 문단을 논리적 순서대로 바르게 나열한 것을 고르시오. **[5~6]**

05

(가) 친환경 농업은 최소한의 농약과 화학비료만을 사용하거나 전혀 사용하지 않은 농산물을 일컫는다. 친환경 농산물이 주목받는 이유는 우리가 먹고 마시는 것들이 우리네 건강과 직결되기 때문이다.

(나) 사실상 병충해를 막고 수확량을 늘리는 데 있어, 농약은 전 세계에 걸쳐 관행적으로 사용됐다. 깨끗이 씻어도 쌀에 남아있는 잔류농약을 완전히 제거하기는 어렵다. 잔류농약은 아토피와 각종 알레르기를 유발한다. 출산율을 저하하고 유전자 변이의 원인이 되기도 한다. 특히 제초제 성분이 체내에 들어올 경우, 면역체계에 치명적인 손상을 일으킨다.

(다) 미국환경보호청은 제초제 성분의 60%를 발암물질로 규정했다. 결국 더 많은 농산물을 재배하기 위한 농약과 제초제 사용이 오히려 인체에 치명적인 피해를 줄지 모를 '잠재적 위험요인'으로 자리매김한 셈이다.

① (가) – (나) – (다)
② (나) – (가) – (다)
③ (나) – (다) – (가)
④ (다) – (가) – (나)
⑤ (다) – (나) – (가)

06

(가) 1980년대 말 미국 제약협회는 특허권을 통해 25년 동안 의약품의 독점 가격을 법으로 보장하도록 칠레 정부를 강하게 압박했다. 1990년 칠레 정부는 특허법 개정안을 제시했지만, 미국 제약협회는 수용을 거부했다.

(나) 그러나 칠레의 사례는 이보다 훨씬 더 큰 사건을 예고하는 것이었다. 바로 세계무역기구에서 관리하는 1994년의 무역 관련 지적재산권 협정이다. 이 협정의 채택은 개별 국가의 정책에 영향을 미치는 강제력이 있는 전 지구적 지적재산권 체제의 시대가 왔음을 의미한다. 12명의 미국인으로 구성된 지적재산권 위원회가 그 모든 결정권자였다.

(다) 결국 칠레는 특허법 개정안을 원점에서 재검토하여 의약품에 대한 15년 동안의 특허 보호를 인정하는 개정안을 마련하였다. 이를 특허법에 반영하였고, 미국 제약협회는 이에 만족한다고 발표하였다.

(라) 1990년 미국의 제약협회가 외국의 주권 국가가 제정한 법률을 거부하고 고치도록 영향력을 행사하는 사건이 일어났다. 1990년 전까지 칠레는 의약품에 대한 특허권을 인정하지 않았다. 특허권과 같은 재산권보다 공중 건강을 더 중시해 필요한 의약품의 가격을 적정 수준으로 유지하려는 노력의 일환이었다.

① (나) – (가) – (다) – (라)
② (나) – (가) – (라) – (다)
③ (다) – (가) – (라) – (나)
④ (라) – (가) – (다) – (나)
⑤ (라) – (나) – (가) – (다)

07 다음 글에서 답을 찾을 수 없는 질문은?

생물학에서 반사란 '특정 자극에 대해 기계적으로 일어난 국소적인 반응'을 의미한다. 파블로프는 '벨과 먹이' 실험을 통해 동물의 행동에는 두 종류의 반사 행동, 즉 무조건 반사와 조건 반사가 존재한다는 결론을 내렸다. 뜨거운 것에 닿으면 손을 빼내는 것이나, 고깃덩이를 씹는 순간 침이 흘러나오는 것은 자극에 의한 무조건 반사다. 하지만 모든 자극이 반사 행동을 일으키는 것은 아니다. 생명체의 반사 행동을 유발하지 않는 자극을 중립 자극이라고 한다.
중립 자극도 무조건 자극과 짝지어지게 되면 생명체에게 반사 행동을 일으키는 조건 자극이 될 수 있다. 그것이 바로 조건 반사인 것이다. 예를 들어 벨 소리는 개에게 중립 자극이기 때문에 처음에 개는 벨 소리에 반응하지 않는다. 개는 오직 벨 소리 뒤에 주어지는 먹이를 보며 침을 흘릴 뿐이다. 하지만 벨 소리 뒤에 먹이를 주는 행동을 반복하다 보면 벨 소리는 먹이가 나온다는 신호로 인식되며 이에 대한 반응을 일으키는 조건 자극이 되는 것이다. 이처럼 중립 자극을 무조건 자극과 연결시켜 조건 반사를 일으키는 과정을 '고전적 조건 형성'이라 한다. 그렇다면 이러한 조건 형성 반응은 왜 생겨나는 것일까? 이는 대뇌 피질이 '학습'을 할 수 있기 때문이다.
어떠한 의미 없는 자극이라 할지라도 그것이 의미 있는 자극과 결합되어 제시되면 대뇌 피질은 둘 사이에 연관성이 있다는 것을 파악하고 이를 기억하여 반응을 일으킨다. 하지만 대뇌 피질은 한번 연결되었다고 항상 유지되지는 않는다. 예를 들어 '벨 소리 – 먹이' 조건 반사가 수립된 개에게 벨 소리만 들려주고 먹이를 주지 않는 실험을 계속하다 보면 개는 벨 소리에 더 이상 반응하지 않게 되는 조건 반사의 '소거' 현상이 일어난다.
소거는 조건 자극이 무조건 자극 없이 충분히 자주 제시될 경우 조건 반사가 사라지는 현상을 말한다. 때문에 소거는 바람직하지 않은 조건 반사를 수정하는 방법으로 사용된다. 하지만 조건 반사는 통제할 수 있는 것이 아니기 때문에, 제거 역시 자연스럽게 이루어지지 않는다. 또한 소거가 일어나는 속도가 예측 불가능하고, 소거되었을 때조차도 자발적 회복을 통해 조건 반사가 다시 나타날 수 있다는 점에서 소거는 조건 반사를 제거하기 위한 수단으로 한계가 있다.
이때 바람직하지 않은 조건 반사를 수정하는 또 다른 방법으로 사용되는 것이 '역조건 형성'이다. 이는 기존의 조건 반사와 양립할 수 없는 새로운 반응을 유발하여 이전 조건 형성의 원치 않는 효과를 제거하는 것으로 자발적 회복이 잘 일어나지 않는다. 예를 들어, 토끼를 무서워하는 아이가 사탕을 먹을 때 처음에는 토끼가 아이로부터 멀리 위치하게 한다. 아이는 사탕을 먹는 즐거움 때문에 토끼에 대한 공포를 덜 느끼게 된다. 다음날에도 마찬가지로 아이에게 사탕을 먹게 한 후 토끼가 전날보다 좀 더 가까이 오게 한다. 이러한 절차를 여러 번 반복하면 토끼가 아주 가까이에 있어도 아이는 더 이상 토끼를 무서워하지 않게 된다.

① 소거에는 어떤 것들이 있는가?
② 고전적 조건 형성이란 무엇인가?
③ 동물의 반사 행동에는 어떤 것이 있는가?
④ 조건 형성 반응이 일어나는 이유는 무엇인가?
⑤ 바람직하지 않은 조건 반사를 수정하는 방법에는 무엇이 있는가?

08 다음 글의 주제로 가장 적절한 것은?

> 멸균이란 곰팡이, 세균, 박테리아, 바이러스 등 모든 미생물을 사멸시켜 무균 상태로 만드는 것을 의미한다. 멸균 방법에는 물리적, 화학적 방법이 있으며, 멸균 대상의 특성에 따라 적절한 멸균 방법을 선택하여 실시할 수 있다. 먼저 물리적 멸균법에는 열이나 화학약품을 사용하지 않고 여과기를 이용하여 세균을 제거하는 여과법, 병원체를 불에 태워 없애는 소각법, 100°C에서 10 ~ 20분간 물품을 끓이는 자비소독법, 미생물을 자외선에 직접 노출시키는 자외선 소독법, 160 ~ 170°C의 열에서 1 ~ 2시간 동안 건열 멸균기를 사용하는 건열법, 포화된 고압증기 형태의 습열로 미생물을 파괴시키는 고압증기 멸균법 등이 있다. 다음으로 화학적 멸균법은 화학약품이나 가스를 사용하여 미생물을 파괴하거나 성장을 억제하는 방법을 말한다. 여기에는 E.O 가스, 알코올, 염소 등 여러 가지 화학약품이 사용된다.

① 멸균의 중요성
② 뛰어난 멸균 효과
③ 다양한 멸균 방법
④ 멸균 시 사용하는 약품의 종류
⑤ 멸균 시 발생할 수 있는 부작용

09 다음 글의 전개 방법으로 가장 적절한 것은?

> 교육센터는 7가지 코스로 구성된다. 먼저, 기초 훈련 코스에서는 자동차 특성의 이해를 통해 안전운전의 기본 능력을 향상시킨다. 자유 훈련 코스는 운전자의 운전 자세 및 공간 지각 능력에 따른 안전 위험 요소를 교육한다. 위험 회피 코스에서는 돌발 상황 발생 시 위험 회피 능력을 향상시키며, 직선 제동 코스에서는 다양한 도로 환경에 적응하여 긴급 상황 시 효과적으로 제동할 수 있도록 교육한다. 빗길 제동 코스에서는 빗길 주행 시 위험 요인을 체득하여 안전운전 능력을 향상시키고, 곡선 주행 코스에서는 미끄러운 곡선 주행에서 안전운전을 할 수 있도록 가르친다. 마지막으로 일반 · 고속 주행 코스에서는 속도에 따라 발생할 수 있는 다양한 위험 요인의 대처 능력을 향상시켜 방어 운전 요령을 습득하도록 돕는다. 이외에도 친환경 운전 방법 '에코 드라이브'에 대해 교육하는 에코 드라이빙존, 안전한 교차로 통행 방법을 가르치는 딜레마존이 있다. 안전운전의 기본은 사업용 운전자의 올바른 습관이다. 교통안전 체험교육센터에서 교육만 받더라도 교통사고 발생 확률이 크게 낮아진다.

① 각 구조에 따른 특성을 대조하고 있다.
② 상반된 결과를 통해 결론을 도출하고 있다.
③ 여러 가지를 비교하면서 그 우월성을 논하고 있다.
④ 의견의 타당성을 검증하기 위해 수치를 제시하고 있다.
⑤ 각 구성에 따른 특징과 그에 따른 기대 효과를 설명하고 있다.

※ 다음 글의 빈칸에 들어갈 내용으로 가장 적절한 것을 고르시오. [10~11]

10

현대인들이 부족한 잠으로 인해 만성 피로를 겪고 있다. 성인 평균 권장 수면시간은 7 ~ 8시간이지만 이를 지키는 이들은 우리나라 성인 기준 단 4%에 불과하다. 지난해 국가별 일평균 수면시간 조사에 따르면 한국인의 하루 평균 수면시간은 7시간 41분으로 OECD 18개 회원국 중 최하위를 기록했다. 또한 직장인의 수면시간은 이보다도 짧은 6시간 6분으로 권장 수면시간에 2시간 가까이 부족한 수면시간으로 현대인 대부분이 수면 부족에 시달린다 해도 과언이 아닐 정도이다.
수면시간 총량이 적은 것도 문제지만 더 심각한 점은 ________________ 즉, 수면의 질 또한 높지 않다는 것이다. 수면장애 환자는 '단순히 일이 많아서', 또는 '잠버릇 때문에' 발생한 일시적인 가벼운 증상 정도로 여기는 사회적 분위기를 고려하면 실제 더 많을 것으로 추정된다. 특히 대표적인 수면장애인 '수면무호흡증'은 피로감 · 불안감 · 우울감은 물론 고혈압 · 당뇨병과 심혈관질환 · 뇌졸중까지 다양한 합병증을 유발할 수 있다는 점에서 진단과 치료가 요구된다.

① '어떻게 잘 잤는지'이다.
② '언제 잠을 잤는지'이다.
③ '어디서 잠을 잤는지'이다.
④ '얼마만큼 많이 잤는지'이다.
⑤ '왜 잠이 부족한 것인지'이다.

11

키는 유전적인 요소가 크다. 그러나 이러한 한계를 극복할 수 있는 강력한 수단이 있다. 바로 영양이다. 키 작은 유전자를 갖고 태어나도 잘 먹으면 키가 커질 수 있다는 것이다. 핵심은 단백질과 칼슘이다. 이를 가장 손쉽게 섭취할 수 있는 것은 우유이다. 가격도 생수보다 저렴하다. 물론 우유의 효과에 대한 부정적 견해도 존재한다. 아토피 피부염과 빈혈 · 골다공증 등 각종 질병이 생길 수 있다는 주장이다. 그러나 이는 일부 학계의 의견이 침소봉대(針小棒大)되었다고 본다. 당뇨가 생기니 밥을 먹지 말고, 바다가 오염됐다고 생선을 먹지 않을 순 없지 않은가. ________________

① 아이들의 건강을 위해 우유 소비를 줄여야 한다.
② 키에 관한 유전적 요소를 극복하는 방법으로는 수술밖에 없다.
③ 키는 물론 건강까지 생각한다면 자녀들에게 우유를 먹여야 한다.
④ 우유는 아이들의 혀를 담백하게 길들이는 데 중요한 역할을 한다.
⑤ 아이들의 건강 상태에 따라 우유를 먹여야 할지 말아야 할지 결정해야 한다.

12 다음 글의 밑줄 친 ㉠에 대한 비판으로 가장 적절한 것은?

"프랑스 수도가 어디지?"라는 가영의 물음에 나정이 "프랑스 수도는 로마지."라고 대답했다고 하자. 나정이 가영에게 제공한 것을 정보라고 할 수 있을까? 정보의 일반적 정의는 '올바른 문법 형식을 갖추어 의미를 갖는 자료'이다. 이 정의에 따르면 나정의 대답은 정보를 담고 있다. 다음 진술은 이런 관점을 대변하는 진리 중립성 논제를 표현한다. "정보를 준다는 것이 반드시 그 내용이 참이라는 것을 의미하지는 않는다." 이 논제의 관점에서 보자면, 올바른 문법 형식을 갖추어 의미를 해석할 수 있는 자료는 모두 정보의 자격을 갖는다. 그 내용이 어떤 사태를 표상하든, 참을 말하든, 거짓을 말하든 상관없다.
그러나 이 조건만으로는 불충분하다는 지적이 있다. 철학자 플로리디는 전달된 자료를 정보라고 하려면 그 내용이 참이어야 한다고 주장한다. 즉, 정보란 올바른 문법 형식을 갖춘, 의미 있고 참인 자료라는 것이다. 이를 ㉠ <u>진리성 논제</u>라고 한다. 그라이스는 이렇게 말한다. "거짓 '정보'는 저급한 종류의 정보가 아니다. 그것은 아예 정보가 아니기 때문이다." 이 점에서 그 역시 이 논제를 받아들이고 있다.
이런 논쟁은 용어법에 관한 시시한 언쟁처럼 보일 수도 있지만, 두 진영 간에는 정보 개념이 어떤 역할을 해야 하는가에 대한 근본적인 견해 차이가 있다. 진리성 논제를 비판하는 사람들은 틀린 '정보'도 정보로 인정되어야 한다고 말한다. 자료의 내용이 그것을 이해하는 주체의 인지 행위에서 분명한 역할을 수행한다는 이유에서다. '프랑스 수도가 로마'라는 말을 토대로 가영은 이런저런 행동을 할 수 있다. 가령, 프랑스어를 배우기 위해 로마로 떠날 수도 있고, 프랑스 수도를 묻는 퀴즈에서 오답을 낼 수도 있다. 거짓인 자료는 정보가 아니라고 볼 경우, '정보'라는 말이 적절하게 사용되는 사례들의 범위를 부당하게 제한하는 꼴이 된다.

① '정보'라는 표현이 일상적으로 사용되는 사례가 모두 적절한 것은 아니다.
② 올바른 문법 형식을 갖추지 못한 자료는 정보라는 지위에 도달할 수 없다.
③ 사실과 다른 내용의 자료를 숙지하고 있는 사람은 정보를 안다고 볼 수 없다.
④ 내용이 거짓인 자료를 토대로 행동을 하는 사람은 자신이 의도한 결과에 도달할 수 없다.
⑤ 거짓으로 밝혀질 자료도 그것을 믿는 사람의 인지 행위에서 분명한 역할을 한다면 정보라고 볼 수 있다.

13 다음 글의 논지를 약화하는 내용으로 가장 적절한 것은?

과학 연구는 많은 자원을 소비하지만 과학 연구에 사용할 수 있는 자원은 제한되어 있다. 따라서 우리는 '제한된 자원을 서로 경쟁적인 관계에 있는 연구 프로그램들에 어떻게 배분하는 것이 옳은가?'라는 물음에 직면한다. 이 물음에 대해 생각해보기 위해 상충하는 두 연구 프로그램 A와 B가 있다고 해보자. 현재로서는 A가 B보다 유망해 보이지만 어떤 것이 최종적으로 성공하게 될지 아직 아무도 모른다. 양자의 관계를 고려하면 A가 성공하고 B가 실패하거나, A가 실패하고 B가 성공하거나, 아니면 둘 다 실패하거나 셋 중 하나이다. 합리적 관점에서 보면 A와 B가 모두 작동할 수 있을 정도로 그리고 그것들이 매달리고 있는 문제가 해결될 확률을 극대화하는 방향으로 자원을 배분해야 한다. 그렇게 하려면 자원을 어떻게 배분해야 할까?
이 물음에 답하려면 구체적인 사항들에 대한 세세한 정보가 필요하겠지만, 한쪽에 모든 자원을 투입하고 다른 쪽에는 아무 것도 배분하지 않는 것은 어떤 경우에도 현명한 방법이 아니다. 심지어 A가 B보다 훨씬 유망해 보이는 경우라도 A만 선택하여 지원하는 '선택과 집중' 전략보다는 '나누어 걸기' 전략이 더 바람직하다. 이유는 간단하다. 현재 유망한 연구 프로그램이 쇠락의 길을 걷게 될 수도 있고 반대로 현재 성과가 미미한 연구 프로그램이 얼마 뒤 눈부신 성공을 거둘 가능성이 있기 때문이다. 따라서 현명한 사회에서는 대부분의 자원을 A에 배분하더라도 적어도 어느 정도의 자원은 B에 배분할 것이다. 다른 조건이 동일하다고 가정하면, 현재 시점에서 평가된 각 연구 프로그램의 성공 확률에 비례하는 방식으로 자원을 배분하는 것이 합리적일 것이다. 이런 원칙은 한 영역에 셋 이상 다수의 상충하는 연구 프로그램이 경쟁하고 있는 경우에도 똑같이 적용될 수 있다. 물론 적절한 주기로 연구 프로그램을 평가하여 자원 배분의 비율을 조정하는 일은 잊지 않아야 한다.

① '선택과 집중' 전략은 기업의 투자 전략으로 바람직하지 않다.
② 연구 프로그램들에 대한 현재의 비교 평가 결과는 몇 년 안에 확연히 달라질 수도 있다.
③ 상충하는 연구 프로그램들이 모두 작동하기 위해서는 배분 가능한 것 이상의 자원이 필요한 경우가 발생할 수 있다.
④ 연구 프로그램이 아무리 많다고 하더라도 그것들 중에 최종적으로 성공하게 되는 것이 하나도 없을 가능성이 존재한다.
⑤ 과학 연구에 투입되는 자원의 배분은 사회의 성패와 관련된 것이므로 한 사람이나 몇몇 사람의 생각으로 결정해서는 안 된다.

14 다음 글의 주제로 가장 적절한 것은?

우리사회는 타의 추종을 불허할 정도로 빠르게 변화하고 있다. 가족정책도 4인 가족 중심에서 1 ~ 2인 가구 중심으로 변해야 하며, 청년실업율과 비정규직화, 독거노인의 증가를 더 이상 개인의 문제가 아닌 사회문제로 다뤄야 하는 시기이다. 여러 유형의 가구와 생애주기 변화, 다양해지는 수요에 맞춘 공동체 주택이야말로 최고의 주거복지사업이다. 공동체 주택은 공동의 목표와 가치를 가진 사람들이 커뮤니티를 이뤄 사회문제에 공동으로 대처해 나가도록 돕고, 나아가 지역사회와도 연결시키는 작업을 진행하고 있다.
임대료 부담으로 작품활동이나 생계에 어려움을 겪는 예술인을 위한 공동주택, 1인 창업과 취업을 위해 골몰하는 청년을 위한 주택, 지속적인 의료서비스가 필요한 환자나 고령자를 위한 의료안심주택은 모두 시민의 삶의 질을 높이고 선별적 복지가 아닌 복지사회를 이루기 위한 노력의 일환이다. 혼자가 아닌 '함께 가는' 길에 더 나은 삶이 있기 때문에 오늘도 수요자 맞춤형 공공주택은 수요자에 맞게 진화하고 있다.

① 4차 산업혁명과 주거복지
② 수요자 중심의 대출규제 완화
③ 선별적 복지 정책의 긍정적 결과
④ 다양성을 수용하는 주거복지 정책
⑤ 주거난에 대비하는 주거복지 정책

15 다음 글을 뒷받침하는 사례로 적절하지 않은 것은?

> 미장센(mise en scène)은 프랑스어로 연극무대에서 쓰이는 '연출'을 의미한다. 연극을 공연할 때, 연출자는 등장인물의 동작이나 무대장치, 조명 등에 관한 지시를 세부적으로 명시하지 않는다. 그리고 연극의 서사를 효과적으로 전달하기 위해 무대 위에 있는 모든 시각 대상을 배열하고 조직한다. 최근에는 미장센이 연극뿐만 아니라 영화 용어로 정착했다. 영화에서 미장센은 '카메라에 찍히는 모든 장면을 사전에 계획하고 밑그림을 그리는 것'이다. 즉 카메라가 특정 장면을 찍기 시작하여 멈추기까지 화면 속에 담기는 이미지를 만들어 내는 작업이다. 감독은 자신의 의도에 따라 프레임 내부에서 배경, 인물, 조명, 의상, 분장 등 영화적 요소를 적재적소에 배치한다. 쉽게 말하면 화면 구성으로, 편집이 아닌 한 화면 속에 담기는 이미지의 모든 구성 요소가 주제를 드러내도록 하는 작업을 가리킨다. 따라서 영화를 볼 때 요소 중에서 하나가 두드러지면 연출자가 신경 써서 의도한 미장센으로 이해하면 된다.

① 영화 「아가씨」는 장면마다 박찬욱 감독의 특유한 감성, 연출 기법, 조명, 색감, 분위기 등이 돋보이는 영화이다.

② 영화 「장화・홍련」에서 어두운 조명과 음침한 색깔의 가구를 통해 집을 안락한 곳이 아닌 무서운 공간으로 연출하였다.

③ 영화 「고산자」는 주인공 김정호의 사계절 여정 장면을 담기 위해 봄, 여름, 가을, 겨울을 각각 촬영하여 편집한 뒤 한 장면으로 만들었다.

④ 영화 「이터널 선샤인」에서 감독은 주인공의 잠재의식을 표현하기 위해 현장감 있는 촬영 기법인 '트랩 도어(Trap Door)' 기법과 빠른 의상변화를 사용하였다.

⑤ 영화 「올드보이」에서 주인공 오대수가 15년 동안 갇혀있는 방은 8평이고, 그를 가둔 이우진의 방은 108평으로 설정하여, 관객들이 두 주인공의 대립감을 시각적으로 느끼게 했다.

16 다음 글에 대한 비판으로 가장 적절한 것은?

> 현대 사회에서 스타는 대중문화의 성격을 규정 짓는 가장 중요한 열쇠이다. 스타가 생산, 관리, 활용, 거래, 소비되는 전체적인 순환 메커니즘이 바로 스타 시스템이다. 이것이 자본주의 대중문화의 가장 핵심적인 작동 원리로 자리 잡게 되면서 사람들은 스타되기를 열망하고, 또 스타 만들기에 진력하게 되었다.
> 스크린과 TV 화면에 보이는 스타는 화려하고 강하고 영웅적이며, 누구보다 매력적인 인간형으로 비춰진다. 사람들은 스타에 열광하는 순간 스타와 자신을 무의식적으로 동일시하며 그 환상적 이미지에 빠진다. 스타를 자신들이 스스로 결여되어 있다고 느끼는 부분을 대리 충족시켜 주는 대상으로 생각하기 때문이다. 그런 과정이 가장 전형적으로 드러나는 장르가 영화이다.
> 영화는 어떤 환상도 쉽게 먹혀들어 갈 수 있는 조건에서 상영되며 기술적으로 완벽한 이미지를 구현하여 압도적인 이미지로 관객을 끌어들인다. 컴컴한 극장 안에서 관객은 부동자세로 숨죽인 채 영화에 집중하게 되며 자연스럽게 영화가 제공하는 이미지에 매료된다. 그리고 그 순간 무의식적으로 자신을 영화 속의 주인공과 동일시하게 된다. 관객은 매력적인 대상과 자신을 동일시하면서 자신의 진짜 모습을 잊고 이상적인 인간형을 간접 체험하게 되는 것이다.
> 스크린과 TV 화면에 비친 대중이 선망하는 스타의 모습은 현실적인 이미지가 아니라 허구적인 이미지에 불과하다. 사람들은 스타 역시 어쩔 수 없는 약점과 한계를 안고 사는 한 인간일 수밖에 없다는 사실을 아주 쉽게 망각해 버리곤 한다. 이렇게 스타에 대한 열광의 성립은 대중과 스타의 관계가 기본적으로 익명적일 수밖에 없다는 데서 가능해진다.
> 자본주의의 특징 가운데 하나는 필요 이상의 물건을 생산하고 그것을 팔기 위해 갖은 방법으로 소비자들의 욕망을 부추긴다는 것이다. 스타는 그 과정에서 소비자들의 구매 욕구를 불러일으키는 가장 중요한 연결고리 역할을 함과 동시에 그들도 상품처럼 취급되어 소비되는 경향이 있다.
> 스타 시스템은 대중문화의 안과 밖에서 스타의 화려하고 소비적인 생활 패턴의 소개를 통해 사람들의 욕망을 자극하게 된다. 또한 스타들을 상품의 생산과 판매를 위한 도구로 이용하며, 끊임없이 오락과 소비의 영역을 확장하고 거기서 이윤을 발생시킨다. 이 모든 것이 가능한 것은 많은 대중이 스타를 닮고자 하는 욕구를 가지고 있어 스타의 패션과 스타일, 소비 패턴을 모방하기 때문이다.
> 스타 시스템을 건전한 대중문화의 작동 원리로 발전시키기 위해서는 우선 대중문화 산업에 종사하고 싶어하는 사람들을 위한 활동 공간과 유통 구조를 확보하여 실험적이고 독창적인 활동을 다양하게 벌일 수 있는 토양을 마련해 주어야 한다. 나아가 이러한 예술 인력을 스타 시스템과 연결하는 중간 메커니즘도 육성해야 할 것이다.

① 대중과 스타의 관계가 익명적 관계임을 근거로 대중과 스타의 관계를 무의미한 것으로 치부하고 있다.
② 스타 시스템이 대중문화를 대변하고 있다는 데 치중하여 스타 시스템의 부정적인 측면을 간과하고 있다.
③ 스타 시스템과 스타가 소비 대중에게 가져다 줄 전망만을 주로 다룸으로써 대책 없는 낙관주의에 빠져 있다.
④ 스타를 스타 시스템에 의해 조종되는 수동적인 존재로만 보고, 그들도 주체성을 지니고 행동한다는 사실을 간과하고 있다.
⑤ 대중이 스타를 무비판적으로 추종하는 면을 지적하여 그런 욕망으로부터 벗어나기 위한 방법을 제시하기에 급급하고 있다.

※ 다음 글의 내용으로 적절하지 않은 것을 고르시오. [17~20]

17

> 예술가는 작품에 하나의 의미만을 부여한다. 그러므로 예술 작품을 감상하는 사람이 한 작품을 두고 둘 이상의 의미로 해석하는 것은 모순이다. 어떤 특정한 시공간과 상황에서 예술 작품이 창작된다는 점을 전제한다면, 그 예술 작품의 해석은 창작의 과정과 맥락을 모두 종합할 때 가능해진다. 이럴 때 비로소 해석은 유의미해지는 것이다.
>
> 달리 말하면 작품에 대한 해석은 작품의 내재적 요소만으로는 파악하기 어렵고, 그 작품을 창작한 작가의 경험과 사상, 시대 상황 등 외재적 요소까지 종합하여 살펴보아야 완전해진다. 차이코프스키의 '백조의 호수'와 피카소의 '게르니카'를 예로 들면 이 작품들을 둘러싸고 있는 창작 맥락을 종합적으로 살펴야 유일한 의미를 찾아낼 수 있는 것이다.
>
> 위에서 말한 것처럼 예술 작품의 해석은 작품의 단일한 의미를 찾아내는 데 목적이 있지만 실제로 그 목적이 꼭 실현되는 것은 아니다. 그것은 이론적으로 가능할 뿐 실제로 그것이 실현되기는 불가능해 보인다. 그렇더라도 우리는 모든 예술 작품의 단일한 의미를 찾으려고 노력해야 한다. 예술 작품의 해석이란 그러한 이상을 추구하는 부단한 여정이기 때문이다.

① 예술 작품에는 작가가 처한 상황이 반영된다.
② 단지 작품만을 가지고는 예술가가 부여한 의미를 찾기 어렵다.
③ 예술 작품의 해석 목적은 작품의 단일한 의미를 찾는 데 있다.
④ 예술 작품의 단일한 의미를 찾는 것이 항상 가능한 것은 아니다.
⑤ 작품의 내・외재적 요소를 통해 해석하면 반드시 작품의 단일한 의미를 찾을 수 있다.

18

> 엘리스에 따르면 인간의 심리적 문제는 개인의 비합리적인 신념의 산물이다. 엘리스가 말하는 비합리적 신념의 공통적 특성은 다음과 같다. 첫째, 당위적 사고이다. 이러한 사고방식은 스스로에게 너무나 많은 것을 요구하게 하고, 세상이 자신의 당위에서 조금만 벗어나 있어도 그것을 참지 못하는 경직된 사고를 유발하게 된다. 둘째, 지나친 과장이다. 이는 문제 상황을 지나치게 과장함으로써 문제에 대한 차분하고 객관적인 접근을 가로막는다. 셋째, 자기 비하이다. 이러한 사고방식은 자신의 부정적인 한 측면을 기초로 자신의 인격 전체를 폄하하는 부정적 사고방식을 낳게 된다.

① 당위적 사고는 경직된 사고를 유발한다.
② 지나친 과장은 객관적 사고를 가로막는다.
③ 비합리적 신념에는 공통적 특징들이 존재한다.
④ 심리적 문제가 비합리적인 신념의 원인이 된다.
⑤ 자기 비하는 자신의 인격 전체를 폄하하는 부정적 사고방식을 낳게 된다.

19

> 참여예산제는 예산 편성의 단계에서 시민들의 참여를 가능하게 하는 제도이다. 행정부의 독점적인 예산 편성은 계층제적 권위에 의한 참여의 부족을 불러와 비효율성의 또 다른 원인이 될 수 있기 때문에, 참여예산제의 시행은 재정 민주주의의 실현을 위해서 뿐만 아니라 예산 배분의 효율성 제고를 위해서도 필요한 것이라 할 수 있다. 그러나 참여가 형식에 그치게 되거나 예기치 못한 형태의 주민 간 갈등이 나타날 수 있다는 문제점이 존재한다. 또 인기 영합적 예산 편성과 예산 수요의 증가 및 행정부 의사 결정의 곤란과 같은 문제점도 지적된다.

① 참여예산제는 재정 상태를 악화시킬 것이다.
② 참여예산제의 시행은 민주성의 실현이라는 의의가 있다.
③ 참여예산제의 시행은 예산 편성상의 효율성을 제고할 것이다.
④ 참여예산제는 주민들의 다양한 이익을 반영할 수 있을 것이다.
⑤ 참여예산제의 시행은 행정부의 권위주의를 견제하기 위해서 필요할 것이다.

20

> 1895년 파리의 예술상 사무엘 빙(Samuel Bing)은 '아르 누보의 집(La maison de l'Art nouveau)'이라는 이름의 예술 갤러리를 개장했다. 이 갤러리에서 열린, 그가 기획한 '아르 누보(L'Art nouveau)'라는 제목의 전시는 많은 파장을 불러일으켰는데, 이 전시회의 포스터에는 다음과 같은 내용이 쓰여 있다.
> "예술가와 장인들에게 알림 : 1895년 10월 1일, 파리 프로방스 거리 22번지 사무엘 빙 소유의 갤러리에서 '아르 누보'라는 전시회가 열림. 카테고리 구분 없이 모든 종류의 예술적 생산물을 전시하는 전시회로서 기존의 예술 전시품 및 장식, 가구, 실용품과 같은 응용 예술 작품들을 포함함. 근대적 정신과 조화되는 개인적 개념을 선언하는, 모든 예술 작품들의 전시가 허용됨"
> 이 전시는 기존의 순수 예술 전시와 비교했을 때 여러 가지의 차이점이 있다. 첫째, 일상용품을 제작하는 장인들도 대상으로 삼고 있으며 둘째, 전시 대상은 '장식, 가구, 실용품'과 같은 일상 용품을 포함시켰다. 셋째, 개인적 창작을 장려하였으며 넷째, 이 전시회로 인하여 개별 작품들은 근대정신이라는 기치 아래 국제적으로 모일 수 있었다. 마지막으로 이 전시가 열리는 갤러리는 '메종(Maison)', 즉 집으로 불렸다.
> 그러나 사무엘 빙이 아르 누보를 창안한 것은 아니었다. 그의 역할은 새로운 예술을 발견하고 자신의 갤러리를 통해 전시해 알린 것이었다. 아르 누보라는 명칭 또한, 앙리 반 드 벨드(Henry van de velde)나 빅토르 오르타(Victor Horta)와 같은 벨기에 건축가들의 동향을 소개할 때 현지에서 이미 사용되던 표현이었다. 특히 벨기에 아르 누보의 시발점이자 중요한 상징이었던 반 드 벨드의 자택을 방문한 것은 사무엘 빙에게 있어 결정적인 계기가 되었다.

① 사무엘 빙이 '아르 누보'를 창안한 것은 1895년이다.
② '아르 누보'가 열린 갤러리는 집(Maison)으로 불렸다.
③ 사무엘 빙은 '아르 누보'가 열리기 전 벨기에를 방문하였다.
④ '아르 누보'는 예술 작가가 아니라도 작품을 전시할 수 있었다.
⑤ '아르 누보'에는 기존 전시회에 전시될 수 없었던 작품들도 전시가 가능했다.

01 다음은 S기업의 분기별 매출이익, 영업이익, 순이익에 대한 자료이다. 매출이익 대비 순이익의 비가 가장 낮은 분기의 전분기 대비 영업이익 증감률은?

〈분기별 S기업 매출이익, 영업이익, 순이익〉

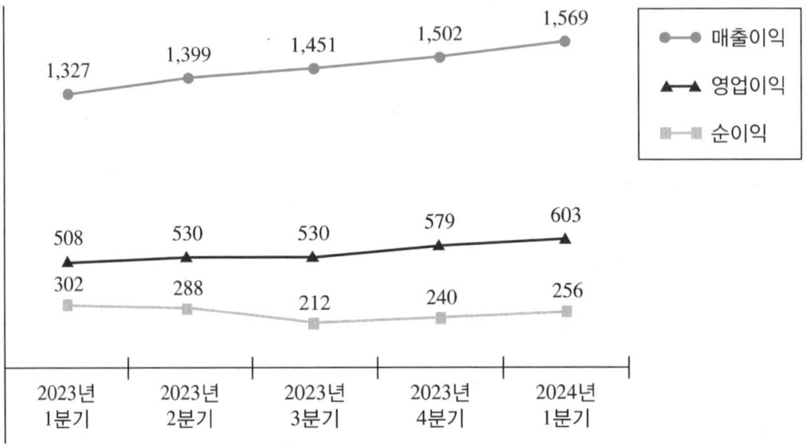

① 0%
② 약 4.1%
③ 약 4.3%
④ 약 9.2%
⑤ 약 9.5%

02 다음은 S중학교 재학생의 주말 평균 공부시간에 대한 자료이다. 이에 대한 설명으로 옳지 않은 것은?

〈S중학교 재학생 주말 평균 공부시간〉

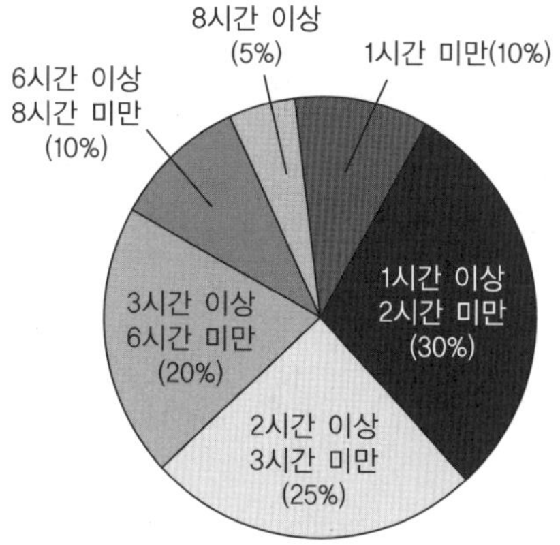

① 주말 평균 공부시간이 8시간 이상인 학생의 비율이 가장 작다.

② 주말 평균 공부시간이 2시간 미만인 학생은 전체의 절반 미만이다.

③ 주말 평균 공부시간이 3시간 이상인 학생은 전체의 절반 이상이다.

④ 주말 평균 공부시간이 1시간 미만인 학생의 비율과 6시간 이상 8시간 미만인 학생의 비율은 같다.

⑤ 주말 평균 공부시간이 2시간 이상 3시간 미만인 학생의 비율은 8시간 이상인 학생의 비율의 5배이다.

03 다음 그림은 한·중·일의 평판 TV 시장점유율 추이에 대한 자료이다. 이에 대한 설명으로 옳지 않은 것은?

〈한·중·일의 평판 TV 시장점유율 추이〉

(단위 : %)

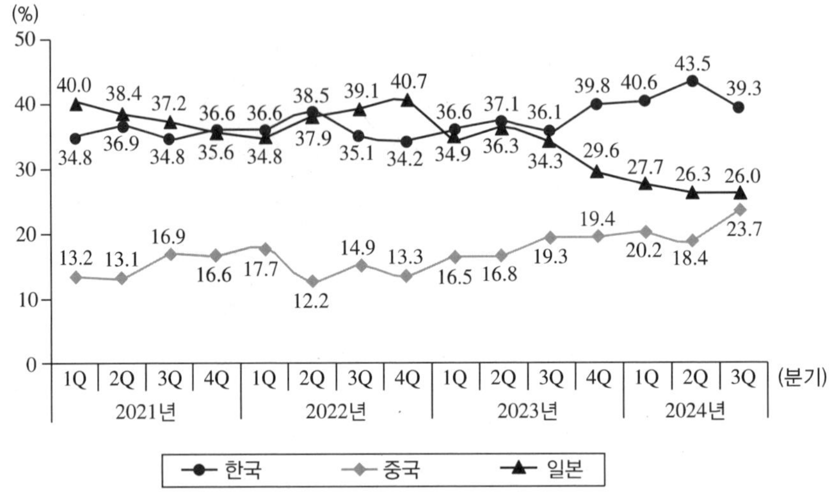

① 한국과 중국의 점유율 차이는 매분기 15%p 이상이다.

② 중국과 일본의 점유율 차이는 계속 줄어들고 있다.

③ 2023년 4분기의 한국과 일본, 일본과 중국의 점유율 차이는 같다.

④ 15분기 동안 한국이 10번, 일본이 5번 시장점유율 1위를 차지하였다.

⑤ 2021년 2분기에 중국과 일본의 점유율 차이는 2024년 3분기의 10배 이상이다.

04 다음은 S국의 혼인율, 이혼율, 출산율에 대한 자료이다. 이에 대한 설명으로 옳은 것을 〈보기〉에서 모두 고르면?

〈혼인건수와 혼인율〉

구분	2017년	2018년	2019년	2020년	2021년	2022년	2023년
혼인건수(천 건)	402.6	375.6	362.7	334	320.1	306.6	304.9
혼인율(인구 천 명당 건)	9	8	7.7	7	6.7	6.4	6.3

〈이혼건수와 이혼율〉

구분	2017년	2018년	2019년	2020년	2021년	2022년	2023년
이혼건수(천 건)	59.3	116.7	118	120	135	145.3	167.1
이혼율(인구 천 명당 건)	1.3	2.5	2.5	2.5	2.8	3	3.5

〈출산율〉

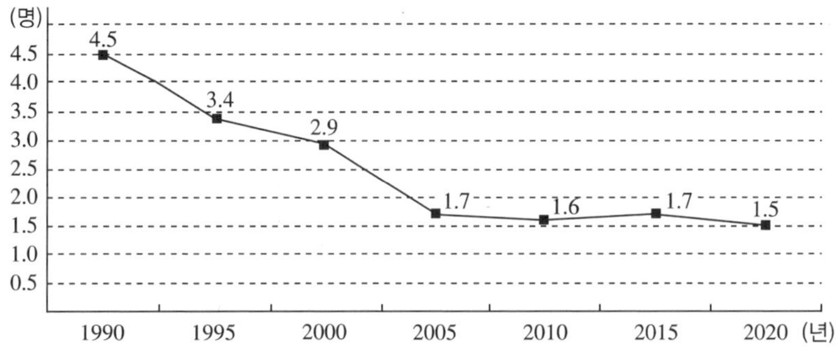

※ OECD 기준 저출산은 출산율이 2.1명 이하, 초저출산은 출산율이 1.3명 이하인 현상을 뜻함

〈보기〉

㉠ 혼인건수는 지속적으로 감소하는 반면 이혼건수는 꾸준히 증가하고 있다.
㉡ 2023년에 결혼한 부부 중 절반 이상이 이혼하였다.
㉢ 2021년과 2022년 사이에는 혼인건수 감소율보다 이혼건수 증가율이 더 크다.
㉣ 출산율은 2000년대 중반부터 2명 이하로 크게 하락하여 2020년에는 평균 1.5명으로 저출산의 문제를 안고 있다.

① ㉠, ㉢
② ㉠, ㉡, ㉣
③ ㉠, ㉢, ㉣
④ ㉡, ㉢, ㉣
⑤ ㉠, ㉡, ㉢, ㉣

05 다음은 공급원별 골재채취 구성비 현황에 대한 자료이다. 이에 대한 설명으로 옳지 않은 것은?

〈공급원별 골재채취 구성비 현황〉

(단위 : %)

구분	2018년	2019년	2020년	2021년	2022년	2023년
하천골재	16.6	19.8	21.3	14.8	17.0	9.9
바다골재	25.7	20.1	17.6	25.6	25.0	31.1
산림골재	48.8	53.1	54.5	52.5	52.0	53.4
육상골재	8.9	7.0	6.6	7.1	6.0	5.6
합계	100	100	100	100	100	100

※ 골재 : 하천 · 산림 · 공유수면 기타 지상 · 지하 등에 부존되어 있는 암석(쇄석용에 한함) · 모래 또는 자갈로서 건설공사의 기초재료로 쓰이는 것

※ 골재채취 : 골재를 캐거나 들어내는 등 자연 상태로부터 분리하는 것

① 바다골재 구성비는 항상 육상골재 구성비의 2배가 넘는다.

② 바다골재는 2022년 대비 2023년에 차지하는 비중이 6.1%p 증가했다.

③ 하천골재가 차지하는 비중은 2020년에 가장 높고, 2023년에 가장 낮다.

④ 2020년 산림골재가 차지하는 비중은 2018년 육상골재가 차지하는 비중의 8배 이상이다.

⑤ 공급원별 골재채취 현황에서 다른 골재에 비해 산림골재가 차지하는 비중이 매년 가장 높다.

06 다음은 국가별 연구비 부담원 및 사용 조직에 대한 자료이다. 이에 대한 설명으로 옳은 것은?

〈국가별 연구비 부담원 및 사용 조직〉

(단위 : 억 엔)

부담원	사용조직 \ 국가	일본	미국	독일	프랑스	영국
정부	정부	8,827	33,400	6,590	7,227	4,278
	산업	1,028	71,300	4,526	3,646	3,888
	대학	10,921	28,860	7,115	4,424	4,222
산업	정부	707	0	393	52	472
	산업	81,161	145,000	34,771	11,867	16,799
	대학	458	2,300	575	58	322

① 정부 부담 연구비 중에서 정부의 사용 비율이 가장 높은 나라는 영국이다.

② 정부 부담 연구비 중에서 산업의 사용 비율이 가장 높은 나라는 프랑스이다.

③ 산업 부담 연구비 중에서 산업의 사용 비율이 가장 높은 나라는 프랑스이다.

④ 독일 정부가 부담하는 연구비는 미국 정부가 부담하는 연구비의 약 절반이다.

⑤ 미국의 대학이 사용하는 연구비는 일본의 대학이 사용하는 연구비의 2배 미만이다.

07 다음은 정규·비정규직 노동자의 급여에 대한 자료이다. 이에 대한 설명으로 옳지 않은 것은?

〈정규·비정규직 노동자 임금 비교〉

(단위 : 만 원)

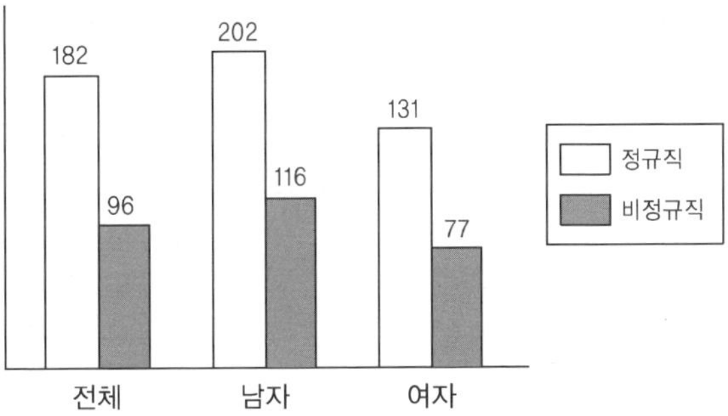

〈정규·비정규직 노동자의 퇴직금·사회보험 등 적용률 비교〉

(단위 : %)

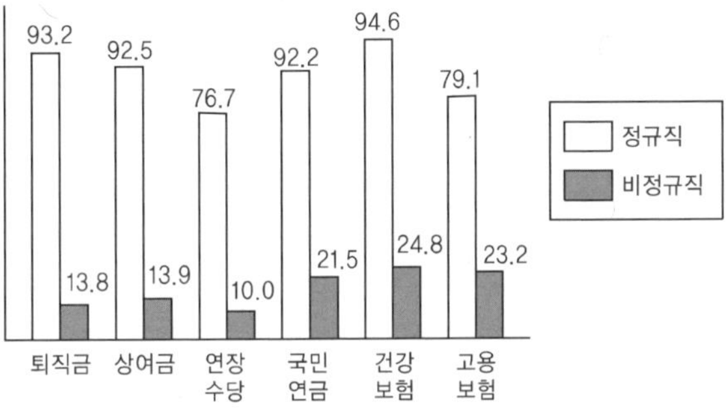

① 비정규직 대비 정규직 적용률의 배율은 상여금보다 건강보험이 더 크다.

② 여자 노동자가 남자 노동자에 비해 임금에서 차별을 받고 있다고 추론할 수 있다.

③ 정규·비정규 노동자 사이의 퇴직금·사회보험 등의 적용률의 격차가 가장 큰 부문이 퇴직금이고, 가장 작은 부문이 고용보험이다.

④ 정규 노동자이건 비정규 노동자이건 가장 높은 적용률을 보이는 부문은 건강보험이고, 가장 낮은 적용률을 보이는 부문은 연장수당이다.

⑤ 남자는 비정규직의 임금이 정규직 임금의 57.4%를 차지하고 있는 반면, 여자는 비정규직의 임금이 정규직 임금의 58.7%를 받고 있는 것으로 계산되므로 여자보다 남자의 임금격차가 더 큰 것으로 나타난다.

08 다음은 전체 스마트폰 평균 스크린 대 바디 비율에 대한 자료이다. 이를 변환한 그래프로 옳은 것은?

〈전체 스마트폰 평균 스크린 대 바디 비율〉

(단위 : %)

구분	평균	최고 비율
2014년	33.1	52.0
2015년	35.6	56.9
2016년	43.0	55.2
2017년	47.5	60.3
2018년	53.0	67.6
2019년	58.2	72.4
2020년	63.4	78.5
2021년	60.2	78.0
2022년	64.1	83.6
2023년	65.0	82.2

※ 스크린 대 바디 비율 : 전체 바디에서 스크린이 차지하는 비율

①
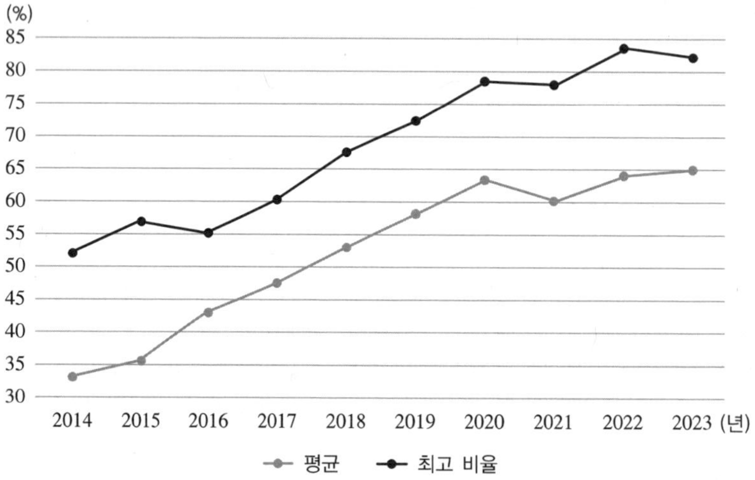

②
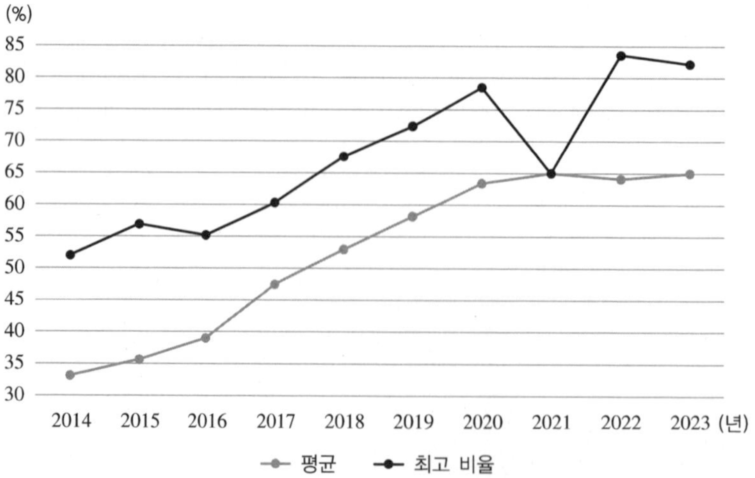

③
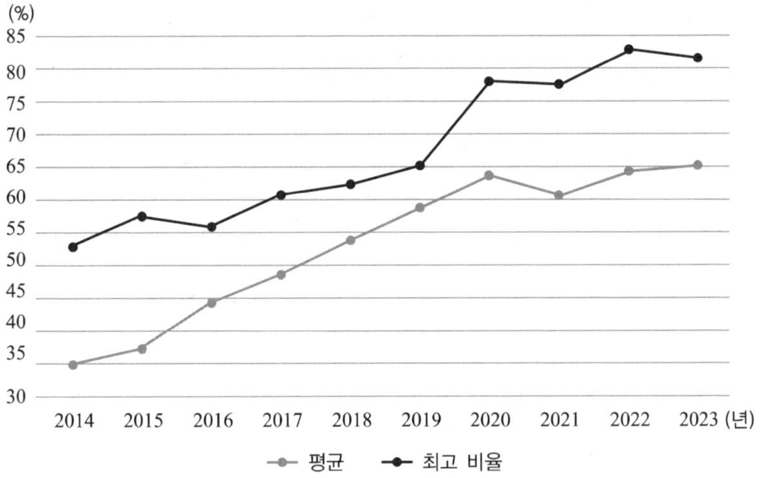
(%)
85
80
75
70
65
60
55
50
45
40
35
30
2014 2015 2016 2017 2018 2019 2020 2021 2022 2023 (년)
평균
최고 비율

④
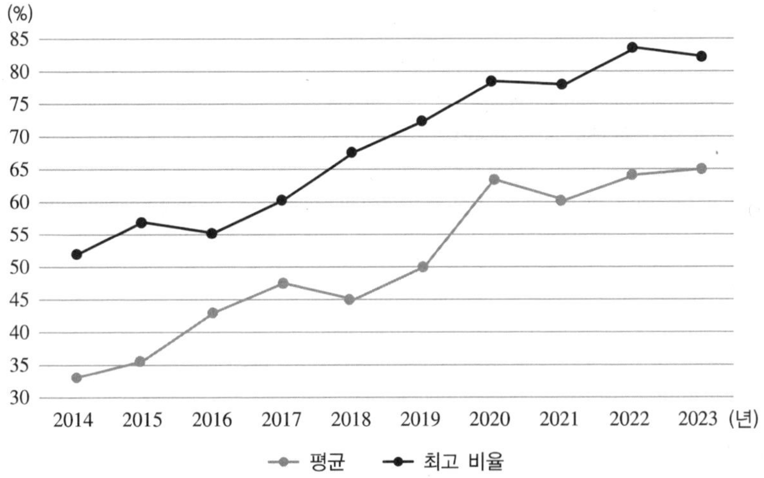
(%)
85
80
75
70
65
60
55
50
45
40
35
30
2014 2015 2016 2017 2018 2019 2020 2021 2022 2023 (년)
평균
최고 비율

⑤
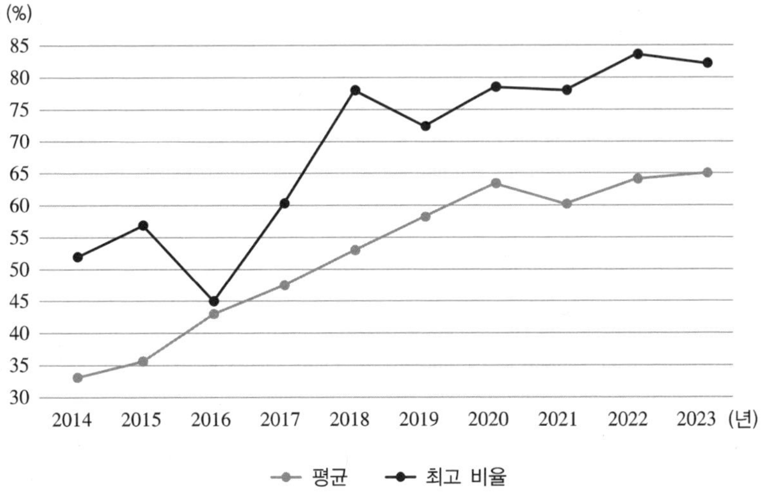
(%)
85
80
75
70
65
60
55
50
45
40
35
30
2014 2015 2016 2017 2018 2019 2020 2021 2022 2023 (년)
평균
최고 비율

09 다음은 S기업의 주가지표에 대한 자료이다. 이에 대한 설명으로 옳지 않은 것을 〈보기〉에서 모두 고르면?

〈S기업 주가지표〉

(단위 : 원)

주가지표	2020년	2021년	2022년	2023년
기말주가	44,700	76,500	60,500	94,100
기본 주당순이익(EPS)	4,193	15,074	22,011	2,856
주당 순자산가치(BVPS)	30,368	43,369	60,678	62,324
주당매출액	23,624	41,359	55,556	37,075
주가매출비율(PSR)	1.9	1.8	1.1	2.5

※ (EPS)=(당기순이익)÷(가중평균유통보통주식 수)
※ (BVPS)=[(자본총계)−(무형자산)]÷(총발행주식 수)
※ (주당매출액)=(연간매출액)÷(총발행주식 수)
※ (PSR)=(기말주가)÷(연간 주당매출액)

〈보기〉

ㄱ 2021년부터 2023년까지 전년 대비 기말주가의 증감 추이와 기본 주당순이익의 증감 추이는 동일하다.
ㄴ 주가매출비율이 높은 해일수록 주당 순자산가치가 높다.
ㄷ 2020년부터 2023년까지 매년 총발행주식 수가 동일하다면, 2022년의 연간매출액이 가장 크다.
ㄹ 2020년 대비 2023년의 주당매출액은 50% 이상 증가하였다.

① ㄱ, ㄴ
② ㄱ, ㄷ
③ ㄴ, ㄷ
④ ㄴ, ㄹ
⑤ ㄷ, ㄹ

10 다음은 제54회 전국기능경기대회 지역별 결과에 대한 자료이다. 이에 대한 설명으로 옳은 것은?

〈제54회 전국기능경기대회 지역별 결과〉

(단위 : 개)

지역＼상	금메달	은메달	동메달	최우수상	우수상	장려상
합계(점)	3,200	2,170	900	1,640	780	1,120
서울	2	5	0	10	0	0
부산	9	0	11	3	4	0
대구	2	0	0	0	0	16
인천	0	0	1	2	15	0
울산	3	0	0	0	7	18
대전	7	0	3	8	0	0
제주	0	10	0	0	0	0
경기도	13	1	0	0	0	22
경상도	4	8	0	12	0	0
충청도	0	7	0	6	0	0

※ 합계는 전체 참가지역의 각 메달 및 상의 점수합계임

① 메달 및 상을 가장 많이 획득한 지역은 경상도이다.
② 울산 지역에서 획득한 메달 및 상의 총점은 800점이다.
③ 전국기능경기대회 결과표에서 메달 및 상 중 동메달 개수가 가장 많다.
④ 메달 1개당 점수는 금메달은 80점, 은메달은 70점, 동메달은 60점이다.
⑤ 장려상을 획득한 지역 중 금・은・동메달 총 개수가 가장 적은 지역은 대전이다.

11 다음은 우리나라의 쌀 생산량 및 1인당 소비량에 대한 자료이다. 이에 대한 설명으로 옳은 것을 〈보기〉에서 모두 고르면?

〈쌀 생산량 및 1인당 소비량〉

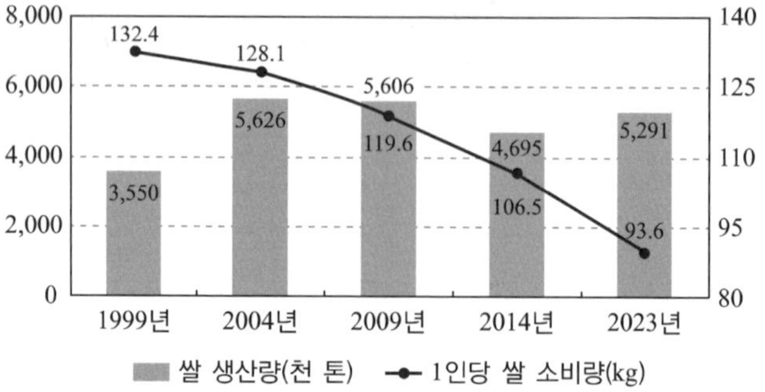

〈1인당 쌀 소비량〉

(단위 : kg, 천 명)

구분	1999년	2004년	2009년	2014년	2015년	2016년	2017년	2018년	2023년
전체	132.4	128.1	119.6	106.5	104.9	102.4	99.2	96.9	93.6
농가	150.7	164.3	160.5	149.2	148.6	146.3	143.7	141.3	139.9
비농가	125.5	118.1	112.1	101.3	99.8	97.4	94.5	92.4	89.2
인구	–	40,806	42,824	44,609	45,300	45,991	46,425	46,858	47,000

〈보기〉

㉠ 전체 쌀 소비량 중 50% 이상이 농가에서 소비되어 왔다.
㉡ 2023년 전체 쌀 소비량은 약 440만 톤이다.
㉢ 2014년에는 쌀 생산량이 쌀 소비량보다 적었다.

① ㉠
② ㉡
③ ㉠, ㉢
④ ㉡, ㉢
⑤ ㉠, ㉡, ㉢

12 다음은 전력사용 절약 노력 설문조사 결과에 대한 자료이다. 이에 대한 설명으로 옳은 것은?(단, 비율은 소수점 둘째 자리에서 반올림한다)

〈전력사용 절약 노력 현황〉

(단위 : %)

구분	2022년				2023년			
	노력 안 함	조금 노력함	노력함	매우 노력함	노력 안 함	조금 노력함	노력함	매우 노력함
남성	2.5	38.0	43.7	15.8	3.5	32.4	42.1	22.0
여성	3.4	34.7	45.1	16.8	3.9	35.0	41.2	19.9
10대	12.4	48.1	22.5	17.0	13.1	43.2	25.8	17.9
20대	10.4	39.5	27.6	22.5	10.2	38.2	28.4	23.2
30대	11.5	26.4	38.3	23.8	10.7	21.9	42.7	24.7
40대	10.5	25.7	42.1	21.7	9.4	23.9	44.0	22.7
50대	9.3	28.4	40.5	21.8	9.5	30.5	39.2	20.8
60대 이상	10.0	31.3	32.4	26.3	10.4	30.7	33.2	25.7

① 2022 ~ 2023년 모든 연령대에서 '노력 안 함'의 비율은 50대가 가장 낮다.

② 2023년에 전년 대비 '노력함'을 선택한 인원은 남성과 여성 모두 증가했다.

③ 2023년에 60대 이상 '조금 노력함'의 비율은 전년 대비 2% 이상의 증가율을 보인다.

④ 각 연령대에서 '매우 노력함'을 선택한 비율은 2022년 대비 2023년에 모두 증가하였다.

⑤ 여성 조사인구가 매년 500명일 때, '매우 노력함'을 택한 인원은 2023년에 전년 대비 15명 이상 증가했다.

13 다음은 OECD 국가의 대학졸업자 취업에 대한 자료이다. A ~ L국가 중 전체 대학졸업자 대비 대학졸업자 중 취업자 비율이 OECD 평균보다 높은 국가만으로 짝지어진 것은?

〈OECD 국가의 대학졸업자 취업률 및 경제활동인구 비중〉

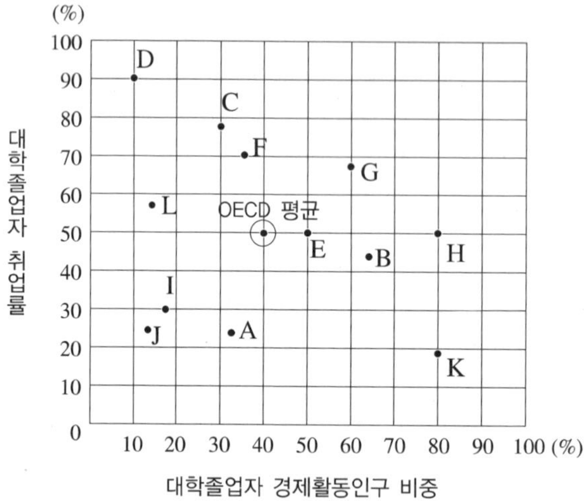

- [대학졸업자 취업률(%)] = $\frac{\text{(대학졸업자 중 취업자)}}{\text{(대학졸업자 중 경제활동인구)}} \times 100$
- [대학졸업자의 경제활동인구 비중(%)] = $\frac{\text{(대학졸업자 중 경제활동인구)}}{\text{(전체 대학졸업자)}} \times 100$

① A, D
② B, C
③ D, H
④ G, K
⑤ H, L

14 다음은 시도별 인구변동 현황에 대한 자료이다. 이에 대한 설명으로 옳은 것을 <보기>에서 모두 고르면?

〈시도별 인구변동 현황〉

(단위 : 천 명)

구분	2017년	2018년	2019년	2020년	2021년	2022년	2023년
전국	49,582	49,782	49,990	50,269	50,540	50,773	51,515
서울	10,173	10,167	10,181	10,193	10,201	10,208	10,312
부산	3,666	3,638	3,612	3,587	3,565	3,543	3,568
대구	2,525	2,511	2,496	2,493	2,491	2,489	2,512
인천	2,579	2,600	2,624	2,665	2,693	2,710	2,758
광주	1,401	1,402	1,408	1,413	1,423	1,433	1,455
대전	1,443	1,455	1,466	1,476	1,481	1,484	1,504
울산	1,081	1,088	1,092	1,100	1,112	1,114	1,126
경기	10,463	10,697	10,906	11,106	11,292	11,460	11,787

〈보기〉

㉠ 서울과 경기의 인구수 차이는 2017년보다 2023년에 더 크다.
㉡ 2017년과 비교했을 때, 2023년 인구가 감소한 지역은 부산뿐이다.
㉢ 전년 대비 증가한 인구수를 비교했을 때, 광주는 2023년에 가장 많이 증가했다.
㉣ 대구는 전년 대비 2018년부터 인구가 꾸준히 감소했다.

① ㉠, ㉡
② ㉠, ㉢
③ ㉡, ㉢
④ ㉡, ㉣
⑤ ㉠, ㉡, ㉢

15 다음은 OECD 주요 국가별 삶의 만족도 및 관련 지표에 대한 자료이다. 이에 대한 설명으로 옳지 않은 것은?

〈OECD 주요 국가별 삶의 만족도 및 관련 지표〉

(단위 : 점, %, 시간)

구분	삶의 만족도	장시간 근로자 비율	여가·개인 돌봄시간
덴마크	7.6	2.1	16.1
아이슬란드	7.5	13.7	14.6
호주	7.4	14.2	14.4
멕시코	7.4	28.8	13.9
미국	7.0	11.4	14.3
영국	6.9	12.3	14.8
프랑스	6.7	8.7	15.3
이탈리아	6.0	5.4	15.0
일본	6.0	22.6	14.9
한국	6.0	28.1	14.9
에스토니아	5.4	3.6	15.1
포르투갈	5.2	9.3	15.0
헝가리	4.9	2.7	15.0

※ 장시간 근로자 비율은 전체 근로자 중 주 50시간 이상 근무한 근로자의 비율임

① 삶의 만족도가 가장 높은 국가는 장시간 근로자 비율이 가장 낮다.

② 여가·개인 돌봄시간이 가장 긴 국가와 가장 짧은 국가의 삶의 만족도 차이는 0.3점 이하이다.

③ 한국의 장시간 근로자 비율은 삶의 만족도가 가장 낮은 국가의 장시간 근로자 비율의 10배 이상이다.

④ 장시간 근로자 비율이 미국보다 낮은 국가들의 여가·개인 돌봄시간은 미국의 여가·개인 돌봄시간보다 길다.

⑤ 삶의 만족도가 한국보다 낮은 국가들의 장시간 근로자 비율 산술평균은 이탈리아의 장시간 근로자 비율보다 높다.

16 다음은 선박종류별 기름 유출사고 발생 현황에 대한 자료이다. 이에 대한 설명으로 옳은 것은?

〈선박종류별 기름 유출사고 발생 현황〉

(단위 : 건, kl)

구분		유조선	화물선	어선	기타	합계
2019년	사고 건수	37	53	151	96	337
	유출량	956	584	53	127	1,720
2020년	사고 건수	28	68	247	120	463
	유출량	21	49	166	151	387
2021년	사고 건수	27	61	272	123	483
	유출량	3	187	181	212	583
2022년	사고 건수	32	33	218	102	385
	유출량	38	23	105	244	410
2023년	사고 건수	39	39	149	116	343
	유출량	1,223	66	30	143	1,462

① 유출량을 가장 많이 줄이는 방법은 화물선 사고 건수를 줄이는 것이다.

② 연도별 전체 사고 건수에 대한 유조선 사고 건수 비율은 매년 감소하고 있다.

③ 각 연도에서 사고 건수에 대한 유출량 비율이 가장 낮은 선박종류는 어선이다.

④ 2019년부터 2023년 사이의 전체 기름 유출사고 건수와 전체 유출량은 비례한다.

⑤ 전체 유출량이 가장 적은 연도에서 기타를 제외하고 사고 건수 대비 유출량 비율이 가장 낮은 선박종류는 어선이다.

17 다음은 우리나라 연도별 적설량에 대한 자료이다. 이를 참고하여 작성한 그래프로 옳은 것은?

〈우리나라 연도별 적설량〉

(단위 : cm)

구분	2020년	2021년	2022년	2023년
서울	25.3	12.9	10.3	28.6
수원	12.2	21.4	12.5	26.8
강릉	280.2	25.9	94.7	55.3

①
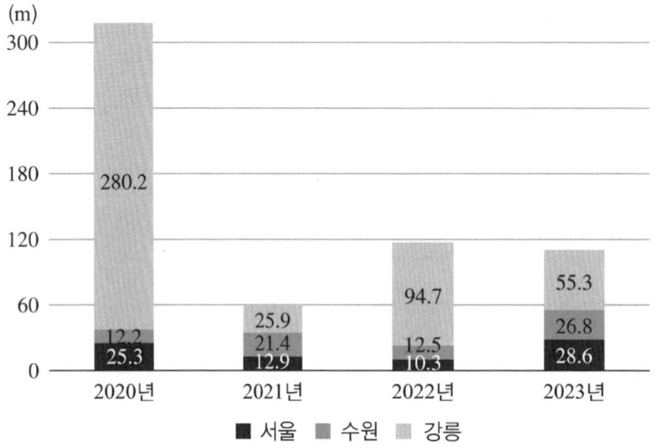

②
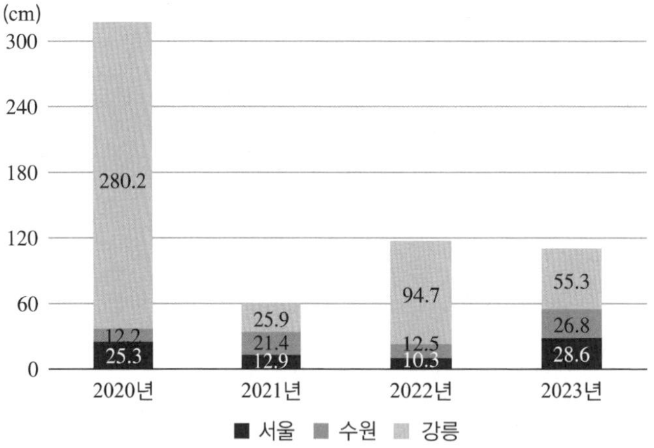

③
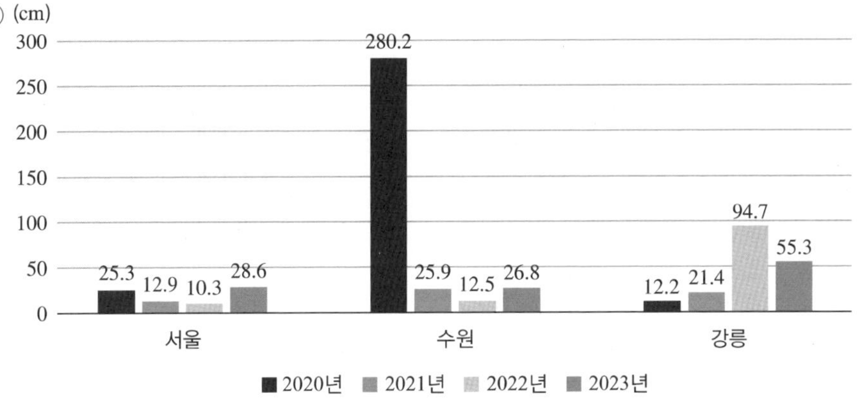
(cm)
300
250
200
150
100
50
0
280.2
94.7
55.3
25.3
12.9
10.3
28.6
25.9
12.5
26.8
12.2
21.4
서울
수원
강릉
2020년
2021년
2022년
2023년

④
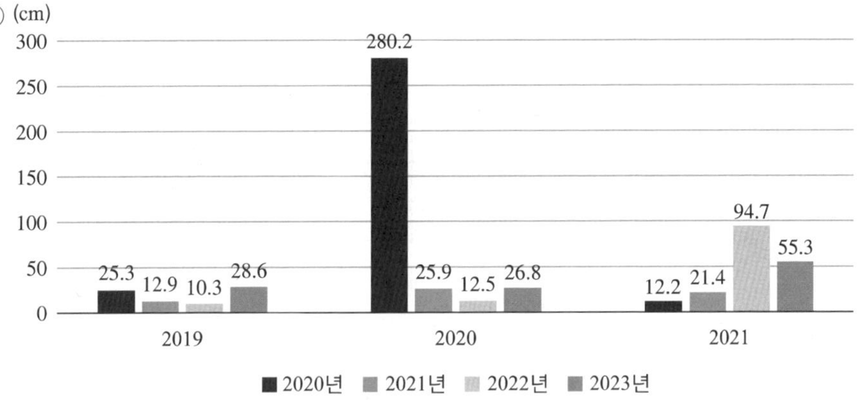
(cm)
300
250
200
150
100
50
0
280.2
94.7
55.3
25.3
12.9
10.3
28.6
25.9
12.5
26.8
12.2
21.4
2019
2020
2021
2020년
2021년
2022년
2023년

⑤
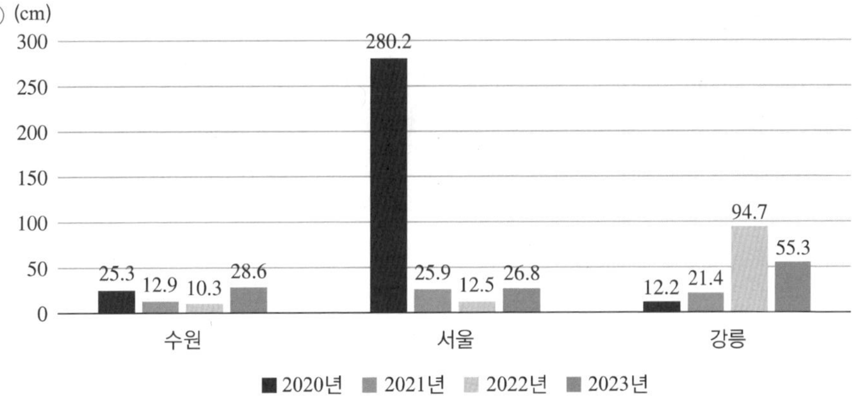
(cm)
300
250
200
150
100
50
0
280.2
94.7
55.3
25.3
12.9
10.3
28.6
25.9
12.5
26.8
12.2
21.4
수원
서울
강릉
2020년
2021년
2022년
2023년

18 문화기획을 하는 A씨는 올해 새로운 공연을 기획하고자 한다. 문화예술에 대한 국민의 관심과 참여 수준을 파악하여 기획에 반영하고자 할 때, 다음 자료에 대한 설명으로 옳지 않은 것은?

〈문화예술 관람률〉

(단위 : %)

구분		2017년	2019년	2021년	2023년
문화예술 성별·연령별 관람률	전체	52.4	54.5	60.8	64.5
	남성	50.5	51.5	58.5	62.0
	여성	54.2	57.4	62.9	66.9
	20세 미만	81.2	79.9	83.6	84.5
	20 ~ 29세	79.6	78.2	83.4	83.8
	30 ~ 39세	68.2	70.6	77.2	79.2
	40 ~ 49세	53.4	58.7	67.4	73.2
	50 ~ 59세	35.0	41.2	48.1	56.2
	60세 이상	13.4	16.6	21.7	28.9
문화예술 종류별 관람률	음악·연주회	13.9	13.6	11.6	10.7
	연극	13.9	13.5	13.2	11.8
	무용	1.1	1.5	1.4	1.2
	영화	44.8	45.8	50.3	52.8
	박물관	13.8	14.5	13.3	13.7
	미술관	12.5	11.1	10.2	9.8

① 문화예술 관람률은 계속해서 증가하고 있다.

② 60세 이상 문화예술 관람률은 2017년 대비 2023년에 100% 이상 증가했다.

③ 문화예술 관람률은 남성보다는 여성, 40대 이상보다는 30대 이하의 관람률이 높다.

④ 문화예술 관람률이 접근성을 반영한다면, 접근성이 가장 떨어지는 문화예술은 무용이다.

⑤ 2021년의 전체 인구수를 100명으로 가정했을 때 그해 미술관을 관람한 사람은 10명이다.

19 다음은 성별 및 행정구역별 연내 구강진료 비율에 대한 자료이다. 이에 대한 설명으로 옳지 않은 것을 〈보기〉에서 모두 고르면?

〈성별 및 행정구역별 연내 구강진료 비율〉

(단위 : %)

구분		전체조사 대상자 수 (명)	정기 구강검진	예방 처치	충치치료 (신경치료 포함)	잇몸병 치료	유치 발거	보철 치료	교정 / 심미 치료	기타
성별	남성	8,125	50.87	18.36	40.59	4.01	18.72	3.70	5.69	2.98
	여성	7,873	52.55	18.42	45.79	5.01	21.24	3.16	7.67	2.17
행정구역	서울	1,479	59.11	22.96	41.55	5.11	22.55	3.21	8.82	2.72
	부산	1,073	63.96	17.11	42.64	4.95	19.87	3.08	5.21	2.63
	대구	981	40.10	16.81	44.30	4.91	21.23	3.03	5.90	1.17
	인천	1,058	54.43	17.49	43.03	5.55	15.94	3.37	4.39	2.56
	광주	910	51.07	14.77	49.47	5.36	26.67	3.32	5.05	1.71
	대전	697	59.93	17.98	47.93	6.05	22.86	3.28	8.89	3.18
	울산	891	50.88	18.64	35.73	4.07	17.20	4.21	5.39	2.44
	경기	1,966	55.28	21.26	40.15	4.90	18.32	2.61	7.24	2.76
	강원	825	49.96	23.57	45.30	4.08	20.37	5.63	6.90	2.18
	충북	900	45.63	12.10	43.05	4.45	21.51	5.00	7.26	1.71
	충남	604	31.54	15.10	41.48	3.96	20.61	4.16	7.19	3.01
	전북	924	44.41	17.67	55.45	7.64	22.08	6.17	8.50	2.23
	전남	905	35.63	9.83	46.22	4.03	15.97	3.43	4.48	1.30
	경북	1,100	43.94	12.76	45.44	3.18	22.96	4.49	4.09	3.80
	경남	1,131	51.89	16.54	45.83	4.21	16.81	3.39	5.67	3.31
	제주	554	29.86	6.63	44.21	3.05	14.37	3.23	2.37	1.38
합계		15,998	51.69	18.39	43.12	4.52	19.95	3.44	6.65	2.58

〈보기〉

㉠ 연내에 정기구강검진을 받은 사람 수의 비율이 50%가 넘는 행정구역 수는 연내에 예방처치를 받은 사람 수의 비율이 20%가 넘는 행정구역의 수보다 2배 이상 많다.

㉡ 연내에 부산의 유치발거를 한 사람의 수는 서울의 교정 / 심미치료를 한 사람의 수보다 많다.

㉢ 조사대상 중 연내에 잇몸병치료를 받은 사람의 수는 남성이 여성보다 많다.

㉣ 전북, 전남, 경북, 경남 중 연내에 보철치료를 받은 사람 수의 비율이 높은 행정구역일수록 연내에 예방처치를 받은 사람의 수가 많다.

① ㉠, ㉡　② ㉠, ㉢

③ ㉡, ㉢　④ ㉡, ㉣

⑤ ㉢, ㉣

20 다음은 시 · 도별 농가 현황에 대한 자료이다. 이에 대한 설명으로 옳지 않은 것은?(단, 증감률은 소수점 둘째 자리에서 반올림한다)

〈시 · 도별 농가 현황〉

(단위 : 천 가구)

구분	2022년		2023년		증감
	농가 수	구성비	농가 수	구성비	
전국	1,088	100	1,069	100	−20
특별 · 광역시	82	7.5	81	7.6	−1
경기	127	11.6	120	11.3	−6
강원	73	6.7	73	6.8	0
충북	75	6.9	75	7	0
충남	132	12.1	128	12	−4
전북	100	9.2	99	9.3	−1
전남	150	13.8	151	14.1	1
경북	185	17	181	16.9	−4
경남	131	12.1	128	11.9	−4
제주	33	3.1	33	3.1	0

① 2022년과 2023년 모두 경북 지역의 농가가 가장 많다.

② 2022년 대비 2023년 농가 수가 늘어난 지역은 한 곳이다.

③ 2022년 대비 2023년 농가 수가 변하지 않은 지역은 세 곳이다.

④ 2022년 대비 2023년 경북 지역의 농가 감소율은 전국 평균 농가 감소율보다 크다.

⑤ 특별 · 광역시를 제외한 2022년의 구성비 순위와 2023년의 구성비 순위는 같다.

제3영역 창의수리

01 A사원은 집에서 오전 8시에 출발하여 자동차를 타고 회사로 출근하였다. 시속 60km로 달려 30분 후에 회사에 도착하였을 때, A사원의 집에서 회사까지의 거리는?

① 30km
② 35km
③ 40km
④ 45km
⑤ 50km

02 농도 8%인 소금물 200g과 농도 3%인 소금물 800g을 모두 섞었을 때, 소금물의 농도는?

① 3%
② 4%
③ 5%
④ 6%
⑤ 7%

03 평균점수가 80점 이상이면 우수상을, 85점 이상이면 최우수상을 받는 시험이 있다. 현재 갑돌이는 70점, 85점, 90점을 받았고 나머지 1과목의 시험만을 남겨 놓은 상태이다. 이때, 갑돌이가 최우수상을 받기 위해 몇 점 이상을 받아야 하는가?

① 80점
② 85점
③ 90점
④ 95점
⑤ 100점

04 지난달 A대리의 휴대폰 요금과 B과장의 휴대폰 요금을 합한 금액은 14만 원이었다. 이번 달의 휴대폰 요금은 지난달과 비교해 A대리는 10% 감소하고, B과장은 20% 증가하여 두 사람의 휴대폰 요금은 같아졌다. 이번 달 B과장의 휴대폰 요금은?

① 65,000원
② 72,000원
③ 75,000원
④ 81,000원
⑤ 83,000원

05 어떤 학급에서 이어달리기 대회 대표로 A～E학생 5명 중 3명을 순서와 상관없이 뽑을 수 있는 경우의 수는?

① 5가지
② 10가지
③ 20가지
④ 60가지
⑤ 120가지

06 S사에서 근무하는 3명의 사원 갑～병은 고객설문조사 업무를 맡았다. 혼자 업무를 할 경우 갑사원은 12일, 을사원은 18일, 병사원은 36일이 걸린다고 한다. 3명의 사원이 함께 업무를 진행한다고 할 때, 고객설문조사 업무를 끝내는 데 걸리는 기간은?

① 5일
② 6일
③ 7일
④ 8일
⑤ 9일

07 어떤 시험에서 A, B, C 세 사람이 합격할 확률은 각각 $\frac{1}{3}$, $\frac{1}{4}$, $\frac{1}{5}$이다. 이때, B만 합격할 확률은?

① $\frac{1}{60}$
② $\frac{2}{15}$
③ $\frac{1}{4}$
④ $\frac{3}{5}$
⑤ $\frac{4}{5}$

08 아버지와 어머니의 나이 차는 4세이고 형과 동생의 나이 차는 2세이다. 또한, 아버지와 어머니의 나이의 합은 형의 나이보다 6배 많다. 형과 동생의 나이의 합이 40세라면 아버지의 나이는?(단, 아버지가 어머니보다 나이가 더 많다)

① 59세
② 60세
③ 63세
④ 65세
⑤ 67세

09 서로 맞물려 도는 두 톱니바퀴 A, B가 있다. A의 톱니의 수는 18개, B의 톱니의 수는 15개일 때, 두 톱니바퀴가 같은 톱니에서 다시 맞물리려면 B톱니바퀴는 최소 몇 바퀴를 회전해야 하는가?

① 3바퀴
② 4바퀴
③ 5바퀴
④ 6바퀴
⑤ 7바퀴

10 경언이는 고향인 진주에서 서울로 올라오려고 한다. 오전 8시에 출발하여 우등버스를 타고 340km를 달려 서울 고속터미널에 도착하였는데, 원래 도착 예정시간보다 2시간이 늦어졌다. 도착 예정시간은 평균 100km/h로 달리고 휴게소에서 30분 쉬는 것으로 계산되었으나 실제로 휴게소에서 36분을 쉬었다고 한다. 이때, 진주에서 서울로 이동하는 동안 경언이가 탄 버스의 평균 속도는?(단, 소수점 첫째 자리에서 반올림한다)

① 49km/h
② 53km/h
③ 63km/h
④ 64km/h
⑤ 76km/h

11 농도 4%의 소금물이 들어있는 컵에 농도 10%의 소금물을 부었더니, 농도 8%의 소금물 600g이 만들어졌다. 처음 컵에 들어있던 농도 4%의 소금물의 양은?

① 160g
② 180g
③ 200g
④ 220g
⑤ 240g

12 원가의 20%를 추가한 금액을 정가로 하는 제품을 15% 할인해서 50개를 판매한 금액이 127,500원일 때, 이 제품의 원가는?

① 1,500원
② 2,000원
③ 2,500원
④ 3,000원
⑤ 3,500원

13 슬기, 효진, 은경, 민지, 은빈 5명은 여름휴가를 떠나기 전 원피스를 사러 백화점에 갔다. 모두 마음에 드는 원피스 1개씩을 발견해 각자 원하는 색깔의 원피스를 고르기로 하였다. 원피스가 노란색 2벌, 파란색 2벌, 초록색 1벌이 있을 때, 5명이 각자 1벌씩 고를 수 있는 경우의 수는?

① 28가지
② 30가지
③ 32가지
④ 34가지
⑤ 36가지

14 어떤 물통에 물을 가득 채우는 데 A관은 10분, B관은 15분이 걸린다. A관으로 4분 동안 채운 후, 남은 양을 B관으로 채우려 할 때, B관은 몇 분 동안 틀어야 하는가?

① 7분
② 8분
③ 9분
④ 10분
⑤ 11분

15 30명의 남학생 중에서 16명, 20명의 여학생 중에서 14명이 수학여행으로 국외를 선호하였다. 전체 50명의 학생 중 임의로 선택한 1명이 국내 여행을 선호하는 학생일 때, 이 학생이 남학생일 확률은?

① $\frac{3}{5}$
② $\frac{7}{10}$
③ $\frac{4}{5}$
④ $\frac{9}{10}$
⑤ $\frac{5}{13}$

16 둘레의 길이가 1km인 공원이 있다. 철수와 영희는 서로 반대 방향으로 걸어서 중간에서 만나기로 했다. 철수는 1분에 70m, 영희는 1분에 30m를 걸을 때, 두 사람이 처음 만날 때까지 걸린 시간은?

① 5분
② 10분
③ 20분
④ 30분
⑤ 35분

17 농도 4%의 설탕물 400g이 들어있는 컵을 방에 두고 자고 일어나서 보니 물이 증발하여 농도가 8%가 되었다. 남아있는 설탕물의 양은?

① 50g
② 100g
③ 200g
④ 300g
⑤ 400g

18 S회사의 마케팅부, 영업부, 영업지원부에서 2명씩 대표로 회의에 참석하기로 하였다. 원탁 테이블에 같은 부서 사람끼리 옆자리에 앉는다고 할 때, 6명이 앉을 수 있는 경우의 수는?

① 15가지
② 16가지
③ 17가지
④ 18가지
⑤ 20가지

19 KTX와 새마을호가 서로 마주 보며 오고 있다. 속력은 7 : 5의 비로 운행하고 있으며 현재 두 열차 사이의 거리는 6km이다. 두 열차가 서로 만났을 때 새마을호가 이동한 거리는?

① 2km
② 2.5km
③ 3km
④ 3.5km
⑤ 4km

20 S사의 출근 시각은 오전 9시이다. S사는 지하철역에서 S사 정문까지 셔틀버스를 운행한다. 정문에 셔틀버스가 출근 시각에 도착할 확률은 $\frac{1}{2}$, 출근 시각보다 늦게 도착할 확률은 $\frac{1}{8}$, 출근 시각보다 일찍 도착할 확률은 $\frac{3}{8}$이다. 지하철역에서 셔틀버스 3대가 동시에 출발할 때, 2대의 버스는 출근 시각보다 일찍 도착하고, 1대의 버스는 출근 시각에 도착할 확률은?

① $\frac{1}{128}$
② $\frac{3}{128}$
③ $\frac{9}{128}$
④ $\frac{27}{128}$
⑤ $\frac{81}{128}$

01 5명의 직원 A ~ E가 다음과 같이 일렬로 서 있을 때, 항상 참인 것을 〈보기〉에서 모두 고르면?

- A는 왼쪽에서 두 번째에 서 있다.
- B는 A보다 오른쪽에 서 있다.
- C와 D는 이웃해 있다.

〈보기〉

㉠ B는 정중앙에 있다.
㉡ E는 가장 왼쪽에 있다.
㉢ D는 가장 오른쪽에 있다.

① ㉠
② ㉡
③ ㉢
④ ㉠, ㉡
⑤ ㉡, ㉢

02 유미는 지난주에 다음과 같이 가족과 중국집에서 외식을 했다. 유미가 주문한 음식은 무엇이며, 유미의 왼쪽에 앉은 사람은 누구인가?

유미는 대학 졸업을 기념해 가족(할아버지, 할머니, 아버지, 어머니, 동생)과 중국집에서 외식을 하기로 했다. 중국집에는 원형 테이블이 있고 인당 한 가지 메뉴를 꼭 주문해야 하는 곳이었다. 할머니는 유미의 반대편에 앉고, 유미와 동생 사이에는 한 사람이 앉아 있었다. 아버지는 할머니의 왼쪽에 앉아 있는 상태였다. 배가 고파진 유미네 가족은 볶음밥, 울면, 우동, 잡채밥, 짜장면, 짬뽕을 한 그릇씩 주문했는데, 할아버지와 아버지만 밥류를 주문했다. 만약 아버지가 잡채밥을 시킨다면, 유미는 짜장면을 먹을 것이라고 했다. 식사가 나온 후 둘러보았더니 볶음밥의 반대편에는 잡채밥이 있었고, 할머니 앞에는 국물이 없는 음식이 있었다. 그리고 동생의 짬뽕 반대편에는 우동이 있었다. 식사를 하던 중 울면도 먹고 싶어진 동생은 음식을 나눠 달라고 했고, 이를 할아버지가 전해주었다. 그 후, 식사를 맛있게 한 유미네 가족은 부른 배를 두들기며 집으로 돌아갔다.

① 울면, 동생
② 짜장면, 어머니
③ 울면, 어머니
④ 짜장면, 아버지
⑤ 울면, 할아버지

03 A～E 5명 중 2명만 진실을 말하고 있다. 다음 중 진실을 말하는 사람은?

- A : B는 거짓말을 하지 않아.
- B : C의 말은 거짓이야.
- C : D의 말은 진실이야.
- D : C는 진실을 말하고 있어.
- E : D는 거짓말을 하지 않아.

① A, B
② A, C
③ B, D
④ C, E
⑤ D, E

04 신입사원인 지원, 수현, 지영이는 임의의 순서로 검은색 · 갈색 · 흰색 책상에 이웃하여 앉아 있고, 각각 커피 · 주스 · 콜라 중 1가지를 좋아한다. 또한 기획 · 편집 · 디자인의 서로 다른 업무를 하고 있다. 알려진 정보가 다음과 같을 때, 항상 참인 것을 〈보기〉에서 모두 고르면?

- 지영이는 갈색 책상에 앉아 있다.
- 기획 담당과 디자인 담당은 서로 이웃해 있지 않다.
- 지원이는 편집 담당과 이웃해 있다.
- 검은색 책상에 앉은 사람은 편집 업무를 담당한다.
- 디자인을 하는 사람은 커피를 좋아한다.
- 지원이는 주스를 좋아한다.

〈보기〉

㉠ 지영이는 커피를 좋아한다.
㉡ 수현이와 지영이는 이웃해 있다.
㉢ 지원이는 편집을 하지 않고, 수현이는 콜라를 좋아하지 않는다.
㉣ 수현이는 흰색 책상에 앉아 있다.
㉤ 지원이는 기획 담당이다.

① ㉠, ㉡
② ㉡, ㉢
③ ㉢, ㉣
④ ㉠, ㉡, ㉤
⑤ ㉠, ㉢, ㉤

05 S고등학교는 부정행위 방지를 위해 1 ~ 3학년이 한 교실에서 같이 시험을 본다. 다음 〈조건〉을 참고할 때, 항상 거짓인 것은?

〈조건〉

- 교실에는 책상이 여섯 줄로 되어 있다.
- 같은 학년은 바로 옆줄에 앉지 못한다.
- 첫 번째 줄과 다섯 번째 줄에는 3학년이 앉는다.
- 3학년이 앉은 줄의 수는 1학년과 2학년이 앉은 줄의 합과 같다.

① 2학년은 네 번째 줄에 앉는다.

② 여섯 번째 줄에는 1학년이 앉는다.

③ 첫 번째 줄과 세 번째 줄의 책상 수는 같다.

④ 3학년의 학생 수가 1학년의 학생 수보다 많다.

⑤ 1학년이 두 번째 줄에 앉으면 2학년은 세 번째 줄에 앉는다.

06 A ~ G 7명은 각각 차례대로 바이올린, 첼로, 콘트라베이스, 플루트, 클라리넷, 바순, 심벌즈를 연주하고 악기 연습을 위해 연습실 1, 2, 3을 빌렸다. 7명의 연습실 이용이 다음 〈조건〉을 만족하다고 할 때, 연습 장소와 시간을 확정하기 위해 추가로 필요한 조건은?

〈조건〉

- 연습실은 오전 9시에서 오후 6시까지 운영하고 모든 시간에 연습이 이루어진다.
- 각각 적어도 3시간 이상, 1번 연습을 한다.
- 연습실 1에서는 현악기를 연습할 수 없다.
- 연습실 2에서 D가 두 번째로 5시간 동안 연습을 한다.
- 연습실 3에서 처음 연습하는 사람이 연습하는 시간은 연습실 2에서 D가 연습하는 시간과 2시간이 겹친다.
- 연습실 3에서 두 번째로 연습하는 사람은 첼로를 켜고, 타악기 연습시간과 겹치면 안 된다.

① A는 연습실 2를 사용한다.

② C는 A보다 오래 연습한다.

③ A와 F의 연습 시간은 3시간이 겹친다.

④ A와 E는 같은 시간에 연습 시간이 끝난다.

⑤ E는 연습실 운영시간이 끝날 때까지 연습한다.

07 민지, 아름, 진희, 희정, 세영은 함께 15시에 상영하는 영화를 예매하였고, 상영시간에 맞춰 영화관에 도착하는 순서대로 각자 상영관에 입장하였다. 다음 대화에서 1명이 거짓말을 하고 있을 때, 가장 마지막으로 영화관에 도착한 사람은?(단, 5명 모두 다른 시간에 도착하였다)

- 민지 : 나는 마지막에 도착하지 않았어. 다음에 분명 누군가가 왔어.
- 아름 : 내가 가장 먼저 영화관에 도착했어. 진희의 말은 진실이야.
- 진희 : 나는 두 번째로 영화관에 도착했어.
- 희정 : 나는 세 번째로 도착했고, 진희는 내가 도착한 다음에서야 왔어.
- 세영 : 나는 영화가 시작한 뒤에야 도착했어. 나는 마지막으로 도착했어.

① 민지　② 아름
③ 진희　④ 희정
⑤ 세영

08 S사 총무팀 7명이 중국집에 점심식사를 하러 가서 짜장면 2개, 짬뽕 3개, 볶음밥 2개를 주문했다. 직원들이 제시된 〈조건〉과 같이 주문하였을 때, 다음 중 참이 아닌 것은?

〈조건〉

- 총무팀 팀원은 A팀장, K과장, S과장, N대리, J대리, D사원, P사원이다.
- 1인 1메뉴를 주문했는데, 좋아하는 메뉴는 반드시 주문하고, 싫어하는 메뉴는 반드시 주문하지 않았으며, 같은 직급끼리는 같은 메뉴를 주문하지 않았다.
- A팀장은 볶음밥을 좋아한다.
- J대리는 짜장면을 싫어한다.
- D사원은 대리와 같은 메뉴를 주문하지 않았다.
- S과장은 짬뽕을 싫어한다.
- K과장은 사원과 같은 메뉴를 주문했다.
- N대리는 볶음밥을 싫어한다.

① D사원은 짬뽕을 주문할 수 없다.
② K과장은 반드시 짬뽕을 주문한다.
③ S과장은 반드시 짜장면을 주문한다.
④ J대리가 볶음밥을 주문하면 N대리는 짬뽕을 주문한다.
⑤ A팀장은 모든 직급의 팀원들과 같은 메뉴를 주문할 수 있다.

※ 제시된 명제가 모두 참일 때, 빈칸에 들어갈 명제로 가장 적절한 것을 고르시오. [9~10]

09

- 허리에 통증이 심하면 나쁜 자세로 공부했다는 것이다.
- 공부를 오래 하면 성적이 올라간다.
- ______________________________
- 성적이 떨어졌다는 것은 나쁜 자세로 공부했다는 것이다.

① 허리에 통증이 약하면 공부를 오래 할 수 있다.
② 좋은 자세로 공부한다고 해도 공부를 오래 하긴 힘들다.
③ 좋은 자세로 공부한다고 해도 허리의 통증은 그대로이다.
④ 성적이 올라갔다는 것은 좋은 자세로 공부했다는 것이다.
⑤ 성적이 떨어졌다는 것은 공부를 별로 하지 않았다는 증거다.

10

- 오존층이 파괴되지 않으면 프레온 가스가 나오지 않는다.
- ______________________________
- 지구 온난화가 진행되지 않았다면 오존층이 파괴되지 않는다.
- 지구 온난화가 진행되지 않았다면 에어컨을 과도하게 사용하지 않았다.

① 오존층을 파괴하면 지구 온난화가 진행된다.
② 에어컨을 적게 써도 지구 온난화는 진행된다.
③ 에어컨을 과도하게 쓰면 프레온 가스가 나온다.
④ 에어컨을 잘 쓰지 않으면 프레온 가스가 나오지 않는다.
⑤ 프레온 가스가 나온다고 해도 오존층은 파괴되지 않는다.

※ 제시된 명제가 모두 참일 때, 다음 중 항상 참인 것을 고르시오. [11~14]

11

• 클래식을 좋아하는 사람은 고전을 좋아한다. • 사진을 좋아하는 사람은 운동을 좋아한다. • 고전을 좋아하지 않는 사람은 운동을 좋아하지 않는다.

① 사진을 좋아하는 사람은 고전을 좋아한다.
② 사진을 좋아하는 사람은 클래식을 좋아하지 않는다.
③ 클래식을 좋아하지 않는 사람은 운동을 좋아한다.
④ 고전을 좋아하는 사람은 운동을 좋아하지 않는다.
⑤ 운동을 좋아하는 사람은 클래식을 좋아하지 않는다.

12

• 컴퓨터를 잘하는 사람은 사탕을 좋아한다. • 커피를 좋아하는 사람은 책을 좋아한다. • 수학을 잘하는 사람은 컴퓨터를 잘한다.

① 사탕을 좋아하는 사람은 수학을 못한다.
② 수학을 잘하는 사람은 사탕을 좋아한다.
③ 커피를 좋아하는 사람은 컴퓨터를 잘한다.
④ 컴퓨터를 잘하는 사람은 커피를 좋아한다.
⑤ 책을 좋아하는 사람은 모두 커피를 좋아한다.

13

- 영희, 상욱, 수현이는 영어, 수학, 국어 시험을 보았다.
- 영희는 영어 2등, 수학 2등, 국어 2등을 하였다.
- 상욱이는 영어 1등, 수학 3등, 국어 1등을 하였다.
- 수현이는 수학만 1등을 하였다.
- 전체 평균 1등을 한 사람은 영희이다.

① 총점이 가장 높은 것은 영희이다.
② 상욱이의 영어 점수는 영희의 수학 점수보다 높다.
③ 수현이의 수학 점수는 상욱이의 영어 점수보다 높다.
④ 상욱이의 국어 점수는 수현이의 수학 점수보다 낮다.
⑤ 영어와 수학 점수만을 봤을 때, 상욱이가 1등일 것이다.

14

- 근대화는 전통 사회의 생활양식에 큰 변화를 가져온다.
- 생활양식의 급격한 변화로 전통 사회의 고유성을 잃는다.
- 전통 사회의 고유성을 유지한다면 문화적 전통을 확립할 수 있다.

① 문화적 전통이 확립되지 않는다면 전통 사회의 생활양식은 급격하게 변한다.
② 근대화가 이루어지지 않는다면 전통 사회의 고유성을 유지할 수 있다.
③ 전통 사회의 생활양식이 변했다면 근대화가 이루어진 것이다.
④ 전통 사회의 고유성을 잃으면 생활양식은 급격하게 변한다.
⑤ 전통 사회의 고유성을 유지한다면 생활양식의 변화 없이 문화적 전통을 확립할 수 있다.

15 재은이는 얼마 전부터 건강을 위해 매주 아침마다 달리기를 하기로 했다. 다음 명제로부터 추론할 수 있는 것은?

- 재은이는 화요일에 월요일보다 50m 더 달려 200m를 달렸다.
- 재은이는 수요일에 화요일보다 30m 적게 달렸다.
- 재은이는 목요일에 수요일보다 10m 더 달렸다.

① 재은이는 수요일에 가장 적게 달렸다.

② 재은이는 목요일에 가장 적게 달렸다.

③ 재은이는 목요일에 가장 많이 달렸다.

④ 재은이는 월요일에 수요일보다 50m 적게 달렸다.

⑤ 재은이는 목요일에 화요일보다 20m 적게 달렸다.

16 다음은 이번 주 기상예보이다. 이에 근거하여 바르게 추론한 것은?

- 주말을 제외한 이번 주 월요일부터 금요일까지의 평균 낮 기온은 25도로 예상됩니다.
- 화요일의 낮 기온은 26도로 월요일보다 1도 높을 것으로 예상됩니다.
- 수요일 낮에는 많은 양의 비가 내리면서 전일보다 3도 낮은 기온이 예상됩니다.
- 금요일의 낮 기온은 이번 주 평균 낮 기온으로 예상됩니다.

① 월요일과 목요일의 낮 기온은 같을 것이다.

② 화요일의 낮 기온이 주말보다 높을 것이다.

③ 목요일의 낮 기온은 평균 26도로 예상할 수 있다.

④ 목요일의 낮 기온은 월~금요일의 평균 기온보다 낮을 것이다.

⑤ 월~금요일 중 낮 기온이 이번 주 평균보다 높은 날은 3일 이상일 것이다.

17 **연경, 효진, 다솜, 지민, 지현 5명 중에서 1명이 선생님의 책상에 있는 화병에 꽃을 꽂아 두었다. 이 중 2명은 거짓만을, 3명은 진실만을 말할 때, 선생님 책상에 꽃을 꽂아둔 사람은?**

- 연경 : 화병에 꽃을 꽂아두는 것을 나와 지현이만 보았다. 효진이의 말은 모두 맞다.
- 효진 : 화병에 꽃을 꽂아둔 사람은 지민이다. 지민이가 그러는 것을 지현이가 보았다.
- 다솜 : 지민이는 꽃을 꽂아두지 않았다. 지현이의 말은 모두 맞다.
- 지민 : 화병에 꽃을 꽂아두는 것을 세 명이 보았다. 효진이는 꽃을 꽂아두지 않았다.
- 지현 : 나와 연경이는 꽃을 꽂아두지 않았다. 나는 누가 꽃을 꽂는지 보지 못했다.

① 연경
② 효진
③ 다솜
④ 지민
⑤ 지현

18 **체육 수업으로 인해 한 학급의 학생들이 모두 교실을 비운 사이 도난 사고가 발생했다. 담임 선생님은 체육 수업에 참여하지 않은 A ~ E 5명과 상담을 진행하였고, 다음은 이들의 진술이다. 이 중 2명의 학생은 거짓말을 하고 있으며, 거짓말을 하는 1명의 학생이 범인이다. 다음 중 범인은 누구인가?**

- A : 저는 그 시간에 교실에 간 적이 없어요. 저는 머리가 아파 양호실에 누워있었어요.
- B : A의 말은 사실이에요. 제가 넘어져서 양호실에 갔었는데, A가 누워있는 것을 봤어요.
- C : 저는 정말 범인이 아니에요. A가 범인이에요.
- D : B의 말은 모두 거짓이에요. B는 양호실에 가지 않았어요.
- E : 사실 저는 C가 다른 학생의 가방을 열어 물건을 훔치는 것을 봤어요.

① A
② B
③ C
④ D
⑤ E

19 **지각을 한 영업사원 甲은 어제 소주, 맥주, 양주, 막걸리, 고량주를 각각 1병씩 마셨다고 한다. 술을 어느 순서로 마셨냐고 묻자 다음과 같이 진술했으며, 甲은 다음 술집으로 이동하기 전에 필름이 끊겨 기억이 잘 나지 않는다고 하고 급하게 화장실로 뛰어갔다. 다음 중 참이 아닌 것은?**

> • 양주는 언제 마셨는지 기억이 없다.
> • 맥주는 소주를 다 마신 후에 마셨고, 그때 고량주는 아직 마시지 않은 상태였다.
> • 취한 상태에서 맥주를 마시면 속이 안 좋아져서, 맥주는 마지막에 마시지 않았다고 한다.
> • 소주는 고량주와 막걸리(또는 막걸리와 고량주) 사이에 마셨다.
> • 막걸리를 마시고 바로 맥주를 마시지는 않았다.

① 소주보다 막걸리를 먼저 마셨다.
② 고량주를 막걸리보다 먼저 마실 수 없다.
③ 맥주를 마시고 바로 고량주를 마셨을 것이다.
④ 양주를 처음에 마시지 않았다면, 가장 처음 마신 술은 막걸리이다.
⑤ 양주를 마지막에 마시지 않았다면 고량주는 마지막에 마셨을 것이다.

20 **다음에 근거하여 수진, 지은, 혜진, 정은이의 수면 시간에 대해 바르게 추론한 것은?**

> • 수진이는 어제 밤 10시에 자서 오늘 아침 7시에 일어났다.
> • 지은이는 어제 수진이보다 30분 늦게 자서 오늘 아침 7시가 되기 10분 전에 일어났다.
> • 혜진이는 항상 9시에 자고, 8시간의 수면 시간을 지킨다.
> • 정은이는 어제 수진이보다 10분 늦게 잤고, 혜진이보다 30분 늦게 일어났다.

① 지은이는 가장 먼저 일어났다.
② 정은이는 가장 늦게 일어났다.
③ 혜진이의 수면 시간이 가장 짧다.
④ 수진이의 수면 시간이 가장 길다.
⑤ 수진, 지은, 혜진, 정은 모두 수면 시간이 8시간 이상이다.

제5영역 수열추리

※ 일정한 규칙으로 수를 나열할 때, 빈칸에 들어갈 알맞은 수를 고르시오. [1~14]

01

$1\frac{4}{7}$ $9\frac{6}{9}$ $25\frac{9}{13}$ $49\frac{13}{19}$ $81\frac{18}{27}$ ( ) $169\frac{31}{49}$ $225\frac{39}{63}$

① $111\frac{24}{37}$
② $111\frac{25}{42}$
③ 121
④ $121\frac{24}{37}$
⑤ $121\frac{25}{42}$

02

$2\frac{5}{6}$ $3\frac{7}{9}$ $5\frac{11}{15}$ $8\frac{17}{24}$ ( ) $21\frac{43}{63}$ $34\frac{69}{102}$ $55\frac{111}{165}$

① $12\frac{25}{39}$
② $12\frac{25}{42}$
③ $13\frac{27}{39}$
④ $13\frac{27}{42}$
⑤ $15\frac{27}{39}$

03

$10\frac{5}{7}$ $12\frac{9}{11}$ $8\frac{13}{19}$ $14\frac{17}{35}$ $6\frac{21}{67}$ $16\frac{25}{131}$ ( ) $18\frac{33}{515}$

① $4\frac{25}{253}$
② $4\frac{29}{253}$
③ $4\frac{25}{259}$
④ $4\frac{29}{259}$
⑤ $4\frac{25}{265}$

04

$\frac{2}{5}$ $-\frac{5}{8}$ 1 $-\frac{23}{14}$ $\frac{47}{17}$ ( ) $\frac{191}{23}$ $-\frac{383}{26}$ $\frac{767}{29}$

① $-\frac{110}{35}$
② $-\frac{105}{30}$
③ $-\frac{100}{25}$
④ $-\frac{95}{20}$
⑤ $-\frac{90}{15}$

05

$-\frac{16}{9}$ $-\frac{3}{13}$ $\frac{10}{17}$ ( ) $\frac{36}{25}$ $\frac{49}{29}$ $\frac{62}{33}$ $\frac{75}{37}$ $\frac{88}{41}$

① $\frac{20}{21}$
② $\frac{23}{21}$
③ $\frac{26}{21}$
④ $\frac{29}{21}$
⑤ $\frac{32}{21}$

06

$\frac{36}{2}$ $\frac{37}{4}$ $\frac{38}{8}$ $\frac{39}{16}$ ( )

① $\frac{40}{32}$
② $\frac{40}{36}$
③ $\frac{40}{48}$
④ $\frac{40}{52}$
⑤ $\frac{40}{54}$

07

5.89	6.68	8.8	11.59	15.71	(　)	26.62	33.41	41.53	50.32

① 17.35
② 18.4
③ 19.45
④ 20.5
⑤ 21.55

08

2.46	4.92	3.57	7.14	5.79	11.58	(　)	20.46	19.11	38.22

① 10.23
② 12.45
③ 14.67
④ 16.89
⑤ 19.01

09

12.48	3.69	24.96	7.38	37.44	(　)	49.92	29.52	62.4	59.04

① 14.54
② 14.65
③ 14.76
④ 14.87
⑤ 14.98

10

3	(　)	4	12.5	6	125	9	1,875	13

① 1.1
② 1.3
③ 2.5
④ 3.9
⑤ 4.4

11

10 6 4 15 9 6 20 12 ( )

① 5
② 8
③ 10
④ 14
⑤ 18

12

5 4 9 8 4 48 ( ) 3 72

① 3
② 9
③ 15
④ 18
⑤ 21

13

13 12 6 26 14 4 ( ) 7 10 5 25 2 44 7 −4 −77

① 2
② 4
③ 8
④ 16
④ 32

14

11 19 8 −14 ( ) 16 −3 8 11

① 2
② 8
③ 12
④ 18
⑤ 20

15 일정한 규칙으로 수를 나열할 때, A－B의 값은?

－12　－5　－3　－6　(A)　－27　－45　(B)　－96

① 52
② 54
③ 56
④ 58
⑤ 60

16 일정한 규칙으로 수를 나열할 때, B－A의 값은?

6　3　12　9　36　(A)　132　129　516　(B)

① 480
② 485
③ 490
④ 495
⑤ 500

17 일정한 규칙으로 수를 나열할 때, 3A－4B의 값은?

20　－25　15　－18　5　(A)　－10　17　(B)　45

① 108
② 119
③ 130
④ 141
⑤ 152

18 다음 수열의 12번째 항의 값은?

54　55　52　45　34　19　0　…

① −125　② −140
③ −155　④ −170
⑤ −185

19 다음 수열의 8번째 항의 값은?

3　10　31　94　283　…

① 7,654　② 7,701
③ 7,825　④ 7,982
⑤ 8,064

20 다음 수열의 13번째 항의 값은?

5　15　10　30　25　75　70　…

① 1,705　② 1,745
③ 1,785　④ 1,825
⑤ 1,865

2일 차
기출응용 모의고사

〈문항 수 및 시험시간〉

SK그룹 SKCT 온라인 역량검사		
영역	문항 수	영역별 제한시간
언어이해	20문항	15분
자료해석	20문항	15분
창의수리	20문항	15분
언어추리	20문항	15분
수열추리	20문항	15분

※ 검사 시간이 모두 완료된 후 종료 가능

※ 이전 문항으로 이동 불가

SK그룹 SKCT 온라인 역량검사	
2일 차 기출응용 모의고사	문항 수 : 100문항 시험시간 : 75분

제 1 영역 언어이해

※ 다음 글의 내용으로 적절하지 않은 것을 고르시오. [1~4]

01

골격근에서 전체 근육은 근육섬유를 뼈에 연결시키는 주변 조직인 힘줄과 결합조직을 모두 포함한다. 골격근의 근육섬유가 수축할 때 전체 근육의 길이가 항상 줄어드는 것은 아니다. 근육 수축의 종류 중 근육섬유가 수축함에 따라 전체 근육의 길이가 변화하는 것을 '등장수축'이라 하는데, 등장수축은 근육섬유 수축과 함께 전체 근육의 길이가 줄어드는 '동심 등장수축'과 전체 근육의 길이가 늘어나는 '편심 등장수축'으로 나뉜다. 반면에 근육섬유가 수축함에도 불구하고 전체 근육의 길이가 변하지 않는 수축을 '등척수축'이라고 한다. 예를 들어 아령을 손에 들고 팔꿈치의 각도를 일정하게 유지하고 있는 상태에서 위팔의 이두근 근육섬유는 끊임없이 수축하고 있지만, 이 근육에서 만드는 장력이 근육에 걸린 부하량, 즉 아령의 무게와 같아 전체 근육의 길이가 변하지 않기 때문에 등척수축을 하는 것이다. 등척수축은 골격근의 주변 조직과 근육섬유 내에 있는 탄력섬유의 작용에 의해 일어난다. 근육에 부하가 걸릴 때, 이 부하를 견디기 위해 탄력섬유가 늘어나기 때문에 근육섬유는 수축하지만 전체 근육의 길이는 변하지 않는 등척수축이 일어날 수 있다.

① 골격근은 힘줄과 결합조직을 모두 포함한다.
② 등척수축은 탄력섬유의 작용에 의해 일어난다.
③ 근육에 부하가 걸릴 때, 부하를 견디기 위해 탄력섬유가 늘어난다.
④ 등장수축에서는 근육섬유가 수축할 때, 전체 근육 길이가 줄어든다.
⑤ 등척수축에서는 근육섬유가 수축할 때, 전체 근육 길이가 변하지 않는다.

02

> 기업은 많은 이익을 남기길 원하고, 소비자는 좋은 제품을 저렴하게 구매하길 원한다. 그 과정에서 힘이 약한 저개발국가의 농민, 노동자, 생산자들은 무역상품의 가격 결정 과정에 참여하지 못하고, 자신이 재배한 식량과 상품을 매우 싼값에 팔아 겨우 생계를 유지한다. 그 결과, 세계 인구의 20% 정도가 우리 돈 약 1,000원으로 하루를 살아가고, 세계 노동자의 40%가 하루 2,000원 정도의 소득으로 살아가고 있다.
> 이러한 무역 거래의 한계를 극복하고, 공평하고 윤리적인 무역 거래를 통해 저개발국가 농민, 노동자, 생산자들이 겪고 있는 빈곤 문제를 해결하기 위해 공정무역이 생겨났다. 공정무역은 기존 관행 무역으로부터 소외당하며 불이익을 받고 있는 생산자와 지속가능한 파트너십을 통해 공정하게 거래하는 것으로, 생산자들과 공정무역 단체의 직거래를 통한 거래 관계에서부터 단체나 제품 등에 대한 인증시스템까지 모두 포함하는 무역을 의미한다.
> 이와 같은 공정무역은 국제 사회 시민운동의 일환으로, 1946년 미국의 시민단체 '텐사우전드빌리지(Ten Thousand Villages)'가 푸에르토리코의 자수 제품을 구매하고, 1950년대 후반 영국의 '옥스팜(Oxfam)'이 중국 피난민들의 수공예품과 동유럽국가의 수공예품을 팔면서 시작되었다. 이후 1960년대에는 여러 시민단체들이 조직되어 아프리카, 남아메리카, 아시아의 빈곤한 나라에서 본격적으로 활동을 전개하였다. 이 단체들은 가난한 농부와 노동자들이 스스로 조합을 만들어 환경친화적으로 농산물을 생산하도록 교육하고, 이에 필요한 자금 등을 지원했다. 2000년대에는 공정무역이 자본주의의 대안활동으로 여겨지며 급속도로 확산되었고, 공정무역 단체나 회사가 생겨남에 따라 저개발국가 농부들이 생산한 농산물이 공정한 값을 받고 거래되었다. 이러한 과정에서 공정무역은 저개발국 생산자들의 삶을 개선하기 위한 중요한 시장 메커니즘으로 주목을 받게 된 것이다.

① 시민단체들은 조합을 만들어 환경친화적인 농산물을 직접 생산하고, 이를 회사에 공정한 값으로 판매하였다.
② 공정무역은 1946년 시작되었고, 1960년대 조직된 여러 시민 단체들이 본격적으로 활동을 전개하였다.
③ 기존 관행 무역에서는 저개발국가의 농민, 노동자, 생산자들이 무역상품의 가격 결정 과정에 참여하지 못했다.
④ 세계 노동자의 40%가 하루 2,000원 정도의 소득으로 살아가며, 세계 인구의 20%는 약 1,000원으로 하루를 살아간다.
⑤ 공정무역에서는 저개발국가의 생산자들과 지속가능한 파트너십을 통해 그들을 무역 거래 과정에서 소외시키지 않는다.

03

세상에서는 흔히 학문밖에 모르는 상아탑(象牙塔) 속의 연구 생활이 현실을 도피한 짓이라고 비난하기가 일쑤지만, 상아탑의 덕택이 큰 것임을 알아야 한다. 모든 점에서 편리해진 생활을 향락하고 있는 소위 현대인이 있기 전에, 그런 것이 가능하기 위해서도 오히려 그런 향락과는 담을 쌓고 있는 진리 탐구에 몰두한 학자들의 상아탑 속에서의 노고가 앞서 있었던 것이다. 그렇다고 남의 향락을 위하여 스스로는 고난의 길을 일부러 걷는 것이 학자는 아니다. 학자는 그저 진리를 탐구하기 위하여 학문을 하는 것뿐이다. 상아탑이 나쁜 것이 아니라, 진리를 탐구해야 할 상아탑이 제구실을 옳게 다하지 못하는 것이 탈이다. 학문에 진리 탐구 이외의 다른 목적이 섣불리 앞장을 설 때, 그 학문은 자유를 잃고 왜곡(歪曲)될 염려조차 있다. 학문을 악용하기 때문에 오히려 좋지 못한 일을 하는 경우가 얼마나 많은가? 진리 이외의 것을 목적으로 할 때, 그 학문은 한때의 신기루와도 같아 우선은 찬연함을 자랑할 수 있을지 모르나, 과연 학문이라고 할 수 있을까부터가 문제다.
진리의 탐구가 학문의 유일한 목적일 때, 그리고 그 길로 매진(邁進)할 때, 그 무엇에도 속박(束縛)됨이 없는 숭고한 학적인 정신이 만난(萬難)을 극복하는 기백(氣魄)을 길러 줄 것이요, 또 그것대로 우리의 인격 완성의 길로 통하게도 되는 것이다.

① 진리를 탐구하다 보면 생활에 유용한 것도 얻을 수 있다.
② 진리 탐구를 위해 학문을 하면 인격 완성에도 이를 수 있다.
③ 학자들은 인간의 생활을 향상시킨다는 목적의식을 가져야 한다.
④ 학문이 진리 탐구 이외의 것을 목적으로 하면 왜곡될 위험이 있다.
⑤ 학문하는 사람은 사명감으로 괴로움을 참고 나가야 하는 경우가 많다.

04

> 흔히 우리 춤을 손으로 추는 선(線)의 예술이라 한다. 서양 춤은 몸의 선이 잘 드러나는 옷을 입고 추는 데 반해 우리 춤은 옷으로 몸을 가린 채 손만 드러내놓고 추는 경우가 많기 때문이다. 한마디로 말해서 손이 춤을 구성하는 중심축이 되고, 손 이외의 얼굴과 목과 발 등은 손을 보조하며 춤을 완성하는 역할을 한다.
> 손이 중심이 되어 만들어 내는 우리 춤의 선은 내내 곡선을 유지한다. 예컨대 승무에서 장삼을 휘저으며 그에 맞추어 발을 내딛는 역동적인 움직임도 곡선이요, 살풀이춤에서 수건의 간드러진 선이 만들어 내는 것도 곡선이다. 해서 지방의 탈춤과 처용무에서도 S자형의 곡선이 연속적으로 이어지면서 춤을 완성해 낸다.
> 호흡의 조절을 통해 다양하게 구현되는 곡선들 사이에는 우리 춤의 빼놓을 수 없는 구성요소인 '정지'가 숨어 있다. 정지는 곡선의 흐름과 어울리며 우리 춤을 더욱 아름답고 의미 있게 만들어 주는 역할을 한다. 그러나 이때의 정지는 말 그대로의 정지라기보다 '움직임의 없음'이며, 그런 점에서 동작의 연장선상에서 이해해야 한다.
> 우리 춤에서 정지를 동작의 연장으로 보는 것, 이것은 바로 우리 춤에 담겨 있는 '마음의 몰입'이 발현된 결과이다. 춤추는 이가 호흡을 가다듬으며 다양한 곡선들을 연출하는 과정을 보면 한 순간 움직임을 통해 선을 만들어 내지 않고 멈춰 있는 듯한 장면이 있다. 이런 동작의 정지 상태에서도 멈춤 그 자체로 머무는 것이 아니며, 여백의 그 순간에도 상상의 선을 만들어 춤을 이어가는 것이 몰입 현상이다. 이것이 바로 우리 춤을 가장 우리 춤답게 만들어 주는 특성이라고 할 수 있다.

① 우리 춤에서 정지는 하나의 동작과 동등한 것으로 볼 수 있다.
② 우리 춤의 동작은 처음부터 끝까지 쉬지 않고 곡선을 만들어낸다.
③ 우리 춤의 복장 중 대다수는 몸의 선을 가리는 구조로 되어 있다.
④ 몰입 현상이란 춤을 멈추고 상상을 통해 춤을 이어가는 과정을 말한다.
⑤ 승무, 살풀이춤, 탈춤, 처용무 등은 손동작을 중심으로 한 춤의 대표적인 예이다.

※ 다음 문단을 논리적 순서대로 바르게 나열한 것을 고르시오. [5~6]

05

(가) 또 그는 현대 건축 이론 중 하나인 '도미노 이론'을 만들었는데, 도미노란 집을 뜻하는 라틴어 '도무스(Domus)'와 혁신을 뜻하는 '이노베이션(Innovation)'을 결합한 단어다.

(나) 그는 이 이론의 원칙을 통해 인간이 효율적으로 살 수 있는 집을 꾸준히 연구해 왔으며, 그가 제안한 건축방식 중 필로티와 옥상정원 등이 최근 우리나라 주택에 많이 쓰이고 있다.

(다) 최소한의 철근콘크리트 기둥들이 모서리를 지지하고 평면의 한쪽에서 각 층으로 갈 수 있게 계단을 만든 개방적 구조가 이 이론의 핵심이다. 건물을 돌이나 벽돌을 쌓아 올리는 조적식 공법으로만 지었던 당시에 이와 같은 구조는 많은 이들에게 적지 않은 충격을 주었다.

(라) 스위스 출신의 프랑스 건축가 르 코르뷔지에(Le Corbusier)는 근대주택의 기본형을 추구했다는 점에서 현대 건축의 거장으로 불린다. 그는 현대 건축에서의 집의 개념을 '거주 공간'에서 '더 많은 사람이 효율적으로 살 수 있는 공간'으로 바꿨다.

① (가) – (라) – (다) – (나)
② (나) – (다) – (라) – (가)
③ (다) – (가) – (라) – (나)
④ (라) – (가) – (다) – (나)
⑤ (라) – (나) – (가) – (다)

06

(가) 그뿐 아니라, 자신을 알아주는 이, 즉 지기자(知己者)를 위해서라면 기꺼이 자신의 전부를 버릴 수 있어야 하며, 더불어 은혜는 은혜대로, 원수는 원수대로 자신이 받은 만큼 되갚기 위해 진력하여야 한다.

(나) 무공이 높다고 하여 반드시 협객으로 인정되지 않는 이유는 바로 이런 원칙에 위배되는 경우가 심심치 않게 발생하기 때문이다. 요컨대 협이란 사생취의(捨生取義)의 정신에 입각하여 살신성명(殺身成名)의 의지를 실천하는 것, 또는 그러한 실천을 기꺼이 감수할 준비가 되어 있는 상태를 뜻한다고 할 수 있다.

(다) 협으로 인정받기 위해서는 무엇보다도 절개와 의리를 숭상하여야 하며, 개인의 존엄을 중시하고 간악함을 제거하기 위해 노력해야만 한다. 신의(信義)를 목숨보다도 중히 여길 것도 강조되는데, 여기서의 신의란 상대방을 향한 것인 동시에 스스로에게 해당되는 것이기도 하다.

(라) 무(武)와 더불어 보다 신중하게 다루어야 할 것이 '협(俠)'의 개념이다. 무협 소설에서 문제가 되는 협이란 무덕(武德), 즉 무인으로서의 덕망이나 인격과 관계가 되는 것으로, 이는 곧 무공 사용의 전제가 되는 기준 내지는 원칙이라고 할 수 있다.

① (나) – (다) – (가) – (라)
② (나) – (다) – (라) – (가)
③ (다) – (라) – (나) – (가)
④ (라) – (가) – (다) – (나)
⑤ (라) – (다) – (가) – (나)

07 **다음 글을 토대로 할 때, 밑줄 친 (가)와 (나)의 관계와 가장 유사한 관계인 것은?**

> 과학과 미술은 본질적으로 인간이 주위 사물이나 세계를 인식하는 방식이라는 점에서는 공통적이지만, 그 영역이 달라 서로 전혀 다른 차원에서 행해진다는 차이점을 지닌다. 다시 말해 이 둘은 서로 모순되거나 상대를 방해할 수 있는 관계에 놓여 있지 않다. 따라서 (가) <u>과학</u>의 개념적 해석은 (나) <u>미술</u>의 직관적 해석을 배제하지 않는다. 각자는 자체의 시각, 이를테면 자체의 굴절 각도를 지니고 있다.
> 그러나 그렇다고 해서 이 둘은 엄격히 분리되어서 상호 간에 전연 영향을 끼칠 수 없는 것일까? 과학과 미술이 각각 의지하고 있는 사물의 개념적·추상적 이해와 직관적·구체적 파악은 밀접하게 연관되어 있는 인간의 인식 작용의 두 측면이다. 따라서 우리는 이 둘이 밀접하게 연관되면서도 독립적인 영역을 갖고 서로 방해하지 않기 때문에 오히려 서로 영향을 끼칠 수 있다고 본다. 또한 더 나아가 상호 보완적으로 작용함으로써 인간의 인식을 더욱 풍요롭고 충실하게 한다고 생각할 수 있다. 실제로 우리가 서양 회화를 고찰의 대상으로 삼고 과학에 대한 미술의 관련성을 추적해 볼 때 이러한 가정은 사실로 확인된다.

① <u>법</u>이 강제에 의해서 우리의 행위를 규제한다면 <u>관습</u>은 양심을 통해 우리의 행동을 규제한다. 이 둘에 의해서 우리는 자신의 행동을 보다 바람직한 방향으로 이끌어나갈 수가 있는 것이다.

② <u>서양의 사상</u>이 자연을 정복과 투쟁의 대상으로 보고 있는 데 비하여, <u>동양의 사상</u>은 자연을 함께 공존해야 할 존재, 서로 조화를 이루어야 할 존재로 보고 있다.

③ <u>언어의 순화</u>는 곧 그것을 사용하는 사람의 <u>의식의 정화</u>로 이어지고, 이것은 또다시 언어의 순화로 이행되며, 이는 한층 강화된 의식의 정화로 나타나게 된다.

④ 흔히 <u>물질적 풍요</u>와 행복을 동일시하는 착각에 빠지기 쉬우나 물질적 풍요가 <u>행복</u>을 보장하는 것은 아니다. 단지, 그것은 행복을 위한 여러 가지 요건 중의 하나일 뿐이다.

⑤ 고대 중국인들은 <u>음</u>을 여성적인 요소로, <u>양</u>을 남성적인 요소로 간주하고 모든 환경에 빗대어 해석했다.

08 다음 글에 대한 반론으로 가장 적절한 것은?

> 사회복지는 소외 문제를 해결하고 예방하기 위하여, 사회 구성원들이 각자의 사회적 기능을 원활하게 수행하게 하고, 삶의 질을 향상시키는 데 필요한 제반 서비스를 제공하는 행위와 그 과정을 의미한다. 현대 사회가 발전함에 따라 계층 간・세대 간의 갈등 심화, 노령화와 가족 해체, 정보 격차에 의한 불평등 등의 사회 문제가 다각적으로 생겨나고 있는데, 이들 문제는 때로 사회 해체를 우려할 정도로 심각한 양상을 띠기도 한다. 이러한 문제의 기저에는 경제 성장과 사회 분화 과정에서 나타나는 불평등과 불균형이 있으며, 이런 점에서 사회 문제는 대부분 소외 문제와 관련되어 있음을 알 수 있다.
>
> 사회복지 찬성론자들은 이러한 문제들의 근원에 자유 시장 경제의 불완전성이 있으며, 이러한 사회적 병리 현상을 해결하기 위해서는 국가의 역할이 더 강화되어야 한다고 주장한다. 예컨대 구조 조정으로 인해 대량의 실업 사태가 생겨나는 경우를 생각해 볼 수 있다. 이 과정에서 생겨난 희생자들을 방치하게 되면 사회 통합은 물론 지속적 경제 성장에 막대한 지장을 초래할 것이다. 따라서 사회가 공동의 노력으로 이들을 구제할 수 있는 안전망을 만들어야 하며, 여기서 국가의 주도적 역할은 필수적이라 할 것이다. 현대 사회에 들어와 소외 문제가 사회 전 영역으로 확대되고 있는 상황을 감안할 때, 국가와 사회가 주도하여 사회복지 제도를 체계적으로 수립하고 그 범위를 확대해 나가야 한다는 이들의 주장은 충분한 설득력을 갖는다.

① 사회가 발전함에 따라 불균형이 심해지고 있다.
② 사회복지는 제공 행위뿐만 아니라 과정까지를 의미한다.
③ 사회복지의 확대는 근로 의욕의 상실과 도덕적 해이를 불러일으킬 수 있다.
④ 사회복지는 소외 문제 해결을 통해 구성원들의 사회적 기능 수행을 원활하게 한다.
⑤ 사회 병리 현상 과정에서 생겨나는 희생자들을 그대로 두면 악영향을 불러일으킬 수 있다.

09 다음 글의 중심 내용으로 가장 적절한 것은?

> BMO 금속 및 광업 관련 리서치 보고서에 따르면 최근 가격 강세를 지속해 온 알루미늄, 구리, 니켈 등 산업금속들이 4분기 중 공급부족 심화와 가격 상승세가 전망된다. 산업금속이란 산업에 필수적으로 사용되는 금속들을 말하는데, 앞서 제시한 알루미늄, 구리, 니켈뿐만 아니라 비교적 단단한 금속에 속하는 은이나 금 등도 모두 산업에 많이 사용될 수 있는 금속이므로 산업금속의 카테고리에 속한다고 할 수 있다. 이러한 산업금속은 물품을 생산하는 기계의 부품으로서 필요하기도 하고, 전자제품 등의 소재로 쓰이기도 하기 때문에 특정 분야의 산업이 활성화되면 특정 금속의 가격이 뛰거나 심각한 공급난을 겪기도 한다.
>
> 최근 금융투자업계에 따르면 최근 전 세계적인 경제 회복 조짐과 함께 탈 탄소 트렌드, 즉 '그린 열풍'에 따른 수요 증가로 산업금속 가격이 초강세이다. 런던금속거래소에서 발표한 자료에 따르면 올해 들어 지난달까지 알루미늄은 20.7%, 구리가 47.8%, 니켈은 15.9% 각각 가격이 상승했다. 자료에서도 알 수 있듯이 구리 수요를 필두로 알루미늄, 니켈 등 전반적인 산업금속 섹터의 수요량이 증가하였다. 이는 전기자동차 산업의 확충과 관련이 있다. 전기자동차의 핵심적인 부품인 배터리를 만드는 데에 구리와 니켈이 사용되기 때문이다. 이때, 배터리 소재 중 니켈의 비중을 높이면 배터리의 용량을 키울 수 있으나 배터리의 안정성이 저하된다. 기존의 전기자동차 배터리는 니켈의 사용량이 높았기 때문에 더욱 안정성 문제가 제기되어 왔다. 그래서 연구 끝에 적정량의 구리를 배합하는 것이 배터리 성능과 안정성을 모두 향상시키기 위해서 중요하다는 것을 밝혀내었다. 구리가 전기자동차 산업의 핵심 금속인 셈이다.
>
> 이처럼 전기자동차와 배터리 등 친환경 산업에 필수적인 금속들의 수요는 증가하는 반면 세계 각국의 환경 규제 강화로 인해 금속의 생산은 오히려 감소하고 있기 때문에 산업금속에 대한 공급난과 가격 인상이 우려되고 있다.

① 세계적인 '그린 열풍' 현상 발생의 원인
② 필수적인 산업금속 공급난으로 인한 문제
③ 전기자동차의 배터리 성능을 향상하는 기술
④ 탈 탄소 산업의 대표 주자인 전기자동차 산업
⑤ 전기자동차 확충에 따른 구리 수요 증가 상황

10 다음 글의 빈칸에 들어갈 내용으로 가장 적절한 것은?

> 우리의 생각과 판단은 언어에 의해 결정되는가 아니면 경험에 의해 결정되는가? 언어결정론자들은 우리의 생각과 판단이 언어를 반영하고 있고 실제로 언어에 의해 결정된다고 주장한다. 언어결정론자들의 주장에 따르면 에스키모인들은 눈에 관한 다양한 언어 표현을 갖고 있어서 눈이 올 때 우리가 미처 파악하지 못한 미묘한 차이점들을 찾아낼 수 있다. 또 언어결정론자들은 '노랗다', '샛노랗다', '누르스름하다' 등 노랑에 대한 다양한 우리말 표현들이 있어서 노란색들의 미묘한 차이가 구분되고 그 덕분에 색에 관한 우리의 인지 능력이 다른 언어 사용자들보다 뛰어나다고 본다. 이렇듯 언어결정론자들은 사용하는 언어에 의해서 우리의 사고 능력이 결정된다고 본다.
>
> 정말 그럴까? 모든 색은 명도와 채도에 따라 구성된 스펙트럼 속에 놓이고, 각각의 색은 여러 언어로 표현될 수 있다. 이러한 사실에 비추어보면 우리말이 다른 언어에 비해 보다 풍부한 표현을 갖고 있다고 볼 수 없다. 나아가 ______________________________ 따라서 우리의 생각과 판단은 언어가 아닌 경험에 의해 결정된다고 보는 쪽이 더 설득력이 있다.

① 어떤 것을 가리키는 단어가 있을 때에만 우리는 그 단어에 대하여 사고할 수 있다.
② 언어나 경험 말고도 우리의 인지능력을 결정하는 요인들이 더 존재할 가능성이 있다.
③ 더 풍부한 표현을 가진 언어를 사용함에도 불구하고 인지능력이 뛰어나지 못한 경우들도 있다.
④ 경험이 언어에 미치는 영향과 경험이 언어에 미치는 영향을 계량화하여 비교하기는 곤란한 일이다.
⑤ 개개인의 언어습득능력과 속도는 모두 다르기 때문에 인지능력에 대한 언어의 영향도 제각기 다르다.

11 다음 글에 대한 반론으로 가장 적절한 것은?

> 어느 관현악단의 연주회장에서 연주가 한창 진행되는 도중에 휴대 전화의 벨 소리가 울려 음악의 잔잔한 흐름과 고요한 긴장이 깨져버렸다. 청중들은 객석 여기저기를 둘러보았다. 그런데 황급히 호주머니에서 휴대 전화를 꺼내 전원을 끄는 이는 다름 아닌 관현악단의 바이올린 주자였다. 연주는 계속되었지만 연주회의 분위기는 엉망이 되었고, 음악을 감상하던 많은 사람에게 찬물을 끼얹었다. 이와 같은 사고는 극단적인 사례이지만 공공장소의 소음이 심각한 사회 문제가 될 수 있다는 사실을 보여주고 있다.
> 소음 문제는 물질문명의 발달과 관련이 있다. 산업화가 진행됨에 따라 우리의 생활 속에는 '개인적 도구'가 증가하고 있다. 그러한 도구들 덕분에 우리의 생활은 점점 편리해지고 합리적이며 효율적으로 변해가고 있다. 그러나 그러한 이득은 개인과 그가 소유하고 있는 물건 사이의 관계에서 성립하는 것으로 그 관계를 넘어서면 전혀 다른 문제가 된다. 제한된 공간 속에서 개인적 도구가 넘쳐남에 따라, 개인과 개인, 도구와 도구, 그리고 자신의 도구와 타인과의 관계 등이 모순을 일으키는 것이다. 소음 문제도 마찬가지이다. 개인의 차원에서는 편리와 효율을 제공하는 도구들이, 전체의 차원에서는 불편과 비효율을 빚어내는 것이다. 그래서 많은 사회에서 개인적 도구가 타인의 권리를 침해하는 것을 방지하기 위하여 공공장소의 소음을 규제하고 있다.

① 문명이 발달함에 따라 소음 문제도 대두되고 있다.
② 사람들은 소음을 통해 자신의 권리를 침해받기도 한다.
③ 개인 차원에서 효율적인 도구들이 전체 차원에서는 문제가 될 수도 있다.
④ 소음 문제는 보통 제한된 공간 속에서 개인적 도구가 과도함에 따라 발생한다.
⑤ 엿장수의 가위 소리와 같이 소리는 단순한 물리적 존재가 아닌 문화적 가치를 담은 존재가 될 수 있다.

12 다음 글의 제목으로 가장 적절한 것은?

> 보건복지부에 따르면 현재 등록 장애인만 250만 명이 넘는다. 여기에 비등록 장애인까지 포함시킨다면 실제 장애인 수는 400만 명에 다다를 것으로 예상된다.
> 특히 이들 가정은 경제적 · 사회적 어려움에 봉착해 있을 뿐만 아니라, 많은 장애인 자녀들이 부모의 돌봄 없이는 일상생활 유지가 어려운 상황인데, 특히 법적인 부분에서 훨씬 더 문제가 된다. 부모 사망 이후, 장애인 자녀가 상속인으로서 제대로 된 권리를 행사하기 어려울 뿐만 아니라, 본인도 모르게 유산 상속 포기 절차가 진행되는 경우가 이에 해당한다.
> 따라서 장애인 자녀의 부모들은 상속과정에서 자녀들이 부딪힐 문제들에 대해 더 꼼꼼하게 대비해야 할 필요성이 있는데, 이에 해당하는 내용을 크게 두 가지로 살펴볼 수 있다. 자녀의 생활 안정 및 유지를 위한 '장애인 신탁'과 상속 시의 세금혜택인 '장애인 보험금 비과세'가 그것이다.
> 먼저 장애인 신탁은 직계존비속이나 일정 범위 내 친족으로부터 재산을 증여받은 장애인이 증여세 신고기한 이내에 신탁회사에 증여받은 재산을 신탁하고, 그 신탁의 이익 전부에 대해 장애인이 수익자가 되면 재산가액 5억 원까지 증여세를 면제해주는 제도로 이를 통해 장애인은 생계유지와 안정적인 자산 이전을 받을 수 있다.
> 다음으로 수익자가 장애인 자녀인 보험에 가입한 경우 보험금의 4,000만 원까지는 상속세 및 증여세법에 의해 과세하지 않는다. 이는 후견인 등이 보험금을 가로챌 수 있는 여지를 차단하기 위해 중도 해지가 불가능하고 평생 동안 매월 연금으로 수령할 수 있는 종신형 연금보험을 선택하는 것이 장애인 자녀의 생활 안정에 유리할 것이다.

① 부모 사망 시 장애인 자녀의 유산 상속 과정
② 부모 사망 시 장애인 자녀가 받을 수 있는 혜택
③ 부모 사망 시 장애인 자녀가 직면한 사회적 문제
④ 부모 사망 시 장애인 자녀의 보험 및 증여세 혜택
⑤ 부모 사망 시 장애인 자녀의 생활안정 및 세금혜택

13 다음 글을 바탕으로 할 때, 〈보기〉의 밑줄 친 정책의 방향에 대한 추측으로 가장 적절한 것은?

> 동일한 환경에서 야구공과 고무공을 튕겨 보면, 고무공이 훨씬 민감하게 튀어 오르는 것을 볼 수 있다. 즉, 고무공은 야구공보다 탄력이 좋다. 일정한 가격에서 사람들이 사고자 하는 물건의 양인 수요량에도 탄력성의 개념이 적용될 수 있다. 재화의 가격이 변화할 때 수요량도 변화하게 되는 것이다. 이때 경제학에서는 가격 변화에 대한 수요량 변화의 민감도를 측정하는 표준화된 방법을 수요 탄력성이라고 한다.
> 수요 탄력성은 수요량의 변화 비율을 가격의 변화 비율로 나눈 값이다. 일반적으로 가격과 수요량은 반비례하므로 수요 탄력성은 음(−)의 값을 가진다. 그러나 통상적으로 음의 부호를 생략하고 절댓값만 표시한다. 가격에 따른 수요량 변화율에 따라 상품의 수요는 '단위 탄력적', '탄력적', '완전 탄력적', '비탄력적', '완전 비탄력적'으로 나눌 수 있다. 수요 탄력성이 1인 경우 수요는 '단위 탄력적'이라고 불린다. 또한, 수요 탄력성이 1보다 큰 경우 수요는 '탄력적'이라고 불린다. 한편 영(0)에 가까운 아주 작은 가격 변화에도 수요량이 매우 크게 변화하면 수요 탄력성은 무한대가 된다. 이 경우의 수요는 '완전 탄력적'이라고 불린다. 소비하지 않아도 생활에 지장이 없는 사치품이 이에 해당한다. 반면, 수요 탄력성이 1보다 작다면 수요는 '비탄력적'이라고 불린다. 만일 가격이 아무리 변해도 수요량에 어떠한 변화도 나타나지 않는다면 수요 탄력성은 영(0)이 된다. 이 경우 수요는 '완전 비탄력적'이라고 불린다. 생필품이 이에 해당한다.
> 수요 탄력성의 크기는 상품의 가격이 변할 때 이 상품에 대한 소비자의 지출이 어떻게 변하는지를 알려 준다. 상품에 대한 소비자의 지출액은 가격에 수요량을 곱한 것이다. 먼저 상품의 수요가 탄력적인 경우를 따져 보자. 이 경우에는 수요 탄력성이 1보다 크기 때문에, 가격이 오른 정도에 비해 수요량이 많이 감소한다. 이에 따라 가격이 상승하면 소비자의 지출액은 가격이 오르기 전보다 감소한다. 반면에 가격이 내릴 때는 가격이 내린 정도에 비해 수요량이 많아지므로 소비자의 지출액은 증가한다. 물론 수요가 비탄력적이면 위와 반대되는 현상이 일어난다. 즉, 가격이 상승하면 소비자의 지출액은 증가하며, 가격이 하락하면 소비자의 지출액은 감소하게 된다.

〈보기〉

> A국가의 정부는 경제 안정화를 위해 개별 소비자들이 지출액을 줄이도록 유도하는 <u>정책</u>을 시행하기로 하였다.

① 생필품과 사치품의 가격을 모두 낮추려 하겠군.
② 생필품과 사치품의 가격을 모두 유지하려 하겠군.
③ 생필품의 가격은 낮추고 사치품의 가격은 높이려 하겠군.
④ 생필품의 가격은 높이고 사치품의 가격은 유지하려 하겠군.
⑤ 생필품의 가격은 유지하고 사치품의 가격은 낮추려 하겠군.

14 다음 글의 빈칸에 들어갈 내용으로 가장 적절한 것은?

> 과학은 한 형태의 자연에 대한 지식이라는 사실 그 자체만으로도 한없이 귀중하고, 과학적 기술이 인류에게 가져온 지금까지의 혜택은 아무리 부정하려 해도 부정될 수 없다. 앞으로도 보다 많고 보다 정확한 과학 지식과 고도로 개발된 과학적 기술이 필요하다. 그러나 문제의 핵심은 생태학적이고 예술적인 자연관, 즉 존재 일반에 대한 넓고 새로운 시각, 포괄적인 맥락에서 과학적 지식과 기술의 의미에 눈을 뜨고 그러한 지식과 기술을 활용함에 있다. 그렇지 않고 오늘날과 같은 추세로 그러한 지식과 기술을 당장의 욕망을 위해서 인간 중심적으로 개발하고 이용한다면 그 효과가 당장에는 인간에게 만족스럽다 해도 머지않아 자연의 파괴뿐만 아니라 인간적 삶의 파괴, 그리고 궁극적으로는 인간 자신의 멸망을 초래하고 말 것이다. 한마디로 지금 우리에게 필요한 것은 과학적 비전과 과학적 기술의 의미를 보다 포괄적인 의미에서 이해하는 작업이다. 이러한 작업을 ________________라 불러도 적절할 것 같다.

① 예술의 다양화
② 예술의 기술화
③ 과학의 예술화
④ 과학의 현실화
⑤ 예술의 과학화

15 다음 글을 통해 답을 확인할 수 있는 질문으로 적절하지 않은 것은?

> ‘붕어빵’을 팔던 가게에서 붕어빵과 모양은 비슷하지만 크기가 더 큰 빵을 ‘잉어빵’이란 이름의 신제품으로 내놓았다고 하자. 이 잉어빵은 어떻게 만들어진 말일까? ‘붕어 : 붕어빵=잉어 : ____’과 같은 관계를 통해 잉어빵의 형성을 설명할 수 있다. 이는 붕어와 붕어빵의 관계를 바탕으로 붕어빵보다 크기가 큰 신제품의 이름을 잉어빵으로 지었다는 뜻이다. 붕어빵에서 잉어빵을 만들어 내듯이 기존 단어의 유사한 속성을 바탕으로 새로운 단어를 만들어 내는 것을 유추에 의한 단어 형성이라고 한다.
>
> 유추에 의해 단어가 형성되는 과정은 보통 네 가지 단계로 이루어진다. 첫째, 새로운 개념을 나타내는 어떤 단어가 필요한 경우 그것을 만들겠다고 결정한다. 둘째, 머릿속에 들어 있는 수많은 단어 가운데 근거로 이용할 만한 단어들을 찾는다. 셋째, 수집한 단어들과 만들려는 단어의 개념과 형식을 비교하여 공통성을 포착한다. 이 단계에서 근거로 삼을 단어를 확정한다. 넷째, 근거로 삼은 단어의 개념과 형식 관계를 적용해서 단어 형성을 완료한다. 이렇게 형성된 단어는 처음에는 신어(新語)로 다루어지지만 이후에 널리 쓰이게 되면 국어사전에 등재된다.
>
> 그러면 이러한 단계에 따라 ‘종이공’이라는 단어가 형성되는 과정을 살펴보자. 먼저 ‘종이로 만든 공’이라는 개념의 단어를 만들기로 결정한다. 그 다음에 근거가 되는 단어를 찾는다. 그런데 근거 단어가 될 만한 ‘○○공’에는 두 가지 종류가 있다. 하나는 축구공, 야구공 유형이고 다른 하나는 고무공, 가죽공 유형이다. 전자의 경우 공 앞에 오는 말이 공의 사용 종목인 반면 후자는 공의 재료라는 차이가 있다. 국어 화자는 종이공을 고무공, 가죽공보다 축구공, 야구공에 가깝다고 생각하지는 않는다. 그러므로 ‘종이를 할 때 쓰는 공’으로 해석하지 않고 ‘종이로 만든 공’으로 해석한다. 그 결과 ‘종이로 만든 공’을 의미하는 종이공이라는 새로운 단어가 형성된다.
>
> 유추에 의해 단어가 형성되는 과정을 잘 살펴보면 불필요한 단어를 과도하게 생성하지 않는 장치가 있다는 것을 알 수 있다. 필요에 의해 기존 단어를 본떠서 단어를 형성하므로 불필요한 단어의 생성을 최대한 억제할 수 있는 것이다. 유추에 의해 단어가 형성된다는 이론에서는 이러한 점을 포착할 수 있다는 장점이 있다.

① 유추에 의한 단어 형성이란 무엇인가?
② 유추에 의해 단어가 형성되는 과정은 무엇인가?
③ 유추에 의해 단어가 형성되는 예로는 무엇이 있는가?
④ 유추에 의해 단어가 형성되는 이론의 장점은 무엇인가?
⑤ 유추에 의한 단어 형성 외에 어떤 단어 형성 방식이 있는가?

16 〈보기〉의 밑줄 친 주장에 대해 반박하려고 할 때, 다음 글의 내용으로 보아 그 논거로 적절하지 않은 것은?

기자 : 교수님, 영국에서 탄생한 복제 양과 우리의 복제 송아지의 차이점은 무엇이라고 생각하시는지요.

교수 : 두 가지 차원에서 이야기할 수 있습니다. 지금까지는 생명을 복제하기 위해서 반드시 생식 세포를 이용해야 한다는 것이 정설이었습니다. 그런데 복제 양은 생식 세포가 아닌 일반 체세포, 그중에서도 젖샘 세포를 이용했습니다. 이는 노화 등의 이유로 생식 세포가 죽은 개체들로 체세포를 통해 복제가 가능하다는 얘기가 됩니다. 체세포를 통한 복제는 기존 생물학적 개념을 완전히 바꾼 것입니다. 반면 산업적 측면에서는 문제가 있습니다. 동물 복제는 순수 발생학적 관심 못지않게 경제적으로도 중요합니다. 생산력이 뛰어난 가축을 적은 비용으로 복제 생산해야 한다는 것입니다. 이 점에서는 체세포를 통한 복제는 아직 한계가 있습니다. 경제적인 측면에서는 생식 세포를 이용한 복제가 훨씬 효과적입니다.

기자 : 이런 복제 기술들이 인간에게도 적용이 가능한가요?

교수 : 기술적으로는 그렇습니다. 그러나 인간에게 적용했을 때는 기존 인간관계의 근간을 파괴하는 사회 문제를 발생시킬 것입니다. 또 생명체 복제 기술의 적용 영역을 확대하다 보면, 자의로 또는 적용 과정에서 우연히 인체에 치명적이거나 통제 불능한 생물체가 만들어질 가능성도 있습니다. 이것을 생물 재해라고 합니다. 생명공학에 종사하는 학자들은 이 두 가지 문제들을 늘 염두에 두어야 합니다. 물론 아직까지는 이런 문제들이 발생하지 않았지만, 어느 국가 또는 특정 집단이 복제 기술을 악용할 위험성을 배제할 수는 없습니다.

〈보기〉

미국 위스콘신 생명 윤리 연구 센터의 아서더스 박사는 '인간에게 동물 복제 기술을 적용하면 왜 안 되는지에 대한 논리적 이유가 없다.'고 하면서, 인간 복제를 규제한다 하더라도 대단한 재력가나 권력가는 이를 충분히 피해갈 것이라고 말했다.

① 범죄 집단에 악용될 위험이 있다.
② 사람들 사이의 신뢰가 무너질 수 있다.
③ 통제 불능한 인간을 만들어 낼 수 있다.
④ 인구가 폭발적으로 증가할 염려가 있다.
⑤ 치료법이 없는 바이러스가 만들어질 수도 있다.

※ 다음 글의 내용으로 가장 적절한 것을 고르시오. [17~20]

17

제2차 세계대전 중, 태평양의 한 전투에서 일본군은 미군 흑인 병사들에게 자신들은 유색인과 전쟁할 의도가 없으니 투항하라고 선전하였다. 이 선전물을 본 백인 장교들은 그것이 흑인 병사들에게 미칠 영향을 우려하여 급하게 부대를 철수시켰다. 사회학자인 데이비슨은 이 사례에서 아이디어를 얻어서 대중매체가 수용자에게 미치는 영향과 관련한 '제3자 효과(Third Person Effect)' 이론을 발표하였다.

이 이론의 핵심은 대중매체의 영향력을 차별적으로 인식한다는 데에 있다. 곧 사람들은 수용자의 의견과 행동에 미치는 대중 매체의 영향력이 자신보다 다른 사람들에게서 더 크게 나타나리라고 믿는 경향이 있다는 것이다. 예를 들어 선거 때 어떤 후보에게서 탈세 의혹이 있다는 신문보도를 보았다고 하자. 그때 사람들은 후보를 선택하는 데 자신보다 다른 독자들이 더 크게 영향을 받을 것이라고 여긴다.

제3자 효과는 대중매체가 전달하는 내용에 따라 다르게 나타난다. 예컨대 대중매체가 건강 캠페인과 같이 사회적으로 바람직한 내용을 전달할 때보다 폭력물이나 음란물처럼 유해한 내용을 전달할 때, 사람들은 자신보다 다른 사람들에게 미치는 영향력을 더욱 크게 인식한다는 것이다. 이러한 인식은 수용자의 구체적인 행동에도 영향을 미쳐, 제3자 효과가 크게 나타나는 사람일수록 내용물의 심의, 검열, 규제와 같은 법적·제도적 조치에 찬성하는 성향을 보인다.

제3자 효과 이론은 사람들이 다수의 의견처럼 보이는 것에 영향받을 수 있다는 이론과 연결되면서, 여론의 형성 과정을 설명하는 데도 이용되었다. 이 설명에 따르면, 사람들은 자신은 대중매체의 전달 내용에 쉽게 영향받지 않는다고 생각하면서도 다른 사람들이 영향받을 것을 고려하여 자신의 태도와 행위를 결정한다. 즉, 다른 사람들에게서 소외되어 고립되는 것을 염려한 나머지, 자신의 의견을 포기하고 다수의 의견이라고 생각하는 것을 따라가게 된다는 것이다.

① 태평양 전쟁 당시 흑인 병사들에게 나타난 제3자 효과는 미군 철수의 원인이 되었다.

② 사람들이 제3자 효과에 휩싸이는 이유는 대중매체가 다수의 의견을 반영하기 때문이다.

③ 대중매체의 영향을 크게 받는 사람일수록 대중매체에 대한 법적·제도적 조치에 반대하는 경향이 있다.

④ 사람들은 자신이 타인에 비해 대중매체의 영향을 덜 받는다 생각하면서도 결과적으로 타인과 의견을 같이 하는 경향이 있다.

⑤ 제3자 효과가 나타나는 사람은 일단 한번 대중매체를 타면 어떤 내용이든지 동등한 수준으로 다른 이들에게 영향을 끼친다고 믿는다.

18

> 대나무는 전 세계에 500여 종이 있으며 한국, 중국, 일본 등 아시아의 전 지역에 고루 분포하는 쉽게 볼 수 있는 대상이다. 우리나라에선 신라의 만파식적과 관련한 설화에서 알 수 있듯이, 예로부터 주변에서 쉽게 볼 수 있지만 영험함이 있는, 비범한 대상으로 여겨졌다. 이러한 전통은 계속 이어져서 붓, 책, 부채, 죽부인, 악기, 약용, 식용, 죽공예품 등 생활용품으로 사용됨과 동시에 세한삼우, 사군자에 동시에 꼽히며 여러 문학작품과 미술작품에서 문인들의 찬미의 대상이 되기도 한다. 나아가 냉전시대에 서방에서는 중국을 '죽의 장막(Bamboo Curtain)'이라고 불렀을 만큼, 동아시아권 문화에서 빼놓을 수 없는 존재이며 상징하는 바가 크다. 예로부터 문인들에게 사랑받던 대나무는 유교를 정치철학으로 하는 조선에 들어오면서 그 위상이 더욱 높아진다. "대쪽 같은 기상"이란 표현에서도 알 수 있듯이, 대나무는 의연한 선비의 기상을 나타낸다. 늙어도 시들지 않고, 차가운 서리가 내려도, 폭설이 와도 대나무는 의젓이 홀로 일어난 모습을 유지한다. 눈서리를 이겨내고 사계절을 통해 올곧게 서서 굽히지 않는 모습은 선비가 지향하는 모습과 매우 닮았기에, 문학작품과 미술작품에서 대나무는 쉽게 찾아 볼 수 있다.

① 대나무는 약재로 쓰이기도 한다.
② 우리나라는 대나무의 원산지이다.
③ 우리 조상들은 대나무의 청초한 자태와 은은한 향기를 사랑했다.
④ 대나무는 아시아 지역에서도 특히 우리나라에 많이 분포하고 있다.
⑤ 조선은 대나무의 위상을 높게 여겨 '죽의 장막'이라는 별명을 얻었다.

19

세계관은 세계의 존재와 본성, 가치 등에 관한 신념들의 체계이다. 세계를 해석하고 평가하는 준거인 세계관은 곧 우리 사고와 행동의 토대가 되므로, 우리는 최대한 정합성과 근거를 갖추도록 노력해야 한다. 모순되거나 일관되지 못한 신념은 우리의 사고와 행동을 혼란시킬 것이므로 세계관에 대한 관심과 검토는 중요하다.
세계관을 이루는 여러 신념 가운데 가장 근본적인 수준의 신념은 '세계는 존재한다.'이다. 이 신념이 성립해야만 세계에 관한 다른 신념, 이를테면 세계가 항상 변화한다든가 불변한다든가 하는 등의 신념이 성립하기 때문이다.
실재론은 이 근본적 신념에 덧붙여 세계가 '우리 정신과 독립적으로' 존재함을 주장한다. 내가 만들어 날린 종이비행기는 멀리 날아가, 볼 수 없게 되었다 해도 여전히 존재한다. 이는 명확해서 논란의 여지가 없어 보이지만, 반실재론자는 이 상식에 도전한다. 유명한 반실재론자인 버클리는 세계의 독립적 존재를 부정한다. 그는 이를 바탕으로 세계에 관한 주장을 편다. 그에 의하면 '주관적' 성질인 색깔, 소리, 냄새, 맛 등은 물론, '객관적'으로 성립한다고 여겨지는 형태, 공간을 차지함, 딱딱함, 운동 등의 성질도 오로지 우리가 감각할 수 있을 때만 존재하는 주관적 속성이다. 세계 속의 대상과 현상이란 이런 속성으로 구성되므로 세계는 감각으로 인식될 때만 존재한다는 것이다.
버클리의 주장은 우리의 통념과 충돌한다. 당시 어떤 사람이 돌을 차면서 "나는 이렇게 버클리를 반박한다!"라고 외쳤다고 한다. 그는 날아간 돌이 엄연히 존재한다는 점을 근거로 버클리의 주장을 반박하고자 한 것이다. 그러나 버클리를 비롯한 반실재론자들이 부정한 것은 세계가 정신과 독립하여 그 자체로 존재한다는 신념이다. 따라서 돌을 찬 사람은 그들을 제대로 반박하지 못했다고 볼 수 있다.
최근까지도 새로운 형태의 반실재론이 제기되어 활발한 논의가 진행 중이다. 논증의 성패를 떠나 반실재론자는 타성에 젖은 실재론적 세계관의 토대에 대해 성찰할 기회를 제공한다. 또한 세계관에 대한 도전과 응전의 반복은 그 자체로 인간 지성이 상호 소통하면서 발전해 가는 과정을 보여준다.

① 실재론자에게 있어서 세계는 감각할 수 있는 요소에 한정된다.
② 발로 찼을 때 날아간 돌은 실재론자의 주장이 옳다는 사실을 증명한다.
③ 실재론이나 반실재론 모두 세계는 존재한다는 공통적인 전제를 깔고 있다.
④ 형태나 운동 등이 객관적인 속성을 갖췄다는 사실은 실재론자나 반실재론자 모두 인정하는 부분이다.
⑤ 현대사회에서는 실재론이 쇠퇴하고 반실재론에 관한 논의가 활발하게 진행되며 거의 정론으로 받아들여지고 있다.

20

> 근대적 공론장의 형성을 중시하는 연구자들은 아렌트와 하버마스의 공론장 이론을 적용하여 한국적 근대 공론장의 원형을 찾는다. 이들은 유럽에서 18 ~ 19세기에 신문, 잡지 등이 시민들의 대화와 토론에 의거한 부르주아 공론장을 형성하였다는 사실에 착안하여 『독립신문』이 근대적 공론장의 역할을 하였다고 주장한다. 또한 만민공동회라는 새로운 정치권력이 만들어낸 근대적 공론장을 통해, 공화정의 근간인 의회와 한국 최초의 근대적 헌법이 등장하는 결정적 계기가 마련되었다고 인식한다.
>
> 그런데 공론장의 형성을 근대 이행의 절대적 특징으로 이해하는 태도는 근대 이행의 다른 길들에 대한 불신과 과소평가로 이어지기도 한다. 당시 사회의 개혁을 위해서는 갑신정변과 같은 소수 엘리트 주도의 혁명이나 동학농민운동과 같은 민중봉기가 아니라, 만민공동회와 같은 다수 인민에 의한 합리적인 토론과 공론에 의거한 민주적 개혁이 올바른 길이라고 주장하는 것이 대표적 예이다. 나아가 이러한 태도는 당시 고종이 만민공동회의 주장을 수용하여 입헌군주제나 공화제를 채택했더라면 국권 박탈이라는 비극만은 면할 수 있었으리라는 비약으로 이어진다.
>
> 이러한 생각의 배경에는 개인의 자각에 근거한 공론장과 평화적 토론을 통한 공론의 형성, 그리고 공론을 정치에 실현시킬 제도적 장치가 마련되어 있는 체제가 바로 '근대'라는 확고한 인식이 자리 잡고 있다. 그들은 시민세력으로 성장할 가능성을 지닌 인민들의 행위가 근대적 정치를 표현하고 있었다는 점만 중시하고, 공론 형성의 주체인 시민이 아직 형성되지 못한 시대 상황은 특수한 것으로 평가한다. 또한 근대적 정치행위가 실패한 것은 인민들의 한계가 아니라, 전제황실 권력의 탄압이나 개혁파 지도자 내부의 권력투쟁 때문이라고 설명한다.
>
> 이러한 인식으로는 농민들을 중심으로 한 반봉건 민중운동의 지향점, 그리고 토지문제 해결을 통한 근대 이행이라는 고전적 과제에 답할 수가 없다. 또한 근대적 공론장에 기반한 근대국가가 수립되었을지라도 제국주의 열강들의 위협을 극복할 수 있었겠는지, 그 극복이 농민들의 지지 없이 가능했을지에 대한 문제의식은 들어설 여지가 없게 된다. 더 큰 문제는 이런 인식이 농민운동을 근대 이행을 방해하는 역사의 반역으로 왜곡할 소지가 있다는 것이다. 이러한 의문들이 적극적으로 해명되지 않는다면 근대 공론장 이론은 설득력을 갖기 어려울 것이다.

① 『독립신문』은 근대적 공론장의 역할을 하지 못했다.

② 농민운동이 한국의 근대 이행을 방해했다고 볼 수 없다.

③ 제국주의 열강의 위협이 한국의 근대 공론장 형성을 가속화하였다.

④ 고종이 만민공동회의 주장을 채택하였다면 국권박탈의 비극은 없었을 것이다.

⑤ 근대 공론장 이론의 한국적 적용은 몇 가지 한계가 있지만 근대 이행의 문제를 효과적으로 설명하였다.

제2영역 자료해석

01 다음은 A ~ C철도사의 2022 ~ 2024년 차량 수 및 연간 승차인원에 대한 자료이다. 이에 대한 설명으로 옳지 않은 것은?

〈3년간 철도사별 차량 수 및 승차인원〉

구분	2022년			2023년			2024년		
철도사	A	B	C	A	B	C	A	B	C
차량 수 (량)	2,751	103	185	2,731	111	185	2,710	113	185
승차인원 (천 명/년)	775,386	26,350	35,650	768,776	24,746	33,130	755,376	23,686	34,179

① C철도사가 운영하는 차량 수는 변동이 없다.
② C철도사의 차량 1량당 연간 승차인원 수는 200천 명 미만이다.
③ 3년간 차량 1량당 연간 평균 승차인원 수는 B철도사가 가장 적다.
④ A ~ C철도사 철도를 이용하는 연간 전체 승차인원 수는 매년 감소하였다.
⑤ 3년간 전체 승차인원 중 A철도사 철도를 이용하는 승차인원의 비율이 가장 높다.

02 다음은 1월 2일에 S사 주식에 100,000원을 투자한 후 매일 주가 등락률을 정리한 자료이다. 이를 참고하여 주식을 모두 매도했을 때 옳은 것은?

〈전일 대비 주가 등락률〉

구분	1월 3일	1월 4일	1월 5일	1월 6일	1월 9일
등락률	10% 상승	20% 상승	10% 하락	20% 하락	10% 상승

① 1월 4일은 매도할 경우 이익률은 30%이다.
② 1월 5일에 매도할 경우 5,320원 이익이다.
③ 1월 6일에 매도할 경우 4,450원 손실이다.
④ 1월 6일에 매도할 경우 이익률은 －6.9%이다.
⑤ 1월 9일에 매도할 경우 주식 가격은 104,544원이다.

03 S사에서는 업무효율을 높이기 위해 근무여건 개선방안에 대하여 논의하고자 한다. 다음은 논의를 위해 귀하가 작성한 전 사원의 야간근무 현황에 대한 자료이다. 이에 대한 설명으로 옳지 않은 것은?

〈야간근무 현황(주 단위)〉

(단위 : 일, 시간)

구분	임원	부장	과장	대리	사원
평균 야근 빈도	1.2	2.2	2.4	1.8	1.4
평균 야근 시간	1.8	3.3	4.8	6.3	4.2

※ 60분의 3분의 2 이상을 채울 시 1시간으로 야근 수당을 계산함

① 전 사원의 주 평균 야근 빈도는 1.8일이다.
② 과장급 사원은 한 주에 평균적으로 2.4일 정도 야간근무를 한다.
③ 평사원은 한 주 동안 평균 4시간 12분 정도 야간근무를 하고 있다.
④ 야근 수당이 시간당 10,000원이라면 과장급 사원은 주 평균 50,000원을 받는다.
⑤ 1회 야간근무 시 평균적으로 가장 긴 시간 동안 일하는 사원은 대리급 사원이다.

04 다음은 연도별 제주도 감귤 생산량과 수확 면적에 대한 자료이다. 2019년부터 2023년 동안 전년 대비 감귤 생산량의 감소량이 가장 많은 연도의 수확 면적은?

〈연도별 감귤 생산량 및 수확 면적〉

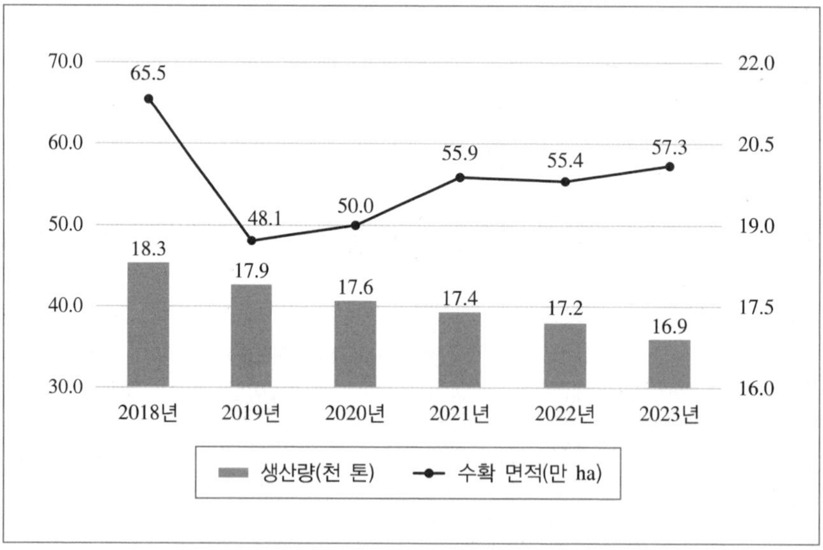

① 48.1만 ha
② 50.0만 ha
③ 55.9만 ha
④ 57.3만 ha
⑤ 65.5만 ha

05 다음은 한국, 미국, 일본, 프랑스가 화장품산업 경쟁력 4대 분야에서 획득한 점수에 대한 자료이다. 이에 대한 설명으로 옳은 것은?

〈주요국의 화장품산업 경쟁력 4대 분야별 점수〉

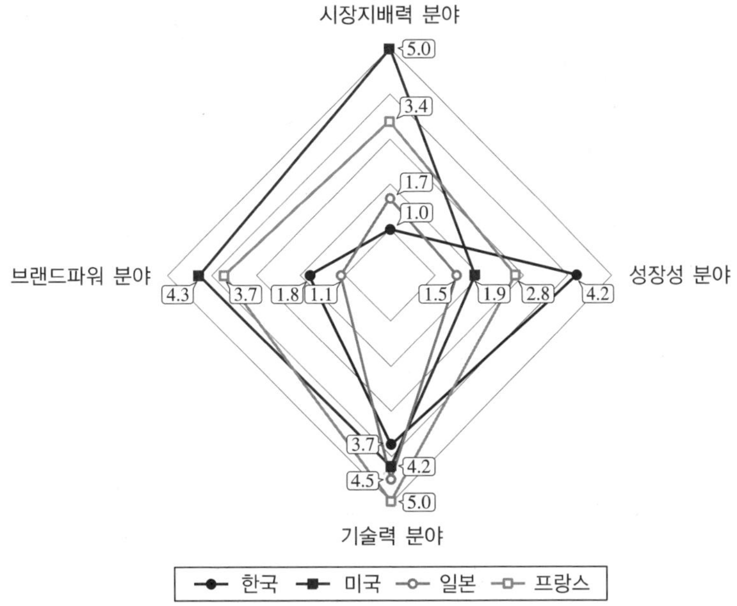

① 기술력 분야에서는 한국의 점수가 가장 높다.

② 시장지배력 분야의 점수는 일본이 프랑스보다 높지만 미국보다는 낮다.

③ 브랜드파워 분야에서 각국 점수 중 최댓값과 최솟값의 차이는 3 이하이다.

④ 성장성 분야에서 점수가 가장 높은 국가는 시장지배력 분야에서도 점수가 가장 높다.

⑤ 미국이 4대 분야에서 획득한 점수의 합은 프랑스가 4대 분야에서 획득한 점수의 합보다 높다.

06 다음은 S사의 부채 현황에 대한 자료이다. 이에 대한 설명으로 옳지 않은 것은?

〈S사 부채 현황〉

구분		2014년	2015년	2016년	2017년	2018년	2019년	2020년	2021년	2022년	2023년
자산		65.6	66.9	70.0	92.3	94.8	96.2	98.2	99.7	106.3	105.3
부채	금융부채	14.6	19.0	22.0	26.4	30.0	34.2	35.4	32.8	26.5	22.4
	비금융부채	7.0	6.9	6.9	17.8	20.3	20.7	21.2	23.5	26.6	27.5
	합계	21.6	25.9	28.9	44.2	50.3	54.9	56.6	56.3	53.1	49.9
자본		44	41	41.1	48.1	44.5	41.3	41.6	43.4	53.2	55.4

※ [부채비율(%)]=(부채합계)÷(자본)×100

① 부채는 2020년 이후 줄어들고 있다.
② 자본은 비금융부채보다 매년 1.5배 이상 많다.
③ 2014년부터 2022년까지 자산은 꾸준히 증가해 왔다.
④ 2014년부터 2021년까지 금융부채는 비금융부채보다 1.5배 이상 많다.
⑤ 2020년의 부채비율은 약 136%로 다른 연도에 비해 부채비율이 가장 높다.

07 다음은 어느 해 개최된 올림픽에 참가한 6개국의 성적에 대한 자료이다. 이에 대한 설명으로 옳지 않은 것은?

〈국가별 올림픽 성적〉

(단위 : 명, 개)

국가	참가선수	금메달	은메달	동메달	메달 합계
A	240	4	28	57	89
B	261	2	35	68	105
C	323	0	41	108	149
D	274	1	37	74	112
E	248	3	32	64	99
F	229	5	19	60	84

① 참가선수가 가장 적은 국가의 메달 합계는 전체 6위이다.
② 획득한 금메달 수가 많은 국가일수록 은메달 수는 적었다.
③ 금메달을 획득하지 못한 국가가 가장 많은 메달을 획득했다.
④ 참가선수의 수가 많은 국가일수록 획득한 동메달 수도 많았다.
⑤ 획득한 메달의 합계가 큰 국가일수록 참가선수의 수도 많았다.

08 다음은 우리나라 건강보험 재정현황에 대한 자료이다. 이에 대한 설명으로 옳지 않은 것은?

〈건강보험 재정현황〉

(단위 : 조 원)

구분		2016년	2017년	2018년	2019년	2020년	2021년	2022년	2023년
수입		33.6	37.9	41.9	45.2	48.5	52.4	55.7	58.0
	보험료 등	28.7	32.9	36.5	39.4	42.2	45.3	48.6	51.2
	정부지원	4.9	5.0	5.4	5.8	6.3	7.1	7.1	6.8
지출		34.9	37.4	38.8	41.6	43.9	48.2	52.7	57.3
	보험급여비	33.7	36.2	37.6	40.3	42.5	46.5	51.1	55.5
	관리운영비 등	1.2	1.2	1.2	1.3	1.4	1.7	1.6	1.8
수지율(%)		104	98	93	92	91	92	95	99

※ $[\text{수지율}(\%)]=\frac{(\text{지출})}{(\text{수입})}\times 100$

① 2021년 보험료 등이 건강보험 수입에서 차지하는 비율은 75% 이상이다.
② 건강보험 수입과 지출의 전년 대비 증감 추이는 2017년부터 2022년까지 동일하다.
③ 2017년부터 건강보험 수지율이 전년 대비 감소하는 해에는 정부지원 수입이 전년 대비 증가했다.
④ 2017년부터 2019년까지 건강보험 지출 중 보험급여비가 차지하는 비중은 매년 90%를 초과한다.
⑤ 2016년 대비 2023년 건강보험 수입의 증가율과 건강보험 지출의 증가율의 차이는 15%p 이상이다.

09 다음은 S국의 2023년 월별 영화 개봉편수 및 관객 수에 대한 자료이다. 이를 변환한 그래프로 옳은 것은?

〈월별 국내·외 영화 개봉편수 및 관객 수〉

(단위 : 편, 명)

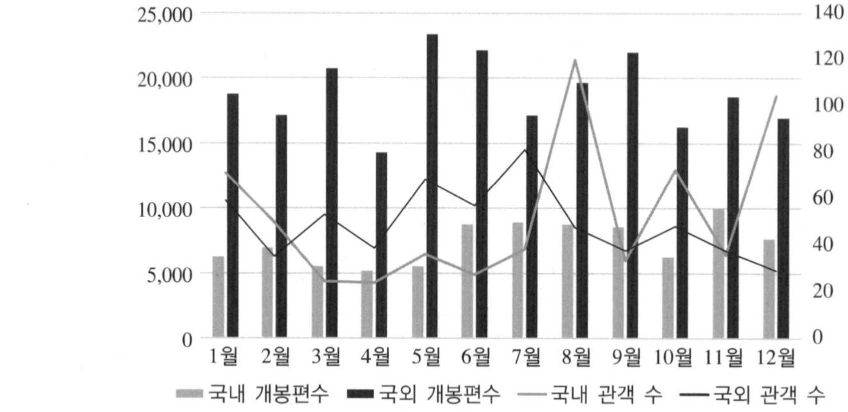

※ 국내·외 개봉편수는 왼쪽 축이며, 관객 수는 오른쪽 축에 해당함

①

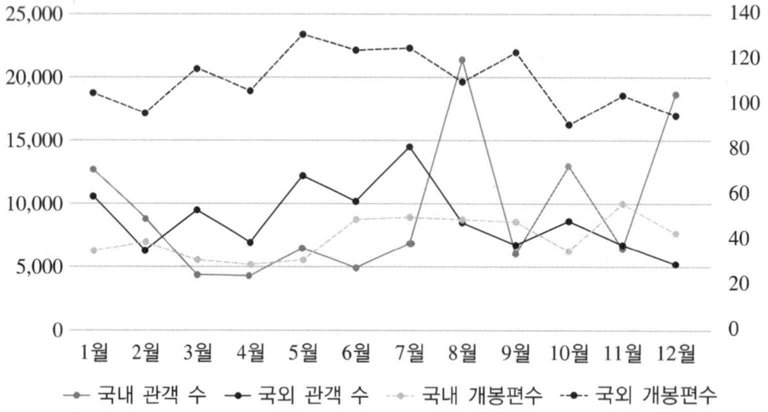

②

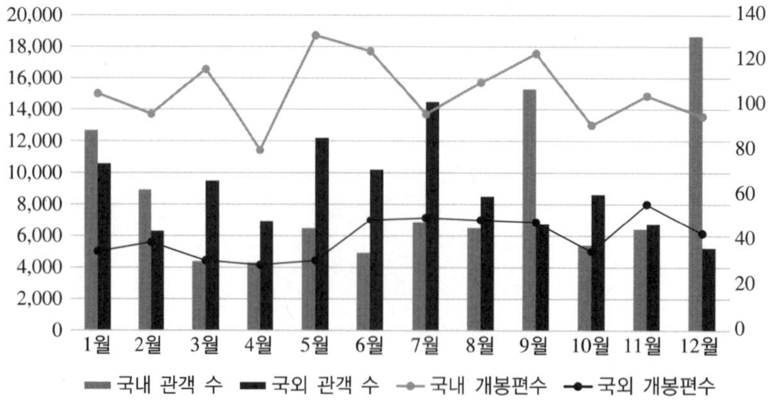

③

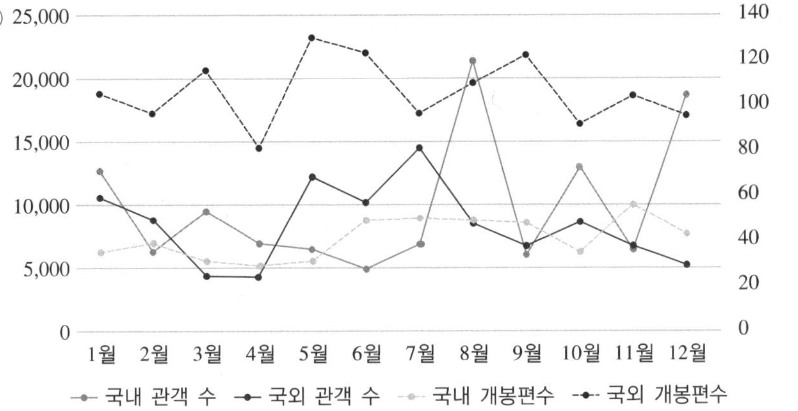
25,000
20,000
15,000
10,000
5,000
0
140
120
100
80
60
40
20
0
1월 2월 3월 4월 5월 6월 7월 8월 9월 10월 11월 12월
국내 관객 수
국외 관객 수
국내 개봉편수
국외 개봉편수

④

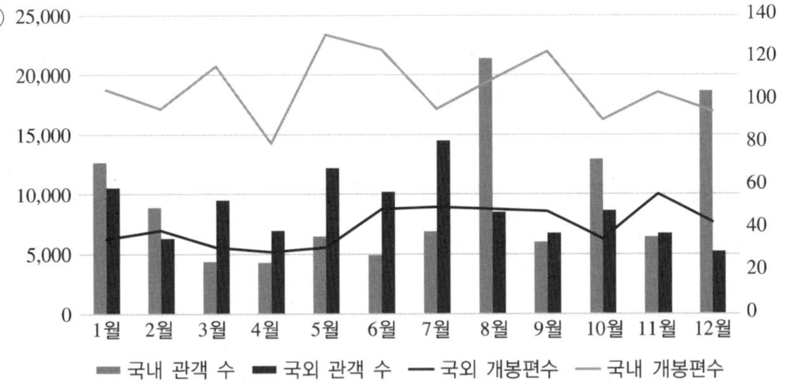
25,000
20,000
15,000
10,000
5,000
0
140
120
100
80
60
40
20
0
1월 2월 3월 4월 5월 6월 7월 8월 9월 10월 11월 12월
국내 관객 수
국외 관객 수
국외 개봉편수
국내 개봉편수

⑤

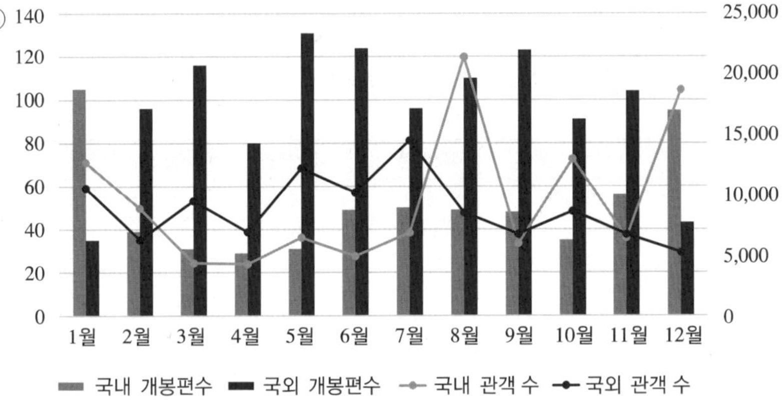
140
120
100
80
60
40
20
0
25,000
20,000
15,000
10,000
5,000
0
1월 2월 3월 4월 5월 6월 7월 8월 9월 10월 11월 12월
국내 개봉편수
국외 개봉편수
국내 관객 수
국외 관객 수

10 다음은 S국의 출생 및 사망 추이에 대한 자료이다. 이에 대한 설명으로 옳지 않은 것은?

〈출생 및 사망 추이〉

(단위 : 명, 년)

구분		2016년	2017년	2018년	2019년	2020년	2021년	2022년
출생아 수		490,543	472,761	435,031	448,153	493,189	465,892	444,849
사망자 수		244,506	244,217	243,883	242,266	244,874	246,113	246,942
기대수명		77.44	78.04	78.63	79.18	79.56	80.08	80.55
수명	남성	73.86	74.51	75.14	75.74	76.13	76.54	76.99
	여성	80.81	81.35	81.89	82.36	82.73	83.29	83.77

① 기대수명은 매년 증가하고 있다.
② 여성의 수명과 기대수명의 차이는 2020년에 가장 적다.
③ 남성과 여성의 수명은 매년 5년 이상의 차이를 보이고 있다.
④ 출생아 수는 2016년 이후 감소하다가 2019년, 2020년에 증가 이후 다시 감소하고 있다.
⑤ 매년 출생아 수는 사망자 수보다 20만 명 이상 더 많으므로 매년 총 인구는 20만 명 이상씩 증가한다고 볼 수 있다.

11 다음은 2019 ~ 2023년까지 S기업의 정규직 신규채용 현황에 대한 자료이다. 이에 대한 설명으로 옳은 것은?

〈정규직 신규채용 현황〉

(단위 : 명)

구분	2019년	2020년	2021년	2022년	2023년
정규직 총 신규채용	1,605	1,503	2,103	2,828	3,361
시간선택제(전일제 환산)	–	14	22	20	–
시간선택제(인원수)	–	29	44	41	–
청년	710	719	965	1,338	1,549
여성	229	187	251	301	396
장애인	17	6	11	15	15
비수도권 지역인재	350	311	480	703	927
이전지역 지역인재	61	51	110	124	245
고졸인력	238	186	220	286	229

① 2023년 정규직 신규채용 중 장애인의 비율은 1% 이상이다.
② 정규직 신규채용 중 매년 고졸인력이 이전지역 지역인재보다 많다.
③ 정규직 신규채용 중 여성의 비율은 2021년보다 2019년에 더 높다.
④ 정규직 신규채용은 2020년부터 2023년까지 전년 대비 매년 증가하였다.
⑤ 2020년부터 2022년까지 비수도권 지역인재 신규채용과 청년 신규채용의 전년 대비 증감추이는 동일하다.

12 다음은 직무분야별 기능사 자격통계 현황에 대한 자료이다. 이에 대한 설명으로 옳지 않은 것은?

〈직무분야별 시험 응시 및 합격 현황〉

(단위 : 명, %)

구분		필기시험				실기시험			
		신청자	응시자	합격자	합격률	신청자	응시자	합격자	합격률
디자인 분야	합계	29,661	25,780	16,601	64.4	24,453	19,274	11,900	61.7
	여성	20,585	18,031	12,283	68.1	17,138	13,367	8,333	62.3
	남성	9,076	7,749	4,318	55.7	7,315	5,907	3,567	60.4
영사 분야	합계	471	471	181	38.4	281	281	103	36.7
	여성	123	123	49	39.8	65	65	34	52.3
	남성	348	348	132	37.9	216	216	69	31.9
운전·운송 분야	합계	391	332	188	56.6	189	175	149	85.1
	여성	7	6	1	16.7	1	1	–	–
	남성	384	326	187	57.4	188	174	149	85.6
토목 분야	합계	10,225	8,974	4,475	49.9	8,406	7,733	5,755	74.4
	여성	950	794	459	57.8	881	771	493	63.9
	남성	9,275	8,180	4,016	49.1	7,525	6,962	5,262	75.6
건축 분야	합계	13,105	11,072	5,085	45.9	24,040	20,508	14,082	68.7
	여성	5,093	4,292	2,218	51.7	5,666	4,620	3,259	70.5
	남성	8,012	6,780	2,867	42.3	18,374	15,888	10,823	68.1

※ 합격률은 응시자 대비 합격자이며, 소수점 둘째 자리에서 반올림한 값임

① 필기·실기시험 전체 응시율이 100%인 직무분야는 영사 분야이다.

② 남성 실기시험 응시자가 가장 많은 분야는 남성 필기시험 응시자도 가장 많다.

③ 필기시험 전체 합격률이 실기시험 전체 합격률보다 높은 직무분야는 두 분야이다.

④ 여성 필기시험 응시자가 남성보다 많은 분야는 실기시험 응시자도 여성이 더 많다.

⑤ 건축 분야의 여성 실기시험 합격률은 토목 분야의 남성 실기시험 합격률보다 5.1%p 낮다.

13 다음은 상품군별 온라인 및 모바일쇼핑 거래액에 대한 자료이다. 이에 대한 설명으로 옳지 않은 것은?

〈상품군별 온라인 및 모바일쇼핑 거래액〉

(단위 : 억 원, %)

구분	2023년 9월		2024년 9월	
	온라인	모바일	온라인	모바일
합계	50,000	30,000	70,000	42,000
컴퓨터 및 주변기기	2,450	920	3,700	1,180
가전·전자·통신기기	5,100	2,780	7,000	3,720
소프트웨어	50	10	50	10
서적	1,000	300	1,300	500
사무·문구	350	110	500	200
음반·비디오·악기	150	65	200	90
의복	5,000	3,450	6,000	4,300
신발	750	520	1,000	760
가방	900	640	1,500	990
패션용품 및 액세서리	900	580	1,500	900
스포츠·레저용품	1,450	1,000	2,300	1,300
화장품	4,050	2,970	5,700	3,700
아동·유아용품	2,200	1,500	2,400	1,900
음·식료품	6,200	4,500	11,500	7,600
농축수산물	2,000	915	2,400	1,500
생활·자동차용품	5,500	3,340	6,700	4,500
가구	1,300	540	1,850	1,000
애완용품	250	170	400	300
여행 및 예약서비스	9,000	4,360	11,000	5,800
각종서비스 및 기타	1,400	1,330	3,000	1,750

① 2024년 9월 모바일쇼핑 거래액은 온라인쇼핑 거래액의 60%이다.

② 2024년 9월 온라인쇼핑 거래액이 전년 동월보다 낮아진 상품군이 있다.

③ 2024년 9월 온라인쇼핑 거래액은 7조 원으로 전년 동월 대비 40% 증가했다.

④ 2024년 9월 모바일쇼핑 거래액은 4조 2,000억 원으로 전년 동월 대비 40% 증가했다.

⑤ 2024년 9월 온라인쇼핑 대비 모바일쇼핑 거래액의 비중이 가장 작은 상품군은 소프트웨어이다.

14 다음은 S기업의 연결 포괄손익계산서이다. 이에 대한 설명으로 옳은 것을 〈보기〉에서 모두 고르면?

〈S기업 연결 포괄손익계산서〉

(단위 : 백만 원)

항목	2020년	2021년	2022년	2023년
매출액	17,197,975	30,109,434	40,445,066	26,990,733
매출총이익	6,410,836	17,407,591	25,264,228	8,165,458
영업이익	3,276,746	13,721,326	20,843,750	2,712,718
법인세비용 차감전순이익	3,216,452	13,439,566	21,341,029	2,442,725
당기순이익	2,960,482	10,642,219	15,539,984	2,016,390
영업외수익	−60,293	−281,760	497,280	−269,992
금융수익	−85,948	−69,644	−32,157	−208,446
외환이익	38,067	−231,580	340,069	108,993
지분법이익	22,752	12,367	14,701	24,328
기타영업외수익	−35,163	7,097	174,666	−194,868

〈보기〉

㉠ 2021년부터 2023년까지 전년 대비 증감 추이는 외환이익과 매출총이익이 동일하다.
㉡ 2021년 대비 2022년 법인세비용 차감전순이익 증가율은 지분법이익 증가율보다 높다.
㉢ 매출액 대비 영업이익의 비율은 2022년이 2021년보다 높다.
㉣ 2020년부터 2023년까지 당기순이익이 높은 해일수록 매출액도 높다.

① ㉠, ㉡
② ㉠, ㉢
③ ㉡, ㉢
④ ㉡, ㉣
⑤ ㉢, ㉣

15 다음은 한국, 일본, 프랑스, 독일, 영국 5개국의 지적재산권 수입 및 지급 현황에 대한 자료이다. 이에 대한 설명으로 옳지 않은 것은?

〈국가별 지적재산권 수입 및 지급 현황〉

(단위 : 백만 원)

구분	2021년		2022년		2023년	
	수입	지급	수입	지급	수입	지급
한국	2,610	2,546	2,789	3,015	3,656	4,259
일본	8,658	7,879	8,702	8,154	11,237	10,572
프랑스	5,784	5,417	6,659	5,986	6,583	6,441
독일	7,977	7,652	8,511	8,090	11,003	9,544
영국	5,921	3,548	7,345	7,015	7,854	6,907
합계	30,950	27,042	34,006	32,260	40,333	37,723

① 영국의 2023년 지적재산권 지급은 전년 대비 10% 이상 감소했다.

② 프랑스의 2023년 지적재산권 수입은 전년 대비 64백만 원 이상 감소했다.

③ 매년 독일의 지적재산권 수입이 한국의 지적재산권 수입보다 3배 이상 많다.

④ 일본의 2021 ~ 2023년 지적재산권 수입 및 지급 금액이 5개국 중 가장 많다.

⑤ 2021 ~ 2023년 동안 한국을 제외한 모든 나라들은 매년 지적재산권 수입보다 지적재산권 지급이 낮다.

16 다음은 산업단지 동향에 대한 자료이다. 이에 대한 설명으로 옳지 않은 것은?

〈산업단지 동향〉

구분	2024년 1/4분기	2023년 1/4분기	2023년 4/4분기	2024년 1/4분기	
				전년 동분기 대비(%)	전 분기 대비(%)
단지 지정 수(개)	960	915	948	4.9	1.3
면적(백만m^2)	1,361	1,341	1,357	1.5	0.3
분양률(%)	96.3	97.0	97.0	−0.7	−0.7
입주업체(백 개)	732	683	723	7.2	1.2
생산(조 원)	255	228	263	11.8	−3.0
수출(십억 불)	1,036	910	1,125	13.8	−7.9
고용(천 명)	1,743	1,617	1,714	7.8	1.7

① 2024년 1/4분기 산업단지 지정 수는 전년 동분기 대비 4.9%, 전 분기 대비 1.3% 각각 증가했다.

② 2024년 1/4분기 산업단지 지정 수는 960개, 산업단지 면적은 1,361백만m^2, 분양률은 96.3%, 입주업체는 732백 개, 생산은 255조 원, 수출은 1,036십억 불, 고용은 1,743천 명으로 조사되었다.

③ 2023년 1/4분기 대비 2023년 4/4분기에서 가장 큰 비율로 증가한 분야는 수출이다.

④ 2024년 1/4분기에 전 분기 대비 가장 큰 비율로 감소한 것은 수출 분야이다.

⑤ 2024년 1/4분기 고용 분야는 전년 동분기 대비 1.7% 증가했다.

17 다음은 S국 국회의원의 SNS 이용자 수 현황에 대한 자료이다. 이를 참고하여 작성한 그래프로 옳지 않은 것은?(단, 소수점 둘째 자리에서 반올림한다)

〈국회의원의 SNS 이용자 수 현황〉

(단위 : 명)

구분	정당	당선 횟수별				당선 유형별		성별	
		초선	2선	3선	4선 이상	지역구	비례대표	남성	여자
여당	A	82	29	22	12	126	19	123	22
야당	B	29	25	13	6	59	14	59	14
	C	7	3	1	1	7	5	10	2
합계		118	57	36	19	192	38	192	38

① 국회의원의 여야별 SNS 이용자 수

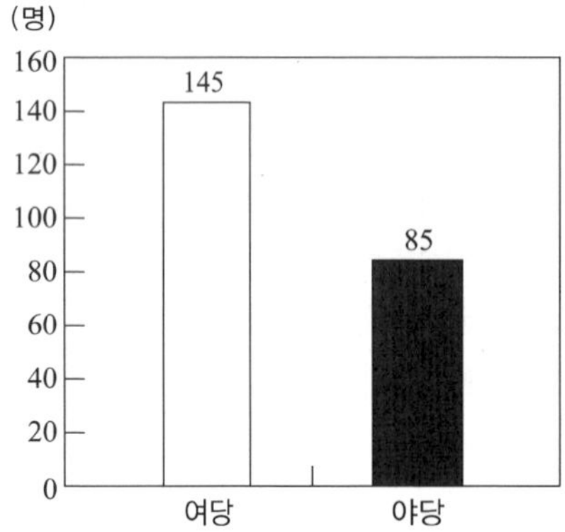

② 남녀 국회의원의 여야별 SNS 이용자 구성비

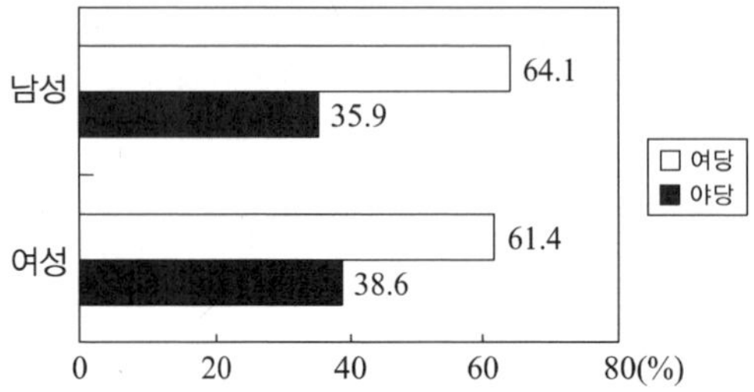

③ 야당 국회의원의 당선 횟수별 SNS 이용자 구성비

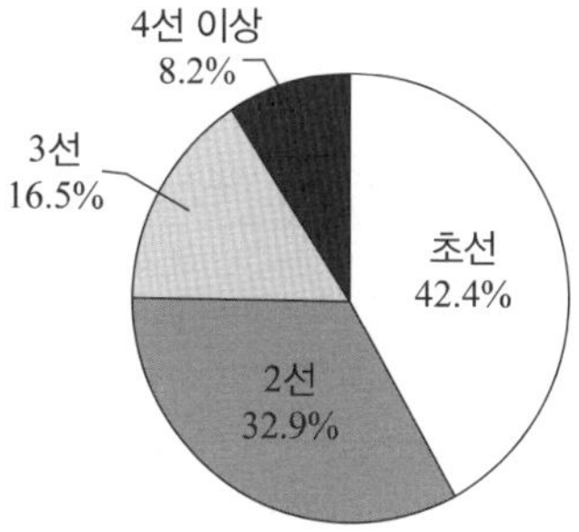

④ 2선 이상 국회의원의 정당별 SNS 이용자 수

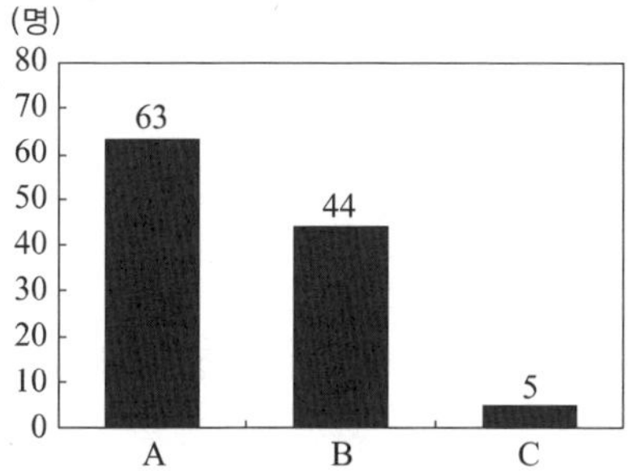

⑤ 여당 국회의원의 당선 유형별 SNS 이용자 구성비

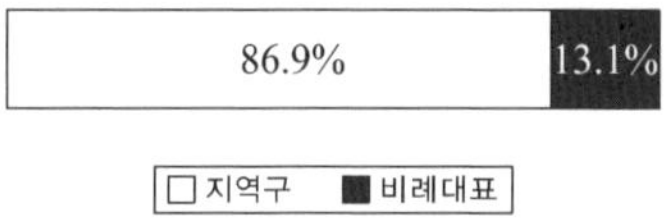

18 다음은 2017 ~ 2023년 S국의 지진 발생 현황에 대한 자료이다. 이에 대한 설명으로 옳은 것은?

〈S국의 지진 발생 현황〉

구분	지진 횟수	최고 규모
2017년	42회	3.3
2018년	52회	4.0
2019년	56회	3.9
2020년	93회	4.9
2021년	49회	3.8
2022년	44회	3.9
2023년	492회	5.8

① 지진 횟수가 증가할 때 지진의 최고 규모도 커진다.

② 2017년 이후 지진 발생 횟수가 꾸준히 증가했다.

③ 2020년에는 2019년보다 지진이 44회 더 발생했다.

④ 2020년에 일어난 규모 4.9의 지진은 2017년 이후 S국에서 발생한 지진 중 가장 강력한 규모이다.

⑤ 2023년에 발생한 지진은 2017년부터 2022년까지의 평균 지진 발생 횟수에 비해 약 8.8배 급증했다.

19 다음은 단위면적당 도시공원 · 녹지 · 유원지 현황에 대한 자료이다. 이에 대한 설명으로 옳지 않은 것은?

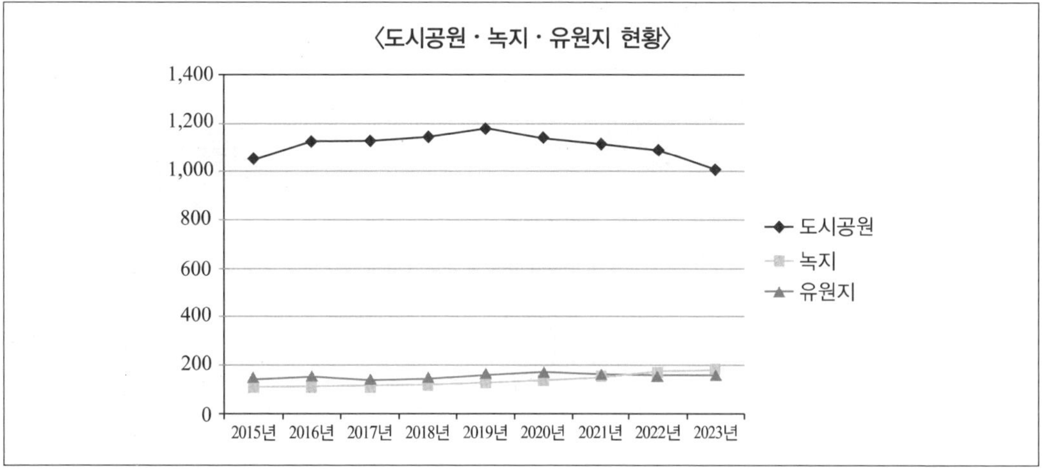

① 도시공원의 면적은 2019년에 가장 넓다.

② 도시공원의 면적은 2020년부터 감소하고 있다.

③ 2020년부터 녹지의 면적은 꾸준히 증가하고 있다.

④ 2020년부터 녹지의 면적은 유원지 면적을 추월했다.

⑤ 도시공원의 면적은 녹지와 유원지의 면적보다 월등히 넓다.

20 다음은 품목별 수송량 구성비에 대한 자료이다. 이에 대한 설명으로 옳지 않은 것은?

〈품목별 수송량 구성비〉

(단위 : %)

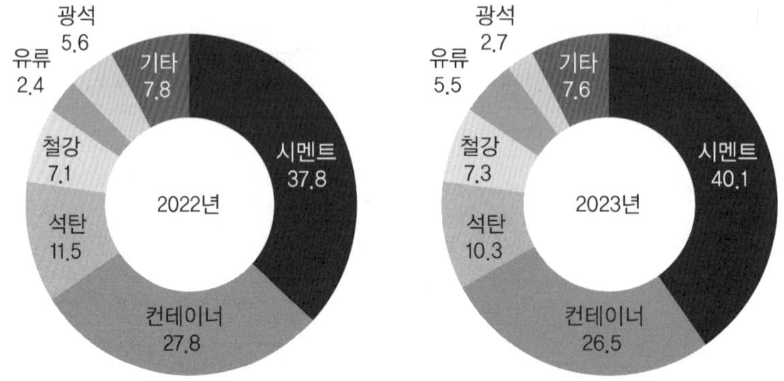

① 구성비가 가장 크게 변화한 품목은 유류이다.

② 컨테이너 수송량은 2022년 대비 2023년에 감소하였다.

③ 2022년 대비 2023년에 구성비가 증가한 품목은 3개이다.

④ 2022년과 2023년에 가장 큰 비율을 차지하는 품목은 같다.

⑤ 2022년엔 유류가, 2023년엔 광석이 기타를 제외한 단일 품목 중 가장 작은 비율을 차지한다.

01 A, B 두 지점을 왕복하는 데 A에서 B로 갈 때에는 16km/h로 달리고, B에서 A로 되돌아올 때에는 8km/h로 걷는다. 왕복하는 시간이 1시간 30분 이내이려면 두 지점은 최대 몇 km 떨어져 있어야 하는가?

① 4km
② 5km
③ 6km
④ 7km
⑤ 8km

02 농도 6%의 소금물 200g에서 소금물을 조금 덜어낸 후 덜어낸 양의 절반만큼 물을 넣고 농도 2%의 소금물을 넣었더니 농도 3%의 소금물 300g이 되었다. 더 넣은 농도 2% 소금물의 양은?

① 90g
② 105g
③ 120g
④ 135g
⑤ 150g

03 X커피 300g은 A원두와 B원두의 양을 1 : 2 비율로 배합하여 만들고, Y커피 300g은 A원두와 B원두의 양을 2 : 1 비율로 배합하여 만든다. 두 커피 300g의 판매가격이 각각 3,000원, 2,850원일 때, B원두의 100g당 원가는?(단, 판매가격은 원가의 합의 1.5배이다)

① 500원
② 600원
③ 700원
④ 800원
⑤ 1,000원

04 A와 B는 가위바위보 게임을 하기로 했다. 게임에서 이긴 사람에게는 C가 10만 원을 주고, 진 사람은 C에게 7만 원을 주기로 했다. 게임이 끝난 후, A는 49만 원, B는 15만 원을 가지고 있다면, A가 게임에서 이긴 횟수는?(단, A와 B는 각각 20만 원을 가진 채로 게임을 시작했다)

① 4회
② 5회
③ 6회
④ 7회
⑤ 8회

05 어른 3명과 어린아이 3명이 함께 식당에 갔다. 자리가 6개인 원탁에 앉는다고 할 때 앉을 수 있는 경우의 수는?(단, 아이들은 어른들 사이에 앉힌다)

① 8가지
② 12가지
③ 16가지
④ 20가지
⑤ 24가지

06 프라모델 1개를 조립하는 데 희경이 혼자서는 6일이 걸리고, 소현이와 함께 하면 4일이 걸린다. 소현이 혼자 프라모델 1개를 조립하는 데 걸리는 기간은?

① 4일
② 6일
③ 8일
④ 10일
⑤ 12일

07 예방접종을 한 사람의 X바이러스 감염률은 0.5%이고 예방접종을 하지 않은 사람의 X바이러스 미감염률은 95%라고 한다. 예방접종률이 80%일 때 X바이러스의 전체 감염률은?

① 0.2%
② 0.7%
③ 1.4%
④ 2.5%
⑤ 3.6%

08 현식이는 아버지와 18살 차이가 나는데, 4년 후에는 아버지의 나이가 4년 후 현식이 나이의 3배가 된다. 올해 기준으로 2년 전 현식이의 나이는?

① 3세
② 6세
③ 9세
④ 12세
⑤ 15세

09 철수는 기본급 80만 원에 차 한 대당 3%의 성과급을 받는다. 차 한 대의 금액이 1,200만 원이라면 월급을 240만 원 이상 받고자 할 때 최소 몇 대를 팔아야 하는가?

① 3대
② 5대
③ 6대
④ 10대
⑤ 12대

10 총 길이가 20km인 원형 트랙을 자동차로 4시간 동안 시계방향으로 돌았다. 처음 2시간 동안 10회, 다음 1시간 동안 6회, 마지막 1시간 동안 4회 돌았다면, 4시간 동안의 자동차 평균속력은?

① 60km/h
② 70km/h
③ 80km/h
④ 90km/h
⑤ 100km/h

11 농도 20%의 소금물 100g에서 xg을 덜어내고, 덜어낸 양만큼의 소금을 첨가하였다. 거기에 농도 11%의 소금물 yg을 섞었더니 농도 26%의 소금물 300g이 되었다. 이때 $x+y$의 값은?

① 195
② 213
③ 235
④ 245
⑤ 315

12 어느 가정의 1월과 6월의 난방요금 비율이 7 : 3이다. 1월의 난방요금에서 2만 원을 뺐을 때 그 비율이 2 : 1이면, 1월의 난방요금은?

① 10만 원
② 12만 원
③ 14만 원
④ 16만 원
⑤ 18만 원

13 10명의 각 나라 대표들이 모여 당구 경기를 진행하려고 한다. 경기 진행 방식은 토너먼트 방식으로 다음과 같이 진행될 때, 만들어질 수 있는 대진표의 경우의 수는?

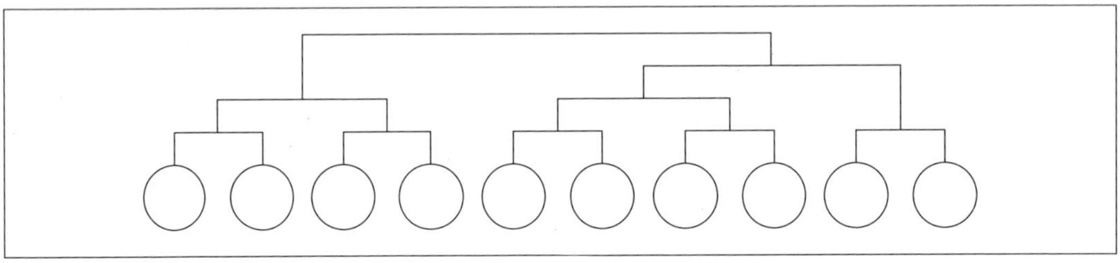

① 27,200가지
② 27,560가지
③ 28,000가지
④ 28,350가지
⑤ 29,700가지

14 어떤 일을 A가 혼자 하면 15일, B가 혼자 하면 10일, C가 혼자 하면 30일이 걸린다. 이 일을 A～C 모두가 함께 하면 총 며칠이 걸리겠는가?

① 5일
② 6일
③ 7일
④ 8일
⑤ 9일

15 A～C 3명이 동시에 같은 문제를 풀려고 한다. A가 문제를 풀 확률은 $\frac{1}{4}$, B가 문제를 풀 확률은 $\frac{1}{3}$, C가 문제를 풀 확률은 $\frac{1}{2}$일 때, 1명만 문제를 풀 확률은?

① $\frac{2}{9}$
② $\frac{1}{4}$
③ $\frac{5}{12}$
④ $\frac{11}{24}$
⑤ $\frac{6}{7}$

16 집에서 할아버지 댁까지는 총 50km라고 한다. 10km/h의 속력으로 25km를 갔더니 도착하기로 한 시간이 얼마 남지 않아서 15km/h의 속력으로 뛰어가 오후 4시에 할아버지 댁에 도착할 수 있었다. 집에서 나온 시각은?

① 오전 11시 50분
② 오후 12시 10분
③ 오후 12시 50분
④ 오후 1시 10분
⑤ 오후 1시 50분

17 귤 상자 2개에 각각 귤이 들어있다고 한다. 상자당 귤이 안 익었을 확률이 10%, 썩었을 확률이 15%이고 나머지는 잘 익은 귤이다. 두 사람이 각각 다른 상자에서 귤을 꺼낼 때 한 사람은 잘 익은 귤을 꺼내고, 다른 한 사람은 썩거나 안 익은 귤을 꺼낼 확률은?

① 31.5%
② 33.5%
③ 35.5%
④ 37.5%
⑤ 39.5%

18 고등학생 8명이 래프팅을 하러 여행을 떠났다. 보트는 3명, 5명 두 팀으로 나눠 타기로 했다. 이때 8명 중 반장, 부반장은 서로 다른 팀이 된다고 할 때, 가능한 경우의 수는?(단, 반장과 부반장은 각각 1명이다)

① 15가지
② 18가지
③ 30가지
④ 32가지
⑤ 40가지

19 현준이가 집에서 도서관으로 가는데 $\frac{1}{2}$ 지점까지는 시속 2km로 걸어가고, 나머지 반은 시속 6km로 뛰어갔더니 20분이 걸렸다. 집에서 도서관까지의 거리는?

① 0.5km
② 1km
③ 1.5km
④ 2km
⑤ 2.5km

20 농도 8% 소금물 200g에서 소금물을 조금 퍼낸 후, 퍼낸 소금물만큼 물을 부었다. 그리고 소금 50g을 넣어 농도 24%의 소금물 250g을 만들었을 때, 처음 퍼낸 소금물의 양은?

① 75g
② 80g
③ 90g
④ 95g
⑤ 100g

제4영역 언어추리

01 S사는 직원 A～E 5명 중 일부를 지방으로 발령하고자 한다. 다음 〈조건〉에 따라 A의 지방 발령이 결정되었다고 할 때, 지방으로 발령되지 않는 직원은 총 몇 명인가?

〈조건〉

- S사는 B와 D의 지방 발령에 대하여 같은 결정을 한다.
- S사는 C와 E의 지방 발령에 대하여 다른 결정을 한다.
- D를 지방으로 발령한다면, E는 지방으로 발령하지 않는다.
- E를 지방으로 발령하지 않는다면, A도 지방으로 발령하지 않는다.

① 1명
② 2명
③ 3명
④ 4명
⑤ 5명

02 A～D국 네 국가의 각 기상청은 최근 태평양에서 발생한 태풍의 이동 경로를 다음과 같이 예측하였고, 이들 중 단 두 국가의 예측만이 실제 태풍의 이동 경로와 일치했다. 다음 중 실제 태풍의 이동 경로를 바르게 예측한 나라를 모두 고르면?(단, 예측이 틀린 국가는 모든 예측에 실패했다)

- A국 : 8호 태풍 바비는 일본에 상륙하고, 9호 태풍 마이삭은 한국에 상륙할 것입니다.
- B국 : 9호 태풍 마이삭이 한국에 상륙한다면, 10호 태풍 하이선은 중국에 상륙할 것입니다.
- C국 : 8호 태풍 바비의 이동 경로와 관계없이 10호 태풍 하이선은 중국에 상륙하지 않을 것입니다.
- D국 : 10호 태풍 하이선은 중국에 상륙하지 않고, 8호 태풍 바비는 일본에 상륙하지 않을 것입니다.

① A국, B국
② A국, C국
③ B국, C국
④ B국, D국
⑤ C국, D국

03 A ~ D 4명은 한 판의 가위바위보를 한 후 그 결과에 대해 다음과 같이 각각 2가지의 진술을 하였다. 2가지의 진술 중 하나는 반드시 참이고, 하나는 반드시 거짓이라고 할 때, 항상 참인 것은?

- A : C는 B를 이길 수 있는 것을 냈고, B는 가위를 냈다.
- B : A는 C와 같은 것을 냈지만, A가 편 손가락의 수는 나보다 적었다.
- C : B는 바위를 냈고, 그 누구도 같은 것을 내지 않았다.
- D : A, B, C 모두 참 또는 거짓을 말한 순서가 동일하다. 이 판은 승자가 나온 판이었다.

① D는 혼자 가위를 냈다.
② 보를 낸 사람은 1명이다.
③ 바위를 낸 사람은 2명이다.
④ B와 같은 것을 낸 사람이 있다.
⑤ B가 기권했다면 가위를 낸 사람이 지는 판이다.

04 S사에 근무 중인 5명의 직원 A ~ E가 〈조건〉에 따라 이번 주 평일에 당직을 선다고 할 때, 다음 중 반드시 참인 것은?

〈조건〉

- A ~ E는 평일 주 1회 이상 3회 미만의 당직을 서야 한다.
- B와 D의 당직일은 겹치지 않는다.
- B와 D의 경우 하루는 혼자 당직을 서고, 다른 하루는 A와 함께 당직을 선다.
- B와 D는 이틀 연속으로 당직을 선다.
- A는 월요일과 금요일에 당직을 선다.
- C는 혼자 당직을 선다.
- E는 이번 주에 1번 당직을 섰고, 그날은 최대 인원수가 근무했다.

① B는 월요일에 당직을 섰다.
② B는 금요일에 당직을 섰다.
③ C는 수요일에 당직을 섰다.
④ D는 금요일에 당직을 섰다.
⑤ E는 금요일에 당직을 섰다.

05 S사 고객센터 직원 A ~ F 6명은 연휴 전날 고객이 많을 것을 고려해 점심을 12시, 1시 두 팀으로 나눠 먹기로 하였다. 〈조건〉에 따라 점심을 먹을 때, 다음 중 반드시 참인 것은?

〈조건〉

- A는 B보다 늦게 가지는 않는다.
- A와 C는 같은 시간에 먹는다.
- C와 D는 다른 시간에 먹는다.
- E는 F보다 먼저 먹는다.

① A와 B는 다른 시간에 먹는다.
② B와 C는 같은 시간에 먹는다.
③ D와 F는 같은 시간에 먹는다.
④ 12시와 1시에 식사하는 인원수는 다르다.
⑤ A가 1시에 먹는다면 1시 팀 인원이 더 많다.

06 A ~ E 5명은 부산에 가기 위해 서울역에서 저녁 7시에 출발하여 대전역과 울산역을 차례로 정차하는 부산행 KTX 열차를 타기로 했다. 이들 중 2명은 서울역에서 승차하였고, 다른 2명은 대전역에서, 나머지 1명은 울산역에서 각각 승차하였다. 다음 대화가 모두 참일 때, 항상 참인 것은?(단, 같은 역에서 승차한 경우 서로의 탑승 순서는 알 수 없다)

- A : 나는 B보다 먼저 탔지만, C보다 먼저 탔는지는 알 수 없어.
- B : 나는 C보다 늦게 탔어.
- C : 나는 가장 마지막에 타지 않았어.
- D : 나는 대전역에서 탔어.
- E : 나는 내가 몇 번째로 탔는지 알 수 있어.

① A는 대전역에서 승차하였다.
② B는 C와 같은 역에서 승차하였다.
③ C와 D는 같은 역에서 승차하였다.
④ D는 E와 같은 역에서 승차하였다.
⑤ E는 울산역에서 승차하였다.

07 S대리는 열차정비시설 설치지역 후보지들을 탐방하려고 한다. 후보지의 수가 많은 데 비해 S대리의 시간은 한정되어 있으므로 다음 〈조건〉에 따라 일부 후보지만 방문하려고 한다. 옳게 말하고 있는 사람을 〈보기〉에서 모두 고르면?

〈조건〉

- 양산, 세종, 목포 중 적어도 두 곳은 방문한다.
- 성남을 방문하면 세종은 방문하지 않는다.
- 목포를 방문하면 동래도 방문한다.
- 익산과 성남 중 한 곳만 방문한다.
- 밀양은 설치가능성이 가장 높은 곳이므로 반드시 방문한다.
- 동래를 방문하면 밀양은 방문하지 않는다.

〈보기〉

- 지훈 : S대리는 밀양과 동래만 방문할 거야.
- 세리 : 그는 이번에 성남은 가지 않고, 양산과 밀양을 방문할 거야.
- 준하 : 그는 목포를 방문하고 세종은 방문하지 않을 거야.
- 진경 : S대리는 성남과 동래 모두 방문하지 않을 거야.

① 지훈, 세리
② 지훈, 준하
③ 세리, 준하
④ 세리, 진경
⑤ 준하, 진경

08 제시된 명제가 모두 참일 때, 다음 중 참이 아닌 것은?

- 책을 좋아하면 영화를 좋아한다.
- 여행을 좋아하지 않으면 책을 좋아하지 않는다.
- 산책을 좋아하면 게임을 좋아하지 않는다.
- 영화를 좋아하면 산책을 좋아한다.

① 책을 좋아하면 산책을 좋아한다.
② 책을 좋아하면 여행을 좋아한다.
③ 게임을 좋아하면 영화를 좋아하지 않는다.
④ 영화를 좋아하지 않으면 책을 좋아하지 않는다.
⑤ 여행을 좋아하지 않으면 게임을 좋아하지 않는다.

※ 제시된 명제가 모두 참일 때, 다음 중 반드시 참인 것을 고르시오. [9~10]

09

• 신혜와 유민이 앞에 사과, 포도, 딸기가 놓여있다. • 사과, 포도, 딸기 중에는 각자 좋아하는 과일이 반드시 있다. • 신혜는 사과와 포도를 싫어한다. • 유민이가 좋아하는 과일은 신혜가 싫어하는 과일이다.

① 신혜는 딸기를 좋아한다.
② 신혜는 좋아하는 과일이 없다.
③ 포도를 좋아하는 사람은 없다.
④ 유민이가 딸기를 좋아하는지 알 수 없다.
⑤ 유민이와 신혜가 같이 좋아하는 과일이 있다.

10

• 정수, 영수, 영호, 재호, 경호 5명은 시력 검사를 하였다. • 정수의 시력은 1.2이다. • 정수의 시력은 영수의 시력보다 0.5 높다. • 영호의 시력은 정수보다 낮고 영수보다 높다. • 영호의 시력보다 낮은 재호의 시력은 0.6 ~ 0.8이다. • 경호의 시력은 0.6 미만으로 안경을 새로 맞춰야 한다.

① 정수의 시력이 가장 높다.
② 영호의 시력은 1.0 이상이다.
③ 재호의 시력은 영수의 시력보다 높다.
④ 경호의 시력이 가장 낮은 것은 아니다.
⑤ 시력이 높은 순으로 나열하면 '정수 – 영호 – 영수 – 재호 – 경호'이다.

※ 제시된 명제가 모두 참일 때, 빈칸에 들어갈 명제로 가장 적절한 것을 고르시오. [11~12]

11

• 낡은 것을 버려야 새로운 것을 채울 수 있다. • ______________________ • 새로운 것을 채우지 않는다면 더 많은 세계를 경험할 수 없다.

① 새로운 것을 채운다면 낡은 것을 버릴 수 있다.
② 낡은 것을 버리지 않는다면 새로운 것을 채울 수 없다.
③ 새로운 것을 채운다면 더 많은 세계를 경험할 수 있다.
④ 낡은 것을 버리지 않는다면 더 많은 세계를 경험할 수 없다.
⑤ 더 많은 세계를 경험하지 못한다면 새로운 것을 채울 수 없다.

12

• 세미나에 참여한 사람은 모두 봉사활동에 지원하였다. • 신입사원은 세미나에 참여하지 않았다. • ______________________

① 신입사원은 모두 봉사활동에 지원하였다.
② 세미나에 참여하지 않으면 모두 신입사원이다.
③ 신입사원은 모두 봉사활동에 지원하지 않았다.
④ 봉사활동에 지원한 사람은 모두 세미나에 참여한 사람이다.
⑤ 신입사원은 봉사활동에 지원하였을 수도, 하지 않았을 수도 있다.

13 **S회사 1층의 ○○커피숍에서는 모든 음료를 주문할 때마다 음료의 수에 따라 쿠폰에 도장을 찍어준다. 10개의 도장을 모두 채울 경우 1잔의 음료를 무료로 받을 수 있다고 할 때, 다음 중 반드시 참인 것은?(단, 서로 다른 2장의 쿠폰은 1장의 쿠폰으로 합칠 수 있으며, 음료를 무료로 받을 때 쿠폰은 반납해야 한다)**

- A사원은 B사원보다 2개의 도장을 더 모았다.
- C사원은 A사원보다 1개의 도장을 더 모았으나, 무료 음료를 받기엔 2개의 도장이 모자라다.
- D사원은 오늘 무료 음료 1잔을 포함하여 총 3잔을 주문하였다.
- E사원은 D사원보다 6개의 도장을 더 모았다.

① A사원의 쿠폰과 D사원의 쿠폰을 합치면 무료 음료 1잔을 받을 수 있다.
② A사원은 4개의 도장을 더 모아야 무료 음료 1잔을 받을 수 있다.
③ C사원과 E사원이 모은 도장 개수는 서로 같다.
④ D사원이 오늘 모은 도장 개수는 B사원보다 많다.
⑤ 도장을 많이 모은 순서대로 나열하면 'C－E－A－B－D'이다.

14 **A～E사원 5명이 외근을 나가려 한다. 〈조건〉에 따라 외근을 나갈 때, 다음 중 반드시 참인 것은?**

〈조건〉

- A가 외근을 나가면 B도 외근을 나간다.
- A가 외근을 나가면 D도 외근을 나간다.
- D가 외근을 나가면 E도 외근을 나간다.
- C가 외근을 나가지 않으면 B도 외근을 나가지 않는다.
- D가 외근을 나가지 않으면 C도 외근을 나가지 않는다.

① A가 외근을 나가면 E도 외근을 나간다.
② B가 외근을 나가면 A도 외근을 나간다.
③ D가 외근을 나가면 C도 외근을 나간다.
④ B가 외근을 나가지 않으면 D도 외근을 나가지 않는다.
⑤ C가 외근을 나가지 않으면 D도 외근을 나가지 않는다.

15 **회사원 S씨는 건강을 위해 평일에 다양한 영양제를 먹고 있다. 〈조건〉에 따라 요일별로 비타민 B, 비타민 C, 비타민 D, 칼슘, 마그네슘을 하나씩 먹는다고 할 때, 다음 중 반드시 참인 것은?**

〈조건〉

- 비타민 C는 월요일에 먹지 않으며, 수요일에도 먹지 않는다.
- 비타민 D는 월요일에 먹지 않으며, 화요일에도 먹지 않는다.
- 비타민 B는 수요일에 먹지 않으며, 목요일에도 먹지 않는다.
- 칼슘은 비타민 C와 비타민 D보다 먼저 먹는다.
- 마그네슘은 비타민 D보다 늦게 먹고, 비타민 B보다는 먼저 먹는다.

① 마그네슘은 수요일에 먹는다.
② 비타민 C는 금요일에 먹는다.
③ 마그네슘은 비타민 C보다 먼저 먹는다.
④ 월요일에는 칼슘, 금요일에는 비타민 B를 먹는다.
⑤ 칼슘은 비타민 C보다 먼저 먹지만, 마그네슘보다는 늦게 먹는다.

16 **S회사에서는 근무 연수가 1년씩 높아질수록 사용할 수 있는 여름 휴가 일수가 하루씩 늘어난다. S회사에 근무하는 A ~ E사원 5명은 각각 서로 다른 해에 입사하였고, 최대 근무 연수는 4년을 넘지 않는다. 이들이 〈조건〉에 따라 올해 여름 휴가를 사용하였을 때, 다음 중 반드시 참인 것은?**

〈조건〉

- 올해로 3년 차인 A사원은 여름 휴가일로 최대 4일을 사용할 수 있다.
- B사원은 올해 여름 휴가로 5일을 모두 사용하였다.
- C사원이 사용할 수 있는 여름 휴가 일수는 A사원의 휴가 일수보다 짧다.
- 올해 입사한 D사원은 1일을 여름 휴가일로 사용할 수 있다.
- E사원의 여름 휴가 일수는 D사원보다 길다.

① B사원의 올해 근무 연수는 4년이다.
② C사원의 올해 근무 연수는 2년이다.
③ E사원은 C사원보다 늦게 입사하였다.
④ 근무한 지 1년이 채 되지 않으면 여름 휴가를 사용할 수 없다.
⑤ 근무 연수가 높은 순서대로 나열하면 'B – A – C – E – D'이다.

17 **S기업은 봉사활동의 일환으로 홀로 사는 노인들에게 아침 식사를 제공하기 위해 일일 식당을 운영하기로 했다. 〈조건〉에 따라 일일 식당을 운영할 때, 다음 중 반드시 참인 것은?**

〈조건〉

- 음식을 요리하는 사람은 설거지를 하지 않는다.
- 주문을 받는 사람은 음식 서빙을 함께 담당한다.
- 음식 서빙을 담당하는 사람은 요리를 하지 않는다.
- 음식 서빙을 담당하는 사람은 설거지를 한다.

① A사원은 설거지를 하면서 음식을 서빙하기도 한다.
② B사원이 설거지를 하지 않으면 음식을 요리한다.
③ C사원이 음식 주문을 받으면 설거지는 하지 않는다.
④ D사원은 음식을 요리하면서 음식 주문을 받기도 한다.
⑤ E사원이 설거지를 하지 않으면 음식 주문도 받지 않는다.

18 **현수, 주현, 지연, 재현, 형호는 한 유명 가수의 첫 공연을 보기 위해 각자 표를 예매하기로 했다. 〈조건〉에 따라 모두 서로 다른 열의 좌석을 예매했을 때, 다음 중 반드시 참인 것은?(단, 앞 열일수록 무대와 가깝고, 자석 간 거리는 모두 같다)**

〈조건〉

- 현수의 좌석은 지연과 주현의 좌석보다 무대와 가깝다.
- 재현의 좌석은 지연의 좌석보다 앞이고, 형호의 좌석보다는 뒤이다.
- 무대와 형호의 좌석 간 거리는 무대와 현수의 좌석 간 거리보다 길다.
- 주현의 좌석이 무대와 가장 멀리 떨어져 있다.

① 재현은 지연 바로 앞의 좌석을 예매했다.
② 형호는 현수 바로 뒤의 좌석을 예매했다.
③ 형호는 현수와 재현 사이의 좌석을 예매했다.
④ 형호는 재현과 지연 사이의 좌석을 예매했다.
⑤ 현수는 다섯 명 중 가장 뒤쪽 열의 좌석을 예매했다.

19 현수는 가전제품을 구매하기 위해 S사 판매점을 둘러보게 되었다. 다음 명제로부터 현수가 추론할 수 있는 것은?

> • S사의 냉장고 A/S 기간은 세탁기 A/S 기간보다 길다.
> • 에어컨의 A/S 기간은 냉장고의 A/S 기간보다 길다.
> • 컴퓨터의 A/S 기간은 3년으로 세탁기의 A/S 기간보다 짧다.

① 컴퓨터의 A/S 기간이 가장 짧다.

② 냉장고의 A/S 기간이 가장 길다.

③ 세탁기의 A/S 기간이 가장 짧다.

④ 세탁기의 A/S 기간은 3년 이하이다.

⑤ 세탁기의 A/S 기간은 에어컨의 A/S 기간보다 길다.

20 다음은 서로 다른 밝기 등급(1 ~ 5등급)을 가진 A ~ E별의 밝기를 측정한 결과이다. 이에 근거하여 바르게 추론한 것은?(단, 1등급이 가장 밝은 밝기 등급이다)

> • A별은 가장 밝지도 않고, 두 번째로 밝지도 않다.
> • B별은 C별보다 밝고, E별보다 어둡다.
> • C별은 D별보다 밝고, A별보다 어둡다.
> • E별은 A별보다 밝다.

① A ~ E별 중 B별이 가장 밝다.

② A별의 밝기 등급은 4등급이다.

③ 어느 별이 가장 밝은지 확인할 수 없다.

④ 어느 별이 가장 어두운지 확인할 수 없다.

⑤ 별의 밝기 등급에 따라 순서대로 나열하면 'E – B – A – C – D'이다.

제5영역 수열추리

※ 일정한 규칙으로 수를 나열할 때, 빈칸에 들어갈 알맞은 수를 고르시오. **[1~14]**

01

$3\frac{3}{7}$ $7\frac{6}{12}$ -1 $11\frac{9}{17}$ $-5\frac{-3}{-3}$ $15\frac{12}{22}$ $-9\frac{-6}{-8}$ ( ) $-13\frac{-9}{-13}$

① $-12\frac{13}{25}$
② $-11\frac{11}{20}$
③ $10\frac{8}{10}$
④ $15\frac{12}{24}$
⑤ $19\frac{15}{27}$

02

$4\frac{5}{8}$ $16\frac{17}{64}$ $36\frac{37}{216}$ $64\frac{65}{512}$ ( ) $144\frac{145}{1,728}$ $196\frac{197}{2,744}$

① $100\frac{97}{1,000}$
② $100\frac{101}{1,000}$
③ $100\frac{97}{1,001}$
④ $100\frac{101}{1,001}$
⑤ $101\frac{101}{1,001}$

03

$3\frac{4}{7}$ $4\frac{9}{10}$ $6\frac{3}{13}$ $7\frac{9}{16}$ $8\frac{17}{19}$ $10\frac{5}{22}$ ( ) $12\frac{25}{28}$ $14\frac{7}{31}$

① $11\frac{8}{25}$
② $11\frac{11}{25}$
③ $11\frac{14}{25}$
④ $11\frac{17}{25}$
⑤ $11\frac{21}{25}$

04

$$\frac{1,000}{100} \quad \frac{999}{101} \quad \frac{991}{109} \quad \frac{964}{136} \quad \frac{900}{200} \quad (\quad) \quad \frac{559}{541} \quad \frac{216}{884}$$

① $\frac{800}{300}$

② $\frac{825}{275}$

③ $\frac{700}{350}$

④ $\frac{775}{325}$

⑤ $\frac{600}{400}$

05

$$\frac{33}{189} \quad \frac{37}{183} \quad (\quad) \quad \frac{42}{168} \quad \frac{43}{159} \quad \frac{43}{149}$$

① $\frac{20}{177}$

② $\frac{22}{177}$

③ $\frac{40}{176}$

④ $\frac{44}{176}$

⑤ $\frac{55}{179}$

06

$$\frac{2}{3} \quad (\quad) \quad \frac{36}{27} \quad \frac{53}{81} \quad \frac{70}{243} \quad \frac{87}{729}$$

① $\frac{19}{9}$

② $\frac{22}{9}$

③ $\frac{25}{9}$

④ $\frac{28}{11}$

⑤ $\frac{31}{11}$

07

50　49.88　49.64　(　)　48.2　46.28　42.44　34.76　19.4　−11.32

① 48.68
② 48.8
③ 48.92
④ 49.04
⑤ 49.16

08

10.04　14.06　20.08　28.12　40.16　56.24　80.32　112.48　(　)

① 132.86
② 144.6
③ 160.64
④ 168.76
⑤ 188.82

09

6.3　5.6　7.2　6.5　(　)　7.4　9　8.3

① 8.0
② 8.1
③ 8.2
④ 8.3
⑤ 8.4

10

25　250　62.5　625　156.25　(　)

① 1,262.5
② 12,625
③ 1,562.5
④ 15,625
⑤ 1,862.5

11

2 11 16 5 10 11 7 12 ( )

① 8
② 10
③ 13
④ 15
⑤ 18

12

32 22 16 6 66 60 33 27 72 67 31 26 25 16 ( ) 9

① 12
② 14
③ 16
④ 18
⑤ 20

13

−7 3 2 ( ) −4 −13 27 5 −16

① 2
② 15
③ 25
④ 30
⑤ 35

14

3 9 12 6 12 18 7 13 ( )

① 17
② 18
③ 19
④ 20
⑤ 21

15 일정한 규칙으로 수를 나열할 때, $\frac{B}{A}$의 값은?

1 (A) 49 100 169 (B) 361 484 625 784

① 16
② 19
③ 25
④ 28
⑤ 31

16 일정한 규칙으로 수를 나열할 때, A−B의 값은?

5 −10 −4 (A) 20 −40 −22 44 68 (B)

① 100
② 144
③ 196
④ 256
⑤ 324

17 일정한 규칙으로 수를 나열할 때, 5A+2B의 값은?

8 10 6 (A) −2 30 (B) 94 −162 350

① 2
② 4
③ 6
④ 8
⑤ 10

18 다음 수열의 10번째 항의 값은?

2 −9 18 −29 42 −57 74 −93 ⋯

① −137
② −138
③ −139
④ −140
⑤ −141

19 다음 수열의 7번째 항의 값은?

$\frac{5}{3}$ $\frac{10}{5}$ $\frac{20}{7}$ $\frac{40}{9}$ ⋯

① $\frac{160}{13}$
② $\frac{320}{13}$
③ $\frac{320}{15}$
④ $\frac{128}{3}$
⑤ $\frac{640}{17}$

20 다음 수열의 9번째 항의 값은?

111 282 455 630 807 ⋯

① 1,156
② 1,248
③ 1,369
④ 1,472
⑤ 1,535

3일 차
기출응용 모의고사

〈문항 수 및 시험시간〉

SK그룹 SKCT 온라인 역량검사		
영역	문항 수	영역별 제한시간
언어이해	20문항	15분
자료해석	20문항	15분
창의수리	20문항	15분
언어추리	20문항	15분
수열추리	20문항	15분

※ 검사 시간이 모두 완료된 후 종료 가능

※ 이전 문항으로 이동 불가

SK그룹 SKCT 온라인 역량검사

3일 차 기출응용 모의고사

문항 수 : 100문항
시험시간 : 75분

제1영역 언어이해

01 다음 글의 빈칸에 들어갈 내용으로 가장 적절한 것은?

> 질병(疾病)이란 유기체의 신체적, 정신적 기능이 비정상으로 된 상태를 일컫는다. 인간에게 있어 질병이란 넓은 의미에서 극도의 고통을 비롯하여 스트레스, 사회적인 문제, 신체기관의 기능 장애와 죽음까지를 포괄하며, 더 넓게는 개인에서 벗어나 사회적으로 큰 맥락에서 이해되기도 한다. 하지만 다분히 진화 생물학적 관점에서 질병은 인간의 몸 안에서 일어나는 정교하고도 합리적인 자기조절 과정이다. 질병은 정상적인 기능을 할 수 없는 상태임과 동시에 진화의 역사 속에서 획득한 자기치료 과정이 ____________이기도 하다. 가령, 기침을 하고, 열이 나고, 통증을 느끼고, 염증이 생기는 것 따위는 자기조절과 방어 시스템이 작동하는 과정인 것이다. 질병(疾病)이란 유기체의 신체적, 정신적 기능이 비정상으로 된 상태를 일컫는다. 인간에게 있어 질병이란 넓은 의미에서 극도의 고통을 비롯하여 스트레스, 사회적인 문제, 신체기관의 기능 장애와 죽음까지를 포괄하며, 더 넓게는 개인에서 벗어나 사회적으로 큰 맥락에서 이해되기도 한다. 하지만 다분히 진화 생물학적 관점에서 질병은 인간의 몸 안에서 일어나는 정교하고도 합리적인 자기조절 과정이다. 질병은 정상적인 기능을 할 수 없는 상태임과 동시에 진화의 역사 속에서 획득한 자기치료 과정이기도 하다. 가령 기침을 하고, 열이 나고, 통증을 느끼고, 염증이 생기는 것 따위는 자기조절과 방어 시스템이 작동하는 과정인 것이다.

① 문제를 일으킨 상태
② 비일상적인 특이 상태
③ 정상적으로 가동하고 있는 상태
④ 인구의 개체 변이를 도모하는 상태
⑤ 보다 새로운 정보를 습득하려는 상태

02 다음 글의 주제로 적절하지 않은 것은?

> 인간은 평생 3분의 1 정도를 잠으로 보낸다. 잠은 낮에 사용한 에너지를 보충하고, 피로를 회복하는 중요한 과정이다. 하지만 한국인은 잠이 부족하다. 한국인의 수면 시간은 7시간 41분밖에 되지 않으며, 2016년 기준 경제협력개발기구(OECD) 회원국 가운데 꼴찌를 차지했다. 한 조사에 따르면 전 국민의 17% 정도가 주 3회 이상 불면 증상을 갖고 있으며, 이는 연령이 높아짐에 따라 늘어났다.
> 이에 따라 불면증, 기면증, 수면무호흡증 등 수면장애로 병원을 찾는 사람은 2016년 기준 291만 8,976명으로 5년 새 13% 증가했다. 수면장애를 방치하면 삶의 질 저하는 물론 만성 두통, 심혈관계질환 등이 발생할 수 있다. 불면증은 수면 질환의 대명사로, 가장 흔하고 복합적인 질환이다. 불면증은 면역기능 저하, 인지감퇴뿐만 아니라 일상생활에 장애를 초래할 수 있으며 우울증, 인지장애 등을 유발할 수 있다.
> 코를 골며 자다가 몇 초에서 몇 분 동안 호흡을 멈추는 수면무호흡증도 있다. 이 역시 인지기능 저하와 심혈관계질환 등 합병증을 일으킨다. 특히 수면무호흡증은 비만과 관계가 깊고, 졸음운전의 원인이 되기도 한다. 최근 고령 인구 증가로 뇌 퇴행성 질환인 렘수면 행동장애(RBD; Rem Sleep Behavior Disorder)도 늘고 있다. 이 병은 잠자는 동안 악몽을 꾸면서 소리를 지르고, 팔다리를 움직이고, 벽을 치고, 침대에서 뛰어내리는 등 난폭한 행동을 한다. 이 병을 앓는 상당수는 치매와 파킨슨병으로 이어진다. 또한 잠들기 전에 다리에 이상 감각이나 통증이 생기는 하지불안증후군도 수면의 질을 떨어뜨리는 병이다. 낮 동안 졸리는 기면증(嗜眠症) 역시 일상생활에 심각한 장애를 초래한다.
> 한 정신건강의학과 교수는 "수면 문제는 결국 심혈관계질환, 치매와 파킨슨병 등의 퇴행성 질환, 우울증, 졸음운전의 원인이 되므로 전문적인 치료를 받아야 한다."고 했다.

① 수면장애의 종류
② 수면장애의 심각성
③ 수면 마취제의 부작용
④ 한국인의 부족한 수면 시간
⑤ 전문 치료가 필요한 수면장애

※ 다음 제시된 문장을 논리적 순서대로 바르게 나열한 것을 고르시오. [3~4]

03

(가) 점차 우리의 생활에서 집단이 차지하는 비중이 커지고, 사회가 조직화되어 가는 현대 사회에서는 개인의 윤리 못지않게 집단의 윤리, 즉 사회 윤리의 중요성도 커지고 있다.
(나) 따라서 우리는 현대 사회의 특성에 맞는 사회 윤리의 정립을 통해 올바른 사회를 지향하는 노력을 계속해야 할 것이다.
(다) 그러나 이러한 사회 윤리가 단순히 개개인의 도덕성이나 윤리 의식의 강화에 의해서만 이루어지는 것은 아니다.
(라) 물론 그것은 인격을 지니고 있는 개인과는 달리 전체의 이익을 합리적으로 추구하는 사회의 본질적 특성에서 연유하는 것이기도 하다.
(마) 그것은 개개인이 도덕적이라는 것과 그들로 이루어진 사회가 도덕적이라는 것은 별개의 문제이기 때문이다.

① (가) – (나) – (다) – (라) – (마)
② (가) – (나) – (라) – (다) – (마)
③ (가) – (나) – (마) – (라) – (다)
④ (가) – (다) – (나) – (라) – (마)
⑤ (가) – (다) – (마) – (라) – (나)

04

(가) 사물을 볼 때 우리는 중립적으로 보지 않고 우리의 경험이나 관심, 흥미에 따라 사물의 상을 잡아당겨 보는 경향이 있다.
(나) 그래서 매우 낯설거나 순간적으로 명료하게 파악되지 않는 이미지를 보면 그것과 유사한, 자신이 잘 아는 어떤 사물의 이미지와 연결하여 보려는 심리적 경향을 보이게 된다.
(다) 이런 면에서 어떤 사물을 보든지 우리는 늘 '오류'의 가능성을 안고 있다.
(라) 그러나 이런 가능성이 항상 부정적인 것만은 아니다.
(마) 사실 화가가 보여주는 일루전(Illusion), 곧 환영(幻影)도 이런 오류의 가능성에서 나오는 것이다.

① (가) – (나) – (다) – (라) – (마)
② (가) – (나) – (다) – (마) – (라)
③ (가) – (다) – (나) – (마) – (라)
④ (가) – (라) – (다) – (나) – (마)
⑤ (가) – (마) – (다) – (라) – (나)

05 다음 글의 전개 방식으로 가장 적절한 것은?

> 법은 필요악이다. 법은 우리의 자유를 막고 때로는 신체적 구속을 행사하는 경우도 있다. 이런 점에서 법은 달가운 존재가 아니며 기피와 증오의 대상이 되기도 한다. 그러나 법이 없으면 안전한 생활을 할 수 없다는 점에서 법은 없어서는 안 될 존재이다. 이와 같이 법의 양면성은 울타리의 그것과 비슷하다. 울타리는 우리의 시야를 가리고 때로는 바깥출입의 자유를 방해한다. 그러나 낯선 사람의 눈총과 외부 침입자로부터 안전하고 포근한 삶을 보장한다는 점에서 울타리는 우리에게 고마운 존재이다.

① 대상의 차이점을 부각해 내용을 전개하고 있다.
② 두 대상의 공통점을 근거로 내용을 전개하고 있다.
③ 글쓴이 자신의 경험을 토대로 논지를 전개하고 있다.
④ 주장에 대한 구체적인 근거로 내용을 전개하고 있다.
⑤ 권위 있는 학자의 주장을 인용하여 내용을 전개하고 있다.

06 다음 글이 비판하는 주장으로 가장 적절한 것은?

> ‘모래언덕’이나 ‘바람’ 같은 개념은 매우 모호해 보인다. 작은 모래 무더기가 모래언덕이라고 불리려면 얼마나 높이 쌓여야 하는가? 바람이 되려면 공기는 얼마나 빨리 움직여야 하는가?
> 그러나 지질학자들이 관심이 있는 대부분의 문제 상황에서 이런 개념들은 아무 문제 없이 작동한다. 더 높은 수준의 세분화가 요구될 만한 맥락에서는 그때마다 ‘높이 30 ~ 40m의 모래언덕’이나 ‘시속 20 ~ 40km의 바람’처럼 수식어구가 달린 표현이 과학적 용어의 객관적인 사용을 뒷받침한다.
> 물리학 같은 정밀과학에서도 사정은 비슷하다. 물리학의 한 연구 분야인 저온물리학은 저온현상, 즉 초전도 현상을 비롯하여 절대온도 0도인 −273.16°C 부근의 저온에서 나타나는 흥미로운 현상들을 연구한다. 그렇다면 정확히 몇 도부터 저온인가? 물리학자들은 이 문제를 놓고 다투지 않는다. 때로는 이 말이 헬륨의 끓는점(−268.6°C) 같은 극저온 근방을 가리키는가 하면, 질소의 끓는점(−195.8°C)이 기준이 되기도 한다.
> 과학자들은 모호한 것을 싫어한다. 모호성은 과학의 정밀성을 훼손할 뿐만 아니라 궁극적으로 과학의 객관성을 약화하기 때문이다. 그러나 모호성에 대응하는 길은 모든 측정의 오차를 0으로 만드는 데 있는 것이 아니라 대화를 통해 그 상황에 적절한 합의를 하는 데 있다.

① 과학의 정확성은 측정기술의 정확성에 달려 있다.
② 물리학 같은 정밀과학에서도 오차는 발생하기 마련이다.
③ 과학의 발달은 과학적 용어 체계의 변화를 유발할 수 있다.
④ 과학적 언어의 객관성은 그 언어가 사용되는 맥락 속에서 확보된다.
⑤ 과학적 언어의 객관성은 용어의 엄밀하고 보편적인 정의에 의해서만 보장된다.

※ 다음 글의 내용으로 적절하지 않은 것을 고르시오. [7~8]

07

조선 23대 왕 순조(純祖, 재위 1800 ~ 1834)와 왕비 순원왕후(純元王后, 1789 ~ 1857)의 막내딸이자 조선 마지막 공주인 덕온공주(德溫公主, 1822 ~ 1844)는 어머니 순원왕후의 영향으로 책을 읽거나 글씨 쓰는 것을 즐겼다고 한다.

왕실의 사랑을 듬뿍 받았던 막내 공주는 16살이 되던 해 생원 윤치승(尹致承, 1789 ~ 1841)의 아들 윤의선(尹宜善, 1823 ~ 1887)과 혼례를 치른다. 덕온공주가 혼례를 치르던 당시 공주에게 남은 가족은 어머니인 순원왕후뿐이었다.

순원왕후가 덕온공주와 사위 윤의선에게 준 혼수발기(婚需件記)는 딸을 시집보내는 어머니의 마음을 잘 보여 준다. 현재 발・수신자가 명확히 밝혀진 궁중 발기 중, 공주가 받은 혼수발기로는 덕온공주의 것이 유일하다. 길이가 5미터를 넘는 덕온공주 한글 혼수발기에는 노리개, 비녀, 댕기 등의 장신구부터 사발, 대접 등의 그릇과 가위, 인두 등의 바느질 도구까지 살림에 쓰이는 온갖 물건이 담겨 있고, 순원왕후가 보낸 혼수 목록의 끝에는 덕온공주의 손녀인 윤백영(尹伯榮, 1888 ~ 1986)이 '대한 헌종성황뎨 뎡유 칠월 순조숙황뎨 제삼녀 덕온공주 길례시 혼수발긔'라고 덕온공주의 혼수발기임을 밝힌 기록이 있다.

시집을 간 공주는 궁에 함부로 드나들 수 없었으며, 공식적인 왕실 행사와 같은 특별한 경우에만 출입이 허락되었다. 이로 인해 덕온공주와 순원왕후가 서로의 안부를 주고받는 데 편지가 큰 역할을 했다. 순원왕후의 편지는 주로 사위인 윤의선 앞으로 보내졌고, 봉투에는 윤의선의 작위인 '남녕위(南寧尉)' 또는 임금의 사위를 뜻하는 '도위(都尉)'라고 쓰여 있다. 편지의 내용에 따르면 공주는 결혼 후 병치레가 잦았고, 병의 치료를 위해 궁으로 들어가 지내기도 했던 것으로 보인다. 또 덕온공주를 위하여 의원에게 물어 약을 지어 보내는 등 딸을 걱정하는 어머니의 지극한 사랑을 엿볼 수 있다.

① 덕온공주는 조선 23대 왕인 순조의 막내딸이자 조선의 마지막 공주이다.
② 혼수발기를 보면 궁중에서 전문적으로 글씨를 쓰던 서사 상궁의 솜씨로 여겨진다.
③ 덕온공주의 혼수발기에서 시집을 보내는 어머니인 순원왕후의 마음을 확인할 수 있다.
④ 현재 발・수신자가 명확히 밝혀진 궁중 발기 중, 혼수발기로는 덕온공주의 것이 유일하다.
⑤ 시집을 간 공주는 궁에 출입이 어려워 순원왕후와는 주로 편지를 이용하여 안부를 주고받았다.

08

> 고려 초에 시작되어 천여 년의 역사를 갖고 있는 강릉단오제는 강릉을 비롯한 영동 지역 공동체의 안녕과 풍요를 위해서 벌이는 축제이다. 2005년 11월 25일에는 유네스코 인류 구전 및 무형 유산 걸작으로 등재되기도 했다. 강릉단오제는 4월 보름 대관령 산정에 있는 국사 성황사에서 신을 모셔와 음력 5월 5일인 단오를 중심으로 일주일 이상 강릉 시내를 관통하는 남대천 변에 굿마당을 마련하고 각종 의례와 놀이를 벌이는 행사이다. 엄숙한 유교식 제례와 무당굿, 토속적인 탈놀이와 같은 지정문화재 행사와 그네, 씨름, 농악 등 세시 민속놀이가 어우러지며, 주변에 거대한 난장이 서기 때문에 많은 사람들이 단오제를 보기 위해 몰려든다.
> 강릉단오제에서 무당굿은 가장 핵심이 되는 행사로, 고유의 성질을 가진 여러 신을 모시는 의례이다. 먼저 고을을 편안하게 해줄 서낭님을 모시고 모든 집안에 있는 조상을 위하여 조상굿을 한다. 자식들에게 복을 주는 세존굿, 집안의 안녕과 대주를 보호하는 성주굿, 역대 장수를 모시며 군에 간 자손을 보호해 달라 청하는 군웅장수굿, 어부들의 눈을 맑게 해 주고 집집마다 효녀 낳으라고 심청굿도 한다. 아픈 사람이 없기를 바라면서 홍역이나 천연두를 예방하는 손님굿도 하고 사이사이 굿청에 모인 사람들을 위해 축원굿도 한다.
> 제일(祭日) 며칠 전부터 제사에 직접 관여하는 제관・임원・무격(巫覡) 등은 부정(不淨)이 없도록 새벽에 목욕재계하고, 언행을 함부로 하지 않으며, 제사가 끝날 때까지 먼 곳 출입을 삼가고 근신하는 등 몸과 마음을 깨끗이 한다. 마을 사람들도 부정한 일을 저지르지 않고, 부정한 일을 보거나 부정한 음식을 먹는 일을 하지 않는다고 한다. 그리고 제사를 지낼 신당(神堂)과 우물・도가 등에는 황토를 뿌리고 금줄을 쳐서 부정을 막는다. 제물을 다루는 사람은 말을 하지 않기 위해서 입에 밤이나 백지 조각을 문다고 한다. 말을 하면 침이 튀어 음식에 들어갈 수도 있고, 또 부정한 말을 주고받을 수도 있기 때문이다. 이처럼 다양하고 엄격한 금기(禁忌)를 깨면 개인은 벌을 받고, 임원・제관・무격이 금기를 어기면 제사를 지내도 효험이 없으며 오히려 서낭의 노여움을 사서 재앙이 있다고 한다.
> 단오제가 끝나면 대개 비가 내린다고 하는데, 신은 돌아갔지만 이 비를 맞으면서 논의 모는 쑥쑥 자라고 신의 약속으로 든든해진 인간은 지상에 남아 다시 한 해 동안 열심히 살아간다. 이것이 바로 삶의 고단함을 신과 인간이 하나 되는 신명의 놀이로 풀어주는 축제의 힘이다.

① 강릉단오제는 유네스코 유산으로 등재되기도 했다.
② 심청굿을 통해 홍역이나 천연두를 예방하고자 했다.
③ 강릉단오제는 신과 인간이 하나 되는 축제로 볼 수 있다.
④ 제사에 관여하는 사람들은 제사가 끝날 때까지 먼 곳 출입을 삼가야 한다.
⑤ 세존굿은 자식들에게 복을 주는 굿이며, 군웅장수굿은 군에 간 자손을 보호하기 위한 굿이다.

09 다음 글의 중심 내용으로 가장 적절한 것은?

> 우리는 혈연, 지연, 학연 등에 의거한 생활양식 내지는 행위원리를 연고주의라 한다. 특히 이에 대해 지극히 부정적인 의미를 부여하며 대부분의 한국병이 연고주의와 직·간접적인 어떤 관련을 갖는 것으로 진단한다. 그러나 여기서 주목할 만한 한 가지 사실은 연고주의가 그 자체로서는 반드시 역기능적인 어떤 것으로 치부될 이유가 없다는 점이다.
> 연고주의는 그 자체로서 비판받아야 할 것이라기보다는 나름의 고유한 가치를 갖는 사회적 자산이다. 이미 공동체적 요인이 청산·해체되어 버리고, 공동체에 대한 기억마저 사라진 서구 선진사회의 사람들은 오히려 삭막하고 황량한 사회생활의 긴장으로부터 해방되기 위해 새로운 형태의 공동체를 모색·시도하고 있다. 그에 비하면 우리의 연고주의는 인간적 온기를 지닌 것으로 그 나름의 가치 있는 삶의 원리가 아닐 수 없다.

① 연고주의는 계속해서 유지하고 보존해야 하는 것이다.
② 오늘날 연고주의에 대해 부정적 의미를 부여하기 쉽다.
③ 연고주의는 반드시 역기능적인 면을 가지는 것은 아니다.
④ 연고주의는 인간적 온기를 느끼게 하는 삶의 활력소이다.
⑤ 연고주의는 그 자체로서 고유한 가치를 갖는 사회적 자산이다.

10 다음 글의 주장에 대한 반박으로 가장 적절한 것은?

> 고전주의 범죄학은 법적 규정 없이 시행됐던 지배 세력의 불합리한 형벌 제도를 비판하며 18세기 중반에 등장했다. 고전주의 범죄학에서는 범죄를 포함한 인간의 모든 행위는 자유 의지에 입각한 합리적 판단에 따라 이루어지므로 범죄에 비례해 형벌을 부과할 경우 개인의 합리적 선택에 의해 범죄가 억제될 수 있다고 보았다. 고전주의 범죄학의 대표자인 베카리아는 형벌은 법으로 규정해야 하고, 그 법은 누구나 이해할 수 있도록 문서로 만들어야 한다고 강조했다. 또한 형벌의 목적은 사회 구성원에 대한 범죄 행위의 예방이며, 따라서 범죄를 저지를 경우 누구나 법에 의해 확실히 처벌받을 것이라는 두려움이 범죄를 억제할 것이라고 확신했다. 이러한 고전주의 범죄학의 주장은 각 국가의 범죄 및 범죄자에 대한 입법과 정책에 많은 영향을 끼쳤다.

① 범죄에 대한 인간의 행위를 규제할 수 있는, 보다 강력한 법적인 구속력이 필요하다.
② 범죄를 효과적으로 제지하기 위해서는 엄격하고 확실한 처벌이 신속하게 이루어져야 한다.
③ 사회 구성원들의 합의가 이루어진 형벌 제도라면 인간의 합리적 판단에 따라 범죄 행위를 예방할 수 있다.
④ 사회가 혼란한 시기에 범죄율과 재범률이 급격하게 증가하는 것을 보면 범죄는 개인의 자유 의지로 통제할 수 없다.
⑤ 인간은 욕구 충족이나 문제 해결을 위한 방법으로 범죄 행위를 선택할 수 있으므로 모든 법적 책임은 범죄인에게 있다.

11 다음 글의 빈칸에 들어갈 내용으로 가장 적절한 것은?

> 전통문화는 근대화의 과정에서 해체되는 것인가, 아니면 급격한 사회 변동의 과정에서도 유지될 수 있는 것인가? 전통문화의 연속성과 재창조는 왜 필요하며, 어떻게 이루어지는가? 외래문화의 토착화(土着化), 한국화(韓國化)는 사회 변동과 문화 변화의 과정에서 무엇을 의미하는가? 이상과 같은 의문들은 오늘날 한국 사회에서 논란의 대상이 되고 있으며, 입장에 따라 상당한 견해 차이도 드러내고 있다.
> 전통의 유지와 변화에 대한 견해 차이는 오늘날 한국 사회에서 단순하게 보수주의와 진보주의의 차이로 이해될 성질의 것이 아니다. 한국 사회의 근대화는 이미 한 세기의 역사를 가지고 있으며, 앞으로도 계속되어야 할 광범하고 심대(深大)한 사회 구조적 변동이다. 그렇기 때문에 성향이 보수주의적인 사람들도 전통문화의 변질을 어느 정도 수긍하지 않을 수 없는가 하면, 사회 변동의 강력한 추진 세력 또한 문화적 전통의 확립을 주장하지 않을 수 없다.
> 또, 한국 사회에서 전통문화의 변화에 관한 논의는 단순히 외래문화이냐 전통문화이냐의 양자택일적인 문제가 될 수 없다는 것도 명백하다. 근대화는 전통문화의 연속성과 변화를 다 같이 필요로 하며, 외래문화의 수용과 그 토착화 등을 다 같이 요구하는 것이기 때문이다. 그러므로 전통을 계승하고 외래문화를 수용할 때에 무엇을 취하고 무엇을 버릴 것이냐 하는 문제도 단순히 문화의 보편성(普遍性)과 특수성(特殊性)이라고 하는 기준에서만 다룰 수 없다. 근대화라고 하는 사회 구조적 변동이 문화 변화를 결정지을 것이기 때문에, 전통문화의 변화 문제를 ______________에서 다루어 보는 분석이 매우 중요하리라고 생각한다.

① 보수주의의 시각
② 진보주의의 시각
③ 사회 변동의 시각
④ 외래와 전통의 시각
⑤ 보편성과 특수성의 시각

12 다음 글의 주제로 가장 적절한 것은?

> 인지부조화는 한 개인이 가지는 둘 이상의 사고, 태도, 신념, 의견 등이 서로 일치하지 않거나 상반될 때 생겨나는 심리적인 긴장상태를 의미한다. 인지부조화는 불편함을 유발하기 때문에 사람들은 이것을 감소시키려고 한다. 인지부조화를 감소시키는 방법은 서로 모순관계에 있어서 양립할 수 없는 인지들 가운데 하나 이상의 인지가 갖는 내용을 바꾸어 양립할 수 있게 만들거나, 서로 모순되는 인지들 간의 차이를 좁힐 수 있는 새로운 인지를 추가하여 부조화된 인지상태를 조화된 상태로 전환하는 것이다.
> 그런데 실제로 부조화를 감소시키는 행동은 비합리적인 면이 있다. 그 이유는 그러한 행동들이 사람들로 하여금 중요한 사실을 배우지 못하게 하고 자신들의 문제에 대하여 실제적인 해결책을 찾지 못하도록 할 수 있기 때문이다. 부조화를 감소시키려는 행동은 자기방어적인 행동이고, 부조화를 감소시킴으로써 우리는 자신의 긍정적인 이미지, 즉 자신이 선하고 현명하며 상당히 가치 있는 인물이라는 긍정적인 측면의 이미지를 유지하게 된다. 비록 자기방어적인 행동이 유용한 것으로 생각될 수 있지만, 이러한 행동은 부정적 결과를 초래할 수 있다.

① 인지부조화를 극복하기 위해 합리적인 사고가 필요하다.
② 인지부조화는 자기방어적 행동을 유발하여 정신건강을 해친다.
③ 인지부조화는 합리적인 사고에 도움을 준다는 점에서 긍정적이다.
④ 인지부조화를 감소시키는 과정은 긍정적인 자기 이미지 만들기에 효과적이다.
⑤ 인지부조화를 감소시키는 방법의 비합리성으로 인해 부정적 결과가 초래될 수 있다.

13 **다음 글의 밑줄 친 ㉠이 높게 나타나는 상황으로 가장 적절한 것은?**

> 사람들은 종종 미래의 행동을 결정할 때 매몰비용, 즉 이미 지출되었기 때문에 회수가 불가능한 비용에 집착하는 경우를 볼 수 있다. 합리적으로 의사 결정을 하기 위해서는 오직 추가적인 비용과 이익만 고려해야 한다. 그러나 많은 사람들은 매몰비용을 과대평가하여 결과적으로 이에 대한 투자를 지속하려는 경향을 보인다. 예를 들면, 공짜였다면 가지 않았을 농구 경기를 이미 지불한 티켓 값이 아까워서 경기 당일 눈보라를 무릅쓰고 경기장에 간다는 것이다. 이와 같이 한 번 투자한 시간, 돈, 또는 노력에 대한 시도를 지속적으로 유지하려는 경향을 ㉠ '<u>매몰비용효과</u>'라 한다.
> 이러한 매몰비용효과는 '심적 회계 이론'으로 설명할 수 있다. 심적 회계 이론에서는 소비자들이 거래를 할 때 지불한 비용과 얻게 될 이익 사이에서 손해를 보지 않으려는 심리가 있다고 본다. 이 이론에서는 비용과 이익의 심리적 연결인 '커플링'의 개념을 사용하는데, 이때 비용과 이익이 심리적으로 연결되는 경우를 '거래커플링'이라 하고, 반대로 비용과 이익이 심리적으로 분리되는 경우를 '디커플링'이라 한다. 비용과 이익이 심리적으로 명백하게 연결된 거래커플링의 경우, 소비자의 매몰비용에 대한 주의가 높아지게 된다. 따라서 남아있는 이익을 소비하고자 하는 의지가 강하므로 매몰비용효과는 높게 나타난다. 즉, 위의 농구 경기 사례처럼 하나의 비용에 하나의 이익이 연결될 때는 거래커플링이 야기되어 눈보라를 무릅쓰고 경기를 관람하러 간다는 것이다.
> 반면 하나의 비용이 여러 이익과 연결될 때, 예를 들어 서로 기능이나 가격이 다른 상품을 묶어 파는 경우에는 총비용을 여러 개의 이익에 어떻게 나눠야 할지 모르는 어려움을 겪게 된다. 이때 소비자들에게는 심리적인 디커플링이 야기되어, 이미 지불한 비용에 대한 주의력이 낮아지게 되므로 매몰비용효과는 낮게 나타나는 것이다. 이외에도 선불이나 정액 요금같이, 지불한 시점과 소비 시점 간의 거리가 먼 경우 디커플링의 수준이 높아질 수 있다.

① 데이터 정액 요금제 가입자 중 데이터 사용량을 다 쓰지 못하는 사람은 90% 이상이지만 같은 요금제를 계속 이용한다.

② 새로 산 구두가 신을 때마다 발이 아파 걷기가 힘들지만 비싸게 지불한 신발값이 아까워 버리지 못하고 계속 신고 다닌다.

③ 같은 월급을 받는 독신자들은 기혼자들에 비해 남는 돈이 많다고 생각해서 지갑을 여는 것에 과감한 경우가 많아 충동구매가 잦은 편이다.

④ 10만 원 이상 물건을 구입하면 5천 원 상품권을 지급한다는 A백화점 추석맞이 이벤트 때문에 지금 당장 필요하지 않은 물건을 구입하게 되었다.

⑤ 5km 떨어져 있는 가게에서 11만 원의 옷이 10만 원일 경우에는 굳이 가지 않지만 2만 원의 계산기가 1만 원일 경우에는 많은 사람들이 그 가게를 찾아간다.

14 다음 글을 읽고 난 후 적절한 반응을 보인 사람을 〈보기〉에서 모두 고르면?

원두커피 한 잔에는 인스턴트커피의 세 배인 150mg의 카페인이 들어있다. 원두커피 판매의 요체인 커피전문점 수는 2016년 기준 만여 개가 훨씬 넘었는데 이는 직전 5년 새 여섯 배 이상 급증한 수치이다. 그런데 주목할 점은 같은 기간 동안 우울증과 같은 정신질환과 수면장애로 병원을 찾은 사람 또한 크게 늘었다는 것이다.
몸속에 들어온 커피가 완전히 대사되기까지는 여덟 시간 정도가 걸린다. 많은 사람들이 아침, 점심뿐만 아니라 저녁 식사 후 6시나 7시 전후에도 커피를 마신다. 그런데 카페인은 뇌를 각성시켜 집중력을 높인다. 따라서 많은 사람들이 잠자리에 드는 시간인 오후 10시 이후까지도 뇌는 각성 상태에 있게 된다.
카페인은 우울증이나 공황장애와도 관련이 있다. 우울증을 앓고 있는 청소년은 건강한 청소년보다 커피, 콜라 등 카페인이 많은 음료를 네 배 정도 더 섭취한다는 조사 결과가 발표되었다. 공황장애 환자에게 원두커피 세 잔에 해당하는 450mg의 카페인을 주사했더니 약 60%의 환자로부터 발작 현상이 나타났다. 공황장애 환자는 심장이 빨리 뛰면 극도의 공포감을 느끼기 쉬운데 이로 인해 발작 현상이 나타난다. 카페인은 심장을 자극하여 심박 수를 증가시킨다. 이러한 사실에 비추어 볼 때, 커피에 들어있는 카페인은 수면장애를 일으키고, 특히 정신질환자의 우울증이나 공황장애를 악화시킨다고 볼 수 있다.

〈보기〉

김사원 : 수면장애로 병원을 찾은 사람들 중에 커피를 마시지 않는 사람도 있다는 사실이 밝혀질 경우, 위 논증의 결론은 강화되지 않겠죠.

이대리 : 무(無)카페인 음료를 우울증을 앓고 있는 청소년이 많이 섭취하는 것으로 밝혀질 경우, 위 논증의 결론을 뒷받침하겠네요.

안사원 : 발작 현상이 공포감과 무관하다는 사실이 밝혀질 경우, 위 논증의 결론은 강화됩니다.

① 김사원
② 안사원
③ 김사원, 이대리
④ 이대리, 안사원
⑤ 김사원, 이대리, 안사원

15 다음 글의 빈칸에 들어갈 내용으로 가장 적절한 것은?

> 최근 미국 국립보건원은 벤젠 노출과 혈액암 사이에 연관이 있다고 보고했다. 직업안전보건국은 작업장에서 공기 중 벤젠 노출 농도가 1ppm을 넘지 말아야 한다는 한시적 긴급 기준을 발표했다. 당시 법규에 따른 기준은 10ppm이었는데, 직업안전보건국은 이 엄격한 새 기준이 영구적으로 정착되길 바랐다. 그런데 벤젠 노출 농도가 10ppm 이상인 작업장에서 인명피해가 보고된 적은 있지만, 그보다 낮은 노출 농도에서 인명피해가 있었다는 검증된 데이터는 없었다. 그럼에도 불구하고 직업안전보건국은 벤젠이 발암물질이라는 이유를 들어, 당시 통용되는 기기로 쉽게 측정할 수 있는 최소치인 1ppm을 기준으로 삼아야 한다고 주장했다. 직업안전보건국은 직업안전보건법의 구체적 실행에 관여하는 핵심 기관인데, 이 법은 '직장생활을 하는 동안 위험물질에 업무상 주기적으로 노출되더라도 그로 인해 어떤 피고용인도 육체적 손상이나 작업 능력의 손상을 입어서는 안 된다.'고 규정하고 있다.
>
> 이후 대법원은 직업안전보건국이 제시한 1ppm의 기준이 지나치게 엄격하다고 판결하였다. 대법원은 '직업안전보건법이 비용 등 다른 조건은 무시한 채 전혀 위험이 없는 작업장을 만들기 위한 표준을 채택하도록 직업안전보건국에게 무제한의 재량권을 준 것은 아니다.'라고 밝혔다. ______________________________ 직업안전보건국은 과학적 불확실성에도 불구하고 사람의 생명이 위험에 처할 수 있는 경우에는 더욱 엄격한 기준을 시행하는 것이 옳다면서, 자신들에게 책임을 전가하는 것에 반대했다. 직업안전보건국은 노동자를 생명의 위협이 될 수 있는 화학물질에 노출시키는 사람들이 그 안전성을 입증해야 한다고 보았다.

① 직업안전보건국은 발암물질이 함유된 공기가 있는 작업장들 가운데서 전혀 위험이 없는 환경과 미미한 위험이 있는 환경을 구별해야 한다고 주장했는데 대법원은 이것이 무익하고 무책임한 일이라고 지적했다.

② 여러 가지 과학적 불확실성으로 인해 직업안전보건국의 기준이 합당하다는 것을 대법원이 입증할 수 없으므로 이를 수용할 수 없다는 것이다.

③ 대법원은 벤젠의 노출 수준이 1ppm을 초과할 경우 노동자의 건강에 실질적으로 위험하다는 것을 직업안전보건국이 입증해야 한다고 주장했다.

④ 국립보건원의 최근 보고를 바탕으로 직업안전보건국은 벤젠이 인체에 미치는 위해 범위가 엄밀한 의미에서 과학적으로 불확실하다는 점을 강조하면서 자신들이 비용에 대한 고려를 간과하고 있다는 대법원의 언급은 근거 없는 비방이라고 맞섰다.

⑤ 대법원은 재량권의 범위가 클수록 그만큼 더 신중하게 사용해야 한다는 점을 환기시키면서 10ppm 수준의 벤젠 농도가 노동자의 건강에 정확히 어떤 손상을 가져오는지를 직업안전보건국이 입증해야 한다고 주장했다.

16 다음 글의 주장에 대한 반박으로 가장 적절한 것은?

> 최근 불안감을 느끼는 현대인들이 점점 많아져 사회 문제가 되고 있다. 경쟁이 심화된 성과 중심의 사회에서 사람들은 직장 내 다른 사람과 자신을 비교하면서 혹시 자신이 뒤처지고 있는 것은 아닌지 불안해한다. 심지어 사람들은 일어나지도 않을 일에 대해 불안감을 느끼기도 한다. 청소년도 예외는 아니다. 성장기에 있는 청소년들은 다양한 고민을 하게 되는데, 이것이 심해져 불안감을 느끼는 원인이 되곤 한다. 특히 학업에 대한 지나친 고민으로 생긴 과도한 불안은 학업에 집중하는 것을 방해하여 학업 수행에 부정적으로 작용한다.

① 청소년기의 지나친 고민은 건강을 해칠 수 있다.
② 친구나 부모와의 상담을 통해 고민을 해결해야 한다.
③ 상대적 평가 방식은 청소년이 불안감을 느끼는 원인이 된다.
④ 현대인의 불안을 제때 해소하지 못한다면 더 큰 사회 문제를 초래할 수 있다.
⑤ 시험 기간에 느끼는 약간의 불안감은 성적이 향상되는 결과를 내는 경우도 있다.

※ 다음 글의 내용으로 가장 적절한 것을 고르시오. [17~20]

17

> 만우절의 탄생과 관련해서 많은 이야기가 있지만 그중 가장 많이 알려진 것은 16세기 프랑스 기원설이다. 16세기 이전부터 프랑스 사람들은 3월 25일부터 일주일 동안 축제를 벌였고, 축제의 마지막 날인 4월 1일에는 모두 함께 모여 축제를 즐겼다. 그러나 16세기 말 프랑스가 그레고리력을 받아들이면서 달력을 새롭게 개정했고, 이에 따라 이전의 3월 25일을 새해 첫날(New Year's Day)인 1월 1일로 맞추어야 했다. 결국 기존의 축제는 달력이 개정됨에 따라 사라지게 되었다. 그러나 몇몇 사람들은 이 사실을 잘 알지 못하거나 기억하지 못했다. 사람들은 그들을 가짜 파티에 초대하거나 그들에게 조롱 섞인 선물을 하면서 놀리기 시작했다. 프랑스에서는 이렇게 놀림감이 된 사람들을 '4월의 물고기'라는 의미의 '푸아송 다브릴(Poisson d'Avril)'이라 불렀다. 갓 태어난 물고기처럼 쉽게 낚였기 때문이다. 18세기에 이르러 프랑스의 관습이 영국으로 전해지면서 영국에서는 이날을 '오래된 바보의 날(All Fool's Day*)'이라고 불렀다.
>
> *'All'은 'Old'를 뜻하는 'Auld'의 변형 형태(스코틀랜드)임

① 만우절은 프랑스에서 기원했다.
② 프랑스에서는 만우절을 '4월의 물고기'라고 불렀다.
③ 영국의 만우절은 18세기 이전 프랑스에서 전해졌다.
④ 프랑스는 16세기 이전부터 그레고리력을 사용하였다.
⑤ 16세기 말 이전 프랑스에서는 3월 25일부터 4월 1일까지 축제가 열렸다.

18

> 정치 갈등의 중심에는 불평등과 재분배의 문제가 자리하고 있다. 이 문제로 좌파와 우파는 오랫동안 대립해 왔다. 두 진영이 협력하여 공동의 목표를 이루려면 두 진영이 일치하지 않는 지점을 찾아 이 지점을 올바르고 정확하게 분석해야 한다. 바로 이것이 우리가 논증하고자 하는 바이다.
> 우파는 시장 원리, 개인 주도성, 효율성이 장기 관점에서 소득 수준과 생활환경을 실제로 개선할 수 있다고 주장한다. 따라서 정부 개입을 통한 재분배는 그 규모가 크지 않아야 한다. 이 점에서 이들은 선순환 메커니즘을 되도록 방해하지 않는 원천징수나 근로장려세 같은 조세 제도만을 사용해야 한다고 주장한다.
> 반면, 19세기 사회주의 이론과 노동조합 운동을 이어받은 좌파는 사회 및 정치 투쟁이 극빈자의 불행을 덜어주는 더 좋은 방법이라고 주장한다. 이들은 불평등을 누그러뜨리고 재분배를 이루려면 우파가 주장하는 조세 제도만으로는 부족하고, 생산수단을 공유화하거나 노동자의 급여 수준을 강제하는 등 보다 강력한 정부 개입이 있어야 한다고 주장한다. 정부의 개입이 생산 과정의 중심에까지 영향을 미쳐야 시장원리의 실패와 이 때문에 생긴 불평등을 해소할 수 있다는 것이다.
> 좌파와 우파의 대립은 두 진영이 사회정의를 바라보는 시각이 다른 데서 비롯된 것이 아니다. 오히려 불평등이 왜 생겨났으며 그것을 어떻게 해소할 것인가를 다루는 사회경제 이론이 다른 데서 비롯되었다. 사실 좌우 진영은 이미 사회정의의 몇 가지 기본 원칙에 서로 합의했다.
> 행운으로 얻었거나 가족에게 물려받은 재산의 불평등은 개인이 통제할 수 없다. 개인이 통제할 수 없는 요인 때문에 생겨난 불평등을 그런 재산의 수혜자에게 책임지우는 것은 옳지 않다. 이 점에서 행운과 상속의 혜택을 받은 이들에게 이런 불평등 문제를 해결하라고 요구하는 것은 바람직하지 않다. 혜택받지 못한 이들, 곧 매우 불리한 형편에 부닥친 이들의 처지를 개선하려고 애써야 할 당사자는 당연히 국가이다. 정의로운 국가라면 국가가 사회 구성원 모두 평등권을 되도록 폭넓게 누리도록 보장해야 한다는 정의의 원칙은 좌파와 우파 모두에게 널리 받아들여진 생각이다.
> 불리한 형편에 놓인 이들의 삶을 덜 나쁘게 하고 불평등을 누그러뜨려야 하는 국가의 목표를 이루는 데 두 진영이 협력하는 첫걸음이 무엇인지는 이제 거의 분명해졌다.

① 사회정의를 위한 기본 원칙에 대해 좌파와 우파는 합의하지 않는다.
② 사회정의를 바라보는 시각이 다른 데서 좌파와 우파의 대립이 비롯되었다.
③ 우파는 불평등과 재분배의 문제에 정부의 강력한 개입이 필요하다고 주장한다.
④ 상속으로 생겨난 재산의 불평등 문제는 상속의 혜택을 받은 이들이 해결해야 한다.
⑤ 좌우 진영은 모두 국가가 사회 구성원 모두의 평등권을 보장해야 한다는 데 동의한다.

19

OECD에 따르면 평균 수면시간이 프랑스는 8시간 50분, 미국은 8시간 38분, 영국은 8시간 13분이며, 우리나라는 7시간 49분으로 OECD 회원국 중 한국인의 수면시간이 가장 적다. 사회 특성상 다른 국가에 비해 근무 시간이 많아 수면시간이 짧은 것도 문제지만, 수면의 질 또한 낮아지고 있어 문제가 심각하다.
최근 수면장애 환자가 급격히 증가하는 추세다. 국민건강보험공단에 따르면 수면장애로 병원을 찾은 환자는 2010년 46만 1,000명에서 2015년 72만 1,000명으로 5년 새 56% 이상 급증했다. 당시 병원을 찾은 사람이 70만 명을 넘었다면, 현재 수면장애로 고통받는 사람은 더 많을 것으로 추산된다.
수면장애는 단순히 잠을 이루지 못하는 불면증뿐 아니라 충분한 수면을 취했음에도 낮 동안 각성을 유지하지 못하는 기면증(과다수면증), 잠들 무렵이면 다리가 쑤시거나 저리는 증상, 코골이와 동반되어 수면 중에 호흡이 멈춰 숙면을 취하지 못하는 수면무호흡증 등 수면의 양과 질 저하로 생긴 다양한 증상을 모두 포괄한다. 수면장애는 학습장애, 능률 저하는 물론이고 교통사고 등 안전사고, 정서장애, 사회적응장애의 원인이 될 수 있다. 방치하게 되면 지병이 악화되고 심근경색증, 뇌졸중 등 심각한 병을 초래하기도 한다.
수면장애 환자는 여성이 42만 7,000명으로 남성(29만 1,000명)보다 1.5배 정도 더 많다. 여성은 임신과 출산, 완경과 함께 찾아오는 갱년기 등 생체주기에 따른 영향으로 전 연령에서 수면장애가 보다 빈번하게 나타나는 경향을 보이는 것으로 보고된다. 특히 완경이 되면 여성호르몬인 에스트로겐이 줄어들면서 수면과 관련이 있는 아세틸콜린 신경전달 물질의 분비 역시 저하되어 체내 시계가 혼란스러움을 느끼게 돼 밤에 잘 잠들지 못하거나 자주 깨며 새벽에 일찍 일어나는 등 여러 형태의 불면증이 동반된다.
또 연령별로는 40·50대 중·장년층이 36.6%로 가장 큰 비중을 차지했고, 이에 비해 20·30대는 17.3%로 나타났다. 흔히 나이가 들면 생체시계에 변화가 생겨 깊은 잠은 비교적 줄어들고 꿈 수면이 나타나는 시간이 빨라지게 돼 상대적으로 얕은 수면과 꿈 수면이 많아지게 된다.

① 한국인의 수면의 질이 낮아지고 있다.
② 수면장애 환자는 20·30대에 가장 많다.
③ 한국인의 수면시간은 근무 시간보다 짧다.
④ 수면장애 환자는 여성보다 남성이 더 많다.
⑤ 여성의 경우 에스트로겐의 증가가 불면증에 영향을 미친다.

20

근대 소설이 이전의 이야기들과 구분되는 가장 중요한 특징은 '개인'이 이야기의 주인이 되었다는 데 있다. 이때 개인은 외면적으로는 자유로운 인간이지만 사회와 전면적으로 만날 수밖에 없는 근대의 산물이다. 반드시 따라야 할 윤리는 없지만, 적응하지 못하면 아무런 보호도 받을 수 없는 환경 아래서 개인은 소외되고 고독하며 비극적일 수밖에 없다. 그리고 그러한 인물이 몸으로 부딪치며 살아가는 과정을 다룬 것이 근대 소설의 이야기이다. 근대 사회에서의 이러한 소설의 발생에 대해 고전 소설과 비교하며 살펴보자.
'심청전'의 주인공 심청이나 '춘향전'의 주인공 춘향이 지키려고 한 가치는 유교 사회의 윤리 덕목인 효와 절개였다. 그들은 자신이 지켜야 하는 윤리 덕목 때문에 여러 가지 어려움을 겪지만 결코 신념이 흔들리거나 행동에 주저하는 법이 없다. 그들에게 있어 지켜야 할 덕목은 너무나도 확실했고, 그것을 지키지 않고 얻을 수 있는 어떤 가치도 존재하지 않는다. 그러나 이러한 윤리적 행동이 심청과 춘향 개인의 입장에서 고민되고 선택된 것이라고 볼 수는 없다. 효나 절개는 그들이 따라야 할 가치로 이미 존재하고 있었다. 그들이 살았던 시대는 개인이 그런 덕목에 도전할 수 없었을 뿐만 아니라 그런 생각을 하는 것조차 용인되지 않았다. 물론 이는 작품이 창작되고 유통되던 당시의 현실 전체를 의미하지는 않는다. 현실에서는 시대의 가치에서 일탈한 경우를 자주 볼 수 있었을지 모른다. 그러나 그러한 예외적인 경우가 문학 작품 안으로 수용될 만큼 의미 있게 받아들여지지는 않았다.
이렇게 보면 춘향과 심청이 목숨을 걸고 지키려 한 시대의 가치들은 개인의 가치라기보다는 사회적 가치들이었다고 볼 수 있다. 고전 소설은 당대의 절대적 가치와 진리가 일치했던 그들 문화의 일반적인 경향을 반영하는 소설이었던 셈이다. 개인의 행동이 정당한지 아닌지를 판단하는 기준은 '전통' 혹은 '시대 윤리' 등의 집단적이고 추상적인 것에 한정되어 있었다. 이런 소설이 창작되고 유통될 때는 모든 사람이 지켜야 할 덕목이 확실히 존재했는데, 그 윤리의 덕목이 개인이 지향하는 가치 덕목과 분리되지 않았던 것이다. 고전 소설의 마무리가 대부분 권선징악인 이유도 이러한 데서 찾을 수 있다. 동시대의 윤리를 착실히 따르는 사람이 이를 수 있는 길은 마땅히 가장 행복한 길이어야 했다. 독자들에게 나아갈 방향을 제시해 주는 대로 행동한 사람의 마지막을 불행한 모습으로 보여준다면, 공통의 가치는 아무런 힘도 발휘하지 못할 것이기 때문이다.
근대 소설의 발생과 관련한 이론을 전개했던 이안 왓트는 '보통 사람들의 일상생활에 대한 소설의 진지한 관심'을 언급하는데, 이는 개인주의가 소설 속에서 발현되는 양상을 말한다. 개인들이 따르는 사회의 공통된 가치가 있는 것이 아니라, 모든 개인의 가치가 관심을 받는 속에서 근대 소설이 탄생했다는 말이다. 그런데 이런 개인들의 삶은 사회 이념을 대표할 수 없다. 그리하여 근대 사회에서 개인과 사회의 만남은 어떤 식으로든 불화를 만들어 내게 된다. 그리하여 근대 소설 속에는 철없이 세계와 대결하려다 실패하는 개인이 있고, 자신의 처지를 자각하지 못하고 끝내 미망 속에서 헤어나지 못하는 개인도 있다. 즉, 그런 인물이 탄생한 것이 근대라면 그런 인물이 이야기의 주인으로 자리 잡은 것이 근대 소설이라 할 수 있다.

① 근대 소설은 개인의 가치에 대한 관심으로 나타났다.
② 근대 소설에서는 집단주의가 발현되는 양상을 보인다.
③ 근대 소설 속의 주인공은 대부분 사회와 타협하는 모습을 보인다.
④ 고전 소설의 주인공은 개인의 입장에서 윤리적 행동을 선택할 수 있었다.
⑤ 고전 소설에서 개인의 행동에 대한 정당성은 개인이 지향하는 가치로부터 나타난다.

제 2 영역 자료해석

01 다음은 기술개발 투자 현황에 대한 자료이다. 일본의 GDP 총액은?(단, 소수점 이하는 버림한다)

〈기술개발 투자 및 성과〉

구분	한국	미국	일본
R&D 투자 총액(억 달러)	313	3,688	1,508
매율	1.0	11.78	4.82
GDP 대비(%)	3.37	2.68	3.44
(기술수출액)÷(기술도입액)	0.45	1.70	3.71

※ GDP 대비 : GDP 총액 대비 R&D 투자 총액의 비율

① 26,906억 달러
② 31,047억 달러
③ 37,208억 달러
④ 43,837억 달러
⑤ 45,326억 달러

02 다음은 S안경점에서 판매 중인 렌즈의 가격 정보에 대한 자료이다. 1년 동안 가장 적은 비용으로 사용할 수 있는 렌즈는?(단, 1년 동안 똑같은 제품만을 사용하며 1년은 52주이다)

〈A～E렌즈 가격 정보〉

구분	가격	착용기한	서비스
A	30,000원	1달	-
B	45,000원	2달	1+1
C	20,000원	1달	1+2(3월, 7월, 11월에만)
D	5,000원	1주	-
E	65,000원	2달	1+2

① A
② B
③ C
④ D
⑤ E

03 다음은 우리나라의 주요 수출 품목의 수출액 및 증감에 대한 자료이다. 2019년 대비 2022년 경공업제품의 수출액 증감률은?(단, 소수점 둘째 자리에서 반올림한다)

〈주요 수출 품목의 수출액 및 증감〉

(단위 : 백만 달러, %)

구분	2019년		2020년		2021년		2022년		2023년	
	수출액	증감률	수출액	증감률	수출액	증감률	수출액	증감률	수출액	증감률
중화학제품	425,490	28.8	505,289	18.8	497,882	−1.5	510,687	2.6	523,189	2.4
반도체	50,707	63.4	50,146	−1.1	50,430	0.6	57,143	13.3	62,647	9.6
자동차	35,411	39.4	45,312	28.0	47,201	4.2	48,635	3.0	48,924	0.6
일반기계	36,103	34.5	45,817	26.9	47,914	4.6	46,415	−3.1	48,403	4.3
무선통신	27,621	−10.9	27,325	−1.1	22,751	−16.7	27,578	21.2	29,573	7.2
석유화학	35,715	30.0	45,587	27.6	45,882	0.6	48,377	5.4	48,214	−0.3
선박	49,112	8.8	56,588	15.2	39,753	−29.8	37,168	−6.5	39,886	7.3
철강제품	28,875	25.4	38,484	33.3	36,971	−3.9	32,497	−12.1	35,543	9.4
컴퓨터	9,116	13.8	9,156	0.4	8,462	−7.6	7,763	−8.3	7,714	−0.6
가정용전자	12,816	27.4	13,328	4.0	12,635	−5.2	14,884	17.8	14,839	−0.3
경공업제품	29,397	23.5	34,200	16.3	35,311	3.2	36,829	4.3	36,631	−0.5
섬유직물	8,464	18.9	9,683	14.4	9,292	−4.0	9,369	0.8	9,262	−1.1
섬유제품	2,747	7.8	3,025	10.2	3,173	4.9	3,428	8.0	3,617	5.5
타이어	3,335	28.4	4,206	26.1	4,573	8.7	4,198	−8.2	4,063	−3.2

① 20.2%
② 21.3%
③ 23.4%
④ 24.7%
⑤ 25.3%

04 다음은 세계 주요 터널 화재 사고 A～F에 대한 자료이다. 이에 대한 설명으로 옳은 것은?

〈세계 주요 터널 화재 사고 통계〉

구분	터널 길이(km)	화재 규모(MW)	복구 비용(억 원)	복구 기간(개월)	사망자 수(명)
사고 A	50.5	350	4,200	6	1
사고 B	11.6	40	3,276	36	39
사고 C	6.4	120	72	3	12
사고 D	16.9	150	312	2	11
사고 E	0.2	100	570	10	192
사고 F	1.0	20	18	8	0

※ (사고 비용)=(복구 비용)+[(사망자 수)×5억 원]

① 터널 길이가 길수록 사망자 수가 많다.
② 화재 규모가 클수록 복구 기간이 길다.
③ 사망자가 가장 많은 사고 E는 사고 비용도 가장 크다.
④ 사고 A를 제외하면 복구 기간이 길수록 복구 비용이 크다.
⑤ 사망자가 30명 이상인 사고를 제외하면 화재 규모가 클수록 복구 비용이 크다.

05 다음은 자동차 생산·내수·수출 현황에 대한 자료이다. 이에 대한 설명으로 옳지 않은 것은?

〈자동차 생산·내수·수출 현황〉

(단위 : 대, %)

구분		2019년	2020년	2021년	2022년	2023년
생산	차량 대수	4,086,308	3,826,682	3,512,926	4,271,741	4,657,094
	증감률	(6.4)	(▽6.4)	(▽8.2)	(21.6)	(9.0)
내수	차량 대수	1,219,335	1,154,483	1,394,000	1,465,426	1,474,637
	증감률	(4.7)	(▽5.3)	(20.7)	(5.1)	(0.6)
수출	차량 대수	2,847,138	2,683,965	2,148,862	2,772,107	3,151,708
	증감률	(7.5)	(▽5.7)	(▽19.9)	(29.0)	(13.7)

① 수출이 증가했던 해는 생산과 내수 모두 증가했다.
② 생산이 증가했지만 내수나 수출이 감소한 해가 있다.
③ 내수는 증가했지만 생산과 수출이 모두 감소한 해도 있다.
④ 2019년에는 전년 대비 생산, 내수, 수출이 모두 증가했다.
⑤ 내수가 가장 큰 폭으로 증가한 해에는 생산과 수출이 모두 감소했다.

06 다음은 2019 ~ 2023년 국가공무원 및 지방자치단체공무원 현황에 대한 자료이다. 이에 대한 설명으로 옳지 않은 것은?

〈국가공무원 및 지방자치단체공무원 현황〉

(단위 : 명)

구분	2019년	2020년	2021년	2022년	2023년
국가공무원	621,313	622,424	621,823	634,051	637,654
지방자치단체공무원	280,958	284,273	287,220	289,837	296,193

〈국가공무원 및 지방자치단체공무원 중 여성 비율〉

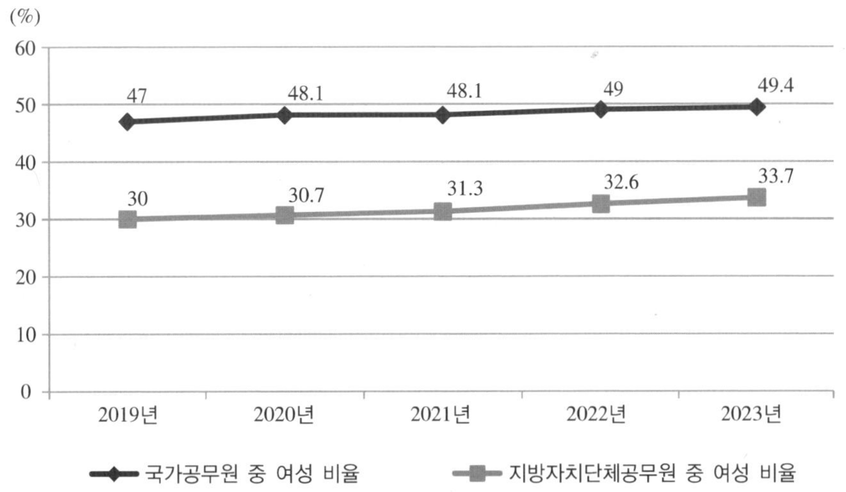

① 지방자치단체공무원 중 여성 수는 매년 증가하였다.

② 국가공무원 중 남성 수는 2021년이 2020년보다 적다.

③ 매년 국가공무원 중 여성 수는 지방자치단체공무원 중 여성 수보다 많다.

④ 매년 국가공무원 중 여성 수는 지방자치단체공무원 중 여성 수의 3배 이상이다.

⑤ 국가공무원 중 여성 비율과 지방자치단체공무원 중 여성 비율의 차이는 매년 감소한다.

07 다음은 2016 ~ 2023년 S기업의 콘텐츠 유형별 매출액에 대한 자료이다. 이에 대한 설명으로 옳은 것은?

〈S기업의 콘텐츠 유형별 매출액〉

(단위 : 억 원)

구분	SNS	영화	음원	게임	합계
2016년	30	371	108	235	744
2017년	45	355	175	144	719
2018년	42	391	186	178	797
2019년	59	508	184	269	1,020
2020년	58	758	199	485	1,500
2021년	308	1,031	302	470	2,111
2022년	104	1,148	411	603	2,266
2023년	341	1,510	419	689	2,959

① 영화 매출액은 매년 전체 매출액의 30% 이상이다.

② 2017 ~ 2018년의 게임과 음원 매출액 증감 추이는 같다.

③ 2018년에는 모든 콘텐츠 유형의 매출액이 전년 대비 증가하였다.

④ 2016 ~ 2023년 동안 매년 음원 매출액은 SNS 매출액의 2배 이상이다.

⑤ 2021년에 전년 대비 매출액 증가율이 가장 큰 콘텐츠 유형은 영화이다.

08 S카드사는 카드 이용 시 제공되는 할인 서비스에 대한 기존 고객의 선호도를 조사하여 신규 상품에 적용하고자 한다. 다음은 S카드사 이용 고객 2,000명을 대상으로 실시한 선호도 조사 결과에 대한 자료이다. 이에 대한 설명으로 옳은 것을 〈보기〉에서 모두 고르면?

〈할인 서비스 선호도 조사 결과〉

(단위 : %)

할인 서비스	남성	여성	전체
주유	18	22	20
온라인 쇼핑	10	18	14
영화관	24	23	23.5
카페	8	13	10.5
제과점	22	17	19.5
편의점	18	7	12.5

※ 응답자들은 가장 선호하는 할인 서비스 항목 1개를 선택하였음

〈보기〉

㉠ 선호도 조사 응답자 2,000명의 남녀 비율은 동일하다.
㉡ 편의점 할인은 남성보다 여성 응답자가 더 선호한다.
㉢ 온라인 쇼핑 할인을 선택한 남성은 모두 130명이다.
㉣ 남성과 여성 응답자는 모두 영화관 할인을 가장 선호한다.

① ㉠, ㉡
② ㉠, ㉣
③ ㉡, ㉢
④ ㉡, ㉣
⑤ ㉢, ㉣

09 다음은 블로그 이용자와 X 이용자를 대상으로 실시한 설문조사 결과에 대한 자료이다. 이를 참고하여 작성한 그래프로 옳은 것을 〈보기〉에서 모두 고르면?

〈블로그 이용자와 X 이용자 대상 설문조사 결과〉

(단위 : %)

구분		블로그 이용자	X 이용자
성별	남성	53.4	53.2
	여성	46.6	46.8
연령	15 ~ 19세	11.6	13.1
	20 ~ 29세	23.3	47.9
	30 ~ 39세	27.4	29.5
	40 ~ 49세	25.0	8.4
	50 ~ 59세	12.7	1.1
교육수준	중졸 이하	2.0	1.6
	고졸	23.4	14.7
	대졸	66.1	74.4
	대학원 이상	8.5	9.3
소득수준	상	5.5	3.6
	중	74.2	75.0
	하	20.3	21.4

※ 15세 이상 60세 미만의 1,000명의 블로그 이용자와 2,000명의 X 이용자를 대상으로 하여 동일 시점에 각각 독립적으로 조사하였으며 무응답과 응답자의 중복은 없음

〈보기〉

㉠ 성별 X와 블로그의 이용자 수

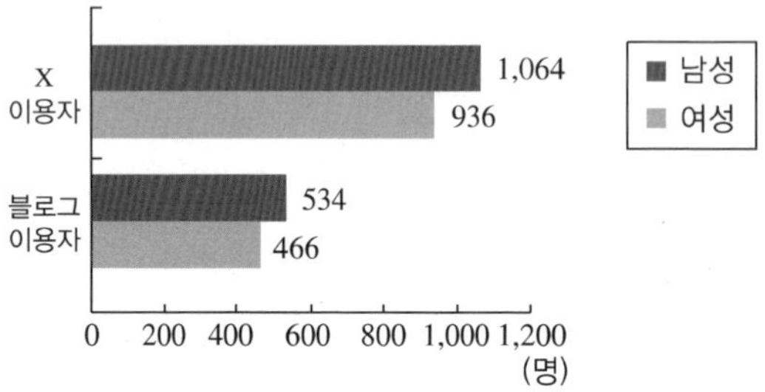

㉡ 교육수준별 X 이용자 대비 블로그 이용자 비율

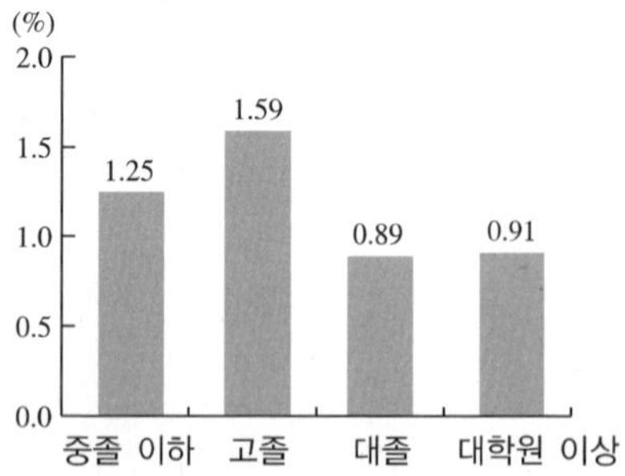

ⓒ 소득수준별 블로그 이용자와 X 이용자의 구성비

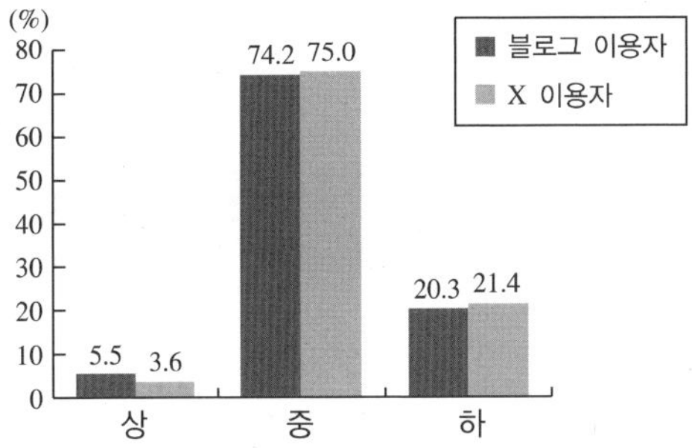

ⓓ 연령별 블로그 이용자의 구성비

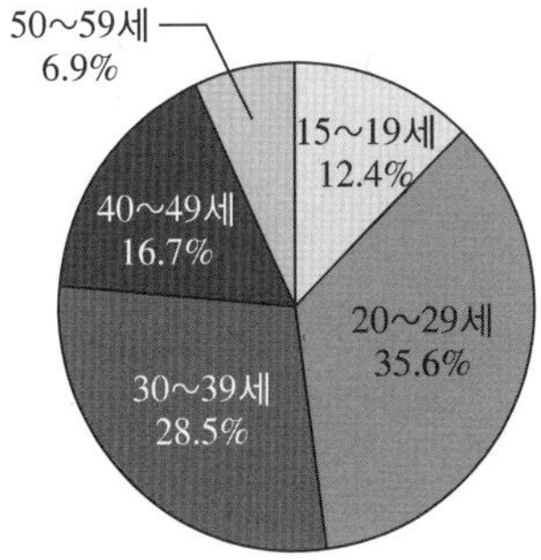

① ㉠, ㉡
② ㉠, ㉢
③ ㉡, ㉢
④ ㉡, ㉣
⑤ ㉢, ㉣

10 다음은 A～C 세 사람의 신장과 체중에 대한 자료이다. 이에 대한 설명으로 옳은 것은?

〈A, B, C의 신장 및 체중〉

(단위 : cm, kg)

구분	2015년		2020년		2023년	
	신장	체중	신장	체중	신장	체중
A	136	41	152	47	158	52
B	142	45	155	51	163	49
C	138	42	153	48	166	55

① B는 세 사람 중 가장 키가 크다.
② 세 사람 모두 신장과 체중은 계속 증가하였다.
③ 세 사람의 신장 순위는 2015년과 2023년이 동일하다.
④ 2015년 대비 2023년 신장이 가장 많이 증가한 사람은 C이다.
⑤ 2015년 대비 2020년 체중이 가장 많이 증가한 사람은 B이다.

11 이동통신업체인 S통신사는 K카드사와 제휴카드를 출시하고자 한다. 제휴카드별 정보가 다음과 같을 때, S통신사의 신규 제휴카드 출시에 대한 설명으로 옳은 것은?

〈제휴카드 출시위원회 심사 결과〉

구분	제공혜택	동종 혜택을 제공하는 타사 카드 개수	연간 예상필요자본 규모	신규가입 시 혜택 제공가능 기간
A카드	교통 할인	8개	40억 원	12개월
B카드	S통신사 통신요금 할인	3개	25억 원	24개월
C카드	제휴 레스토랑 할인	없음	18억 원	18개월
D카드	제휴 보험사 보험료 할인	2개	11억 원	24개월

① B카드를 출시하는 경우가 D카드를 출시하는 경우에 비해 자본 동원이 수월할 것이다.
② 교통 할인을 제공하는 카드를 출시하는 경우 시장에서의 경쟁이 가장 치열할 것으로 예상된다.
③ 제휴 레스토랑 할인을 제공하는 카드를 출시하는 경우 신규가입 혜택 제공을 가장 길게 받는다.
④ 신규가입 시 혜택 제공가능 기간이 길수록 동종 혜택분야에서의 현재 카드사 간 경쟁이 치열하다.
⑤ 연간 예상필요자본 규모가 작을수록 그리고 신규가입 시 혜택 제공가능 기간이 길수록 출시 가능성이 크다면 B카드의 출시 가능성이 가장 높을 것이다.

12 다음은 S국 인구의 연도별 국제 이동에 대한 자료이다. 이에 대한 설명으로 옳지 않은 것은?

〈S국 인구의 연도별 국제 이동 현황〉

(단위 : 천 명)

구분	국제 순이동	입국자	출국자	내국인 순이동	외국인 순이동
2008년	8	371	363	−76	84
2009년	−32	374	406	−87	55
2010년	−16	387	403	−62	46
2011년	−42	404	447	−57	15
2012년	−49	423	471	−77	28
2013년	−95	530	625	−84	−11
2014년	48	614	566	−81	129
2015년	78	630	553	−71	148
2016년	55	659	603	−37	92
2017년	20	592	571	21	−1
2018년	82	632	550	−15	97
2019년	91	658	568	1	90
2020년	7	643	636	−4	10
2021년	85	696	611	−7	92
2022년	142	735	594	5	137
2023년	61	684	622	−10	72

① 외국인 순이동 수치가 가장 컸던 해는 2015년이다.
② 국제 순이동은 2014년 이후 순유입을 유지하고 있다.
③ 내국인 순유출이 가장 많았던 해에는 외국인 순유입이 가장 적었다.
④ 외국인은 2008년 이후 일부 연도를 제외하고는 순유입 추세를 보이고 있다.
⑤ 내국인의 국제 순이동은 2019년 이후 유출과 유입의 차이가 1만 명 이내이다.

13 다음은 2021 ~ 2025년의 주요 인구지표를 예측한 인구통계에 대한 자료이다. 이에 대한 설명으로 옳지 않은 것을 〈보기〉에서 모두 고르면?

〈2021 ~ 2025년 주요 인구지표 예측 인구통계〉

구분		2021년	2022년	2023년	2024년	2025년
총인구(명)		52,123,644	52,261,368	52,388,225	52,504,489	52,609,988
	남성	26,116,012	26,182,270	26,243,080	26,298,796	26,349,538
	여성	26,007,632	26,079,098	26,145,145	26,205,693	26,260,450
인구성장률(%)		0.29	0.26	0.24	0.22	0.20
인구(명)	0 ~ 14세	6,544,745	6,495,921	6,419,925	6,378,453	6,345,139
	15 ~ 64세	37,035,022	36,787,341	36,519,406	36,181,953	35,756,863
	65세 이상	8,543,877	8,978,106	9,448,894	9,944,083	10,507,986
구성비(%)	0 ~ 14세	12.6	12.4	12.3	12.2	12.0
	15 ~ 64세	71.0	70.4	69.7	68.9	68.0
	65세 이상	16.4	17.2	18.0	18.9	20.0
중위연령(세)		44.1	44.6	45.1	45.7	46.2
	남성	42.7	43.2	43.8	44.3	44.8
	여성	45.6	46.1	46.7	47.2	47.7
평균연령(세)		43.0	43.5	43.9	44.3	44.7
	남성	41.8	42.3	42.7	43.1	43.5
	여성	44.2	44.6	45.1	45.5	45.9

〈보기〉

㉠ 0 ~ 14세 인구의 구성비는 2022년보다 2024년에 더 높다.
㉡ 남자 중위연령은 항상 여자 평균연령보다 더 낮은 수치를 보인다.
㉢ 2025년 15 ~ 64세 인구는 65세 이상 인구의 3배 이상이다.
㉣ 2023년 중위연령의 전년 대비 증가율은 평균연령의 전년 대비 증가율보다 높다.

① ㉠
② ㉠, ㉢
③ ㉠, ㉣
④ ㉡, ㉢
⑤ ㉡, ㉢, ㉣

14 다음은 한국소비자원이 발표한 20개 품목의 권장소비자가격과 판매가격 차이에 대한 자료이다. 이에 대한 설명으로 옳지 않은 것은?

〈품목별 권장소비자가격과 판매가격 차이〉

(단위 : 개, 원, %)

구분	조사 제품 수			권장소비자가격과의 괴리율		
	합계	정상가 판매 제품 수	할인가 판매 제품 수	권장소비자 가격	정상가 판매 시 괴리율	할인가 판매 시 괴리율
세탁기	43	21	22	640,000	23.1	25.2
유선전화기	27	11	16	147,000	22.9	34.5
와이셔츠	32	25	7	78,500	21.7	31.0
기성신사복	29	9	20	337,500	21.3	32.3
VTR	44	31	13	245,400	20.5	24.3
진공청소기	44	20	24	147,200	18.7	21.3
가스레인지	33	15	18	368,000	18.0	20.0
냉장고	41	23	18	1,080,000	17.8	22.0
무선전화기	52	20	32	181,500	17.7	31.6
청바지	33	25	8	118,400	14.8	52.0
빙과	19	13	6	2,200	14.6	15.0
에어컨	44	25	19	582,000	14.5	19.8
오디오세트	47	22	25	493,000	13.9	17.7
라면	70	50	20	1,080	12.5	17.2
골프채	27	22	5	786,000	11.1	36.9
양말	30	29	1	7,500	9.6	30.0
완구	45	25	20	59,500	9.3	18.6
정수기	17	4	13	380,000	4.3	28.6
운동복	33	25	8	212,500	4.1	44.1
기성숙녀복	32	19	13	199,500	3.0	26.2

※ $[\text{권장소비자가격과의 괴리율(\%)}]=\frac{(\text{권장소비자가격})-(\text{판매가격})}{(\text{권장소비자가격})}\times 100$

※ 정상가 : 할인판매를 하지 않는 상품의 판매가격

※ 할인가 : 할인판매를 하는 상품의 판매가격

① 할인가 판매 시 괴리율이 40%가 넘는 품목은 2개이다.

② 할인가 판매제품 수가 정상가 판매제품 수보다 많은 품목은 8개이다.

③ 정상가 판매 시 괴리율과 할인가 판매 시 괴리율의 차가 가장 큰 품목은 청바지이다.

④ 할인가 판매제품 수와 정상가 판매제품 수의 차이가 가장 크게 나는 품목은 라면이다.

⑤ 권장소비자가격과 정상 판매가격의 격차가 가장 큰 품목은 세탁기, 가장 작은 품목은 기성숙녀복이다.

15 다음은 서울시의 지역별 학생 수 현황에 대한 자료이다. 이에 대한 설명으로 옳은 것은?

〈서울시 지역별 학생 수 현황〉

(단위 : 명, 개)

구분	초등학교			중학교			고등학교			합계
	학생 수	학급 현황		학생 수	학급 현황		학생 수	학급 현황		
		학급 수	학급당 학생 수		학급 수	학급당 학생 수		학급 수	학급당 학생 수	
합계	424,800	18,585	22.9	216,330	8,855	24.4	259,554	9,685	26.8	900,684
종로구	5,507	277	19.9	2,945	136	21.7	10,016	373	26.9	18,468
중구	5,226	246	21.2	1,986	115	17.3	7,539	291	25.9	14,751
용산구	7,460	357	20.9	3,753	169	22.2	6,642	267	24.9	17,855
성동구	11,922	585	20.4	5,225	230	22.7	5,939	251	23.7	23,086
광진구	15,016	656	22.9	7,564	304	24.9	8,504	296	28.7	31,084
동대문구	13,721	621	22.1	6,768	296	22.9	8,266	312	26.5	28,755
중랑구	15,336	701	21.9	7,216	309	23.4	7,202	286	25.2	29,754
성북구	21,564	908	23.7	10,036	405	24.8	9,439	360	26.2	41,039
강북구	10,654	468	22.8	6,568	252	26.1	5,952	219	27.2	23,174
도봉구	15,962	721	22.1	7,197	307	23.4	7,548	305	24.7	30,707
노원구	27,558	1,239	22.2	16,701	669	25.0	23,674	869	27.2	67,933
은평구	22,028	933	23.6	10,807	440	24.6	14,157	522	27.1	46,992
서대문구	13,027	579	22.5	6,502	289	22.5	5,874	210	28.0	25,403
마포구	15,432	685	22.5	7,705	312	24.7	6,511	228	28.6	29,648
양천구	24,481	1,029	23.8	16,319	631	25.9	14,458	508	28.5	55,258
강서구	26,949	1,184	22.8	11,311	461	24.5	17,443	668	26.1	55,703
구로구	18,820	827	22.8	8,084	337	24.0	10,382	380	27.3	37,286
금천구	8,883	445	20.0	4,400	194	22.7	4,704	187	25.2	17,987
영등포구	13,881	664	20.9	6,228	265	23.5	6,713	263	25.5	26,822
동작구	16,366	687	23.8	8,098	325	24.9	6,743	244	27.6	31,207
관악구	15,768	715	22.1	7,734	323	23.9	10,441	421	24.8	33,943
서초구	23,182	881	26.3	11,430	435	26.3	11,478	397	28.9	46,090
강남구	24,858	985	25.2	15,245	560	27.2	20,505	730	28.1	60,608
송파구	31,368	1,337	23.5	16,697	665	25.1	17,196	635	27.1	65,261
강동구	19,831	855	23.2	9,811	426	23.0	12,228	463	26.4	41,870

① 중학교의 학급당 학생 수가 가장 많은 지역은 서초구이다.

② 중학교와 고등학교 전체 학생 수는 초등학교 학생 수보다 적다.

③ 영등포구의 고등학생 수는 영등포구 전체 학생 수의 30% 미만이다.

④ 초등학교, 중학교, 고등학교 순서로 학생 수가 많은 지역은 5곳 이하이다.

⑤ 고등학교의 학급 수가 가장 많은 3개 지역의 합은 고등학교 전체 학급 수의 25% 이상이다.

16 다음은 고령취업자 현황에 대한 자료이다. 이에 대한 설명으로 옳지 않은 것은?

〈고령취업자 현황〉

(단위 : 천 명, %)

구분	고령취업자 수	고령취업자 비율					
		전체	성별		직종		
			남성	여성	농가	비농가	
2017년	1,688	11.3	10.8	12.0	24.3	6.8	
2018년	2,455	13.6	13.1	14.3	35.9	8.3	
2019년	3,069	15.0	14.4	16.0	46.5	10.1	
2020년	3,229	15.5	15.0	16.2	48.2	10.7	
2021년	3,465	16.3	15.9	17.1	50.2	11.6	
2022년	3,273	16.4	15.9	17.0	52.0	10.9	
2023년	3,251	16.5	15.8	17.5	53.0	11.4	
전년 대비 (22/23)	−22	0.1%p	−0.1%p	0.5%p	1.0%p	0.5%p	

※ [고령취업자 비율(%)]=(고령취업자 수)÷(전체 취업자 수)×100

※ [항목별 고령취업자 비율(%)]=(해당 항목의 고령취업자 수)÷(해당 항목의 전체 취업자 수)×100

① 2023년 고령취업률은 비농가보다 농가가 높다.

② 조사기간 동안 농가의 고령취업자 비율은 매년 증가한다.

③ 2023년 고령취업자 중 농가취업자 수가 전체의 약 82%를 차지한다.

④ 조사기간 동안 남녀 고령취업자 비율을 비교하면 여성이 남성보다 높다.

⑤ 2023년 농가에서의 고령취업자 비율은 53%로, 농가에서 취업자 2명 중 1명은 고령자이다.

17 다음은 지역별 국내 백미 생산량에 대한 자료이다. 이를 참고하여 작성한 그래프로 옳지 않은 것은?

〈지역별 국내 백미 생산량〉

(단위 : ha, 톤)

구분	논벼		밭벼	
	면적	생산량	면적	생산량
서울 · 인천 · 경기	91,557	468,506	2	4
강원	30,714	166,396	–	–
충북	37,111	201,670	3	5
세종 · 대전 · 충남	142,722	803,806	11	21
전북	121,016	687,367	10	31
광주 · 전남	170,930	871,005	705	1,662
대구 · 경북	105,894	591,981	3	7
부산 · 울산 · 경남	77,918	403,845	11	26
제주	10	41	117	317
합계	777,872	4,194,617	862	2,073

① 지역별 논벼 면적의 구성비

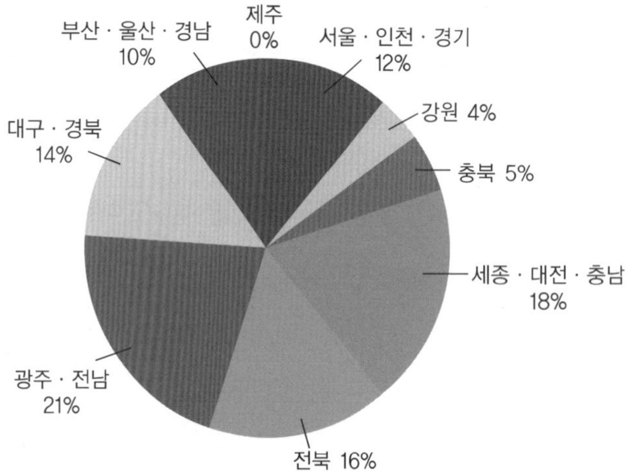

② 제주 지역 백미 생산면적 구성비

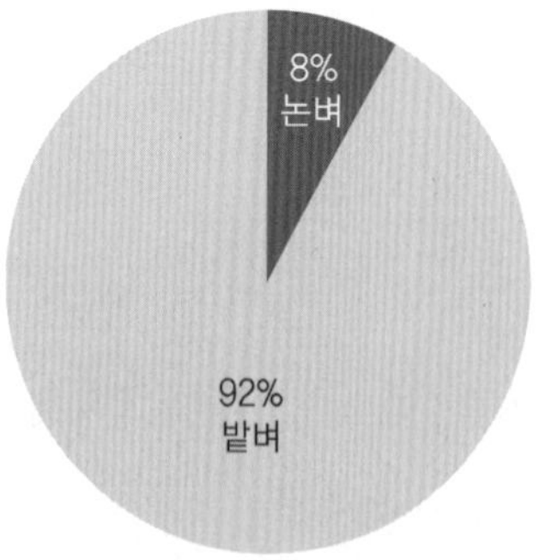

③ 제주를 제외한 지역별 1ha당 백미 생산량

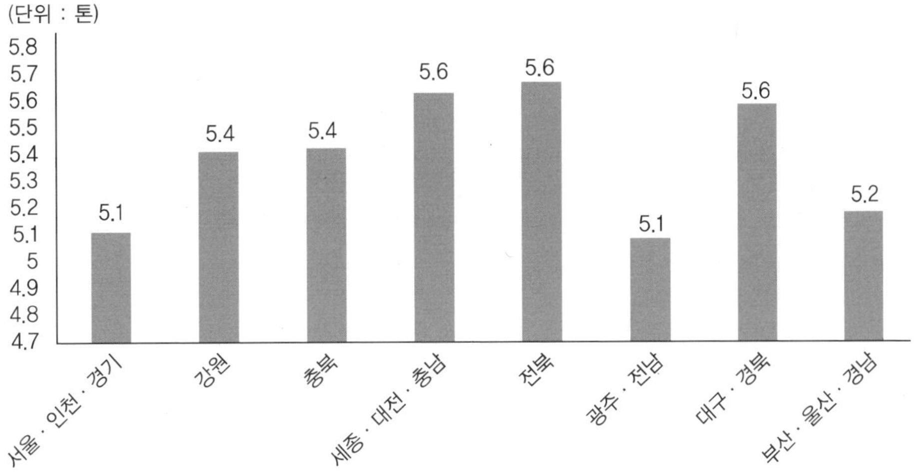

④ 논벼와 밭벼의 생산량 비교

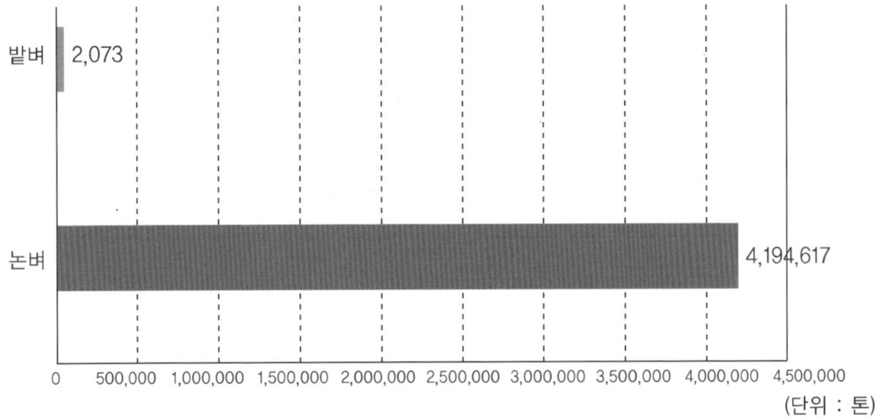

⑤ 지역별 밭벼의 생산비

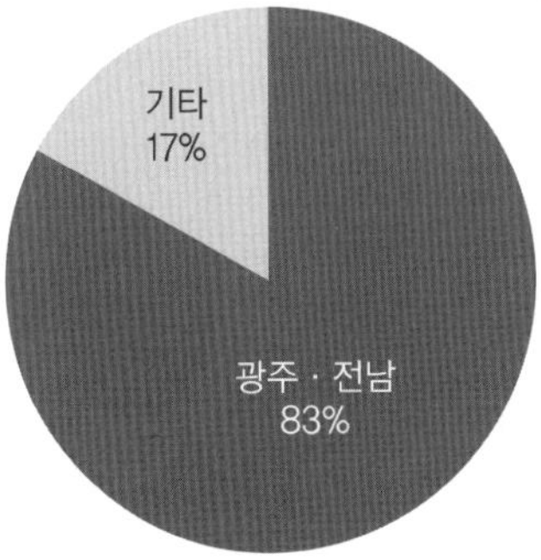

18 다음은 15 ~ 24세의 청년을 대상으로 조사한 가장 선호하는 직장에 대한 자료이다. 이에 대한 설명으로 옳지 않은 것은?

〈15 ~ 24세 청년의 가장 선호하는 직장〉

(단위 : %)

구분		국가기관	공기업	대기업	벤처기업	외국계기업	전문직기업	중소기업	해외취업	자영업	기타
성별	남성	32.2	11.1	19.5	5	2.8	11.9	2.9	1.8	11.9	0.9
	여성	34.7	10.9	14.8	1.8	4.5	18.5	2	3.7	7.9	1.2
연령	15 ~ 18세	35.9	8.1	18.4	4.1	3.1	17.2	2.2	2.7	7.1	1.2
	19 ~ 24세	31.7	13.2	16	2.7	4.2	14	2.6	2.8	11.9	0.9
학력	중학교 재학	35.3	10.3	17.6	3.5	3.9	16.5	2	3.1	6.7	1.1
	고등학교 재학	35.9	7.8	18.5	4.3	3	17.5	2.1	2.8	6.8	1.3
	대학교 재학	34.3	14.4	15.9	2.3	5.4	14.6	1.9	3.8	6.5	0.9
	기타	30.4	12.1	16.1	3	3.3	13.5	3.1	2.3	15.3	0.9
가구소득	100만 원 미만	31.9	9.5	18.5	3.9	2.8	15	3	2.5	11.3	1.6
	101 ~ 200만 원	32.6	10.4	19.1	3.5	3.1	14.2	2.6	2.2	11.4	0.9
	201 ~ 300만 원	34.7	11.2	15.9	3.1	3.1	16.1	2.5	2.5	9.8	1.1
	301 ~ 400만 원	36.5	12	15.3	3.6	4	14.5	2.1	3	8.2	0.8
	401 ~ 600만 원	31.9	12	17	2.4	6.4	16.5	1.9	4.6	6.5	0.8
	600만 원 이상	29.1	11.1	15.5	2.8	6.1	18	1.7	3.5	10.5	1.7

① 국가기관은 모든 기준에서 가장 선호하는 직장임을 알 수 있다.

② 가구소득이 많을수록 중소기업을 선호하는 비율은 줄어들고 있다.

③ 학력별 공기업을 선호하는 비중이 가장 높은 학력은 대학교 재학이다.

④ 연령을 기준으로 3번째로 선호하는 직장은 15 ~ 18세의 경우와 19 ~ 24세의 경우가 같다.

⑤ 남성과 여성 모두 국가기관에 대한 선호 비율은 공기업에 대한 선호 비율의 3배 이상이다.

19 다음은 S카드회사에서 고객 1,000명을 대상으로 실시한 카드 이용 시 선호하는 부가서비스 설문조사 결과에 대한 자료이다. 이를 보고 S카드회사 상품개발팀 직원들이 나눈 대화 중 가장 적절한 것은?

〈카드 이용 시 선호하는 부가서비스〉

(단위 : %)

구분	남성	여성	전체
포인트 적립	19	21	19.8
무이자 할부	17	18	17.4
주유 할인	15	6	11.4
쇼핑 할인	8	15	10.8
외식 할인	8	9	8.4
영화관 할인	8	11	9.2
통화료 / 인터넷 할인	7	8	7.4
은행수수료 할인	8	6	7.2
무응답	10	6	8.4

※ 총 8가지 부가서비스 중 선호하는 서비스 택 1, 무응답 가능

① L과장 : 부가서비스별로 선호하는 비중의 표준편차가 남성에 비해 여성이 더 큽니다.

② K사원 : 조사 과정에서 응답하지 않은 고객은 남성 50명, 여성 34명으로 총 84명입니다.

③ P대리 : 이번 조사 결과는 S카드를 이용하고 계신 고객 중 1,000명을 대상으로 선호하는 부가서비스에 대해 조사한 것으로 성별 비율은 각각 50%입니다.

④ S주임 : 남성과 여성 모두 가장 선호하는 부가서비스는 포인트 적립서비스이며, 두 번째로는 남성은 주유 할인, 여성은 무이자 할부로 차이를 보이고 있습니다.

⑤ R부장 : 이번 조사 결과를 참고했을 때, 남성과 여성이 선호하는 부가서비스가 서로 정반대인 것으로 보이니 성별을 구분하여 적합한 부가서비스를 갖추도록 개발해야겠습니다.

20 다음은 S국의 초혼에 대한 자료이다. 이에 대한 설명으로 옳지 않은 것은?

〈성별 평균 초혼연령〉

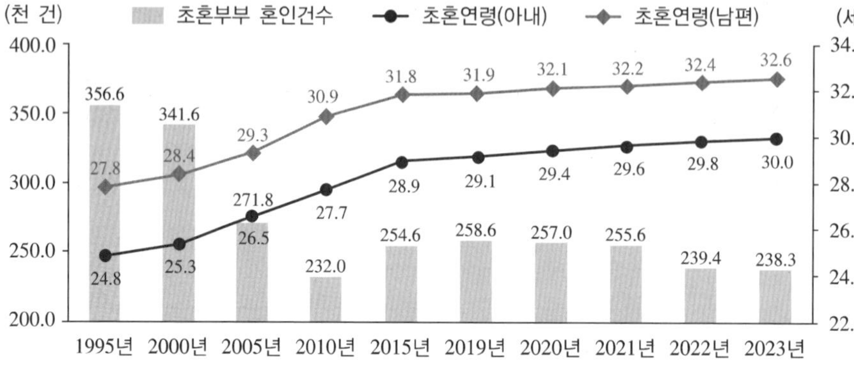

〈평균 초혼연령 및 초혼부부 혼인건수〉

(단위 : 세, 천 건, %)

구분	평균 초혼연령		혼인 건수	여성 연상	구성비	동갑	구성비	남성 연상	구성비
	아내	남편							
1995년	24.8	27.8	356.6	31.2	8.8	32.3	9.0	293.2	82.2
2000년	25.3	28.4	341.6	29.7	8.7	35.3	10.3	276.6	81.0
2005년	26.5	29.3	271.8	29.1	10.7	34.8	12.8	207.9	76.5
2010년	27.7	30.9	232.0	28.2	12.1	35.0	15.1	168.9	72.8
2015년	28.9	31.8	254.6	37.9	14.9	40.8	16.0	175.9	69.1
2019년	29.1	31.9	258.6	39.5	15.3	42.3	16.4	176.8	68.4
2020년	29.4	32.1	257.0	40.0	15.6	41.7	16.2	175.3	68.2
2021년	29.6	32.2	255.6	41.3	16.2	41.4	16.2	172.8	67.6
2022년	29.8	32.4	239.4	38.9	16.2	38.5	16.1	162.1	67.7
2023년	30.0	32.6	238.3	38.9	16.3	38.2	16.0	161.1	67.6

① S국 초혼부부의 절반 이상은 남성이 연상이다.

② 남성과 여성 모두 평균 초혼연령은 지속적으로 증가했다.

③ 여성의 평균 초혼연령은 2023년에 처음으로 30대에 진입했다.

④ 초혼연령이 높아지는 이유는 경제적 상황이 좋지 않기 때문이다.

⑤ 1995년 대비 2023년의 초혼부부 혼인건수는 십만 건 이상 줄었다.

제3영역 창의수리

01 소희와 예성이가 자전거로 하이킹을 하였다. 소희가 먼저 시속 30km의 속력으로 출발하고 12분 후 같은 경로로 예성이가 뒤따라 출발하였다고 한다. 예성이가 출발한 지 20분 후 소희를 만났다면 예성이의 분당 속력은?

① 620m/min ② 680m/min
③ 720m/min ④ 760m/min
⑤ 800m/min

02 소금물 160g에 물 40g을 넣었더니 농도가 8%인 소금물이 되었다. 물을 넣기 전 처음 소금물의 농도는?

① 10% ② 15%
③ 20% ④ 25%
⑤ 30%

03 A씨는 졸업논문 심사과정을 밟고 있다. A씨 대학에서는 총점 10점 만점 중 평균점수가 8점 이상이 되어야 졸업할 수 있다. A씨를 심사하는 교수는 총 3명이고 현재 2명의 교수가 각각 7.5점, 6.5점을 부여하였다. 마지막 교수가 몇 점 이상을 주어야만 A씨가 합격할 수 있는가?

① 10점 ② 20점
③ 30점 ④ 40점
⑤ 50점

04 S야구팀의 작년 승률은 40%였고, 올해는 총 120경기 중 65승을 하였다. 작년과 올해의 경기를 합하여 구한 승률이 45%일 때, 작년과 올해에 승리한 횟수는?

① 151회
② 152회
③ 153회
④ 154회
⑤ 155회

05 6장의 서로 다른 쿠폰을 처음 오는 손님에게 1장, 두 번째 오는 손님에게 2장, 세 번째 오는 손님에게 3장 주는 경우의 수는?

① 32가지
② 48가지
③ 60가지
④ 84가지
⑤ 110가지

06 S공원에서 A는 강아지와 함께 2일마다 산책하고, B는 혼자 3일마다 산책한다. A는 월요일에, B는 그다음 날에 산책했다면 처음으로 A와 B가 만나는 날은 무슨 요일인가?

① 수요일
② 목요일
③ 금요일
④ 토요일
⑤ 일요일

07 남자 4명, 여자 4명으로 이루어진 팀에서 2명의 팀장을 뽑으려고 한다. 이때 팀장 2명이 모두 남자로만 구성될 확률은?

① $\frac{3}{14}$
② $\frac{2}{7}$
③ $\frac{5}{14}$
④ $\frac{3}{7}$
⑤ $\frac{4}{7}$

08 형과 동생의 나이를 더하면 22, 곱하면 117이라고 할 때, 동생의 나이는?

① 9세
② 10세
③ 11세
④ 12세
⑤ 13세

09 우영이는 면적이 $144m^2$인 정사각형 모양 밭에 사과나무 169그루를 심으려고 한다. 일정한 간격으로 심었을 때, 나무와 나무 사이 거리의 최솟값은?

① 1m
② 1.2m
③ 1.3m
④ 2m
⑤ 2.5m

10 길이가 800m인 다리에 기차가 진입하는 순간부터 다리를 완전히 벗어날 때까지 걸린 시간은 36초였다. 이 기차의 속력은?(단, 기차의 길이는 100m이다)

① 70km/h
② 75km/h
③ 80km/h
④ 85km/h
⑤ 90km/h

11 농도를 알 수 없는 설탕물 500g에 농도 3%의 설탕물 200g을 온전히 섞었더니 섞은 설탕물의 농도는 7%가 되었다. 처음 500g의 설탕물에 녹아있던 설탕의 양은?

① 40g
② 41g
③ 42g
④ 43g
⑤ 44g

12 어떤 백화점에서 20% 할인해서 팔던 옷을 할인된 가격에서 30% 추가 할인하여 28만 원에 구매하였다면 할인받은 금액은?

① 14만 원
② 18만 원
③ 22만 원
④ 28만 원
⑤ 30만 원

13 주사위 3개를 동시에 던졌을 때 나오는 눈의 합이 4가 되는 경우의 수는?

① 1가지
② 3가지
③ 5가지
④ 7가지
⑤ 9가지

14 12층에 사는 수진이는 출근하려고 나왔다가 중요한 서류를 깜빡한 것이 생각나 다시 집에 다녀오려고 한다. 엘리베이터 고장으로 계단을 이용해야 하는데 1층부터 6층까지 쉬지 않고 올라갈 때 35초가 걸리고, 그 후에는 한 층씩 올라갈 때마다 5초씩 쉬려고 한다. 수진이가 1층부터 12층까지 올라가는 데 걸린 시간은? (단, 6층에서는 쉬지 않는다)

① 102초
② 107초
③ 109초
④ 112초
⑤ 114초

15 S백화점에는 1층에서 9층까지 왕복으로 운행하는 엘리베이터가 있다. 현진이와 서영이는 9층에서 엘리베이터를 타고 내려오다가 각자 어느 한 층에서 내렸다. 이때, 두 사람이 서로 다른 층에서 내릴 확률은?(단, 두 사람은 엘리베이터를 타고 내려오다가 다시 올라가지는 않는다)

① $\frac{3}{8}$
② $\frac{1}{2}$
③ $\frac{5}{8}$
④ $\frac{3}{4}$
⑤ $\frac{7}{8}$

16 민경이는 자신의 집에서 선화네 집으로 3m/s의 속도로 가고 선화는 민경이네 집으로 2m/s의 속도로 간다. 민경이와 선화네 집은 900m 떨어져 있고 선화가 민경이보다 3분 늦게 출발했을 때, 민경이가 집에서 출발한 지 몇 분 후에 선화를 만나는가?(단, 민경이 집에서 선화네 집까지는 직선길 한 가지밖에 없다)

① 1분 12초
② 2분 12초
③ 3분 12초
④ 4분 12초
⑤ 5분 12초

17 학교에 갈 때 버스를 타고 갈 확률이 $\frac{1}{3}$, 걸어갈 확률이 $\frac{2}{3}$ 이다. 사흘 중 첫날은 버스를 타고, 남은 이틀은 순서에 상관없이 버스 한 번, 걸어서 한 번 갈 확률은?

① $\frac{1}{27}$
② $\frac{2}{27}$
③ $\frac{1}{9}$
④ $\frac{4}{27}$
⑤ $\frac{5}{27}$

18 서경이는 1개씩 갖고 있는 흰색 깃발과 검은색 깃발을 총 5번 들어 신호를 표시하려고 한다. 같은 깃발은 4번까지만 사용하여 신호를 표시하여 만들 수 있는 신호의 경우의 수는?

① 14가지
② 16가지
③ 30가지
④ 32가지
⑤ 36가지

19 길이가 400m인 다리를 완전히 지나는 데 20초가 걸리는 여객열차가 있다. 이 여객열차가 초속 16m의 속력으로 달리는 60m 길이의 화물열차와 서로 마주 보고 달려서 완전히 지나치는 데 4초가 걸린다고 한다. 이 여객열차의 길이는?

① 95m
② 100m
③ 105m
④ 110m
⑤ 115m

20 A소금물 100g과 B소금물 150g을 섞으면 8%의 소금물이 되고, A소금물 200g과 B소금물 50g을 섞으면 6%의 소금물이 된다. A소금물의 농도는?

① 5%
② 8%
③ 10%
④ 15%
⑤ 23%

제4영역 언어추리

01 **다음 글의 내용이 참일 때, 반드시 참인 것은?**

> 정확히 지난 7년 동안 A지역에서 수영하는 것은 법적으로 금지되어 왔다. 그런데 모야모야 동아리의 모든 회원은 A지역 근처에서만 살았고, 회원이 되려면 지난 2년간 적어도 한 번은 수영한 경험이 있어야 한다. 모야모야 동아리는 현재 새로운 회원을 영입하기 위해 신청서를 받고 있다.

① 모야모야 동아리의 현재 회원들은 모두 A지역에서 벗어나서 수영을 했다.
② 모야모야 동아리의 현재 회원들은 적어도 한 번은 불법적으로 수영을 했다.
③ 모야모야 동아리의 지원자들은 그 누구도 A지역에서 합법적으로 수영하지 않았다.
④ 모야모야 동아리의 회원 중에는 A지역에서 합법적으로 번지점프를 한 사람은 없다.
⑤ A지역 외부에서 한 번도 수영해 보지 않은 모야모야 동아리의 현재 회원들은 A지역의 법을 어긴 경험이 있다.

02 **다음은 직원 A～G 7명의 인사이동에 대한 정보이다. 직원들의 인사이동에 대한 설명 중 반드시 참인 것은?**

> - A가 기획재무본부에서 건설기술본부로 이동하면, C는 스마트도시본부에서 기획재무본부로 이동하지 않는다.
> - E가 건설기술본부에서 도시재생본부로 이동하지 않는 경우에만, D가 전략사업본부에서 스마트도시본부로 이동한다.
> - B가 주거복지본부에서 전략사업본부로 이동하면, A는 기획재무본부에서 건설기술본부로 이동한다.
> - C는 스마트도시본부에서 기획재무본부로 이동한다.
> - 전략사업본부에서 스마트도시본부로의 D의 이동과, 도시재생본부에서 공공주택본부로의 F의 이동 중 하나의 이동만 일어난다.
> - B가 주거복지본부에서 전략사업본부로 이동하거나, E가 건설기술본부에서 도시재생본부로 이동하거나, G가 공공주택본부에서 주거복지본부로 이동하는 일 중 두 가지 이상의 이동이 이루어졌다.

① A는 기획재무본부에서 건설기술본부로 이동한다.
② C와 E는 기획재무본부로 이동한다.
③ F는 도시재생본부에서 공공주택본부로 이동한다.
④ G는 이번 인사이동에서 이동하지 않는다.
⑤ G는 공공주택본부에서 주거복지본부로 이동하지만, F는 도시재생본부에서 공공주택본부로 이동하지 않는다.

03 **S대리는 다음 분기에 참여할 연수프로그램을 결정하고자 한다. 〈조건〉에 따라 프로그램을 결정할 때, 다음 중 반드시 참인 것은?**

〈조건〉

- 다음 분기 연수프로그램으로는 혁신역량강화, 조직문화, 전략적 결정, 일과 가정, 공사융합전략, 미래가치교육 6개가 있다.
- S대리는 혁신역량강화에 참여하면, 조직문화에 참여하지 않는다.
- S대리는 일과 가정에 참여하지 않으면, 미래가치교육에 참여한다.
- S대리는 혁신역량강화와 미래가치교육 중 1가지만 참여한다.
- S대리는 조직문화, 전략적 결정, 공사융합전략 중 2가지에 참여한다.
- S대리는 조직문화에 참여한다.

① S대리는 최소 2개의 프로그램에 참여한다.
② S대리가 참여할 프로그램 수는 최대 4개이다.
③ S대리는 전략적 결정과 조직융합전략에 모두 참여한다.
④ S대리는 혁신역량강화에 참여하고, 일과 가정에 참여하지 않는다.
⑤ S대리가 전략적 결정에 참여할 경우, 일과 가정에는 참여하지 않는다.

04 **S사는 5층짜리 선반에 사무용품을 정리해 두고 있다. 선반의 각 층에는 서로 다른 2종류의 사무용품이 놓여 있다고 할 때, 다음 〈조건〉을 토대로 바르게 추론한 것은?**

〈조건〉

- 선반의 가장 아래층에는 인덱스 바인더가 지우개와 함께 놓여 있다.
- 서류정리함은 보드마카와 스테이플러보다 아래에 놓여 있다.
- 보드마카와 접착 메모지는 같은 층에 놓여 있다.
- 2공 펀치는 스테이플러보다는 아래에 놓여 있지만, 서류정리함보다는 위에 놓여 있다.
- 접착 메모지는 스테이플러와 볼펜보다 위에 놓여 있다.
- 볼펜은 2공 펀치보다 위에 놓여 있지만, 스테이플러보다 위에 놓여 있는 것은 아니다.
- 북엔드는 선반의 두 번째 층에 놓여 있다.
- 형광펜은 선반의 가운데 층에 놓여 있다.

① 볼펜은 3층 선반에 놓여 있다.
② 서류정리함은 북엔드보다 위에 놓여 있다.
③ 2공 펀치는 북엔드와 같은 층에 놓여 있다.
④ 스테이플러는 보드마카보다 위에 놓여 있다.
⑤ 보드마카와 접착 메모지가 가장 높은 층에 놓여 있다.

05 S사에서는 직원 A ~ G 7명을 대상으로 서비스만족도 조사를 진행했다. 서비스만족도 조사 결과가 다음과 같을 때, 반드시 참인 것은?

- A대리는 B사원보다 높은 점수를 받았다.
- B사원은 C과장보다 높은 점수를 받았다.
- C과장은 D사원보다 높은 점수를 받았다.
- E부장은 가장 낮은 점수를 받지 않았다.
- F대리는 B사원과 E부장보다 높은 점수를 받았지만, G사원보다는 낮은 점수를 받았다.

① B사원이 4등이면 G사원은 1등이다.
② C과장이 5등이면 B사원은 4등이다.
③ E부장은 4등 안에 들었다.
④ F대리가 3등이면 A대리는 1등이다.
⑤ 등수를 확실히 알 수 있는 사람은 2명이다.

06 S사에서는 직원들을 해외로 파견하고자 한다. 다음 파견 조건이 항상 참일 때, 반드시 참인 것을 〈보기〉에서 모두 고르면?

〈파견 조건〉

- A대리가 인도네시아로 파견되지 않는다면, E주임은 몽골로 파견되지 않는다.
- D주임이 뉴질랜드로 파견된다면, B대리는 우즈베키스탄으로 파견된다.
- C주임은 아일랜드로 파견된다.
- E주임이 몽골로 파견되거나, C주임이 아일랜드로 파견되지 않는다.
- A대리가 인도네시아로 파견되지 않거나, B대리가 우즈베키스탄으로 파견되지 않는다.

〈보기〉

㉠ B대리는 우즈베키스탄으로 파견되지 않는다.
㉡ D주임은 뉴질랜드로 파견되지 않는다.
㉢ A대리는 인도네시아로 파견되고, E주임은 몽골로 파견되지 않는다.
㉣ C주임과 E주임은 같은 국가로 파견된다.

① ㉠, ㉡
② ㉠, ㉢
③ ㉡, ㉢
④ ㉡, ㉣
⑤ ㉢, ㉣

07 체육교사 S씨는 학생들을 키 순서에 따라 1줄로 세우려고 한다. A ~ F 6명이 〈조건〉에 따라 줄을 설 때, 다음 중 참이 아닌 것은?(단, 같은 키의 학생은 없으며, 키가 작은 학생이 큰 학생보다 앞에 선다)

〈조건〉

- C는 A보다 키가 크고, F보다는 키가 작다.
- D는 E보다 키가 크지만 E 바로 뒤에 서지는 않다.
- B는 D보다 키가 크다.
- A는 맨 앞에 서지 않는다.
- F는 D보다 키가 크지만 맨 끝에 서지 않는다.
- E와 C는 1명을 사이에 두고 선다.

① E는 맨 앞에 선다.
② F는 B 바로 앞에 선다.
③ 키가 제일 큰 학생은 B이다.
④ C는 6명 중 3번째로 키가 크다.
⑤ A와 D는 1명을 사이에 두고 선다.

08 S사에서는 신입사원이 입사하면 서울 지역 내 다섯 개 지점에서 순환근무를 하며 업무환경과 분위기를 익히도록 하고 있다. 입사동기인 A ~ E사원 다섯 명이 〈조건〉에 따라 순환근무를 할 때, 항상 참인 것은?

〈조건〉

- 각 지점에는 한 번에 한 명의 신입사원만 근무할 수 있다.
- 다섯 개의 지점은 강남, 구로, 마포, 잠실, 종로이며, 모든 지점에 한 번씩 배치된다.
- 지금은 세 번째 순환근무 기간이고 현재 근무하는 지점은 다음과 같다.
  [A - 잠실, B - 종로, C - 강남, D - 구로, E - 마포]
- C와 B는 구로에서 근무한 적이 있다.
- D의 다음 근무지는 강남이고, 종로에서 가장 마지막에 근무한다.
- E와 D는 잠실에서 근무한 적이 있다.
- 마포에서 아직 근무하지 않은 사람은 A와 B이다.
- B가 현재 근무하는 지점은 E의 첫 순환근무지이고, E가 현재 근무하는 지점은 A의 다음 순환근무지이다.

① E는 아직 구로에서 근무하지 않았다.
② C는 마포에서 아직 근무하지 않았다.
③ 강남에서 가장 먼저 근무한 사람은 D이다.
④ 지금까지 강남에서 근무한 사람은 A, E, B이다.
⑤ 다음 순환근무 기간에 잠실에서 근무하는 사람은 C이다.

09 **다음 중 제시된 명제를 보고 추론할 수 있는 것은?**

> • 지영이, 미주, 수진이는 각각 공책을 가지고 있다.
> • 지영이는 보라색 공책도 가지고 있다.
> • 미주는 보라색 공책만 가지고 있다.
> • 수진이는 빨간색 공책도 가지고 있다.
> • 세 사람은 공책을 한 권씩 책상 위에 올려두었고, 지금 책상에는 보라색 공책만 있다.

① 미주의 모든 공책은 책상 위에 있다.
② 수진이의 모든 공책은 책상 위에 있다.
③ 지영이의 빨간색 공책은 책상 위에 있다.
④ 지영이의 모든 공책이 책상 위에 있는 것은 아니다.
⑤ 수진이는 빨간색 공책과 보라색 공책만 가지고 있다.

10 **S필라테스 센터에서 평일에는 바렐, 체어, 리포머의 3가지 수업이 동시에 진행되며, 토요일에는 리포머 수업만 진행된다. 센터 회원은 전용 어플을 통해 자신이 원하는 수업을 선택하여 일주일간의 운동 스케줄을 등록할 수 있다. 센터 회원인 K씨가 월요일부터 토요일까지 다음과 같이 운동 스케줄을 등록할 때, 참이 아닌 것은?**

> • 바렐 수업은 일주일에 1회 참여한다.
> • 체어 수업은 일주일에 2회 참여하되, 금요일에 1회 참여한다.
> • 리포머 수업은 일주일에 3회 참여한다.
> • 동일한 수업은 연달아 참여하지 않는다.
> • 월요일부터 토요일까지 하루에 1개의 수업을 듣는다.
> • 하루에 1개의 수업만 들을 수 있다.

① 월요일에 리포머 수업을 선택한다면, 화요일에는 체어 수업을 선택할 수 있다.
② 월요일에 체어 수업을 선택한다면, 수요일에는 바렐 수업을 선택할 수 있다.
③ 화요일에 체어 수업을 선택한다면, 수요일에는 바렐 수업을 선택할 수 있다.
④ 화요일에 바렐 수업을 선택한다면, 수요일에는 리포머 수업을 선택할 수 있다.
⑤ 수요일에 리포머 수업을 선택한다면, 목요일에는 바렐 수업을 선택할 수 있다.

11 다음 진술이 모두 참일 때 만일 서희가 서울 사람이 아니라면, 참인지 거짓인지 알 수 없는 것은?

- 철수 말이 참이라면 영희와 서희는 서울 사람이다.
- 철수 말이 거짓이라면 창수와 기수는 서울 사람이다.

① 철수 말은 거짓이다.
② 창수는 서울 사람이다.
③ 기수는 서울 사람이다.
④ 영희는 서울 사람이다.
⑤ 영희는 서울 사람일 수도 아닐 수도 있다.

12 어느 날 밤 11시경 회사 사무실에 도둑이 들었다. CCTV를 확인해 보니 도둑은 1명이며, 수사 결과 용의자는 갑 ~ 무 5명으로 좁혀졌다. 이 중 2명은 거짓말을 하고 있으며, 그중 1명이 범인이다. 범인은 누구인가?

- 갑 : 그날 밤 11시에 저는 을, 무하고 셋이서 함께 있었습니다.
- 을 : 갑은 그 시간에 무와 함께 타 지점에 출장을 가 있었어요.
- 병 : 갑의 진술은 참이고, 저도 회사에 있지 않았습니다.
- 정 : 을은 밤 11시에 저와 단둘이 있었습니다.
- 무 : 저는 사건이 일어났을 때 집에 있었습니다.

① 갑
② 을
③ 병
④ 정
⑤ 무

※ **제시된 명제가 모두 참일 때, 빈칸에 들어갈 명제로 가장 적절한 것을 고르시오. [13~14]**

13

- A세포가 있는 동물은 물체의 상을 감지할 수 없다.
- B세포가 없는 동물은 물체의 상을 감지할 수 있다.
- ______________________________
- A세포가 있는 동물은 빛의 유무를 감지할 수 있다.

① 빛의 유무를 감지할 수 있는 동물은 B세포가 있다.
② B세포가 없는 동물은 빛의 유무를 감지할 수 없다.
③ B세포가 있는 동물은 빛의 유무를 감지할 수 있다.
④ 물체의 상을 감지할 수 있는 동물은 빛의 유무를 감지할 수 있다.
⑤ 빛의 유무를 감지할 수 없는 동물은 물체의 상을 감지할 수 없다.

14

- 어떤 집은 벽지에 낙서가 되어 있다.
- 낙서가 되어 있는 것은 대부분 벽지이고, 낙서가 있는 모든 벽지는 분홍색이다.
- ______________________________

① 모든 집은 분홍색이다.
② 분홍색인 것은 모두 집이다.
③ 낙서가 되어 있는 것은 모두 벽지이다.
④ 어떤 벽지로 되어 있는 것은 분홍색이 아니다.
⑤ 분홍색 벽지의 어떤 집은 벽에 낙서가 되어 있다.

※ 제시된 명제가 모두 참일 때, 다음 중 참이 아닌 것을 고르시오. [15~16]

15

- 적극적인 사람은 활동량이 많다.
- 잘 다치지 않는 사람은 활동량이 많지 않다.
- 활동량이 많으면 면역력이 강화된다.
- 적극적이지 않은 사람은 영양제를 챙겨먹는다.

① 적극적인 사람은 잘 다친다.
② 적극적인 사람은 면역력이 강화된다.
③ 영양제를 챙겨먹으면 면역력이 강화된다.
④ 잘 다치지 않는 사람은 영양제를 챙겨먹는다.
⑤ 잘 다치지 않는 사람은 적극적이지 않은 사람이다.

16

- 정리정돈을 잘하는 사람은 집중력이 좋다.
- 주변이 조용할수록 집중력이 좋다.
- 깔끔한 사람은 정리정돈을 잘한다.
- 집중력이 좋으면 성과 효율이 높다.

① 깔끔한 사람은 집중력이 좋다.
② 깔끔한 사람은 주변이 조용하다.
③ 깔끔한 사람은 성과 효율이 높다.
④ 주변이 조용할수록 성과 효율이 높다.
⑤ 성과 효율이 높지 않은 사람은 주변이 조용하지 않다.

※ 제시된 명제가 모두 참일 때, 다음 중 항상 참인 것을 고르시오. [17~18]

17

- 커피를 마시면 치즈케이크도 먹는다.
- 마카롱을 먹으면 요거트를 먹지 않는다.
- 요거트를 먹지 않으면 커피를 마신다.
- 치즈케이크를 먹으면 초코케이크를 먹지 않는다.
- 아이스크림을 먹지 않으면 초코케이크를 먹는다.

① 마카롱을 먹으면 아이스크림을 먹는다.
② 요거트를 먹지 않으면 초코케이크를 먹는다.
③ 아이스크림을 먹으면 치즈케이크를 먹는다.
④ 커피를 마시지 않으면 초코케이크를 먹는다.
⑤ 치즈케이크를 먹지 않으면 마카롱을 먹는다.

18

- 사원번호는 0부터 9까지 정수로 이루어져 있다.
- S사에 입사한 사원에게 부여되는 사원번호는 여섯 자리이다.
- 2020년 상반기에 입사한 S사 신입사원의 사원번호 앞의 두 자리는 20이다.
- 사원번호 앞의 두 자리를 제외한 나머지 자리에는 0이 올 수 없다.
- 2020년 상반기 S사에 입사한 K씨의 사원번호는 앞의 두 자리를 제외하면 세 번째, 여섯 번째 자리의 수만 같다.
- 사원번호 여섯 자리의 합은 9이다.

① K씨의 사원번호는 '201321'이다.
② K씨의 사원번호는 '201231'이 될 수 없다.
③ K씨 사원번호의 세 번째 자리 수는 '1'이다.
④ K씨의 사원번호 앞의 두 자리가 '20'이 아닌 '21'이 부여된다면 K씨의 사원번호는 '211231'이다.
⑤ K씨의 사원번호 네 번째 자리의 수가 다섯 번째 자리의 수보다 작다면 K씨의 사원번호는 '202032'이다.

19 학교수업이 끝난 후 수민, 한별, 영수는 각각 극장, 농구장, 수영장 중 서로 다른 곳에 갔다. 이들 3명은 다음과 같이 진술하였는데, 이 중 1명의 진술은 참이고 2명의 진술은 모두 거짓이다. 극장, 농구장, 수영장에 간 사람을 차례대로 나열한 것은?

- 수민 : 나는 농구장에 갔다.
- 한별 : 나는 농구장에 가지 않았다.
- 영수 : 나는 극장에 가지 않았다.

① 수민, 한별, 영수
② 수민, 영수, 한별
③ 한별, 수민, 영수
④ 영수, 한별, 수민
⑤ 영수, 수민, 한별

20 갑 ~ 정 4명이 함께 중식당에서 음식을 주문했는데 각자 주문한 음식이 다르다. 그런데 짜장면을 주문한 사람은 언제나 진실을 말하고 볶음밥을 주문한 사람은 언제나 거짓을 말하며, 짬뽕과 우동을 주문한 사람은 진실과 거짓을 1개씩 말한다. 이들이 다음과 같이 진술했을 때 주문한 사람과 음식이 일치하는 것은?

- 갑 : 병은 짜장면, 을은 짬뽕을 시켰다.
- 을 : 병은 짬뽕, 정은 우동을 시켰다.
- 병 : 갑은 짜장면, 정은 우동을 시켰다.
- 정 : 을은 짬뽕, 갑은 볶음밥을 주문했다.

① 갑 – 짬뽕
② 을 – 볶음밥
③ 병 – 짜장면
④ 정 – 우동
⑤ 정 – 짬뽕

제5영역 수열추리

※ 일정한 규칙으로 수를 나열할 때, 빈칸에 들어갈 알맞은 수를 고르시오. [1~14]

01

$1\frac{9}{20}$ $-9\frac{32}{44}$ $25\frac{63}{76}$ ( ) $81\frac{149}{164}$ $-121\frac{204}{220}$ $169\frac{267}{284}$

① $-49\frac{97}{111}$
② $-49\frac{102}{116}$
③ $-49\frac{107}{121}$
④ $-49\frac{112}{126}$
⑤ $-49\frac{117}{131}$

02

$5\frac{1}{3}$ $6\frac{5}{7}$ $8\frac{13}{19}$ $12\frac{29}{55}$ ( ) $36\frac{125}{487}$ $68\frac{253}{1,459}$

① $14\frac{49}{106}$
② $16\frac{53}{125}$
③ $18\frac{57}{144}$
④ $20\frac{61}{163}$
⑤ $22\frac{65}{182}$

03

$3\frac{5}{7}$ $3\frac{6}{8}$ $4\frac{8}{12}$ $6\frac{11}{15}$ $5\frac{11}{17}$ $9\frac{16}{22}$ $6\frac{14}{22}$ $12\frac{21}{29}$ ( )

① $7\frac{15}{24}$
② $7\frac{17}{27}$
③ $7\frac{19}{30}$
④ $13\frac{15}{24}$
⑤ $13\frac{19}{30}$

04

$$\frac{5}{3} \quad \frac{13}{5} \quad (\quad) \quad \frac{41}{9} \quad \frac{61}{11} \quad \frac{85}{13} \quad \frac{113}{15} \quad \frac{145}{17} \quad \frac{181}{19}$$

① $\frac{17}{7}$

② $\frac{19}{7}$

③ 3

④ $\frac{23}{7}$

⑤ $\frac{25}{7}$

05

$$\frac{8}{5} \quad \frac{10}{3} \quad \frac{19}{10} \quad \frac{100}{9} \quad \frac{30}{20} \quad \frac{1,000}{27} \quad \frac{41}{40} \quad \frac{10,000}{81} \quad (\quad)$$

① $\frac{52}{60}$

② $\frac{56}{60}$

③ $\frac{52}{70}$

④ $\frac{56}{70}$

⑤ $\frac{52}{80}$

06

$$\frac{7}{5} \quad \frac{21}{20} \quad \frac{1}{20} \quad \frac{3}{80} \quad (\quad) \quad -\frac{231}{320}$$

① $-\frac{76}{80}$

② $-\frac{77}{80}$

③ $-\frac{78}{80}$

④ $-\frac{79}{80}$

⑤ -1

07

3.45	9.87	4.68	19.74	7.02	28.5	10.47	(　)	15.03	42.69

① 35.35
② 35.75
③ 36.15
④ 36.55
⑤ 36.95

08

0.4	0.9	2.5	4.9	12.1	(　)	28.9	36.1	52.9	84.1

① 13.25
② 16.9
③ 19.75
④ 21.25
⑤ 25.45

09

1.25	2.5	1.5	6	(　)	24	21	168	164	1,640

① 2
② 4
③ 8
④ 16
⑤ 20

10

0.2	(　)	2.8	20.6	146.2	1,026.4

① 0.4
② 1.4
③ 1.5
④ 1.6
⑤ 2.4

11

1 2 1 1	3 7 20 1	9 10 87 3	4 ( ) 10 2

① 3
② 5
③ 7
④ 9
⑤ 11

12

6 6 4 8	3 5 7 1	9 4 3 ( )

① 10
② 11
③ 12
④ 13
⑤ 14

13

−7 3 2	( ) −4 −13	27 5 −16

① 2
② 15
③ 25
④ 30
⑤ 35

14

2 2 8	−1 3 4	2 3 10	2 4 ( )

① 10
② 11
③ 12
④ 13
⑤ 14

15 일정한 규칙으로 수를 나열할 때, 5(B－A)의 값은?

2.21	3.69	5.25	(A)	8.61	10.41	12.29	14.25	(B)	18.41

① 41
② 43
③ 45
④ 47
⑤ 49

16 일정한 규칙으로 수를 나열할 때, $\frac{A}{B}$의 값은?

466	(A)	178	110	68	42	26	(B)	10	6

① 10
② 14
③ 18
④ 22
⑤ 26

17 일정한 규칙으로 수를 나열할 때, B－9A의 값은?

1	4	16	49	(A)	256	484	841	(B)	2,116

① 260
② 270
③ 280
④ 290
⑤ 300

18 다음 수열의 22번째 항의 값은?

3	3	5	10	9	17	17	24	⋯

① 59
② 63
③ 67
④ 73
⑤ 79

19 다음 수열의 20번째 항의 값은?

5	8	−10	−7	20	23	−40	−37	⋯

① −2,557
② 2,563
③ −3,886
④ 3,892
⑤ −4,972

20 다음 수열의 16번째 항의 값은?

636	647	625	658	614	669	603	⋯

① 691
② 702
③ 713
④ 724
⑤ 735

4일 차
기출응용 모의고사

〈문항 수 및 시험시간〉

SK그룹 SKCT 온라인 역량검사		
영역	문항 수	영역별 제한시간
언어이해	20문항	15분
자료해석	20문항	15분
창의수리	20문항	15분
언어추리	20문항	15분
수열추리	20문항	15분

※ 검사 시간이 모두 완료된 후 종료 가능

※ 이전 문항으로 이동 불가

SK그룹 SKCT 온라인 역량검사

4일 차 기출응용 모의고사

문항 수 : 100문항
시험시간 : 75분

제 1 영역 언어이해

※ 다음 글의 내용으로 적절하지 않은 것을 고르시오. [1~2]

01

ASEM에서 논의 중인 아시아 지역에서의 무역자유화를 위해 한국 정부에서는 A와 B 두 가지 협상안 중 한 가지를 선택하고자 한다. A안이 선택되었을 때, 다른 회원국들의 협조가 있다면 한국은 연간 약 30억의 경제적 이익을, 다른 회원국들은 약 230억의 경제적 이익을 볼 수 있다. 그러나 A안이 선택되었을 때, 다른 회원국들의 협조가 없다면 한국이 얻을 수 있는 경제적 이익은 없고, 다른 회원국들의 이익은 약 150억 정도가 된다. B안이 선택될 경우, 다른 회원국들의 협조가 있다면, 한국은 연간 약 20억의 경제적 이익을, 다른 회원국들은 약 200억의 경제적 이익을 얻을 수 있다. 그러나 다른 회원국들의 협조가 없다면, 한국은 연간 약 10억의 경제적 손실을, 다른 회원국들은 약 180억의 경제적 이익을 얻을 수 있다.

① 다른 회원국이 비협조하는 경우 한국이 A안을 선택하면 경제적 이익은 없다.
② 아시아 전체적으로 보아 A안이 선택되면, 모든 회원국이 협조하는 것이 유리하다.
③ 한국의 입장에서는 다른 회원국들이 협조할 것이라고 판단되면, A안을 선택하는 것이 유리하다.
④ 한국의 입장에서는 다른 회원국들이 비협조할 것이라고 판단되면, B안을 선택하는 것이 유리하다.
⑤ 전체 아시아 지역의 경제적 이익을 모두 고려하는 ASEM은, 다른 회원국들이 협조할 것으로 판단되면 A안을 선택하는 것이 유리하다.

02

> 프로이센의 철학자인 임마누엘 칸트는 근대 계몽주의를 정점에 올려놓음은 물론 독일 관념철학의 기초를 세운 것으로 유명하다. 그는 인식론을 다룬 저서는 물론 종교와 법, 역사에 관해서도 중요한 책을 썼는데, 특히 칸트가 만년에 출간한 『실천이성 비판』은 이후 윤리학과 도덕 철학 분야에 지대한 영향을 끼쳤다.
> 이 책에 따르면 악은 단순히 이 세상의 행복을 얻으려는 욕심의 지배를 받아 이를 실천의 원리로 삼는 것이며, 선은 이러한 욕심의 지배에서 벗어나 내부에서 우러나오는 단호한 도덕적 명령을 받는 것이다. 순수하게 도덕적 명령을 따른다는 것은, 오직 의무를 누구나 지켜야만 할 의무이기에 이행한다는 태도, 즉 형식적 태도를 의미한다. 칸트는 태초에 선과 악이 처음에 있어서 원리가 결정되는 것이 아니라 그 반대라는 것을 선언한 것이다.

① 임마누엘 칸트는 독일 관념철학의 기초를 세웠다.
② 임마누엘 칸트는 만년에 『실천이성 비판』을 출간했다.
③ 임마누엘 칸트는 행복을 악으로, 도덕적 명령을 선으로 규정했다.
④ 임마누엘 칸트는 철학은 물론 종교와 법, 역사에 관한 책을 저술했다.
⑤ 임마누엘 칸트는 선을 누구나가 지켜야만 할 의무이기에 순수하게 도덕적 명령을 따르는 것으로 보았다.

03 다음 글을 읽고 나눈 대화로 적절하지 않은 것은?

> 식사 후 달고 시원한 수박 한 입이면 하루 종일 더위에 지친 몸이 되살아나는 느낌이다. 한 번 먹기 시작하면 쉽게 멈추기가 힘든 수박, 때문에 살찔 걱정을 하는 이들도 많다. 그러나 수분이 대부분인 수박은 100g당 21kcal에 불과하다. 당도는 높지만 수분이 대부분을 차지하고 있어 다이어트를 하는 이들에게도 도움이 된다. 또한 수박의 붉은 과육에는 항산화 성분인 라이코펜이 토마토보다 훨씬 더 많이 함유되어 있고, 칼륨이 많아 나트륨을 배출하는 데도 효과적이다.
> 많은 사람이 수박을 고를 때 수박을 손으로 두들겨 보는데, 이는 수박을 두들겨 경쾌한 소리가 난다면 잘 익었는지를 확인할 수 있기 때문이다. 그런데 이것저것 두들겨도 잘 모르겠다면 눈으로 확인하면 된다. 먼저 수박의 검은색 줄무늬가 진하고 선명한지를 확인하고 꼭지 반대편에 있는 배꼽을 확인한다. 배꼽은 꽃이 떨어진 자리로, 배꼽이 크면 덜 익은 수박일 가능성이 높으며, 작게 여물었으면 대체로 잘 익은 수박일 가능성이 높다.
> 일반 과일보다 큰 수박을 한 번에 섭취하기란 쉽지 않다. 대부분 수박을 반으로 잘라 랩으로 보관하는 경우가 많은데, 이 경우 수박 껍질에 존재하는 세균이 수박 과육까지 침투하여 과육에도 많은 세균이 자랄 수 있다. 따라서 수박을 보관할 때는 수박 껍질에 남아있는 세균과 농약 성분이 과육으로 침투되지 않도록 수박을 깨끗이 씻은 후 과육만 잘라내어 밀폐 용기에 넣어 냉장 보관하는 것이 좋다.

① 갑 : 손으로 두들겨보았을 때 경쾌한 소리가 나는 것이 잘 익은 거야.
② 을 : 그래도 잘 모르겠다면 배꼽이 큰 것을 고르면 돼.
③ 병 : 다이어트 중이라 일부러 수박을 피했는데, 오히려 도움이 되는 과일이네!
④ 정 : 맞아, 하지만 보관할 때 세균과 농약이 침투하지 않도록 과육만 잘라 보관하라고.
⑤ 무 : 수박은 라이코펜과 칼륨이 풍부한 과일이구나.

04 다음 글의 '비트코인'의 특징으로 적절하지 않은 것은?

> 비트코인은 지폐나 동전과 달리 물리적인 형태가 없는 온라인 가상화폐(디지털 통화)로, 디지털 단위인 '비트(Bit)'와 '동전(Coin)'을 합친 용어다. 나카모토 사토시라는 가명의 프로그래머가 빠르게 진전되는 온라인 추세에 맞춰 갈수록 기능이 떨어지는 달러화, 엔화, 원화 등과 같은 기존의 법화(Legal Tender)를 대신할 새로운 화폐를 만들겠다는 발상에서 2009년 비트코인을 처음 개발했다.
> 특히 2009년은 미국발(發) 금융위기가 한창이던 시기여서 미연방준비제도(Fed)가 막대한 양의 달러를 찍어내 시장에 공급하는 양적완화가 시작된 해로, 달러화 가치 하락 우려가 겹치면서 비트코인이 대안 화폐로 주목받기 시작했다.
> 비트코인의 핵심은 정부나 중앙은행, 금융회사 등 어떤 중앙집중적 권력의 개입 없이 작동하는 새로운 화폐를 창출하는 데 있다. 그는 인터넷에 남긴 글에서 "국가 화폐의 역사는 (화폐의 가치를 떨어뜨리지 않을 것이란) 믿음을 저버리는 사례로 충만하다."고 비판했다.
> 비트코인은 은행을 거치지 않고 개인과 개인이 직접 돈을 주고받을 수 있도록 '분산화된 거래장부' 방식을 도입했다. 시스템상에서 거래가 이뤄질 때마다 공개된 장부에는 새로운 기록이 추가된다. 이를 '블록체인'이라고 한다. 블록체인에 저장된 거래기록이 맞는지 확인해 거래를 승인하는 역할을 맡은 사람을 '채굴자'라고 한다. 컴퓨팅 파워와 전기를 소모해 어려운 수학 문제를 풀어야 하는 채굴자의 참여를 독려하기 위해 비트코인 시스템은 채굴자에게 새로 만들어진 비트코인을 주는 것으로 보상한다. 채굴자는 비트코인을 팔아 이익을 남길 수 있지만, 채굴자 간 경쟁이 치열해지거나 비트코인 가격이 폭락하면 어려움에 처한다.
> 비트코인은 완전한 익명으로 거래된다. 컴퓨터와 인터넷만 되면 누구나 비트코인 계좌를 개설할 수 있다. 이 때문에 비트코인은 돈세탁이나 마약거래에 사용되는 문제점도 드러나고 있다. 또 다른 특징은 통화 공급량이 엄격히 제한된다는 점이다. 현재 10분마다 25개의 새 비트코인이 시스템에 추가되지만 21만 개가 발행될 때마다 반감되어 앞으로 10분당 추가되는 비트코인은 12.5개, 6.25개로 줄다가 0으로 수렴한다. 비트코인의 총발행량은 2,100만 개로 정해져 있다. 이는 중앙은행이 재량적으로 통화공급량을 조절하면 안 된다는 미국의 경제학자 밀턴 프리드먼 주장과 연결되어 있다. 다만 비트코인은 소수점 8자리까지 분할할 수 있어 필요에 따라 통화량을 늘릴 수 있는 여지를 남겨놨다. 가상화폐 지갑회사 블록체인인포에 따르면 2017년 12월 7일까지 채굴된 비트코인은 1,671만 개 정도로 채굴 한도 2,100만 개의 80%가 채굴된 셈이다.
> 사용자들은 인터넷에서 내려받은 '지갑' 프로그램을 통해 인터넷뱅킹으로 계좌이체 하듯 비트코인을 주고받을 수 있다. 또한, 인터넷 환전 사이트에서 비트코인을 구매하거나 현금화할 수 있으며 비트코인은 소수점 여덟 자리까지 단위를 표시해 사고팔 수 있다.

① 비트코인은 희소성을 가지고 있다.

② 비트코인을 얻기 위해서는 시간과 노력이 필요하다.

③ 비트코인은 돈세탁이나 마약거래에 이용되기도 한다.

④ 비트코인은 가상화폐로 온라인상에서만 사용 가능하다.

⑤ 비트코인과 기존 화폐의 큰 차이점 중 하나는 통화발행주체의 존재 여부이다.

※ 다음 제시된 문단을 논리적 순서대로 바르게 나열한 것을 고르시오. [5~6]

05

(가) 좋은 체력은 하루 이틀 사이에 이루어지지 않으며 이를 위해서는 공부, 식사, 수면, 운동의 개인별 특성에 맞는 규칙적인 생활관리와 알맞은 영양 공급이 필수적이다. 또 이 시기는 신체적으로도 급격한 성장과 성숙이 이루어지는 중요한 시기로 좋은 영양 상태를 유지하는 것은 수험을 위한 체력의 기반을 다지는 것뿐만 아니라 건강하고 활기찬 장래를 위한 준비가 된다는 점을 간과해서는 안 된다.

(나) 우리나라의 중·고교생들은 많은 수가 입시전쟁을 치러야 하는 입장에 있다. 입시 준비 기간이라는 어려운 기간을 잘 이겨내어 각자가 지닌 목표를 달성하려면 꾸준한 노력과 총명한 두뇌가 중요하지만 마지막 승부수는 체력일 것이다.

(다) 그러나 학생들은 많은 학습량, 수험으로 인한 스트레스, 밤새우기 등 불규칙한 생활을 하기도 하고, 식생활에 있어서도 아침을 거르고, 제한된 도시락 반찬으로 인한 불충분한 영양소 섭취, 잦은 야식, 미용을 위하여 무리하게 식사를 거르거나 절식을 하여 건강을 해치기도 한다. 또한 집 밖에서 보내는 시간이 많아 주로 패스트푸드, 편의식품점, 자동판매기를 통해 식사를 대체하고 있다.

① (가) – (나) – (다)
② (가) – (다) – (나)
③ (나) – (가) – (다)
④ (나) – (다) – (가)
⑤ (다) – (가) – (나)

06

(가) 이에 대하여 다른 쪽에서는 그것은 하나만 알고 둘은 모르는 소리라고 반박한다. 자연에 손을 대 편의시설을 만들면 지금 당장은 편리하겠지만, 나중에는 인간이 큰 손해가 될 수 있다는 것이다.

(나) 한쪽에서는 현재 인간이 겪고 있는 상황을 고려해 볼 때 자연에 손을 대는 일은 불가피하며, 그 과정에서 생기는 일부 손실은 감내해야 한다고 주장한다.

(다) 최근 들어 나라 곳곳에서 큰 규모로 이루어지는 여러 가지 '자연 개발'에 대하여 상반된 주장이 맞서고 있다.

(라) 한편으로는 이 두 주장 모두 편향적인 시각이라는 비판도 있다. 두 주장 모두 어디까지나 인간을 모든 것의 중심에 놓고, 막상 그 대상인 자연의 입장은 전혀 고려하지 않았다는 것이다.

① (나) – (가) – (라) – (다)
② (나) – (라) – (가) – (다)
③ (다) – (나) – (가) – (라)
④ (다) – (나) – (라) – (가)
⑤ (라) – (가) – (다) – (나)

07 다음 글에 이어질 내용으로 가장 적절한 것은?

> 태초의 자연은 인간과 동등한 위치에서 상호 소통할 수 있는 균형적인 관계였다. 그러나 기술의 획기적인 발달로 인해 자연과 인간사회 사이에 힘의 불균형이 초래되었다. 자연과 인간의 공생은 힘의 균형을 전제로 한다. 균형적 상태에서 자연과 인간은 긴장감을 유지하지만 한쪽에 의한 폭력적 관계가 아니기에 소통이 원활히 발생한다. 또한 일방적인 관계에서는 한쪽의 희생이 필수적이지만 균형적 관계에서는 상호 호혜적인 거래가 발생한다. 이때의 거래란 단순히 경제적인 효율을 의미하는 것이 아니다. 대자연의 환경에서 각 개체와 그 후손들의 생존은 상호 관련성을 지닌다. 이에 따라 자연은 인간에게 먹거리를 제공하고 인간은 자연을 위한 의식을 행함으로써 상호 이해와 화해를 도모하게 된다. 인간에게 자연이란 정복의 대상이 아닌 존중받아야 할 거래 대상인 것이다. 결국 대칭적인 관계로의 회복을 위해서는 힘의 균형이 전제되어야 한다.

① 인간 사회에서 소통의 중요성
② 인간과 자연이 거래하는 방법
③ 태초의 자연이 인간을 억압해온 사례
④ 경제적인 효율을 극대화하기 위한 방법
⑤ 인간과 자연이 힘의 균형을 회복하기 위한 방법

08 다음 글에 대한 반박으로 가장 적절한 것은?

> 상업 광고는 기업은 물론이고 소비자에게도 요긴하다. 기업은 마케팅 활동의 주요한 수단으로 광고를 적극적으로 이용하여 기업과 상품의 인지도를 높이려 한다. 소비자는 소비 생활에 필요한 상품의 성능, 가격, 판매 조건 등의 정보를 광고에서 얻으려 한다. 광고를 통해 기업과 소비자가 모두 이익을 얻는다면 이를 규제할 필요는 없을 것이다. 그러나 광고에서 기업과 소비자의 이익이 상충되는 경우도 있고 광고가 사회 전체에 폐해를 낳는 경우도 있어, 다양한 규제 방식이 모색되었다.
>
> 이때 문제가 된 것은 '과연 광고로 인한 피해를 책임질 당사자로서 누구를 상정할 것인가'였다. 초기에는 '소비자 책임 부담 원칙'에 따라 광고 정보를 활용한 소비자의 구매 행위에 대해 소비자가 책임을 져야 한다고 보았다. 여기에는 광고 정보가 정직한 것인지와는 상관없이 소비자는 이성적으로 이를 판단하여 구매할 수 있어야 한다는 전제가 있었다. 그래서 기업은 광고에 의존하여 물건을 구매한 소비자가 입은 피해에 대하여 책임을 지지 않았고, 광고의 기만성에 대한 입증 책임도 소비자에게 있었다.

① 상업 광고는 소비자에게 전혀 도움이 되지 않는다.
② 광고가 소비자에게 해를 끼칠 수 있기 때문에 광고를 규제해야 한다.
③ 소비자 책임 부담 원칙에 따르면 소비자는 합리적인 선택을 할 수 있다.
④ 시장의 독과점 상황이 광범위해지면서 소비자의 자유로운 선택이 어려워졌다.
⑤ 소비자 책임 부담 원칙에 따라 소비자는 광고로 입은 피해를 자신이 입증해야 한다.

09 다음 글의 주제로 가장 적절한 것은?

'새'는 하나의 범주이다. [+동물][+날 것]과 같이 성분 분석을 한다면 우리 머릿속에 떠오른 '새'의 의미를 충분히 설명했다고 보기 어렵다. 성분 분석 이론의 의미자질 분석은 단순할 뿐이다. 이것이 실망스런 이유는 성분 분석 이론의 '새'에 대한 의미 기술이 고작해야 다른 범주, 즉 조류가 아닌 다른 동물 범주와 구별해 주는 정도밖에 되지 못했기 때문이다. 아리스토텔레스 이래로 하나의 범주는 경계가 뚜렷한 실재물이며, 범주의 구성원은 서로 동등한 자격을 가지고 있다고 믿어 왔다. 그리고 범주를 구성하는 단위는 자질들의 집합으로 설명될 수 있다고 생각해 왔다. 앞에서 보여 준 성분 분석 이론 역시 그런 고전적인 범주 인식에 바탕을 두고 있다. 어휘의 의미는 의미 성분, 곧 의미자질들의 총화로 기술될 수 있다고 믿는 것, 그것은 하나의 범주가 필요충분조건으로 이루어져 있다는 가정에서만이 가능한 것이었다. 그러나 '새'의 범주를 떠올려 보면, 범주의 구성원들끼리 결코 동등한 자격을 가지고 있지 않다. 가장 원형적인 구성원이 있는가 하면, 덜 원형적인 것, 주변적인 것도 있는 것이다. 이렇게 고전 범주화 이론과 차별되는 범주에 대한 새로운 인식은 인지언어학에서 하나의 혁명으로 간주되었다.

① '새'의 성분 분석 결과
② 성분 분석 이론의 바탕
③ 고전 범주화 이론의 한계
④ '새'의 범주의 필요충분조건
⑤ '새'가 갖는 성분 분석의 이론적 의미

10 다음 글의 빈칸에 들어갈 내용으로 가장 적절한 것은?

어떤 기업체에서 사원을 선발하는 방법으로 끈으로 묶은 꾸러미를 내놨는데 한 사람은 주머니칼을 꺼내어 끈을 잘라 버렸고, 다른 한 사람은 끈을 풀었다는 것이다. 채용된 쪽은 칼을 사용한 사람이었다고 한다. 기업주는 물자보다 시간을 아꼈던 것이다. ________________ 소비자는 낭비된 물자의 대가를 고스란히 떠맡는다. 자원의 임자인 지구나 그 혜택을 받는 뭇 생명들 차원에서 본다면 에너지와 자원의 손실을 떠맡아야 한다. 아주 미세한 얘긴지 모르겠다. 그러나 도처에서 지속적으로 행해온 그 후유증을 우리는 현재 겪고 있는 것이다. 그것은 보이지 않는 유령이며 그것들로 인하여 지구는 병들어가고 있다. 많은 종(種)들이 하나둘 사라져갔으며 이 활기 넘쳐 보이는 현실은 실상 자원 고갈을 향해 행진을 멈추지 않고 있는 것이다.

① 왜냐하면 시간을 아껴 써야 기업이 성공할 수 있기 때문이다.
② 물론 기업주는 물자와 시간 가운데 더 중요한 것을 선택했다.
③ 그러나 이러한 선택으로 아껴지는 것은 기업주의 시간일 뿐이다.
④ 이러한 행동은 경제성만을 추구한 데서 비롯된 당연한 결과이다.
⑤ 그런데 이러한 판단으로 생긴 피해를 소비자들은 기꺼이 떠맡았다.

11 다음 글의 주장에 대한 반박으로 적절하지 않은 것은?

> 텔레비전은 어른이나 아이 모두 함께 보는 매체이다. 더구나 텔레비전을 보고 이해하는 데는 인쇄 문화처럼 어려운 문제 해득력이나 추상력이 필요 없다. 그래서 아이들은 어른에게서보다 텔레비전이나 컴퓨터에서 더 많은 것을 배운다. 이 때문에 오늘날의 어린이나 젊은이들에게서 어른에 대한 두려움이나 존경을 찾는 것은 쉽지 않은 일이다. 전통적인 역할과 행동을 기대하는 어른들이 어린이나 젊은이의 불손, 거만, 경망, 무분별한 '반사회적' 행동에 대해 불평하게 되는 것도 이런 이유 때문일 것이다.

① 텔레비전의 교육적 프로그램은 아이들의 예절 교육에 도움이 된다.
② 정보 사회를 선도하는 텔레비전은 인간의 다양한 필요성을 충족시켜준다.
③ 아이들은 텔레비전보다 학교의 선생님이나 친구들과 더 많은 시간을 보낸다.
④ 어린이나 젊은이의 반사회적 행동은 개방적인 사회 분위기에 더 많은 영향을 받았다.
⑤ 가족과 텔레비전을 함께 시청하며 나누는 대화를 통해 아이들은 사회적 행동을 기를 수 있다.

12 다음 글을 읽고 추론한 내용으로 적절하지 않은 것은?

> 외래어는 원래의 언어에서 가졌던 모습을 잃어버리고 새 언어에 동화되는 속성을 가지고 있다. 외래어의 동화양상을 음운, 형태, 의미적 측면에서 살펴보자.
>
> 첫째, 외래어는 국어에 들어오면서 국어의 음운적 특징을 띠게 되어 외국어 본래의 발음이 그대로 유지되지 못한다. 자음이든 모음이든 국어에 없는 소리는 국어의 가장 가까운 소리로 바뀌고 만다. 프랑스의 수도 Paris는 원래 프랑스어인데 국어에서는 [파리]가 된다. 프랑스어 [r] 발음은 국어에 없는 소리여서 비슷한 소리인 [ㄹ]로 바뀌고 마는 것이다. 그 외에 장단이나 강세, 성조와 같은 운율적 자질도 원래 외국어의 모습을 잃어버리고 만다.
>
> 둘째, 외래어는 국어의 형태적인 특징을 갖게 된다. 외래어의 동사와 형용사는 '-하다'가 반드시 붙어서 쓰이게 된다. 영어 형용사 smart가 국어에 들어오면 '스마트하다'가 된다. '아이러니하다'라는 말도 있는데 이는 명사에 '-하다'가 붙어 형용사처럼 쓰인 경우이다.
>
> 셋째, 외래어는 원래 언어의 의미와 다른 의미로 쓰일 수 있다. 일례로 프랑스어 'madame'이 국어에 와서는 '마담'이 되는데 프랑스어에서의 '부인'의 의미가 국어에서는 '술집이나 다방의 여주인'의 의미로 쓰이고 있다.

① 원래의 외국어와 이에 대응하는 외래어는 의미가 전혀 다를 수 있다.
② 서울의 로마자 표기 'Seoul'은 실제 우리말 발음과 다르게 읽어야 한다.
③ '-하다'는 외국어의 형용사와 명사에 붙어 형용사를 만드는 기능이 있다.
④ 외국어의 장단, 강세, 성조와 같은 운율적 자질은 국어의 체계와 다를 수 있다.
⑤ 외래어로 만들고자 하는 외국어의 발음이 국어에 없는 소리일 때는 국어에 있는 비슷한 성질의 음운으로 바뀐다.

13 다음 글의 주제로 가장 적절한 것은?

> 1920년대 세계 대공황의 발생으로 애덤 스미스 중심의 고전학파 경제학자들의 '보이지 않는 손'에 대한 신뢰가 무너지게 되자 경제를 보는 새로운 시각이 요구되었다. 당시 고전학파 경제학자들은 국가의 개입을 철저히 배제하고 '공급이 수요를 창출한다.'는 세이의 법칙을 믿고 있었다. 그러나 이러한 믿음으로는 세계 대공황을 설명할 수 없었다. 이때 새롭게 등장한 것이 케인스의 '유효수요이론'이다. 유효수요이론이란 공급이 수요를 창출하는 것이 아니라, 유효수요, 즉 물건을 살 수 있는 확실한 구매력이 뒷받침되는 수요가 공급 및 고용을 결정한다는 이론이다. 케인스는 세계 대공황의 원인이 이 유효수요의 부족에 있다고 보았다. 유효수요가 부족해지면 기업은 생산량을 줄이고, 이것은 노동자의 감원으로 이어지며 구매력을 감소시켜 경제의 악순환을 발생시킨다는 것이다. 케인스는 불황을 해결하기 위해서는 가계와 기업이 소비 및 투자를 충분히 해야 한다고 주장했다. 그는 소비가 없는 생산은 공급 과다 및 실업을 일으키며 궁극적으로는 경기 침체와 공황을 가져온다고 하였다. 절약은 분명 권장되어야 할 미덕이지만 소비가 위축되어 경기 침체와 공황을 불러올 경우, 절약은 오히려 악덕이 될 수도 있다는 것이다.

① '유효수요이론'의 영향
② '유효수요이론'의 정의
③ 세이 법칙의 이론적 배경
④ 세계 대공황의 원인과 해결책
⑤ 고전학파 경제학자들이 주장한 '보이지 않는 손'

14 다음 중 갑과 을의 주장을 도출할 수 있는 질문으로 가장 적절한 것은?

> 갑 : 현재 우리나라는 저출산 문제가 심각하기 때문에 영유아를 배려하는 정책이 필요하다. 노키즈존과 같은 정책을 통해 더 좋은 서비스를 제공한다고 하는 것은 표면상의 이유 하에 영유아를 배려하지 않는 위험한 생각이다. 이는 어린이들의 사회적·문화적 활동을 가로막고, 어린이들 개개인이 우리 사회의 구성원이라는 인식을 갖게 하는 데 어려움을 준다. 또한 특정 집단에 대한 차별 문화를 정당화할 수 있으며, 헌법에서 보장하는 평등의 원리, 차별 금지의 원칙에도 위배된다.
>
> 을 : 공공장소에서 자신의 아이를 제대로 돌보지 않는 부모들이 늘고 있어, 주변 손님들에게 피해를 주고 가게의 매출이 줄어드는 등의 피해가 일어나고 있다. 특히 어린이들의 안전사고가 발생하는 경우 오히려 해당 가게에 피해보상을 요구하는 일까지 있다. 이러한 상황에서 점주나 아이가 없는 손님의 입장에서는 아이가 없는 환경에서 서비스를 제공받고 영업을 할 권리가 있다. 더군다나 특정 손님의 입장 거부는 민법상 계약 과정에서 손님을 선택하고 서비스를 제공하지 않을 수 있는 자유에 속하므로, 어떤 법적·도덕적 기준에도 저촉되지 않는다.

① 영유아 복지제도를 시행해야 하는가?
② 가게에서 노키즈존을 운영할 수 있는가?
③ 차별 금지 원칙의 적용 범위는 어디까지인가?
④ 공공장소에서 부모들은 아이의 행동을 감시해야 하는가?
⑤ 공공장소에서 발생한 어린이 안전사고의 책임은 누구에게 있는가?

15 다음 글의 ㉠과 ㉡에 들어갈 내용을 바르게 짝지은 것은?

> 애덤 스미스의 '보이지 않는 손'이라는 가정은 시장에서 개인의 이익 추구 활동을 제한하지 않는 것이 전체 이윤을 극대화하는 최선의 방책임을 보여주는 것으로 간주되었다. 그렇다면 다음의 경우는 어떠한가?
> 공동 소유의 목초지에 양을 치기에 알맞은 풀이 자라고 있다고 생각해 보자. 일정 넓이의 목초지에 방목할 수 있는 가축 두수에는 일정한 한계가 있기 마련이다. 즉, '수용 한계'가 존재하는 것이다. 그 목초지에 한 마리를 더 방목한다고 해서 다른 가축들이 갑자기 죽거나 병에 걸리는 것은 아니다. 하지만 목초지의 수용 한계를 넘어 양을 키울 경우, 목초가 줄어들어 그 목초지에서 양을 키워 얻을 수 있는 전체 생산량이 줄어든다. 나아가 수용 한계를 과도하게 초과할 정도로 사육 두수가 늘어날 경우 목초지 자체가 거의 황폐화된다.
> 예를 들어 수용 한계가 양 20마리인 공동 목초지에서 4명의 농부가 각각 5마리의 양을 키우고 있다고 해 보자. 그 목초지의 수용 한계에 이미 도달한 상태이지만, 그중 한 농부가 자신의 이익을 늘리고자 방목하는 양의 두수를 늘리려 한다. 그러면 5마리를 키우고 있는 농부들은 목초지의 수용 한계로 인하여 기존보다 이익이 줄어들지만, 두수를 늘린 농부의 경우 그의 이익이 기존보다 조금 늘어난다. 손실을 만회하기 위해 다른 농부들도 사육 두수를 늘리고자 할 것이다. 이러한 상황이 장기화될 경우, ______㉠______ 이와 같이 애덤 스미스의 '보이지 않는 손'에 시장을 맡겨 둘 경우 ______㉡______ 결과가 나타날 것이다.

① ㉠ : 농부들의 총이익은 기존보다 증가할 것이다.
  ㉡ : 한 사회의 공공 영역이 확장되는
② ㉠ : 농부들의 총이익은 기존보다 감소할 것이다.
  ㉡ : 한 사회의 전체 이윤이 감소하는
③ ㉠ : 농부들의 총이익은 기존보다 감소할 것이다.
  ㉡ : 한 사회의 전체 이윤이 유지되는
④ ㉠ : 농부들의 총이익은 기존과 동일하게 될 것이다.
  ㉡ : 한 사회의 전체 이윤이 감소되는
⑤ ㉠ : 농부들의 총이익은 기존과 동일하게 될 것이다.
  ㉡ : 한 사회의 공공 영역이 보호되는

16 다음 글을 비판하는 내용으로 가장 적절한 것은?

> 생물 다양성(Biodiversity)이란 원래 한 지역에 살고 있는 생물의 종(種)이 얼마나 다양한가를 표현하는 말이었다. 그런데 오늘날에는 종의 다양성은 물론이고, 각 종이 가지고 있는 유전적 다양성과 생물이 살아가는 생태계의 다양성까지를 포함하는 개념으로 확장해서 사용한다. 특히 최근에는 생태계를 유지시키고 인류에게 많은 이익을 가져다준다는 점이 부각되면서 생물 다양성의 가치가 크게 주목받고 있다.
>
> 생물 다양성의 가장 기본적인 가치로 생태적 봉사 기능을 들 수 있다. 생물은 생태계의 엔지니어라 불릴 정도로 환경을 조절하고 유지하는 커다란 힘을 가지고 있다. 숲의 경우를 예로 들어 보자. 나무들은 서늘한 그늘을 만들어 주고 땅 속에 있는 물을 끌어 올려 다양한 생물종이 서식할 수 있는 적절한 환경을 제공해 준다. 숲이 사라지면 수분 배분 능력이 떨어져 우기에는 홍수가 나고 건기에는 토양이 완전히 말라 버린다. 이로 인해 생물 서식지의 환경이 급격하게 변화되고 마침내 상당수의 종이 사라지게 된다. 이처럼 숲을 이루고 있는 나무, 물, 흙과 그곳에서 살아가는 다양한 생명체는 서로 유기적인 관계를 형성하면서 생태계의 환경을 조절하고 유지하는 역할을 담당하는 것이다.
>
> 또한 생물 다양성은 경제적으로도 커다란 가치가 있다. 대표적인 사례로 의약품 개발을 꼽을 수 있다. 자연계에 존재하는 수많은 식물 중에서 인류는 약 20,000여 종의 식물을 약재로 사용해 왔다. 그 가운데 특정 약효 성분을 추출하여 상용화한 것이 이제 겨우 100여 종에 불과하다는 사실을 고려하면, 전체 식물이 가지고 있는 잠재적 가치는 상상을 뛰어넘는다. 그리고 부전나비의 날개와 사슴벌레의 다리 등에서 항암 물질을 추출한 경우나 야생의 미생물에서 페니실린, 마이신 등 약 3,000여 가지의 항생제를 추출한 경우에서도 알 수 있듯이, 동물과 미생물 역시 막대한 경제적 이익을 가져다준다. 의약품 개발 외에도 다양한 생물이 화장품과 같은 상품 개발에 이용되고 있으며, 생태 관광을 통한 부가가치 창출에도 기여한다.
>
> 생물 다양성은 학술적으로도 매우 중요하다. 예를 들어 다윈(C. Darwin)은 현존하는 여러 동물들의 상이한 눈을 비교하여, 정교하고 복잡한 인간의 눈이 진화해 온 과정을 추적하였다. 그에 따르면 인간의 눈은 해파리에서 나타나는 원시적 빛 감지 세포로부터, 불가사리처럼 빛의 방향을 감지할 수 있는 오목한 원시 형태의 눈을 거친 다음, 빛에 대한 수용력과 민감도를 높인 초기 수정체 형태의 눈을 지나, 선명한 상을 제공하는 현재의 눈으로 진화되었다는 것이다. 이 사례에서 보듯이 모든 생물종은 고유한 형태적 특성을 가지고 있어서 생물 진화의 과정을 추적하는 데 중요한 정보를 제공해 준다. 형태적 특성 외에도 각각의 생물종이 지닌 독특한 생리적・유전적 특성 등에 대한 비교 연구를 통해 생물을 더 깊이 있게 이해할 수 있다. 그리고 이렇게 축적된 정보는 오늘날 눈부시게 성장하고 있는 생명과학의 기초가 된다.
>
> 이와 같이 인간은 생물 다양성에 기초하여 무한한 생태적・경제적 이익을 얻고 과학 발전의 토대를 구축한다. 그런데 최근 급격한 기후 변화와 산업화 및 도시화에 따른 자연 파괴로 생물 다양성이 크게 감소하고 있다. 따라서 이를 억제하기 위한 생태계 보존 대책을 시급히 마련해야 한다. 동시에 생물 다양성 보존을 위한 연구 기관을 건립하고 전문 인력의 양성 체계를 갖추어야 할 것이다.

① 문제 해결을 위한 실천 의지가 전혀 없다.
② 생물 다양성의 경제적 가치를 지나치게 강조하고 있다.
③ 생물 다양성 문제를 주로 인간 중심적 시각으로 해석하고 있다.
④ 자연을 우선시하여 자연과 인간의 공존 가능성을 모색하고 있다.
⑤ 인간과 자연을 대립 관계로 보면서 문제를 단편적으로 해석하고 있다.

※ 다음 글의 내용으로 가장 적절한 것을 고르시오. [17~20]

17

근대 산업 문명은 사람들의 정신을 병들게 하고, 끊임없이 이기심을 자극하여, 금전과 물건의 노예로 타락시킬 뿐만 아니라, 내면적인 평화와 명상의 생활을 불가능하게 만든다. 그로 인하여 유럽의 노동 계급과 빈민에게 사회는 지옥이 되고, 비서구 지역의 수많은 민중은 제국주의의 침탈 밑에서 허덕이게 되었다. 여기에서 간디 사상 속 물레가 갖는 상징적인 의미가 드러난다. 간디는 모든 인도 사람들이 매일 한두 시간만이라도 물레질을 할 것을 권유하였다. 물레질의 가치는 경제적 필요 이상의 것이라고 생각한 것이다.
물레는 무엇보다 인간의 노역에 도움을 주면서 결코 인간을 소외시키지 않는 인간적 규모의 기계의 전형이다. 간디는 기계 자체에 대해 반대한 적은 없지만, 거대 기계에는 필연적으로 복잡하고 위계적인 사회 조직, 지배와 피지배의 구조, 도시화, 낭비적 소비가 수반된다는 것을 주목했다. 생산 수단이 민중 자신의 손에 있을 때 비로소 착취 구조가 종식되는 반면, 복잡하고 거대한 기계는 그 자체로 비인간화와 억압의 구조를 강화하기 때문이다.
간디는 산업화의 확대, 또는 경제 성장이 참다운 인간의 행복에 기여한다고는 결코 생각할 수 없었다. 간디가 구상했던 이상적인 사회는 자기 충족적인 소농촌 공동체를 기본 단위로 하면서 궁극적으로는 중앙 집권적인 국가 기구의 소멸과 더불어 마을 민주주의에 의한 자치가 실현되는 공간이다. 거기에서는 인간을 도외시한 이윤 추구도, 물건과 권력에 대한 맹목적인 탐욕도 있을 수가 없다. 이것은 비폭력과 사랑과 유대 속에 어울려 살 때에 사람은 가장 행복하고 자기완성이 가능하다고 믿는 사상에 매우 적합한 정치 공동체라 할 수 있다. 물레는 간디에게 그러한 공동체의 건설에 필요한 인간 심성 교육에 알맞은 수단이기도 하였다. 물레질과 같은 단순하지만 생산적인 작업의 경험은 정신노동과 육체노동의 분리 위에 기초하는 모든 불평등 사상의 문화적·심리적 토대의 소멸에 기여할 것이다.

① 간디는 기계 자체를 반대하였다.
② 거대 기계는 억압의 구조를 제거해 준다.
③ 근대 산업 문명은 인간의 내면적 평화를 가져왔다.
④ 간디는 경제 성장이 인간의 행복에 기여한다고 생각했다.
⑤ 물레는 노역에 도움을 주면서 인간을 소외시키지 않는다.

18

흔히 지방은 비만의 주범으로 지목된다. 대부분의 영양학자는 지방이 단백질이나 탄수화물보다 단위 질량당 더 많은 열량을 내기 때문에 과체중을 유발하는 것으로 보았다. 그래서 저지방 식단이 비만을 막는 것으로 여겨지기도 했다. 하지만 저지방 식단의 다이어트 효과는 오래가지 않는 것으로 밝혀졌다. 최근의 연구를 따르면 비만을 피하는 최선의 방법은 섭취하는 지방의 양을 제한하는 것이 아니라 섭취하는 총열량을 제한하는 것이다.
또한 지방하면 여러 질병의 원인으로서 인체에 해로운 것으로 인식되기도 한다. 문제가 되는 것은 '전이지방'이다. 전이지방은 천연 상태의 기름에 수소를 첨가하여 경화시키는 특수한 물리·화학적 처리에 따라 생성되는 것으로서, 몸에 해로운 포화지방의 비율이 자연 상태의 기름보다 높다. 전이지방은 '부분 경화유'나 '야채 쇼트닝' 등의 형태로 치킨, 케이크, 라면, 쿠키 등 각종 식품에 첨가된다. 전이지방은 각종 신선 식품의 신선도를 유지하고 과자류를 잘 부서지지 않게 하므로 그 유해성에도 불구하고 식품 첨가물로 흔히 쓰인다. 전이지방을 섭취하면 동맥경화, 협심증, 심근경색 등 심혈관계 질환이나 유방암 등이 발병할 수 있다. 이러한 전이지방이 지방을 대표하는 것으로 여겨지면서 지방이 심장 질환을 비롯한 여러 질병의 원인으로 지목됐다.
그렇다면 지방의 누명을 어떻게 벗겨줄 것인가? 중요한 것은 지방이라고 모두 같은 지방은 아니라는 사실을 일깨우는 것이다. 지방은 인체에서 비타민이나 미네랄만큼 유익한 작용을 많이 한다. 견과류와 채소 기름, 생선 등에서 얻는 필수지방산은 면역계와 피부, 신경섬유 등에 이로운 구실을 하고 정신 건강을 유지해 준다. 불포화지방의 섭취는 오히려 각종 질병의 위험을 감소시키며, 체내의 지방세포는 장수에 도움을 주기도 한다. 그렇다고 해서 불포화지방을 무턱대고 많이 섭취하라는 것은 아니다. 인체의 필수영양소가 균형을 이루는 선에서 섭취하는 것이 바람직하다.
사람 중에는 지방을 제거하기 위해 체내의 지방 흡수를 인위적으로 차단하는 비만 치료제를 이용하는 이도 있는데, 이러한 비만 치료제는 인체 시스템에 악영향을 끼치기도 한다. 만일 이 비만 치료제가 몸에 좋은 지방과 그렇지 않은 지방을 구별하는 눈을 가졌다면 권장할 만하다. 하지만 모든 유형의 지방이 우리 몸에 흡수되는 것을 막는 것이 문제다. 게다가 이 비만 치료제는 지방질만 제거하는 것이 아니라 지방질과 함께 소화 흡수되어 시력 보호나 노화 방지를 돕는 지용성 비타민까지 걸러내게 마련이다. 시력을 떨어뜨리고 노화를 촉진하는 약품을 먹을 이유는 없다. 그것도 만만찮은 비용까지 부담하면서 말이다.
지방이 각종 건강상의 문제를 일으키는 것은 지방 그 자체의 속성 때문이라기보다는 지방을 섭취하는 인간의 자기 관리가 허술했기 때문이다. 체지방의 경우 과다하게 축적되면 비만한 체형을 형성하는 주 요인이 되기도 하고 건강을 위협할 수도 있지만, 적당히 신체에 고루 분포된 체지방은 균형 잡힌 체형의 필수 조건이다. 그러므로 지방과 다른 영양소와의 조화를 염두에 두고, 좋고 나쁜 지방을 분별력 있게 가려 섭취한다면 지방 걱정은 한낱 기우에 불과할 수도 있다.

① 저지방 식단은 다이어트 효과를 지속해서 유지해 준다.
② 전이지방은 인체에 유해하므로 식품에 쓰이지 않고 있다.
③ 불포화 지방산은 각종 질병의 위험을 감소시키므로 많이 섭취하는 것이 좋다.
④ 지방이 단백질과 탄수화물보다 단위 질량당 열량이 높다는 것은 최근에 오류로 밝혀졌다.
⑤ 지방을 섭취하면서 자기 관리를 철저히 한다면 지방이 일으키는 여러 질병을 피할 수 있다.

19

> 인류가 남긴 수많은 미술 작품을 살펴보다 보면 다양한 동물들이 등장하고 있음을 알 수 있다. 미술 작품 속에 등장하는 동물에는 일상에서 흔히 접할 수 있는 개나 고양이, 꾀꼬리 등도 있지만 해태나 봉황 등 인간의 상상에서 나온 동물도 적지 않음을 알 수 있다.
> 미술 작품에 등장하는 동물은 그 성격에 따라 나누어 보면 종교적·주술적인 동물, 신을 위한 동물, 인간을 위한 동물로 구분할 수 있다. 물론 이 구분은 엄격한 것이 아니므로 서로의 개념을 넘나들기도 하며, 여러 뜻을 동시에 갖기도 한다.
> 종교적·주술적인 성격의 동물은 가장 오랜 연원을 가진 것으로, 사냥 미술가들의 미술에 등장하거나 신앙을 목적으로 형성된 토템 등에서 확인할 수 있다. 여기에 등장하는 동물들은 대개 초자연적인 강대한 힘을 가지고 인간 세계를 지배하거나 수호하는 신적인 존재이다. 인간의 이지가 발달함에 따라 이들의 신적인 기능은 점차 감소하여, 결국 이들은 인간에게 봉사하는 존재로 전락하고 만다.
> 동물은 절대적인 힘을 가진 신의 위엄을 뒷받침하고 신을 도와 치세(治世)의 일부를 분담하기 위해 이용되기도 한다. 이 동물들 역시 현실 이상의 힘을 가지며 신성시되는 것이 보통이지만, 이는 어디까지나 신의 권위를 강조하기 위한 것에 지나지 않는다. 이들은 신에게 봉사하기 위해서 많은 동물 중에서 특별히 선택된 것들이다. 그리하여 그 신분에 알맞은 모습으로 조형화되었다.

① 미술 작품 속에는 일상에서 흔히 접할 수 있는 개나 고양이, 꾀꼬리 등이 주로 등장하고, 해태나 봉황 등은 찾아보기 어렵다.

② 미술 작품에 등장하는 동물은 성격에 따라 종교적·주술적인 동물, 신을 위한 동물, 인간을 위한 동물로 엄격하게 구분한다.

③ 종교적·주술적 성격의 동물은 초자연적인 강대한 힘으로 인간 세계를 지배하거나 수호하는 신적인 존재로 나타나기도 한다.

④ 신의 위엄을 뒷받침하고 신을 도와 치세의 일부를 분담하기 위해 이용되는 동물은 별다른 힘을 지니지 않는다.

⑤ 인간의 이지가 발달함에 따라 신적인 기능이 감소한 종교적·주술적 동물은 신에게 봉사하는 존재로 전락한다.

20

'춤을 춘다. 아니, 차라리 곡예를 부린다는 표현이 더 어울린다. 정상적인 사람이 저렇게 움직일 수는 없다. 하지만 그 절박한 상황에서도 그는 온갖 문제들을 한꺼번에 해결한다. 왜소하고 어정쩡하고 어딘가 덜 떨어진 인물임에도 그는 언제나 최후의 승자가 된다.'

이는 할리우드 '슬랩스틱 코미디*'의 전형적인 전개 방식이다. 여기서 그는 찰리 채플린일 수도 있고, 버스터 키튼일 수도 있다. 겉으로 보기에 그들은 볼품없는 남자지만 숨겨진 능력의 소유자이며, 무엇보다 선하고 정의롭다. 평범한, 동시에 위대한 영웅이 탄생하는 것이다. 할리우드의 영광은 바로 그들과 함께 시작되었다. 물론 요즘 할리우드 영화는 예전과 같이 천편일률(千篇一律)적이라고 할 수 없다. 하지만 그 뿌리에는 슬랩스틱 코미디가 있고 지금의 할리우드 영화는 그에 대한 일종의 확대 재생산이라 할 수 있다.

이와 같이 출발한 할리우드 영화는 1920년대를 넘어서면서 오늘날과 같은 모델이 형성되었다. 할리우드는 영화를 생산함에 있어 포드자동차의 분업과 체계화된 노동방식을 차용했다. 새로운 이야기를 만들기보다는 이야기를 표준화하여 그때그때 상황에 맞추어 솜씨 좋게 조합하는 방식을 취하는 것이다. 그 결과로서 서부극, 공포물, 드라마, 멜로물, 형사물 등의 장르 영화가 탄생한 것이다. 이로써 할리우드는 영화를 생산하는 '공장'이 되었고 상업적으로 성공을 거두었다.

영화의 예술성과 관련하여 두 가지 시각이 있다. 할리우드 영화는 짜임새 있는 이야기 구조, 하나의 극점을 향해 순차적으로 나아가는 사건 진행, 분명한 결말, 영웅적인 등장인물 등을 제시하며 나름대로 상당한 내적 완성도를 얻고 있다. 그러나 영화의 가치는 엉성한 줄거리와 구성 방식에서도 발견할 수 있다. 「누벨바그*」를 비롯한 유럽의 실험적 영화들이 이에 속한다. 문제가 있다면 많은 관객들이 이들 영화를 즐길 만큼 영화의 예술성에 큰 가치를 두지 않는다는 사실이다.

바로 그 증거가 1950년대까지 계속된 할리우드 영화의 승승장구로 이어졌다. 대중은 영화의 첫 용도를 '재담꾼'으로 설정했던 것이다. 그러나 동시에 할리우드 영화는 고착된 관습과 매너리즘에 빠졌다. 그때 할리우드에 새로운 출구를 제시한 것이 장 뤽고다르 등이 주축이 되었던 프랑스의 「누벨바그」였다. 할리우드는 '외부의 것'을 들여와 발전의 자양분으로 삼았던 것이다.

엄밀히 말해 오늘날 대부분의 영화는, 국적과 상관없이 사실상 모두 할리우드 영화의 강력한 영향 하에 있다. 할리우드가 만들어놓은 생산의 법칙, 분배의 법칙, 재생산의 법칙을 충실히 따라가고 있다. 단순한 '발명품'이었던 영화가 이제는 이렇듯 일상 깊숙이 침투하여 삶의 일부가 되도록 한 것은 분명 할리우드의 공적이라 할 수 있다.

*슬랩스틱 코미디 : 무성영화 시대에 인기를 끈 코미디의 한 형태

*누벨바그 : '새로운 물결'이라는 뜻으로 전(前) 세대 영화와 단절을 외치며 새로운 스타일의 화면을 만들었던 영화 운동

① 초기 영화의 영향에서 탈피하여 예술성을 얻으려는 노력이 필요하다.

② 영화의 가치는 얼마만큼 대중들에게 영향력을 미치는가에 달려 있다.

③ 상업적 성공에 안주하지 말고 새로움을 위한 끊임없는 시도가 필요하다.

④ 대중적 인기를 지속해서 얻으려면 과학기술을 적절하게 이용할 필요가 있다.

⑤ 오락적 성격만을 강조하는 것은 영화 예술에 대한 편견을 가져올 수 있으므로 지양해야 한다.

01 다음은 S사 영업부의 작년 분기별 영업 실적에 대한 자료이다. 작년 전체 실적에서 1 ~ 2분기와 3 ~ 4분기가 각각 차지하는 비중을 바르게 짝지은 것은?(단, 비중은 소수점 둘째 자리에서 반올림한다)

〈분기별 영업 실적〉

(단위 : 억 원)

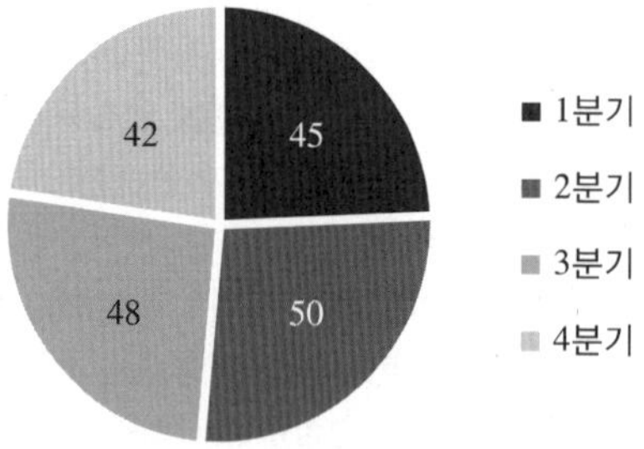

	1 ~ 2분기	3 ~ 4분기
①	46.8%	50.1%
②	48.6%	51.4%
③	50.0%	50.0%
④	50.1%	46.8%
⑤	51.4%	48.6%

02 다음은 우리나라의 연도별 5대 범죄 발생과 검거에 대한 자료이다. 빈칸에 들어갈 수로 옳은 것은?(단, 각 수치는 매년 일정한 규칙으로 변화한다)

〈연도별 5대 범죄 발생 건수 및 검거 건수〉

(단위 : 건)

구분		2018년	2019년	2020년	2021년	2022년	2023년
살인	발생	941	1,051	957	998	1,084	1,061
	검거	955	1,076	994	1,038	1,041	1,023
강도	발생	5,461	5,692	5,906	7,292	5,834	5,172
	검거	4,524	4,670	5,957	7,165	4,941	4,021
강간	발생	6,855	6,751	6,119	6,531	6,959	7,323
	검거	6,139	6,021	5,522	5,899	6,322	6,443
절도	발생	173,876	180,704	175,457	187,352	155,393	
	검거	68,564	78,777	125,593	114,920	80,570	80,785
폭력	발생	333,630	338,045	283,930	294,893	286,570	285,331
	검거	304,905	306,341	262,293	270,097	270,563	261,817

① 152,117
② 154,278
③ 154,936
④ 155,131
⑤ 159,434

03 다음은 영농자재구매사업에 대한 자료이다. 이에 대한 설명으로 옳은 것은?

〈영농자재구매사업의 변화 양상〉

(단위 : %)

구분	비료	농약	농기계	면세유류	종자 / 종묘	배합사료	일반자재	자동차	합계
1970년	74.1	12.6	5.4	0	3.7	2.5	1.7	0	100
1980년	59.7	10.8	8.6	0	0.5	12.3	8.1	0	100
1990년	48.5	12.7	19.6	0.3	0.2	7.1	11.6	0	100
2000년	30.6	9.4	7.3	7.8	0.7	31.6	12.6	0	100
2010년	31.1	12.2	8.5	13	0	19.2	16	0	100
2020년	23.6	11.0	4.3	29.7	0	20.5	10.8	0.1	100

① 면세유류는 1970년부터 감소한 적이 없다.
② 일반자재는 10년 단위로 사용량이 증가하였다.
③ 2020년 이후 자동차의 비율이 가장 크게 증가할 것이다.
④ 영농자재구매 중 비료는 항상 가장 높은 비율을 차지하였다.
⑤ 배합사료와 농기계는 조사 연도마다 증가와 감소를 반복하였다.

04 다음은 암 발생률 추이에 대한 자료이다. 이에 대한 설명으로 옳은 것은?

〈암 발생률 추이〉

(단위 : %)

구분	2017년	2018년	2019년	2020년	2021년	2022년	2023년
위암	31.5	30.6	28.8	25.5	23.9	24.0	24.3
간암	24.1	23.9	23.0	21.4	20.0	20.7	21.3
폐암	14.4	17.0	18.8	19.4	20.6	22.1	24.4
대장암	4.5	4.6	5.6	6.3	7.0	7.9	8.9
유방암	1.7	1.9	1.9	2.2	2.1	2.4	4.9
자궁암	7.8	7.5	7.0	6.1	5.6	5.6	5.6

① 위암의 발생률은 점차 감소하는 추세를 보이고 있다.
② 자궁암의 경우 발생 비율이 지속적으로 증가하는 추세를 보이고 있다.
③ 2017년 대비 2023년에 발생률이 증가한 암은 폐암, 대장암, 유방암이다.
④ 2023년에 위암으로 죽은 사망자 수가 가장 많으며, 이러한 추세는 지속될 것으로 보인다.
⑤ 폐암의 경우 발생률이 계속적으로 증가하고 있으며, 전년 대비 2023년 암 발생률 증가폭이 다른 암에 비해서 가장 크다.

05 다음은 A사의 연도별 부채 현황에 대한 자료이다. 이에 대해 옳은 설명을 한 사람을 〈보기〉에서 모두 고르면?

〈A사 부채 현황〉

(단위 : 백만 원)

구분	2019년	2020년	2021년	2022년	2023년
자산	40,544	41,968	44,167	44,326	45,646
자본	36,642	38,005	39,295	40,549	41,800
부채	3,902	3,963	4,072	3,777	3,846
금융부채	–	–	–	–	–
연간이자	–	–	–	–	–
부채비율	10.7%	10.4%	10.4%	9.3%	9.2%
당기순이익	1,286	1,735	1,874	1,902	1,898

〈보기〉

- 김대리 : 2020년부터 2022년까지 당기순이익과 부채의 전년 대비 증감 추이는 동일해.
- 이주임 : 2022년 부채의 전년 대비 감소율은 10% 미만이야.
- 최주임 : 2021년부터 2023년까지 부채비율은 전년 대비 매년 감소했어.
- 박사원 : 자산 대비 자본의 비율은 2022년에 전년 대비 증가했어.

① 김대리, 이주임
② 김대리, 최주임
③ 이주임, 최주임
④ 이주임, 박사원
⑤ 최주임, 박사원

06 다음은 2019 ~ 2023년의 국내 시설별 전체 의료진 수에 대한 자료이다. 이에 대한 설명으로 옳지 않은 것은?(단, 소수점 둘째 자리에서 반올림한다)

〈2019 ~ 2023년 국내 시설별 의료진 수〉

(단위 : 명)

구분	2019년	2020년	2021년	2022년	2023년
아동복지시설	45,088	48,212	49,988	50,218	52,454
여성복지시설	1,842	2,112	2,329	2,455	2,598
노인복지시설	2,584	2,924	3,332	3,868	4,102
장애인복지시설	1,949	2,332	2,586	2,981	3,355
노숙인복지시설	452	488	552	688	728
정신요양시설	885	920	1,110	1,328	1,559
합계	52,800	56,988	59,897	61,538	64,796

① 매년 의료진 수가 많은 시설의 순위는 동일하다.

② 아동복지시설과 여성복지시설의 의료진 수의 차이는 매년 감소하고 있다.

③ 2021년 아동복지시설의 의료진 수는 아동복지시설 외의 의료진 수의 약 5배이다.

④ 2020년부터 2023년까지 전년 대비 의료진 수 증가율이 가장 큰 해는 2020년이다.

⑤ 장애인복지시설의 의료진 수는 노인복지시설 의료진 수의 80% 미만이었다가 2023년에 처음으로 80%를 넘어섰다.

07 다음은 농가 수 및 농가 인구 추이와 농가 소득 현황에 대한 자료이다. 이에 대한 설명으로 옳지 않은 것을 〈보기〉에서 모두 고르면?

〈농가 수 및 농가 인구 추이〉

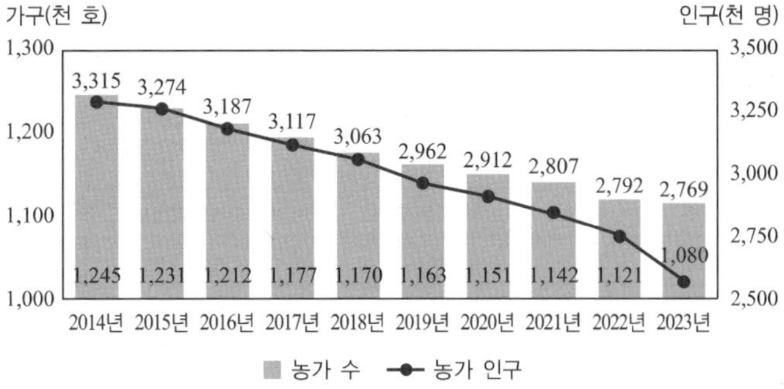

〈농가 소득 현황〉

(단위 : 천 원)

구분	2018년	2019년	2020년	2021년	2022년	2023년
농업 소득	10,098	8,753	9,127	10,035	10,303	11,257
농업 이외 소득	22,023	21,395	21,904	24,489	24,647	25,959
합계	32,121	30,148	31,031	34,524	34,950	37,216

〈보기〉

㉠ 농가 수 및 농가 인구는 지속적으로 감소하고 있다.
㉡ 전년 대비 농가 수가 가장 많이 감소한 해는 2023년이다.
㉢ 2018년 대비 2023년 농가 인구의 감소율은 9% 이상이다.
㉣ 농가 소득 중 농업 이외 소득이 차지하는 비율은 매년 증가하고 있다.
㉤ 2023년 농가의 농업 소득의 전년 대비 증가율은 10%를 넘는다.

① ㉠, ㉢
② ㉡, ㉣
③ ㉢, ㉣
④ ㉣, ㉤
⑤ ㉠, ㉢, ㉤

08 다음은 보건복지부에서 발표한 연도별 의료기기 생산 실적 총괄 현황에 대한 자료이다. 이에 대한 설명으로 옳지 않은 것은?

〈연도별 의료기기 생산 실적 총괄 현황〉

(단위 : 개, %, 명, 백만 원)

구분	업체 수	증감률	품목 수	증감률	운영인원	증감률	생산금액	증감률
2016년	1,500	-	5,862	-	25,287	-	1,478,165	-
2017년	1,596	6.4	6,392	9.04	25,610	1.28	1,704,161	15.29
2018년	1,624	1.75	6,639	3.86	26,399	3.08	1,949,159	14.38
2019년	1,662	2.34	6,899	3.92	26,936	2.03	2,216,965	13.74
2020년	1,726	3.85	7,367	6.78	27,527	2.19	2,525,203	13.9
2021년	1,754	1.62	8,003	8.63	28,167	2.32	2,764,261	9.47
2022년	1,857	5.87	8,704	8.76	30,190	7.18	2,964,445	7.24
2023년	1,958	5.44	9,086	4.39	32,255	6.84	3,366,462	13.56

① 2017 ~ 2023년 동안 업체 수의 평균 증감률은 5% 이하이다.

② 품목 수의 평균 증감률은 업체 수의 평균 증감률을 넘어선다.

③ 2020 ~ 2023년 동안 운영인원의 증감률 추이와 품목 수의 증감률 추이는 같다.

④ 2016 ~ 2023년 동안 의료기기 생산업체 수는 꾸준히 증가하고 있으며, 품목 또한 해마다 다양해지고 있다.

⑤ 전년 대비 업체 수가 가장 많이 늘어난 해는 2017년이며, 전년 대비 생산금액이 가장 많이 늘어난 해는 2020년이다.

09 다음은 중국의 의료 빅데이터 예상 시장 규모에 대한 자료이다. 이를 바탕으로 작성한 전년 대비 성장률에 대한 그래프로 옳은 것은?(단, 소수점 둘째 자리에서 반올림한다)

〈2017 ~ 2026년 중국 의료 빅데이터 예상 시장 규모〉

(단위 : 억 위안)

구분	2017년	2018년	2019년	2020년	2021년	2022년	2023년	2024년	2025년	2026년
규모	9.6	15.0	28.5	45.8	88.5	145.9	211.6	285.6	371.4	482.8

①
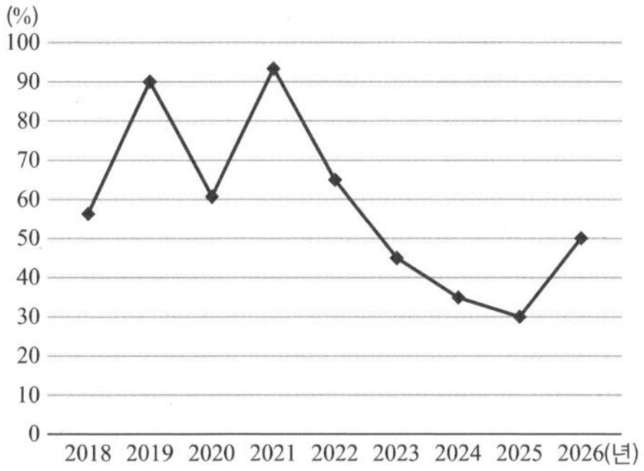

②
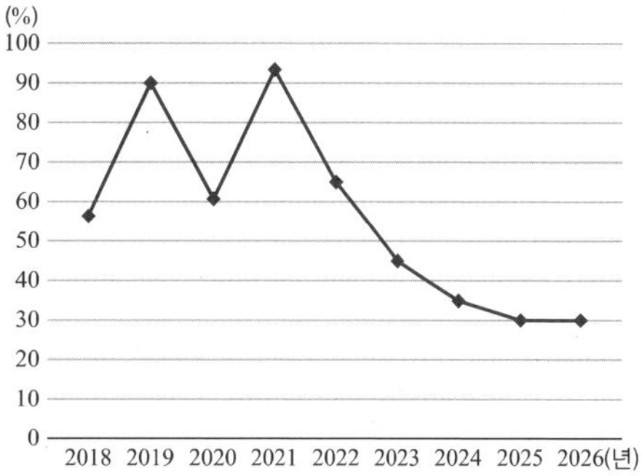

③
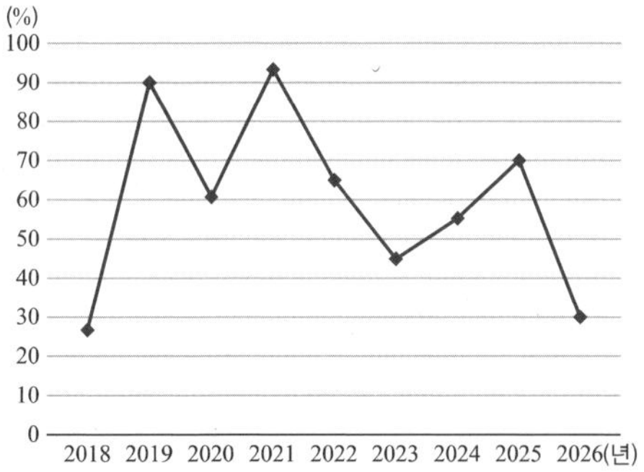

④
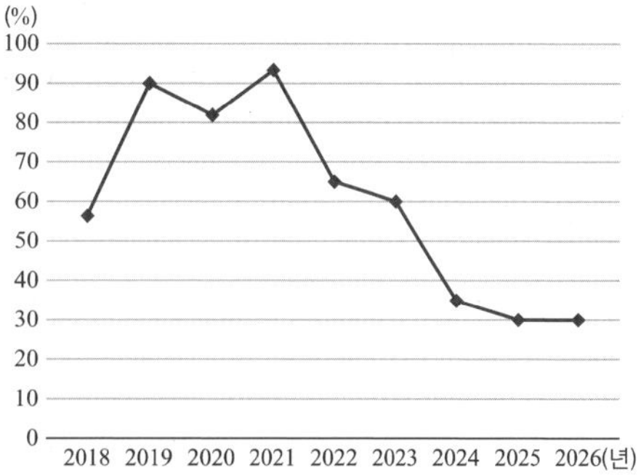

⑤
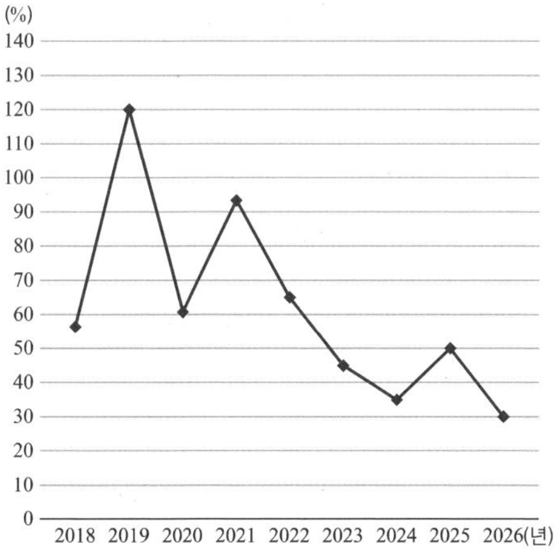

10 다음은 이동통신시장 추이에 대한 자료이다. 이에 대한 설명으로 옳은 것은?

〈이동통신 서비스 유형별 매출액〉

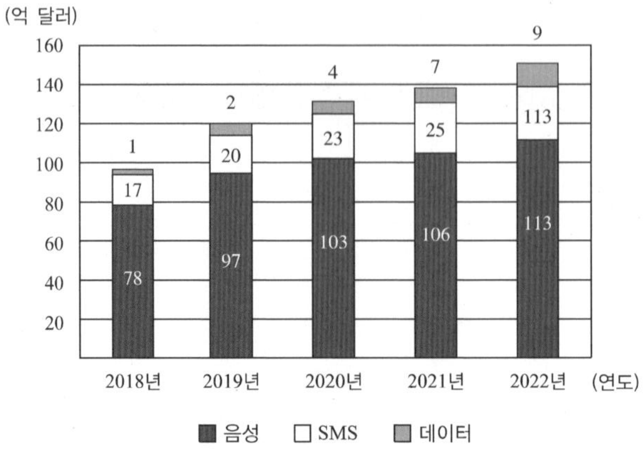

〈4대 이동통신사업자 매출액〉

(단위 : 백만 달러)

구분	A사	B사	C사	D사	합계
2021년	3,701	3,645	2,547	2,958	12,851
2022년	3,969	3,876	2,603	3,134	13,582
2023년	3,875	4,084	2,681	3,223	13,863
2024년 1 ~ 9월	2,709	3,134	1,956	2,154	9,953

〈이동전화 가입 대수 및 보급률〉

(단위 : 백만 대, %)

구분	2019년	2020년	2021년	2022년	2023년
가입 대수	52.9	65.9	70.1	73.8	76.9
보급률	88.8	109.4	115.5	121.0	125.3

① 2021 ~ 2023년 동안 매출액 순위는 변화가 없다.
② 2020 ~ 2023년 동안 이동전화 가입 대수의 전년 대비 증가율은 매년 감소한다.
③ 2023년 이동전화 보급률은 가입 대수의 증가와 전체 인구의 감소에 따라 125.3%에 달한다.
④ 2020 ~ 2023년 동안 이동통신 서비스 유형 중 데이터 매출액의 전년 대비 증가율은 매년 50% 이상이다.
⑤ 2024년 10 ~ 12월 동안 A사의 월별 매출액이 해당연도 1 ~ 9월까지의 월평균 매출액을 유지한다면 2024년 매출액 합계는 전년보다 증가할 것이다.

11 다음은 우리나라 국민건강영양조사 결과에 대한 자료이다. 이에 대한 설명으로 옳은 것을 〈보기〉에서 모두 고르면?

〈19세 이상 성인의 흡연율〉

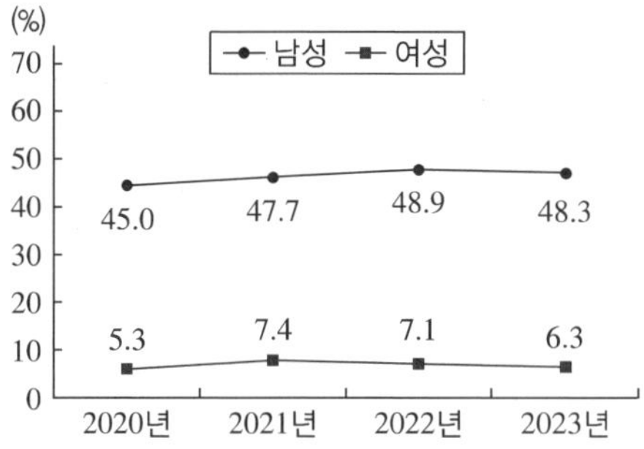

〈19세 이상 성인의 월평균 음주율〉

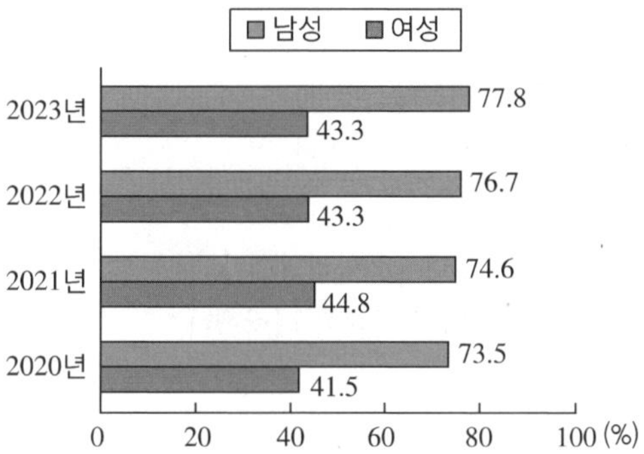

〈19세 이상 성인의 비만율〉

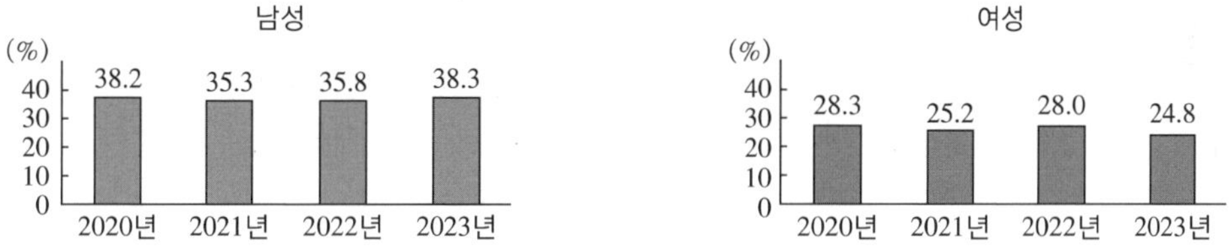

〈보기〉

㉠ 월평균 음주율에서 여성과 남성의 차이가 가장 적게 나는 해는 2021년이다.
㉡ 남성이 여성보다 흡연율이 항상 높다.
㉢ 월평균 음주율은 남성이 여성보다 현저히 높다.
㉣ 여성의 비만율은 해마다 감소하고 있지만, 남성의 비만율은 증감을 반복한다.
㉤ 남성의 월평균 음주율의 증감 추이와 남성의 비만율의 증감 추이는 동일하다.

① ㉠, ㉡, ㉢
② ㉠, ㉡, ㉣
③ ㉠, ㉣, ㉤
④ ㉡, ㉢, ㉤
⑤ ㉢, ㉣, ㉤

12 다음은 2020 ~ 2023년의 소비자물가지수 지역별 동향에 대한 자료이다. 이에 대한 설명으로 옳지 않은 것은?

〈소비자물가지수 지역별 동향〉

(단위 : %)

지역명	등락률				지역명	등락률			
	2020년	2021년	2022년	2023년		2020년	2021년	2022년	2023년
전국	2.2	1.3	1.3	0.7	충북	2.0	1.2	1.2	−0.1
서울	2.5	1.4	1.6	1.3	충남	2.4	1.2	0.5	0.2
부산	2.4	1.5	1.3	0.8	전북	2.2	1.2	1.1	0.0
대구	2.4	1.6	1.4	1.0	전남	2.0	1.4	1.0	0.0
인천	2.0	1.0	0.9	0.2	경북	2.0	1.2	1.0	0.0
경기	2.2	1.2	1.2	0.7	경남	1.9	1.3	1.4	0.6
강원	2.0	1.1	0.7	0.0	제주	1.2	1.4	1.1	0.6

① 2020년부터 부산의 등락률은 하락하고 있다.

② 2022년에 등락률이 가장 높은 곳은 서울이다.

③ 2023년에 등락률이 가장 낮은 곳은 충북이다.

④ 2020년에 등락률이 두 번째로 낮은 곳은 경남이다.

⑤ 2020 ~ 2023년 동안 모든 지역의 등락률이 하락했다.

13 다음은 통계청에서 집계한 장래인구추계에 대한 자료이다. 이에 대한 설명으로 옳은 것을 〈보기〉에서 모두 고르면?

〈장래인구추계〉

(단위 : 천억 원, %)

연도	노년부양비	노령화지수
1980년	6.1	11.2
1990년	7.4	20.0
2000년	10.1	34.3
2010년	15.0	67.7
2016년	18.2	100.7
2020년	21.7	125.9
2030년	37.7	213.8
2040년	56.7	314.8

※ [노령화지수(%)]=[(65세 이상 인구)÷(0 ~ 14세 인구)]×100

〈보기〉

㉠ 1980년부터 2040년까지 노년부양비와 노령화지수는 계속 증가한다.
㉡ 2016년부터 2030년까지 0 ~ 14세 인구가 65세 이상 인구보다 늘어나고 있다.
㉢ 65세 이상 인구가 1,000만, 0 ~ 14세 인구가 900만일 때 노령화지수는 약 111%이다.
㉣ 1980년 대비 2040년의 노령화지수 증가율이 노년부양비 증가율보다 낮다.

① ㉠, ㉡
② ㉠, ㉢
③ ㉡, ㉢
④ ㉡, ㉣
⑤ ㉢, ㉣

14 다음은 전통사찰 지정등록 현황에 대한 자료이다. 이에 대한 설명으로 옳은 것은?

〈연도별 전통사찰 지정등록 현황〉

(단위 : 개소)

구분	2015년	2016년	2017년	2018년	2019년	2020년	2021년	2022년	2023년
지정등록	17	15	12	7	4	4	2	1	2

① 전통사찰로 지정 등록되는 수는 계속 감소하고 있다.
② 2017년에 전통사찰로 지정 등록된 수는 전년의 2배이다.
③ 위의 자료를 통해 2023년 전통사찰 총등록현황을 파악할 수 있다.
④ 2015 ~ 2019년 동안 전통사찰로 지정 등록된 수의 평균은 11개소이다.
⑤ 2017년과 2021년에 지정 등록된 전통사찰 수의 전년 대비 감소폭은 같다.

15 다음은 연도별 S기업에서 만든 기계제품의 가격에 대한 자료이다. 이에 대한 설명으로 옳지 않은 것은?

〈기계제품의 연도별 가격〉

(단위 : 만 원)

구분	2019년	2020년	2021년	2022년	2023년
가격	200	230	215	250	270
재료비	105	107	99	110	115
인건비	55	64	72	85	90
수익	40	59	44	55	65

① 제품의 원가에서 인건비는 꾸준히 증가하였다.
② 전년 대비 제품 가격 증가율은 2023년에 가장 크다.
③ 2019 ~ 2023년에 재료비와 수익의 증감 추이는 같다.
④ 2022 ~ 2023년에 재료비와 인건비의 증감 추이는 같다.
⑤ 재료비의 상승폭이 가장 큰 해에는 제품 가격 상승폭도 가장 크다.

16 다음은 태양광 산업 분야 투자액 및 투자건수에 대한 자료이다. 이에 대한 설명으로 옳지 않은 것은?

〈태양광 산업 분야 투자액 및 투자건수〉

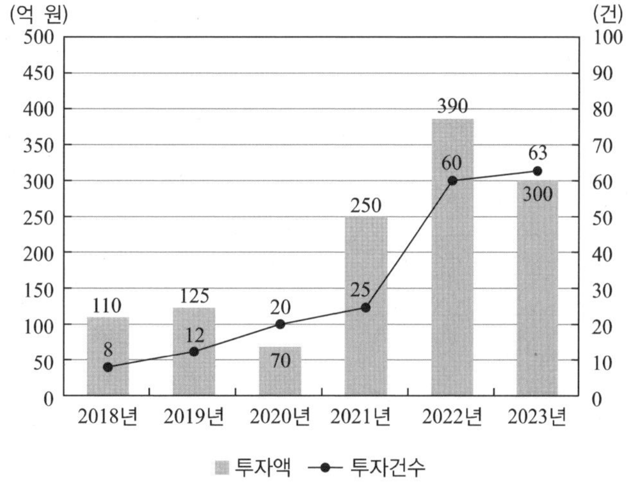

① 투자건수는 매년 증가하였다.

② 투자액이 가장 큰 해는 2022년이다.

③ 2018년과 2021년 투자건수의 합은 2023년 투자건수보다 작다.

④ 2019 ~ 2023년 동안 투자액의 전년 대비 증가율은 2022년이 가장 높다.

⑤ 2019 ~ 2023년 동안 투자건수의 전년 대비 증가율은 2023년이 가장 낮다.

17 다음은 어린이 및 청소년의 연령별 표준 키와 체중에 대한 자료이다. 이를 참고하여 작성한 그래프로 옳은 것은?

〈어린이 및 청소년 표준 키와 체중〉

(단위 : cm, kg)

나이	남		여		나이	남		여	
	키	체중	키	체중		키	체중	키	체중
1세	76.5	9.77	75.6	9.28	10세	137.8	34.47	137.7	33.59
2세	87.7	12.94	87.0	12.50	11세	143.5	38.62	144.2	37.79
3세	95.7	15.08	94.0	14.16	12세	149.3	42.84	150.9	43.14
4세	103.5	16.99	102.1	16.43	13세	155.3	44.20	155.0	47.00
5세	109.5	18.98	108.6	18.43	14세	162.7	53.87	157.8	50.66
6세	115.8	21.41	114.7	20.68	15세	167.8	58.49	159.0	52.53
7세	122.4	24.72	121.1	23.55	16세	171.1	61.19	160.0	54.53
8세	127.5	27.63	126.0	26.16	17세	172.2	63.20	160.4	54.64
9세	132.9	30.98	132.2	29.97	18세	172.5	63.77	160.5	54.65

① 10세 이전 남녀의 키

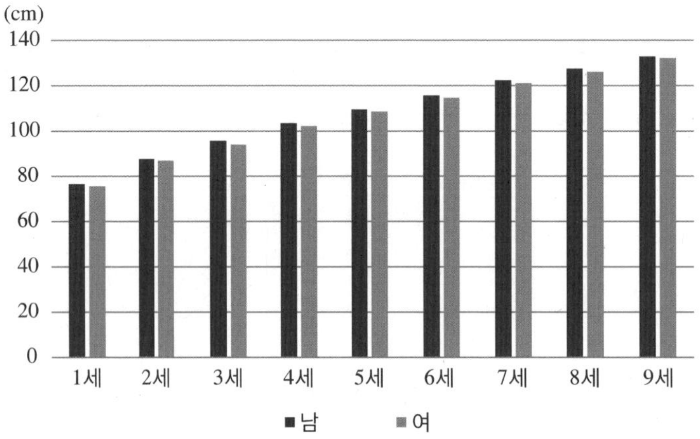

② 10대 남녀의 표준 체중

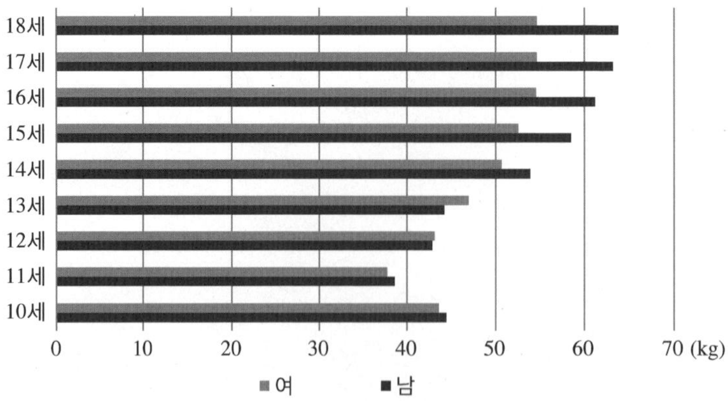

③ 남자의 10세 이전 표준 키 및 체중

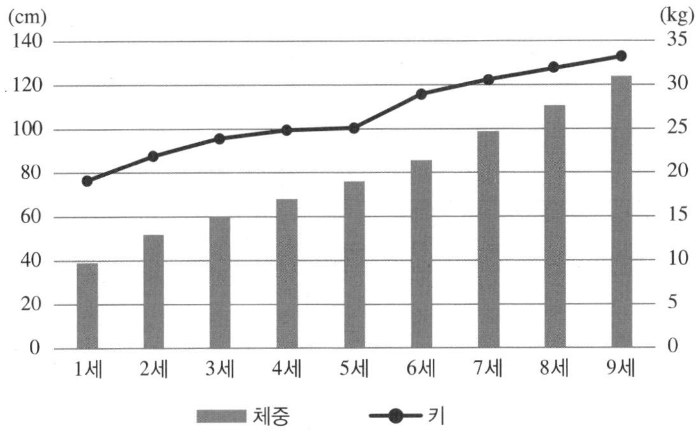

④ 10대 여자의 표준 키 및 체중

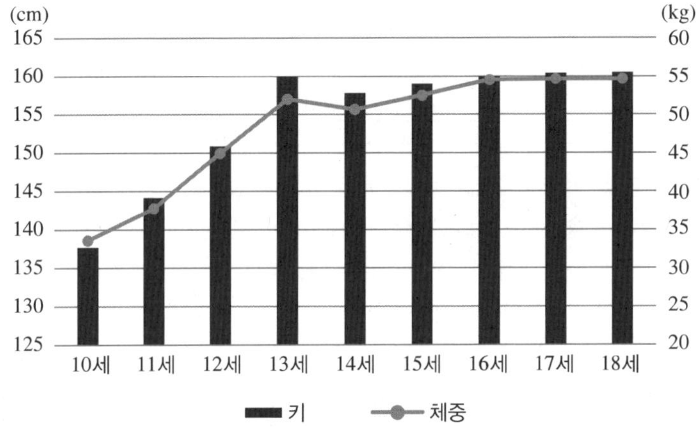

⑤ 바로 전 연령 대비 남녀 표준 키 차이

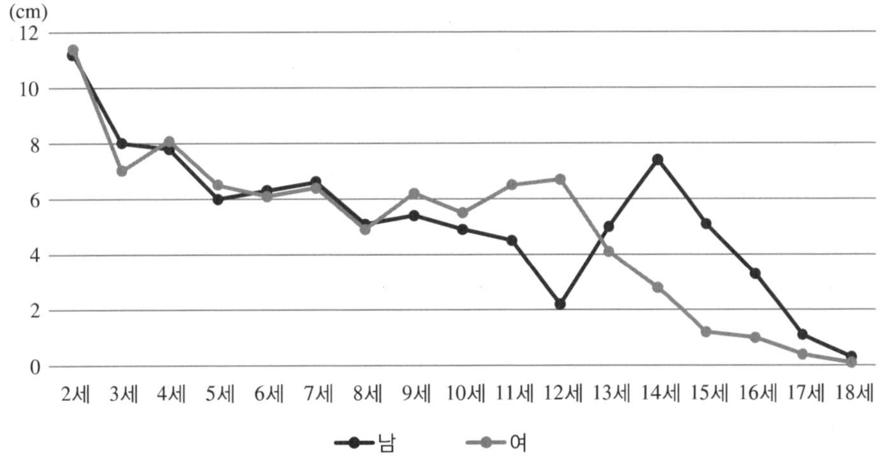

18 다음은 S신문사의 인터넷 여론조사에서 "여러분이 길거리에서 침을 뱉거나, 담배꽁초를 버리다가 단속반에 적발되어 처벌을 받는다면 어떤 생각이 들겠습니까?"라는 질문에 대하여 1,200명이 응답한 결과에 대한 자료이다. 이에 대한 설명으로 옳은 것은?

〈여론 조사 결과〉

(단위 : %)

구분		법을 위반했으므로 처벌받는 것은 당연하다.	재수가 없는 경우라고 생각한다.	도덕적으로 비난받을 수 있으나 처벌은 지나치다.
전체		54.9	11.4	33.7
연령	20대	42.2	16.1	41.7
	30대	55.2	10.9	33.9
	40대	55.9	10.0	34.1
	50대 이상	71.0	6.8	22.2
학력	초졸 이하	65.7	6.0	28.3
	중졸	57.2	10.2	32.6
	고졸	54.9	10.5	34.6
	대학 재학 이상	59.3	5.3	35.4

① 학력이 대학 재학 이상보다 초졸 이하가 준법의식이 10%p 이상 더 높다.

② 응답자들의 준법의식은 나이가 많을수록 그리고 학력이 높을수록 높은 것으로 나타난다.

③ '재수가 없는 경우라고 생각한다.'라고 응답한 사람의 수는 대졸자보다 중졸자가 더 많았다.

④ 학력이 높을수록 처벌보다는 도덕적인 차원에서 제재를 가하는 것이 바람직하다고 보는 응답자의 비율이 높다.

⑤ 1,200명은 충분히 큰 사이즈의 표본이므로 이 여론조사의 결과는 우리나라 사람들의 의견을 충분히 대표한다고 볼 수 있다.

19 다음은 1980년 이후 주요 작물의 재배면적의 비중에 대한 자료이다. 이에 대한 설명으로 옳은 것은?

〈주요 작물 재배면적 비중〉

(단위 : %)

구분	식량작물			채소류			과실류		
	전체	미곡	맥류	전체	배추	양파	전체	사과	감귤
1980년	82.9	44.6	30.9	7.8	27.5	1.6	1.8	35.0	10.0
1985년	80.2	48.3	30.2	7.8	15.6	1.7	2.4	41.9	12.2
1990년	71.7	62.2	18.2	13.0	12.7	2.0	3.6	46.5	12.1
1995년	68.7	69.5	14.4	13.0	11.2	2.4	4.2	34.9	14.7
2000년	69.3	74.5	9.6	11.5	13.9	2.5	5.5	36.8	14.3
2005년	61.3	78.5	6.7	14.7	9.9	3.1	7.8	28.7	13.8
2010년	62.7	81.3	5.2	14.1	11.9	4.1	8.1	16.8	15.6
2015년	64.1	79.4	4.9	12.5	11.4	5.2	7.2	17.4	14.2
2016년	63.3	80.9	4.9	12.6	13.0	5.6	7.9	18.4	13.8
2017년	62.6	81.7	4.8	12.0	11.2	6.4	8.0	18.8	13.6
2018년	62.3	81.7	4.9	12.2	12.4	6.8	8.1	19.5	13.6
2019년	60.1	82.0	4.8	11.5	11.8	7.1	8.1	19.7	13.4
2020년	60.1	82.0	3.6	11.3	10.2	9.0	8.6	19.1	13.0

※ 식량작물, 채소류, 과실류 항목의 수치는 전체 경지이용면적 대비 각 작물의 재배면적의 비중을 의미함

※ 미곡, 맥류 등 세부품목의 수치는 식량작물, 채소류, 과실류의 재배면적 대비 각 품목의 재배면적 비중을 의미함

① 2019년과 2020년의 미곡 재배면적은 동일하다.

② 2010년 감귤의 재배면적은 배추의 재배면적보다 넓다.

③ 1980 ~ 2020년 양파의 재배면적은 꾸준히 증가하고 있다.

④ 1985년 과실류의 재배면적 중 사과의 재배면적이 가장 넓다.

⑤ 2015년 과실류의 재배면적이 1980년 대비 100% 증가하였다고 가정할 경우, 전체 경지이용면적은 동일한 기간 동안 절반 수준으로 감소한 것으로 추정할 수 있다.

20 다음은 와이파이 공유기의 전체 판매량과 수출량의 변화 추이에 대한 자료이다. 이에 대한 설명으로 옳은 것은?

〈와이파이 공유기의 전체 판매량과 수출량의 변화 추이〉

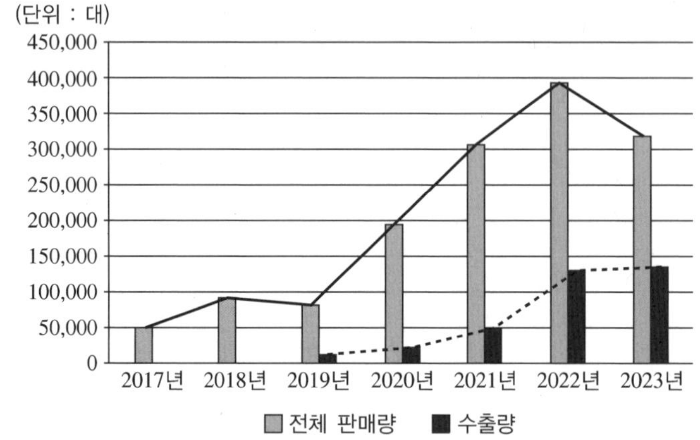

① 수출량은 2017년부터 계속 증가하였다.

② 전체 판매량이 가장 많은 해는 2023년이다.

③ 2020년에서 2021년 사이 수출량의 증가폭이 가장 컸다.

④ 전체 판매량은 2019년에서 2023년까지 매년 증가하였다.

⑤ 전체 판매량 중 수출량은 2019년에서 2022년까지 매년 증가하였다.

제3영역 창의수리

01 길이가 9km인 강이 있다. 강물의 속력은 시속 3km이고, 배를 타고 강물을 거슬러 올라갈 때 1시간이 걸린다고 하면, 같은 배를 타고 강물을 따라 내려올 때 걸리는 시간은?

① 32분
② 36분
③ 40분
④ 42분
⑤ 46분

02 S씨는 25% 농도의 코코아 700mL를 즐겨 마신다. S씨가 마시는 코코아에 들어간 코코아 분말의 양은?(단, 1mL=1g이다)

① 170g
② 175g
③ 180g
④ 185g
⑤ 190g

03 도매가가 100원인 상품이 있다. 도매가에서 20% 이윤을 붙여 판매가를 책정했다가 이후에 다시 판매가에 30%를 할인했다면, 도매가를 기준으로 손실을 본 금액은?

① 12원
② 16원
③ 32원
④ 74원
⑤ 84원

04 어떤 가게에서 사과 한 상자를 9,500원에 판매하고 있다. 이 가게에서 사과를 낱개로 구매하려면 개당 1,000원을 지불해야 할 때, 50,000원으로 이 가게에서 구매할 수 있는 사과의 최대 개수는?(단, 사과는 한 상자에 10개가 들어 있다)

① 48개
② 50개
③ 52개
④ 54개
⑤ 56개

05 S사의 해외사업부, 온라인 영업부, 영업지원부에서 각각 2명, 2명, 3명이 대표로 회의에 참석하기로 하였다. 자리 배치는 원탁 테이블에 같은 부서 사람끼리 옆자리에 앉는다고 할 때, 7명이 앉을 수 있는 경우의 수는?

① 16가지
② 24가지
③ 27가지
④ 36가지
⑤ 48가지

06 1L 물통을 가득 채우는 데 수도 A는 15분, 수도 B는 20분이 걸린다고 한다. 수도 A, B를 동시에 사용해 30분 동안 물을 받는다면 가득 채울 수 있는 물통의 개수는?

① 1개
② 2개
③ 3개
④ 4개
⑤ 5개

07 50명의 남학생 중에서 24명, 30명의 여학생 중에서 16명이 뮤지컬을 좋아한다고 한다. 전체 80명의 학생 중에서 임의로 선택한 1명이 뮤지컬을 좋아하지 않는 학생이었을 때, 그 학생이 여학생일 확률은?

① $\frac{3}{20}$
② $\frac{1}{4}$
③ $\frac{3}{10}$
④ $\frac{7}{20}$
⑤ $\frac{2}{5}$

08 딸의 나이를 8로 나누면 나머지가 없고, 5로 나누면 나머지가 3이다. 아버지는 딸의 나이 십의 자릿수와 일의 자릿수를 바꾼 나이와 같을 때 아버지와 딸의 나이 차는?(단, 딸은 30살 이상 50살 미만이다)

① 30살
② 33살
③ 36살
④ 39살
⑤ 42살

09 S사원은 엘리베이터를 이용하여 A4용지가 들어있는 박스를 사무실로 옮기려고 한다. 이 엘리베이터는 적재 용량이 305kg이며, 엘리베이터에는 이미 몸무게가 60kg인 J사원이 80kg의 사무용품을 싣고 타 있는 상태이다. 몸무게가 50kg인 S사원이 한 박스당 10kg의 A4용지를 최대 몇 박스까지 가지고 엘리베이터에 탈 수 있는가?

① 9박스
② 10박스
③ 11박스
④ 12박스
⑤ 13박스

10 사고 난 차를 견인하기 위해 A와 B, 두 견인업체에서 견인차를 보내려고 한다. 사고지점은 B업체보다 A업체와 40km 더 가깝고, A업체의 견인차가 시속 63km의 일정한 속력으로 달리면 40분 만에 사고지점에 도착한다. B업체에서 보낸 견인차가 A업체의 견인차보다 늦게 도착하지 않으려면 B업체의 견인차가 내야 하는 최소 속력은?

① 119km/h
② 120km/h
③ 121km/h
④ 122km/h
⑤ 123km/h

11 농도가 10%인 소금물 500L가 있는데, 생수를 채워서 소금물 농도를 5%로 줄이려고 한다. 이때 넣어야 하는 생수의 양은?

① 400L
② 450L
③ 500L
④ 550L
⑤ 600L

12 S마트에서는 아이스크림을 1개당 a원에 들여오는데 20%의 이익을 붙여 판매한다. S마트는 개점 3주년을 맞아 아이스크림 1개당 500원을 할인하여 팔기로 했다. 이때 아이스크림 1개당 700원의 이익이 생긴다면, 아이스크림 1개당 원가는?

① 5,000원
② 5,250원
③ 5,500원
④ 6,000원
⑤ 6,250원

13 1, 1, 1, 2, 2, 3을 가지고 6자리 수를 만들 때, 가능한 모든 경우의 수는?

① 30가지
② 60가지
③ 120가지
④ 240가지
⑤ 280가지

14 어떤 수영장에 물을 가득 채우는 데 A수도관으로 12분, B수도관으로 10분을 넣었더니 물통이 가득 찼다. 또, 같은 수영장에 A수도관으로 6분, B수도관으로 15분을 넣었더니 물통이 가득 찼을 때, B수도관으로만 수영장을 가득 채우는 데 걸리는 시간은?

① 12분
② 14분
③ 16분
④ 18분
⑤ 20분

15 두 자연수 a, b에 대하여 a가 짝수일 확률은 $\frac{2}{3}$, b가 짝수일 확률은 $\frac{3}{5}$이다. 이때 a와 b의 곱이 짝수일 확률은?

① $\frac{1}{3}$
② $\frac{11}{15}$
③ $\frac{4}{5}$
④ $\frac{13}{15}$
⑤ $\frac{14}{15}$

16 지원이는 집에서 4km 떨어진 학원까지 50m/min의 속력으로 걸어가다가 학교에 숙제한 것을 두고 온 것이 생각나서 학교에 잠시 들렀다. 그랬더니 수업에 늦을 것 같아서 공유 자전거를 타고 150m/min의 속력으로 학원에 갔다. 집에서 학원까지 도착하는 데 총 30분이 걸렸을 때, 지원이가 자전거를 탄 시간은?(단, 학교에서 지체한 시간은 고려하지 않으며, 집, 학교, 학원 순서로 일직선 위에 위치한다)

① 10분
② 15분
③ 20분
④ 25분
⑤ 30분

17 S고등학교 학생들을 대상으로 가장 좋아하는 색깔을 조사하니 빨간색, 파란색, 검은색이 차지하는 비율이 2 : 3 : 5였다. 학생 2명을 임의로 선택할 때, 좋아하는 색이 다를 확률은?(단, 조사 인원은 충분히 많다)

① $\frac{27}{50}$　② $\frac{29}{50}$
③ $\frac{31}{50}$　④ $\frac{33}{50}$
⑤ $\frac{32}{45}$

18 S물류회사는 서로 같은 98개의 컨테이너를 자사 창고에 나눠 보관하려고 한다. 창고는 총 10개가 있으며 각 창고에는 10개의 컨테이너를 저장할 수 있다고 한다. 이때 보관할 수 있는 방법의 경우의 수는?

① 52가지　② 53가지
③ 54가지　④ 55가지
⑤ 56가지

19 같은 거리를 갈 때는 60m/min의 속력으로, 올 때는 55m/min의 속력으로 걸을 때 갈 때가 올 때보다 7분 더 적게 걸린다면 거리의 길이는?

① 4,600m　② 4,620m
③ 4,640m　④ 4,660m
⑤ 4,680m

20 농도 10%의 소금물 100g과 농도 25%의 소금물 200g을 섞은 소금물의 농도는?

① 15%　② 20%
③ 25%　④ 30%
⑤ 35%

01 짱구, 철수, 유리, 훈이, 맹구는 어떤 문제에 대한 해결 방안으로 A~E 중 각각 하나씩을 제안하였다. 다음 제시된 명제가 모두 참일 때, 제안자와 그 제안을 바르게 짝지은 것은?(단, 모두 서로 다른 하나의 제안을 제시하였다)

- 짱구와 훈이는 B를 제안하지 않았다.
- 철수와 짱구는 D를 제안하지 않았다.
- 유리는 C를 제안하였으며, 맹구는 D를 제안하지 않았다.
- 맹구는 B와 E를 제안하지 않았다.

① 짱구 – A, 맹구 – B
② 짱구 – A, 훈이 – D
③ 철수 – B, 짱구 – E
④ 철수 – B, 훈이 – E
⑤ 짱구 – B, 훈이 – D

02 S씨는 금융상품에 가입하고자 한다. 다음 제시된 명제가 모두 참일 때, S씨가 가입하는 금융상품에 대한 내용으로 옳지 않은 것은?

- 햇살론, 출발적금, 희망예금, 미소펀드, 대박적금 중 3개의 금융상품에 가입한다.
- 햇살론에 가입하면 출발적금에는 가입하지 않으며, 미소펀드에도 가입하지 않는다.
- 대박적금에 가입하지 않으면 햇살론에 가입한다.
- 미소펀드에 반드시 가입한다.
- 미소펀드에 가입하거나 출발적금에 가입하면 희망예금에 가입한다.

① 희망예금에 가입한다.
② 대박적금에 가입한다.
③ 출발적금에 가입한다.
④ 햇살론에 가입하지 않는다.
⑤ 희망예금, 미소펀드, 대박적금에 가입한다.

03 **한 대학교의 기숙사에서는 기숙사에 거주하는 가 ~ 라 4명을 1 ~ 4층에 매년 새롭게 배정하고 있다. 올해도 다음 〈조건〉에 따라 배정하려고 할 때, 반드시 참인 것은?**

〈조건〉

- 한 번 거주한 층에는 다시 거주하지 않는다.
- 가와 라는 2층에 거주한 적이 있다.
- 나와 다는 3층에 거주한 적이 있다.
- 가와 나는 1층에 거주한 적이 있다.
- 가, 나, 라는 4층에 거주한 적이 있다.

① 다는 4층에 배정될 것이다.

② 다는 2층에 거주한 적이 있을 것이다.

③ 라는 1층에 거주한 적이 있을 것이다.

④ 라는 3층에 거주한 적이 있을 것이다.

⑤ 기숙사에 3년 이상 산 사람은 가밖에 없다.

04 **S베이커리에서는 우유식빵, 밤식빵, 옥수수식빵, 호밀식빵을 단체 가 ~ 라 4곳에 1종류씩 납품한다. 다음 〈조건〉을 참고할 때, 반드시 참인 것은?**

〈조건〉

- 한 단체에 납품하는 빵은 종류가 겹치지 않도록 한다.
- 우유식빵과 밤식빵은 가에 납품된 적이 있다.
- 옥수수식빵과 호밀식빵은 다에 납품된 적이 있다.
- 옥수수식빵은 라에 납품된다.

① 호밀식빵은 가에 납품될 것이다.

② 우유식빵은 다에 납품된 적이 있다.

③ 호밀식빵은 라에도 납품된 적이 있다.

④ 우유식빵은 나에도 납품된 적이 있다.

⑤ 옥수수식빵은 가에도 납품된 적이 있다.

05 **바이러스를 해결하기 위해 S제약사는 5개의 신약 A ~ E를 연구 중에 있다. 최종 임상실험에 가 ~ 마 5명이 지원하였고 그 결과가 다음과 같을 때, 개발에 성공한 신약은?(단, 성공한 신약을 먹으면 반드시 병이 치료된다)**

- 가 : A와 B를 먹고 C는 먹지 않았다. 나머지는 먹었을 수도, 안 먹었을 수도 있다.
- 나 : C와 D를 먹었다. 나머지는 먹었을 수도, 안 먹었을 수도 있다.
- 다 : A와 B를 먹고 E는 먹지 않았다. 나머지는 먹었을 수도, 안 먹었을 수도 있다.
- 라 : B를 먹고 A와 D는 먹지 않았다. 나머지는 먹었을 수도, 안 먹었을 수도 있다.
- 마 : A와 D를 먹고 B, E는 먹지 않았다. 나머지는 먹었을 수도, 안 먹었을 수도 있다.

※ 2명만 병이 치료됨
※ 나는 병이 치료되지 않음

① A
② B
③ C
④ D
⑤ E

06 **아마추어 야구 리그에서 활동하는 가 ~ 라 4개의 팀은 빨간색, 노란색, 파란색, 보라색 중에서 매년 상징하는 색을 바꾸고 있다. 〈조건〉에 따라 상징색을 바꿀 때, 다음 중 반드시 참인 것은?**

〈조건〉

- 하나의 팀은 하나의 상징색을 갖는다.
- 이전에 사용했던 상징색을 다시 사용할 수는 없다.
- 가와 나팀은 빨간색을 사용한 적이 있다.
- 나와 다팀은 보라색을 사용한 적이 있다.
- 라팀은 노란색을 사용한 적이 있고, 파란색을 선택하였다.

① 가팀은 파란색을 사용한 적이 있어 다른 색을 골라야 한다.
② 가팀의 상징색은 노란색이 될 것이다.
③ 다팀은 파란색을 사용한 적이 있을 것이다.
④ 다팀의 상징색은 빨간색이 될 것이다.
⑤ 라팀은 보라색을 사용한 적이 있다.

07 **S사는 공휴일 세미나 진행을 위해 인근 6개의 가게 A ~ F에서 필요한 물품을 구매하고자 한다. 세미나 장소 인근의 가게들에 대한 정보가 다음과 같을 때, 〈조건〉을 토대로 공휴일에 영업하는 가게 수는?**

〈조건〉

- C는 공휴일에 영업하지 않는다.
- B가 공휴일에 영업하지 않으면, C와 E는 공휴일에 영업한다.
- E 또는 F가 영업하지 않는 날이면 D는 영업한다.
- B가 공휴일에 영업하면, A와 E는 공휴일에 영업하지 않는다.
- B와 F 중 한 곳만 공휴일에 영업한다.

① 2개
② 3개
③ 4개
④ 5개
⑤ 6개

08 **S사는 직원들의 복리 증진을 위해 다음과 같이 복지제도를 검토하여 도입하고자 한다. 〈조건〉이 모두 참일 때, 다음 중 반드시 참인 것은?**

S사는 다음 중 최대 2개의 복지제도를 도입하고자 한다.
- 동호회행사비 지원
- 출퇴근교통비 지원
- 연차 추가제공
- 주택마련자금 지원

〈조건〉

- 연차를 추가제공하지 않거나 출퇴근교통비를 지원한다면, 주택마련자금 지원을 도입한다.
- 동호회행사비 지원을 도입할 때에만 연차 추가제공을 도입한다.
- 출퇴근교통비 지원을 도입하지 않는다면, 동호회행사비 지원을 도입한다.
- 출퇴근교통비 지원을 도입하거나 연차 추가제공을 도입하지 않으면, 동호회행사비 지원을 도입하지 않는다.
- 주택마련자금 지원을 도입한다면 다른 복지제도는 도입할 수 없다.

① 출퇴근교통비 지원이 도입된다.
② 연차 추가제공은 도입되지 않는다.
③ 동호회행사비 지원은 도입되지 않는다.
④ S사는 1개의 복지제도만 새로 도입한다.
⑤ 출퇴근교통비 지원과 연차 추가제공 중 1가지만 도입된다.

※ 제시된 명제가 모두 참일 때, 다음 중 반드시 참인 것을 고르시오. [9~10]

09

• 원숭이는 기린보다 키가 크다. • 기린은 하마보다 몸무게가 더 나간다. • 원숭이는 기린보다 몸무게가 더 나간다.

① 기린은 하마보다 키가 크다.
② 원숭이는 하마보다 키가 크다.
③ 기린의 키는 원숭이와 하마 중간이다.
④ 하마는 기린보다 몸무게가 더 나간다.
⑤ 원숭이는 하마보다 몸무게가 더 나간다.

10

• 아침에 시리얼을 먹는 사람은 두뇌 회전이 빠르다. • 아침에 토스트를 먹는 사람은 피곤하다. • 에너지가 많은 사람은 아침에 밥을 먹는다. • 피곤하면 회사에 지각한다. • 두뇌 회전이 빠르면 일 처리가 빠르다.

① 아침에 밥을 먹는 사람은 에너지가 많다.
② 일 처리가 느리면 아침에 시리얼을 먹는다.
③ 두뇌 회전이 느리면 아침에 시리얼을 먹는다.
④ 회사에 가장 일찍 오는 사람은 피곤하지 않다.
⑤ 회사에 지각하지 않으면 아침에 토스트를 먹지 않는다.

※ 제시된 명제가 모두 참일 때, 빈칸에 들어갈 명제로 가장 적절한 것을 고르시오. **[11~12]**

11

> • 보상을 받는다면 노력했다는 것이다.
> • ______________________________
> • 호야는 보상을 받지 못했다.

① 호야는 노력하지 않았다.
② 호야는 보상을 받았다.
③ 호야는 노력하고 있다.
④ 보상을 받았다는 것은 곧 노력했다는 의미이다.
⑤ 보상을 받았다는 것이 곧 노력했다는 의미는 아니다.

12

> • 광물은 매우 규칙적인 원자 배열을 가지고 있다.
> • 다이아몬드는 광물이다.
> • ______________________________

① 광물은 다이아몬드이다.
② 광물이 아니면 다이아몬드이다.
③ 다이아몬드가 아니면 광물이 아니다.
④ 다이아몬드는 매우 규칙적인 원자 배열을 가지고 있다.
⑤ 광물이 아니면 규칙적인 원자 배열을 가지고 있지 않다.

13 S사의 기획부서에는 4명의 사원 A ~ D와 3명의 대리 E ~ G가 소속되어 있으며, 이들 중 4명이 해외 진출 사업을 진행하기 위해 베트남으로 출장을 갈 예정이다. 다음 〈조건〉을 따를 때, 항상 참인 것은?

〈조건〉

- 사원 중 적어도 1명은 출장을 간다.
- 대리 중 적어도 1명은 출장을 가지 않는다.
- A사원과 B사원 중 적어도 1명이 출장을 가면, D사원은 출장을 간다.
- C사원이 출장을 가면, E대리와 F대리는 출장을 가지 않는다.
- D사원이 출장을 가면, G대리도 출장을 간다.
- G대리가 출장을 가면, E대리도 출장을 간다.

① A사원은 출장을 간다.
② B사원은 출장을 간다.
③ C사원은 출장을 가지 않는다.
④ D사원은 출장을 가지 않는다.
⑤ G사원은 출장을 가지 않는다.

14 S회사에서는 자사 온라인 쇼핑몰에서 제품을 구매하는 경우 구매 금액 1만 원당 이벤트에 참여할 수 있는 응모권 1장을 준다. 응모권의 개수가 많을수록 이벤트에 당첨될 확률이 높다고 할 때, 다음 중 참이 아닌 것은?

- A는 S회사의 온라인 쇼핑몰에서 85,000원을 결제하였다.
- A는 B보다 응모권을 2장 더 받았다.
- C는 B보다 응모권을 더 많이 받았으나, A보다는 적게 받았다.
- D는 S회사의 오프라인 매장에서 40,000원을 결제하였다.

① A의 이벤트 당첨 확률이 가장 높다.
② B의 구매 금액은 6만 원 이상 7만 원 미만이다.
③ C의 응모권 개수는 정확히 알 수 없다.
④ D는 이벤트에 응모할 수 없다.
⑤ 구매 금액이 높은 순서는 'A – C – B – D'이다.

15 8조각의 피자를 A～D 4명이서 나눠 먹는다고 할 때, 다음 중 참이 아닌 것은?

> • 4명 중 피자를 1조각도 먹지 않은 사람은 없다.
> • A는 피자 2조각을 먹었다.
> • 피자를 가장 적게 먹은 사람은 B이다.
> • C는 D보다 피자 1조각을 더 많이 먹었다.

① 피자 1조각이 남는다.
② 2명이 짝수 조각의 피자를 먹었다.
③ A와 D가 먹은 피자 조각 수는 같다.
④ C가 가장 많은 조각의 피자를 먹었다.
⑤ B는 D보다 피자 1조각을 덜 먹었다.

16 다음 〈조건〉을 통해 추론할 때, 항상 거짓인 것은?

〈조건〉

> • 6대를 주차할 수 있는 2행3열로 구성된 G주차장이 있다.
> • G주차장에는 자동차 a, b, c, d가 주차되어 있다.
> • 1행과 2행에 빈자리가 한 곳씩 있다.
> • a자동차는 대각선을 제외하고 주변에 주차된 차가 없다.
> • b자동차와 c자동차는 같은 행 바로 옆에 주차되어 있다.
> • d자동차는 1행에 주차되어 있다.

① a자동차는 2열에 주차되어 있다.
② b자동차의 앞 주차공간은 비어있다.
③ c자동차의 옆 주차공간은 빈자리가 없다.
④ a자동차와 d자동차는 같은 행에 주차되어 있다.
⑤ c자동차와 d자동차는 같은 열에 주차되어 있지 않다.

17 A ~ D 4명은 각각 1명의 자녀를 두고 있는 아버지이다. 4명의 아이 중 2명은 아들이고, 2명은 딸이다. 아들의 아버지인 2명만 사실을 말할 때, 다음 중 항상 참인 것은?

〈조건〉

- A : B와 C의 아이는 아들이다.
- B : C의 아이는 딸이다.
- C : D의 아이는 딸이다.
- D : A와 C의 아이는 딸이다.

① A의 아이는 아들이다.
② B의 아이는 딸이다.
③ C의 아이는 아들이다.
④ D의 아이는 아들이다.
⑤ D와 A의 아이는 딸이다.

18 체육의 날을 맞이하여 기획개발팀 4명은 다른 팀 사원들과 각각 15회씩 배드민턴 경기를 하였다. 팀원들은 다음과 같은 점수계산 방법에 따라 각자 자신의 경기 결과를 종합하여 결과를 발표하였다. 다음 내용을 참고할 때, 기획개발팀의 팀원 중 거짓을 말한 사람은?

- 점수계산 방법 : 각 경기에서 이길 경우 7점, 비길 경우 3점, 질 경우 −4점을 받는다.
- 각자 15회의 경기 후 자신의 합산 점수를 다음과 같이 발표하였다.
  'A팀장 93점, B대리 90점, C대리 84점, D연구원 79점'

① A팀장
② B대리
③ C대리
④ D연구원
⑤ 거짓말한 사람 없음

19 준수, 민정, 영재, 세희, 성은 5명은 항상 진실만을 말하거나 거짓만 말한다. 다음 진술을 토대로 추론할 때, 거짓을 말하는 사람을 모두 고르면?

> • 준수 : 성은이는 거짓만 말한다.
> • 민정 : 영재는 거짓만 말한다.
> • 영재 : 세희는 거짓만 말한다.
> • 세희 : 준수는 거짓만 말한다.
> • 성은 : 민정이와 영재 중 1명만 진실만 말한다.

① 민정, 세희
② 영재, 준수
③ 영재, 성은
④ 영재, 세희
⑤ 민정, 영재, 성은

20 기말고사를 치르고 난 후 5명의 친구 A ~ E가 다음과 같이 성적에 대해 이야기를 나누었는데, 이 중 1명의 진술은 모두 거짓이다. 다음 중 항상 참인 것은?(단, 동점은 없으며, 모든 사람은 진실 또는 거짓만 말한다)

> • A : E는 1등이고, D는 C보다 성적이 높다.
> • B : B는 E보다 성적이 낮고, C는 A보다 성적이 높다.
> • C : A는 B보다 성적이 낮다.
> • D : B는 C보다 성적이 높다.
> • E : D는 B보다, A는 C보다 성적이 높다.

① B가 1등이다.
② A가 2등이다.
③ E가 2등이다.
④ B는 3등이다.
⑤ D가 3등이다.

제5영역 수열추리

※ 일정한 규칙으로 수를 나열할 때, 빈칸에 들어갈 알맞은 수를 고르시오. [1~14]

01

$1\frac{3}{6}$ ( ) $3\frac{7}{12}$ $5\frac{9}{16}$ $8\frac{11}{21}$ $13\frac{13}{28}$ $21\frac{15}{38}$ $34\frac{17}{53}$

① $2\frac{3}{7}$
② $2\frac{4}{8}$
③ $2\frac{5}{9}$
④ $2\frac{6}{10}$
⑤ $2\frac{7}{11}$

02

$5\frac{2}{14}$ $8\frac{4}{24}$ ( ) $14\frac{16}{60}$ $17\frac{32}{98}$ $20\frac{64}{168}$ $23\frac{128}{302}$ $26\frac{256}{564}$

① $11\frac{5}{36}$
② $11\frac{8}{38}$
③ $11\frac{11}{40}$
④ $11\frac{14}{42}$
⑤ $11\frac{17}{44}$

03

$1\frac{5}{7}$ $2\frac{4}{6}$ $2\frac{7}{10}$ $3\frac{6}{10}$ ( ) $5\frac{10}{14}$ $7\frac{11}{16}$ 9 $11\frac{13}{19}$

① $3\frac{7}{12}$
② $3\frac{9}{13}$
③ $4\frac{7}{12}$
④ $4\frac{9}{13}$
⑤ $5\frac{9}{13}$

04

$\frac{3}{2}$ $\frac{5}{4}$ $\frac{9}{6}$ $\frac{17}{10}$ $\frac{33}{18}$ $\frac{65}{34}$ ( ) $\frac{257}{130}$

① $\frac{129}{62}$
② $\frac{129}{64}$
③ $\frac{129}{66}$
④ $\frac{129}{68}$
⑤ $\frac{129}{70}$

05

$\frac{768}{511}$ $\frac{384}{255}$ $\frac{192}{127}$ $\frac{96}{63}$ $\frac{48}{31}$ $\frac{24}{15}$ ( ) 2 3

① $\frac{16}{11}$
② $\frac{14}{9}$
③ $\frac{12}{7}$
④ 1
⑤ $\frac{8}{3}$

06

8 25 5 ( ) $\frac{16}{5}$ $\frac{53}{5}$ $\frac{53}{25}$

① 11
② 16
③ 21
④ $\frac{11}{5}$
⑤ $\frac{13}{5}$

07

5.96	6.05	6.23	6.59	7.31	( )	11.63	17.39	28.91	51.95

① 8.75
② 9.23
③ 9.71
④ 10.39
⑤ 10.67

08

2.72	5.44	0.44	0.88	( )	−8.24	−13.24	−26.48	−31.48

① −6.56
② −4.12
③ 0
④ 2.24
⑤ 4.62

09

4	7	3.5	( )	3.25	6.25	3.125

① 3.375
② 6.5
③ 10
④ 13
⑤ 15

10

−2	−18	−16.3	−146.7	−145	( )

① −1,305
② −1,194
③ −694
④ −572
⑤ −584

11

8 2 4 1　3 3 2 1　2 6 2 ( )

① 2
② 4
③ 6
④ 8
⑤ 10

12

6 6 4 8　3 5 7 1　9 4 3 ( )

① 10
② 11
③ 12
④ 13
⑤ 14

13

$\frac{3}{2}$ 8 12　$\frac{7}{20}$ $\frac{5}{3}$ $\frac{7}{12}$　$\frac{5}{6}$ $\frac{2}{5}$ ( )

① $\frac{1}{6}$
② $\frac{1}{3}$
③ $\frac{3}{5}$
④ $\frac{2}{3}$
⑤ $\frac{5}{6}$

14

3 2 8　4 3 11　5 4 ( )

① 9
② 12
③ 14
④ 20
⑤ 24

15 일정한 규칙으로 수를 나열할 때, $\frac{A}{B}$의 값은?

9	5	−3	(A)	−31	−51	(B)	−103	−135	−171

① $\frac{1}{3}$
② $\frac{1}{5}$
③ $\frac{1}{7}$
④ $\frac{1}{9}$
⑤ $\frac{1}{10}$

16 일정한 규칙으로 수를 나열할 때, 7A+B의 값은?

10	11	1	22	(A)	44	−17	88	−26	(B)

① 120
② 144
③ 168
④ 192
⑤ 216

17 일정한 규칙으로 수를 나열할 때, $\frac{B}{A}$의 값은?

$\frac{1}{7}$	$\frac{1}{21}$	$\frac{1}{42}$	$\frac{1}{70}$	$\frac{1}{105}$	(A)	$\frac{1}{196}$	$\frac{1}{252}$	(B)	$\frac{1}{385}$

① $\frac{7}{15}$
② $\frac{9}{15}$
③ $\frac{11}{15}$
④ $\frac{13}{15}$
⑤ 1

18 다음 수열의 11번째 항의 값은?

5　−4　9　−13　22　−35　57　…

① 350　② 360
③ 370　④ 380
⑤ 390

19 다음 수열의 8번째 항의 값은?

1,538　770　386　194　98　…

① 13　② 14
③ 15　④ 16
⑤ 17

20 다음 수열의 10번째 항의 값은?

6　13　27　55　111　223　…

① 3,038　② 3,255
③ 3,476　④ 3,583
⑤ 3,712

합격의공식
시대
에듀

www.sdedu.co.kr

앞선 정보 제공! 도서 업데이트

언제, 왜 업데이트될까?

도서의 학습 효율을 높이기 위해 자료를 추가로 제공할 때!
공기업 · 대기업 필기시험에 변동사항 발생 시 정보 공유를 위해!
공기업 · 대기업 채용 및 시험 관련 중요 이슈가 생겼을 때!

01 시대에듀 도서 www.sdedu.co.kr/book 홈페이지 접속

02 상단 카테고리 「도서업데이트」 클릭

03 해당 기업명으로 검색

참고자료, 시험 개정사항 등 정보 제공으로 학습효율을 높여 드립니다.

2025
전면개정판

합격에듀
시대
에듀

사이다 기출응용
모의고사 시리즈

사이다

사일 동안
이것만 풀면
다 합격!

누적 판매량
1위
대기업 인적성검사
시리즈

SK그룹 온라인 SKCT 4회분 | 정답 및 해설

[합격시대]
온라인 모의고사
무료쿠폰

도서 동형
온라인 실전연습
서비스

10대기업
면접 기출
질문 자료집

SDC는 시대에듀 데이터 센터의 약자로 약 30만 개의 NCS · 적성 문제 데이터를 바탕으로 최신 출제경향을 반영하여 문제를 출제합니다.

편저 | SDC(Sidae Data Center)

시대에듀

기출응용 모의고사
정답 및 해설

1일 차 기출응용 모의고사 정답 및 해설

제 1 영역 언어이해

01	02	03	04	05	06	07	08	09	10
②	①	④	②	①	④	①	③	⑤	①
11	12	13	14	15	16	17	18	19	20
③	⑤	③	④	③	④	⑤	④	①	①

01 정답 ②

도구일 뿐인 기계가 인간을 판단하는 것은 정당하지 않으며, 인공 지능은 인간이 만든 도구일 뿐이고, 이런 도구가 인간을 판단하면 주체와 객체가 뒤바뀌는 상황이 발생한다.

오답분석

① 미래에 인공 지능이 인간을 대체할 것인지에 대해서는 제시문에 나와있지 않다.
③ 인간은 사회에서 의사소통을 통해 관계를 형성한다.
④ 인공 지능과 인간의 차이점을 통해 논지를 주장하고 있다.
⑤ 인공 지능은 빅데이터를 바탕으로 결과를 도출해 내는 기계에 불과하므로, 통계적 분석을 할 뿐 타당한 판단을 할 수 없다.

02 정답 ①

제시문에 따르면 먼바다에서 지진해일의 파고는 수십 cm 이하이지만 얕은 바다에서는 급격하게 높아진다.

오답분석

② 해안의 경사 역시 암초, 항만 등과 마찬가지로 지진해일을 변형시키는 요인이 된다.
③ 지진해일이 화산폭발 등으로 인해 발생하는 건 맞지만, 파장이 긴 파도를 가리킨다.
④ 지진해일이 해안가에 가까워질수록 파도가 강해지는 것은 맞지만, 속도는 시속 45 ~ 60km까지 느려진다.
⑤ 태평양에서 발생한 지진해일은 발생 하루 만에 발생 지점에서 지구의 반대편까지 이동할 수 있다.

03 정답 ④

마지막 문단에서 '선비들은 어려서부터 머리가 희어질 때까지 오직 글쓰기나 서예 등만 익혔을 뿐이므로 갑자기 지방관리가 되면 당황하여 어찌할 바를 모른다.'고 하여 형벌에 대한 사대부들의 무지를 비판하고 있음을 알 수 있다.

04 정답 ②

놀이공원이나 휴대전화 요금제 등을 미루어 생각해 볼 때, 이부가격제는 이윤 추구를 최대화하려는 기업의 가격 제도이다.

05 정답 ①

제시문은 농약과 제초제의 위험성에 대해 설명하고 있다. 따라서 (가) 친환경 농산물은 건강과 직결되어 있기 때문에 각광받고 있음 – (나) 병충해를 막기 위해 사용된 농약은 완전히 제거하기 어려우며 신체에 각종 손상을 입힘 – (다) 생산량 증가를 위해 사용한 농약과 제초제가 오히려 인체에 해를 입힐 수 있음의 순으로 나열하는 것이 적절하다.

06 정답 ④

제시문은 의약품 특허권에 대한 분쟁 및 협정에 대해 설명하고 있다. 따라서 (라) 의약품 특허권을 둘러싼 사건의 시작을 제시 – (가) 미국의 세부적인 요구 사항 – (다) 칠레 정부의 대처 – (나) 이러한 의약품 특허권이 예고한 지적재산권 협정 순으로 나열하는 것이 적절하다.

07 정답 ①

제시문에서는 고전적 조건 형성, 동물 반사 행동의 유형, 조건 형성 반응이 일어나는 이유, 바람직하지 않은 조건 반사를 수정하는 방법 등을 밝히고 있지만, 소거의 종류에 대해서는 다루고 있지 않다.

08 정답 ③

제시문은 멸균에 대해 언급하며, 멸균 방법을 물리적 · 화학적으로 구분하여 다양한 멸균 방법에 대해 설명하고 있다. 따라서 글의 주제로 ③이 가장 적절하다.

09 정답 ⑤

각 코스의 특징을 설명하면서 코스 주행 시 습득할 수 있는 운전 요령을 언급하고 있다.

10 정답 ①

빈칸의 뒷부분에서는 수면장애가 다양한 합병증을 유발할 수 있다는 점을 언급하며 낮은 수면의 질이 문제가 되고 있음을 설명하고 있다. 따라서 빈칸에 들어갈 내용으로 가장 적절한 것은 수면의 질과 관련된 ①이다.

11 정답 ③

제시문은 우유의 효과에 대해 부정적인 견해가 존재하나 그래도 우유를 먹어야 한다고 말하고 있다. 따라서 빈칸에 들어갈 내용으로 ③이 가장 적절하다.

12 정답 ⑤

제시문에서 언급한 '진리성 논제'란 어떠한 자료가 단지 올바른 문법 형식을 갖추고 있다는 것에 그치지 않고 그 내용 또한 참이어야 한다는 것이다. 이에 대해 '진리 중립성'을 주장하는 사람들은 그 '정보'가 틀린 내용을 담고 있더라도 이해하는 주체의 인지 행위에서 분명한 역할을 할 수 있으므로 꼭 '참'이어야 하는 것은 아니라고 하였다. 따라서 ㉠에 대한 비판으로 ⑤가 가장 적절하다.

13 정답 ③

제시문의 논증 과정을 정리하면 다음과 같다.

- 전제 : 제한된 자원을 합리적으로 배분하면 상충하는 연구 프로그램들이 모두 작동할 수 있다.
- 주장 : 연구 프로그램 지원에 있어서 '선택과 집중' 전략보다는 '나누어 걸기' 전략이 바람직하다.
- 논거 : 현재 유망한 연구 프로그램이 쇠락의 길을 걷게 될 수도 있고 반대로 현재 성과가 미미한 연구 프로그램이 얼마 뒤 눈부신 성공을 거둘 가능성이 있기 때문이다.

따라서 논지를 약화하기 위해서는 전제나 논거를 반박하는 것이 효과적이다. ③의 경우 연구 프로그램들이 모두 작동하기 위해서는 제한된 자원 이상의 자원이 필요할 수 있다는 내용을 통해 제시문의 전제를 반박하고 있으므로 논지를 약화할 수 있다.

오답분석

① 제시문의 주장과 같다.
② 제시문의 논거와 같다.
④ 첫 번째 문단에서 이미 두 개의 연구 프로그램이 모두 실패할 가능성을 언급하고 있으므로 제시문의 논지를 약화한다고 보기 어렵다.
⑤ 제시문의 논증 과정과 관련이 없다.

14 정답 ④

제시문은 빠른 사회변화 속 다양해지는 수요에 맞춘 주거복지 정책의 예로 예술인을 위한 공동주택, 창업 및 취업자를 위한 주택, 의료안심주택을 들고 있다. 따라서 주제로 가장 적절한 것은 '다양성을 수용하는 주거복지 정책'이다.

15 정답 ③

미장센은 편집을 통해 연출하는 기법이 아닌, 한 화면 속에 담기는 이미지의 모든 구성 요소를 통해 주제가 나타나도록 하는 감독의 작업이다. 감독이 사계절의 모습을 담기 위해 봄, 여름, 가을, 겨울을 각각 촬영한 후 결합하여 하나의 장면으로 편집하는 연출 방법은 미장센으로 볼 수 없다.

16 정답 ④

제시문에서 스타는 스타 시스템에 의해서 소비자들의 욕망을 부추기고 상품처럼 취급되어 소비되는 존재로서, 자신의 의지 때문에 행동하는 것이 아니라 단지 스타 시스템에 의해 조종되고 있을 뿐이다. 따라서 이에 대한 비판으로 ④가 가장 적절하다.

17 정답 ⑤

제시문의 마지막 문단에서 예술 작품을 통한 해석으로 작품의 단일한 의미를 찾아내는 것이 꼭 실현되는 것은 아니라는 것을 알 수 있다.

18 정답 ④

인간의 심리적 문제는 비합리적인 신념의 '원인'이 아닌 '산물'이다.

19 정답 ①

참여예산제는 인기 영합적 예산 편성으로 예산 수요가 증가하여 재정 상태를 악화시킬 가능성이 있지만, 참여예산제 자체가 재정 상태를 악화시키지는 않는다.

20 정답 ①

제시문의 마지막 문단에서 '그러나 사무엘 빙이 아르 누보를 창안한 것은 아니었다.'를 통해 사무엘 빙이 아르 누보를 창안한 것이 아님을 알 수 있다.

제2영역 자료해석

01	02	03	04	05	06	07	08	09	10
①	③	②	③	④	③	①	①	①	④
11	12	13	14	15	16	17	18	19	20
④	⑤	②	②	⑤	⑤	②	⑤	⑤	⑤

01

정답 ①

분기별 매출이익 대비 순이익의 비는 다음과 같다.

- 2023년 1분기 : $\frac{302}{1,327} \fallingdotseq 0.228$
- 2023년 2분기 : $\frac{288}{1,399} \fallingdotseq 0.206$
- 2023년 3분기 : $\frac{212}{1,451} \fallingdotseq 0.146$
- 2023년 4분기 : $\frac{240}{1,502} \fallingdotseq 0.160$
- 2024년 1분기 : $\frac{256}{1,569} \fallingdotseq 0.163$

따라서 매출이익 대비 순이익의 비가 가장 낮은 때는 2023년 3분기이며, 영업이익은 전분기 대비 동일하므로 증감률은 0%이다.

02

정답 ③

주말 평균 공부시간이 3시간 이상 6시간 미만인 학생은 20%, 6시간 이상 8시간 미만인 학생은 10%, 8시간 이상인 학생은 5%이므로 주말 평균 공부시간이 3시간인 학생의 비율은 전체의 20+10+5=35%로 절반 미만이다.

오답분석

① 주말 평균 공부시간이 8시간 이상인 학생의 비율은 5%로 가장 작다.
② 주말 평균 공부시간이 1시간 미만인 학생의 비율은 10%이고, 1시간 이상 2시간 미만인 학생은 30%이므로 주말 평균 공부시간이 2시간 미만인 학생의 비율은 전체의 10+30=40%로 절반 미만이다.
④ 주말 평균 공부시간이 1시간 미만인 학생의 비율은 10%이고, 6시간 이상 8시간 미만인 학생의 비율 또한 10%이다.
⑤ 주말 평균 공부시간이 2시간 이상 3시간 미만인 학생의 비율은 25%로, 8시간 이상인 학생의 비율인 5%의 $\frac{25}{5}=5$배이다.

03

정답 ②

2021년 2분기부터 2022년 1분기까지 차이가 줄어들다가, 2022년 2분기에 차이가 다시 늘어났다.

오답분석

① 한국과 중국의 점유율 차이가 가장 적었던 시기는 2024년 3분기로, 이때 점유율의 차이는 15.6%p이다.
③ 2023년 4분기의 한국과 일본, 일본과 중국의 점유율 차이는 각각 10.2%p이다.
④ 제시된 자료를 통해 확인할 수 있다.
⑤ 2021년 2분기 중국과 일본의 차이는 25.3%p, 2024년 3분기의 차이는 2.3%p로 10배 이상이다.

04

정답 ③

오답분석

㉡ 2023년에 결혼한 사람들이 얼마나 이혼했는지는 해당 자료만 알 수 없다.

05

정답 ④

2020년 산림골재가 차지하는 비중은 54.5%이고, 2018년 육상골재가 차지하는 비중은 8.9%이므로, $54.5 \div 8.9 \fallingdotseq 6.1$, 즉 약 6.1배이다.

06

정답 ③

국가별 산업 부담 연구비 중에서 산업의 사용 비율은 각각 다음과 같다.

- 일본 : $\frac{81,161}{707+81,161+458} \times 100 = 98.6\%$
- 미국 : $\frac{145,000}{0+145,000+2,300} \times 100 = 98.4\%$
- 독일 : $\frac{34,771}{393+34,771+575} \times 100 = 97.3\%$
- 프랑스 : $\frac{11,867}{52+11,867+58} \times 100 = 99.1\%$
- 영국 : $\frac{16,799}{472+16,799+322} \times 100 = 95.5\%$

따라서 산업 부담 연구비 중에서 산업의 사용 비율이 가장 높은 나라는 프랑스이다.

오답분석

① 국가별 정부 부담 연구비 중에서 정부의 사용 비율은 각각 다음과 같다.

- 일본 : $\frac{8,827}{8,827+1,028+10,921} \times 100 = 42.5\%$
- 미국 : $\frac{33,400}{33,400+71,300+28,860} \times 100 = 25.0\%$
- 독일 : $\frac{6,590}{6,590+4,526+7,115} \times 100 = 36.1\%$

• 프랑스 : $\frac{7,227}{7,227+3,646+4,424}\times100=47.2\%$

• 영국 : $\frac{4,278}{4,278+3,888+4,222}\times100=34.5\%$

따라서 정부 부담 연구비 중에서 정부의 사용 비율이 가장 높은 나라는 프랑스이다.

② 국가별 정부 부담 연구비 중에서 산업의 사용 비율은 각각 다음과 같다.

• 일본 : $\frac{1,028}{8,827+1,028+10,921}\times100=4.95\%$

• 미국 : $\frac{71,300}{33,400+71,300+28,860}\times100=53.4\%$

• 독일 : $\frac{4,526}{6,590+4,526+7,115}\times100=24.8\%$

• 프랑스 : $\frac{3,646}{7,227+3,646+4,424}\times100=23.8\%$

• 영국 : $\frac{3,888}{4,278+3,888+4,222}\times100=31.4\%$

따라서 정부 부담 연구비 중에서 산업의 사용 비율이 가장 높은 나라는 미국이다.

④ • 독일 정부 부담 연구비 : 6,590+4,526+7,115=18,231억 엔
• 미국 정부 부담 연구비 : 33,400+71,300+28,860=133,560억 엔
따라서 독일 정부가 부담하는 연구비는 미국 정부가 부담하는 연구비의 약 $\frac{1}{7}$ 이다.

⑤ • 미국 대학 사용 연구비 : 28,860+2,300=31,160억 엔
• 일본 대학 사용 연구비 : 10,921+458=11,379억 엔
따라서 미국의 대학이 사용하는 연구비는 일본의 대학이 사용하는 연구비의 약 2.7배이다.

07 정답 ①

비정규직 대비 정규직 적용률의 배율은 상여금(약 6.65배)이 건강보험(약 3.81배)보다 크다.

08 정답 ①

오답분석

② 2021년 최고 비율이 자료보다 낮다.
③ 2018년과 2019년의 최고 비율이 자료보다 낮다.
④ 2018년과 2019년의 평균이 자료보다 낮다.
⑤ 2016년 최고 비율은 자료보다 낮고, 2018년 최고 비율은 자료보다 높다.

09 정답 ①

㉠ 2022년 기말주가는 전년 대비 감소하였으나, 기본 주당순이익은 증가하였다.
㉡ 2021년 주가매출비율은 2022년보다 높으나, 주당 순자산가치는 낮다.

오답분석

㉢ 주당매출액은 연간매출액을 총발행주식 수로 나눈 값이다. 따라서 분모인 총발행주식 수가 매년 동일하다면, 연간매출액과 주당매출액이 비례함을 알 수 있다. 따라서 2022년의 주당 매출액이 가장 높으므로 연간매출액도 2022년이 가장 높다.
㉣ 2020년 대비 2023년 주당매출액은 $\frac{37,075-23,624}{23,624}\times100$ ≒56.9% 증가하였다.

10 정답 ④

메달 및 상별 점수는 다음과 같다.

구분	총 개수(개)	개당 점수(점)
금메달	40	3,200÷40=80
은메달	31	2,170÷31=70
동메달	15	900÷15=60
최우수상	41	1,640÷41=40
우수상	26	780÷26=30
장려상	56	1,120÷56=20

따라서 금메달은 80점, 은메달은 70점, 동메달은 60점임을 알 수 있다.

오답분석

① 경상도가 획득한 메달 및 상의 총 개수는 4+8+12=24개이며, 가장 많은 지역은 13+1+22=36개인 경기도이다.
② 울산에서 획득한 메달 및 상의 총점은 (3×80)+(7×30)+(18×20)=810점이다.
③ 위의 표를 참고하면 전국기능경기대회 결과표에서 동메달이 아닌 장려상이 56개로 가장 많다.
⑤ 장려상을 획득한 지역은 대구, 울산, 경기도이며 세 지역 중 금·은·동메달 총 개수가 가장 적은 지역은 금메달만 2개인 대구이다.

11 정답 ④

㉡ 93.6kg×4,700만 명≒약 440만 톤이 2023년 전체 쌀 소비량임을 알 수 있다.
㉢ 2014년 전체 쌀 생산량은 469만 5천 톤인 데 비해, 쌀 소비량은 106.5×44,609,000≒475만 톤이므로, 생산량이 소비량보다 적었다.

오답분석

㉠ 농가 인구와 비농가 인구의 인구 구성비를 알 수 없으므로, 1인당 쌀 소비량만으로는 농가에서의 소비량과 비농가에서의 소비량을 서로 비교할 수 없다.

12

정답 ⑤

여성 조사인구가 매년 500명일 때, 2022년에 '매우 노력함'을 택한 인원은 $500\times0.168=84$명이고, 2023년에는 $500\times0.199=99.5$명으로 2022년에 비해 15.5명이 증가했다.

오답분석

① 2023년도에 '노력 안 함'의 비율이 가장 낮은 연령대는 50대가 아니라 40대이다.
② 남성과 여성 모두 정확한 조사대상 인원이 나와있지 않으므로 알 수 없다.
③ 2023년에 60대 이상 '조금 노력함'의 비율은 전년 대비 $\frac{30.7-31.3}{31.3}\times100≒-1.9\%$만큼 감소했다.
④ 2022년 대비 2023년에 연령대별 '매우 노력함'을 선택한 비율은 50대와 60대 이상에서 감소했다.

13

정답 ②

주어진 식을 정리하면 $\frac{\text{(대학졸업자 취업률)}}{\text{(전체 대학졸업자)}}\times100=$(대학졸업자 취업률)×(대학졸업자의 경제활동인구 비중)$\times\frac{1}{100}$ 이다.

따라서 OECD 평균은 $40\times50\times\frac{1}{100}=20\%$이고, 이보다 높은 국가는 B, C, E, F, G, H이다.

14

정답 ②

㉠ 2017년과 2023년의 서울과 경기의 인구수 차이는 각각 다음과 같다.
- 2017년 : $10,463-10,173=290$천 명
- 2023년 : $11,787-10,312=1,475$천 명

따라서 서울과 경기의 인구수 차이는 2017년보다 2023년에 더 크다.

㉢ 광주는 2023년에 22천 명이 증가하여 가장 많이 증가했다.

오답분석

㉡ 인구가 감소한 지역은 부산, 대구이다.
㉣ 대구는 전년 대비 2018년부터 인구가 감소하다가 2023년에 다시 증가했다.

15

정답 ⑤

삶의 만족도가 한국보다 낮은 국가는 에스토니아, 포르투갈, 헝가리이다. 세 국가의 장시간 근로자 비율 산술평균은 $\frac{3.6+9.3+2.7}{3}=5.2\%$이다. 이탈리아의 장시간 근로자 비율은 5.4%이므로 옳지 않다.

오답분석

① 삶의 만족도가 가장 높은 국가는 덴마크이며, 덴마크의 장시간 근로자 비율이 가장 낮음을 자료에서 확인할 수 있다.
② • 여가・개인 돌봄시간이 가장 긴 국가 : 덴마크
• 여가・개인 돌봄시간이 가장 짧은 국가 : 멕시코
따라서 두 국가의 삶의 만족도 차이는 $7.6-7.4=0.2$점이다.
③ 삶의 만족도가 가장 낮은 국가는 헝가리이며, 헝가리의 장시간 근로자 비율은 2.7%이다. $2.7\times10=27<28.1$이므로 한국의 장시간 근로자 비율은 헝가리의 장시간 근로자 비율의 10배 이상이다.
④ 장시간 근로자 비율이 미국보다 낮은 국가는 덴마크, 프랑스, 이탈리아, 에스토니아, 포르투갈, 헝가리이며, 이들 국가의 여가・개인 돌봄시간은 모두 미국의 여가・개인 돌봄시간보다 길다.

16

정답 ⑤

전체 유출량이 가장 적은 연도는 2020년이다. 기타를 제외한 선박 종류별 2020년의 사고 건수 대비 유출량 비율은 각각 다음과 같다.

- 유조선 : $\frac{21}{28}\times100=75\%$
- 화물선 : $\frac{49}{68}\times100≒72\%$
- 어선 : $\frac{166}{247}\times100≒67\%$

따라서 2020년의 사고 건수 대비 유출량 비율이 가장 낮은 선박종류는 어선이다.

오답분석

① 평균적으로 유조선 사고의 유출량이 가장 많으므로 적절하지 않다.
② 2022년에는 전년 대비 전체 사고 건수는 감소했지만, 유조선 사고 건수는 증가했다. 따라서 전년 대비 비율은 증가했다.
③ 2021년에는 유조선의 사고 건수에 대한 비율이 어선보다 낮았다.
④ 2020년에 사고 건수는 증가하였으나 유출량은 감소하였다.

17

정답 ②

연도별 누적 막대그래프로, 각 지역의 적설량이 바르게 나타나 있다.

오답분석

① 적설량의 단위는 'm'가 아니라 'cm'이다.
③ 수원과 강릉의 2020년, 2021년 적설량 수치가 서로 바뀌었다.
④ 그래프의 가로축을 지역으로 수정해야 한다.
⑤ 서울, 수원, 강릉 세 지역의 그래프 수치의 일부가 서로 바뀌었다.

18

정답 ⑤

2021년의 전체 인구수를 100명으로 가정했을 때, 같은 해 문화예술을 관람한 비율은 60.8%이므로 $100\times60.8≒60.8$명이다.
따라서 60.8명 중 그해 미술관 관람률은 10.2%이므로 그해 미술관을 관람한 사람은 $60.8\times0.102=6.2≒6$명이다.

오답분석

① 문화예술 관람률은 52.4% → 54.5% → 60.8% → 64.5%로 꾸준히 증가하고 있다.

② 60세 이상 문화예술 관람률의 2017년 대비 2023년의 증가율은 $\frac{28.9-13.4}{13.4}\times100 \fallingdotseq 115.7$%이므로 100% 이상 증가했다.

③ 문화예술 관람률에서 남성보다는 여성의 관람률이 높으며, 40대 이상보다 30대 이하의 관람률이 높다.

④ 문화예술 관람률이 접근성과 관련이 있다면 조사기간 동안 가장 접근성이 떨어지는 것은 관람률이 가장 낮은 무용이다.

19

정답 ⑤

ⓒ 연내에 잇몸병치료를 받은 남성의 수는 $8,125\times0.0401 \fallingdotseq$ 326명이고, 여성의 수는 $7,873\times0.0501 \fallingdotseq 394$명으로 여성이 더 많다.

ⓓ 전북, 전남, 경북, 경남 중 연내에 보철치료를 받은 사람 수의 비율이 높은 행정구역은 '전북 – 경북 – 전남 – 경남' 순서이다. 그러나 연내에 예방처치를 받은 사람의 수를 보면 경남의 예방처치를 받은 사람의 비율과 전체 조사대상자 수는 각각 16.54%와 1,131명으로, 9.83%와 905명인 전남과 12.76%와 1,100명인 경북보다 모두 높으므로 계산을 하지 않아도, 경남의 예방처치를 받은 사람의 수가 전남과 경북보다 높음을 알 수 있다.

오답분석

ⓐ 연내에 정기구강검진을 받은 사람 수의 비율이 50%가 넘는 행정구역은 서울, 부산, 인천, 광주, 대전, 울산, 경기, 경남 8개 구역이다. 연내에 예방처치를 받은 사람 수의 비율이 20%가 넘는 행정구역은 서울, 경기, 강원 3개 구역이다. $\frac{8}{3} \fallingdotseq 2.67$ 배이므로 옳다.

ⓑ 연내에 부산의 유치발거를 한 사람의 수는 $1,073\times0.1987 \fallingdotseq$ 213명이며, 서울의 교정 / 심미치료를 한 사람의 수는 $1,479\times0.0882 \fallingdotseq 130$명이므로 옳다.

20

정답 ⑤

2022년 구성비 순위는 경북 – 전남 – 충남 · 경남 – 경기 – 전북 – 충북 – 강원 – 제주 순서이고, 2023년 구성비 순위는 경북 – 전남 – 충남 – 경남 – 경기 – 전북 – 충북 – 강원 – 제주 순서로, 충남과 경남의 순위가 다르다.

오답분석

① 2022년 185천 가구, 2023년 181천 가구로 경북 지역 농가가 가장 많다.

② 전남은 2022년 150천 가구에서 2023년 151천 가구로 늘어났다.

③ 강원, 충북, 제주는 변하지 않았다.

④ • 경북 지역 농가 감소율 : $\frac{181-185}{185}\times100 \fallingdotseq -2.2$%

• 전국 평균 농가 감소율 : $\frac{1,069-1,088}{1,088}\times100 \fallingdotseq -1.7$%

제3영역 창의수리

01	02	03	04	05	06	07	08	09	10
①	②	④	②	②	②	②	④	④	④
11	12	13	14	15	16	17	18	19	20
③	③	②	③	②	②	③	②	②	④

01

정답 ①

A사원의 집에서 회사까지의 거리는 A사원이 자동차를 타고 이동한 거리와 같다.

자동차의 속력은 시속이고, 시간은 분으로 주어졌으므로 30분은 $\frac{30}{60}=0.5$시간으로 바꾸어 계산한다.

따라서 (거리)=(속력)×(시간)이므로 A사원의 집에서 회사까지의 거리는 $60\times0.5=30$km이다.

02

정답 ②

두 소금물을 모두 섞으면 소금물의 양은 1,000g이 되고, 두 소금물에 들어있는 소금의 양은 각각 다음과 같다.

• 농도 8%인 소금물 200g에 들어있는 소금의 양

: $200\times\frac{8}{100}=16$g

• 농도 3%인 소금물 800g에 들어있는 소금의 양

: $800\times\frac{3}{100}=24$g

따라서 두 소금물을 모두 섞었을 때 소금물의 농도는 $\frac{16+24}{1,000}\times100=4$%이다.

03

정답 ④

4과목의 평균이 85점 이상이어야 하므로 총점이 340점 이상이 되어야 최우수상을 받을 수 있다.

따라서 갑돌이는 $340-(70+85+90)=95$점을 받아야 한다.

04

정답 ②

지난달 A대리의 휴대폰 요금을 x만 원, B과장의 휴대폰 요금을 y만 원이라고 하면 다음과 같은 식이 성립한다.

$x+y=14 \cdots$ ㉠

$0.9x=1.2y \rightarrow 9x=12y \rightarrow 3x-4y=0 \cdots$ ㉡

두 방정식을 연립하면 $x=8$, $y=6$이므로 B과장의 지난달 휴대폰 요금은 6만 원이다.

따라서 이번 달 B과장의 휴대폰 요금은 지난달보다 20% 증가했으므로 $1.2\times60,000=72,000$원이 된다.

05

정답 ②

5명 중에서 3명을 순서와 상관없이 뽑을 수 있는 경우의 수는 ${}_5C_3$ $=\frac{5\times4\times3}{3\times2\times1}=10$가지이다.

06

정답 ②

고객설문조사 업무량을 1이라고 가정하면 갑, 을, 병사원이 하루에 할 수 있는 업무량은 각각 $\frac{1}{12}$, $\frac{1}{18}$, $\frac{1}{36}$이다.

3명이 함께 일할 경우 하루에 끝내는 업무량은 $\frac{1}{12}+\frac{1}{18}+\frac{1}{36}$ $=\frac{3+2+1}{36}=\frac{6}{36}=\frac{1}{6}$이다.

따라서 3명의 사원이 함께 업무를 진행한다고 할 때 업무를 끝내는 데 걸리는 기간은 6일이다.

07

정답 ②

B만 합격한다는 것은 A와 C는 불합격한다는 뜻이다.

따라서 B만 합격할 확률은 $\left(1-\frac{1}{3}\right)\times\frac{1}{4}\times\left(1-\frac{1}{5}\right)=\frac{2}{15}$이다.

08

정답 ④

아버지의 나이를 x세, 형의 나이를 y세라고 하자.

동생의 나이는 $(y-2)$세이므로 $y+(y-2)=40$

$\therefore\ y=21$

어머니의 나이는 $(x-4)$세이므로 $x+(x-4)=6\times21$

$\rightarrow 2x=130$

$\therefore\ x=65$

따라서 아버지의 나이는 65세이다.

09

정답 ④

최소공배수를 묻는 문제이다. 18과 15의 최소공배수는 90이므로 톱니의 수가 15개인 B톱니바퀴는 6바퀴를 회전해야 한다.

10

정답 ④

340km를 100km/h로 달리면 3.4시간이 걸린다. 휴게소에서 쉬는 시간 30분(0.5시간)을 더해 원래 예정에는 3.9시간 뒤에 서울고속터미널에 도착해야 한다.

하지만 도착 예정시간보다 2시간 늦게 도착했으므로 실제 걸린 시간은 5.9시간이 된다. 휴게소에서 예정인 30분보다 6분(0.1시간)을 더 쉬었으니 쉬는 시간 36분(0.6시간)을 제외한 버스의 이동시간은 5.3시간이다.

따라서 실제 경언이가 탄 버스의 평균 속도는 $340\div5.3\fallingdotseq64$km/h이다.

11

정답 ③

농도 4%의 소금물의 양을 xg이라고 하면 농도 10%의 소금물의 양은 $(600-x)$g이므로 다음과 같은 식이 성립한다.

$\frac{4}{100}x+\frac{10}{100}(600-x)=\frac{8}{100}\times600$

$\rightarrow 4x+10(600-x)=4,800$

$\rightarrow 6x=1,200$

$\therefore\ x=200$

따라서 처음 컵에 들어있던 농도 4%의 소금물의 양은 200g이다.

12

정답 ③

제품의 원가를 x원이라고 하면 제품의 정가는 $(1+0.2)x=1.2x$원, 판매가는 $1.2x(1-0.15)=1.02x$원이다.

50개를 판매한 금액이 127,500원이라고 하였으므로 다음과 같은 식이 성립한다.

$1.02x\times50=127,500$

$\rightarrow 1.02x=2,550$

$\therefore\ x=2,500$

따라서 제품의 원가는 2,500원이다.

13

정답 ②

5명이 노란색 원피스 2벌, 파란색 원피스 2벌, 초록색 원피스 1벌 중 1벌씩 선택하여 사는 경우의 수를 구해야 한다. 먼저 5명을 2명, 2명, 1명으로 이루어진 3개의 팀으로 나누는 방법은

${}_5C_2\times{}_3C_2\times{}_1C_1\times\frac{1}{2!}=15$가지이다.

따라서 원피스 색깔 중 2벌인 색은 노란색과 파란색 2가지이므로 선택할 수 있는 경우의 수는 $15\times2=30$가지이다.

14

정답 ③

B관을 틀어두는 시간을 x분이라고 하자. 어떤 물통을 가득 채웠을 때 물의 양을 1이라 하면 A, B관이 1분에 채울 수 있는 물의 양은 각각 $\frac{1}{10}$, $\frac{1}{15}$이므로 다음과 같은 식이 성립한다.

$\frac{1}{10}\times4+\frac{1}{15}\times x=1$

$\rightarrow \frac{1}{15}x=\frac{3}{5}$

$\therefore\ x=9$

따라서 B관은 9분 동안 틀어야 한다.

15
정답 ②

• 국내 여행을 선호하는 남학생 수 : $30-16=14$명
• 국내 여행을 선호하는 여학생 수 : $20-14=6$명

따라서 국내 여행을 선호하는 전체 학생 수는 $14+6=20$명이므로 구하고자 하는 확률은 $\frac{14}{20}=\frac{7}{10}$이다.

16
정답 ②

철수와 영희가 처음 만날 때까지 걸린 시간을 x분이라고 하자. x분 동안 철수와 영희의 이동거리는 각각 $70x$m, $30x$m이므로 다음과 같은 식이 성립한다.

$70x+30x=1,000$

$\therefore x=10$

따라서 두 사람이 처음 만날 때까지 걸린 시간은 10분이다.

17
정답 ③

증발한 물의 양을 xg이라고 하자. 증발되기 전과 후의 설탕의 양은 동일하므로 다음과 같은 식이 성립한다.

$\frac{4}{100}\times 400=\frac{8}{100}\times(400-x)$

→ $1,600=3,200-8x$

$\therefore x=200$

따라서 200g의 물이 증발했으므로 남아있는 설탕물은 $400-200=200$g이다.

18
정답 ②

2명씩 짝을 지어 같은 그룹으로 보고 원탁에 앉는 방법은 원순열 공식 $(n-1)!$을 이용한다.

2명씩 3그룹이므로 $(3-1)!=2\times1=2$가지이다. 또한 그룹 내에서 2명이 자리를 바꿔 앉을 수 있는 경우는 2가지씩이다.

따라서 6명이 원탁에 앉을 수 있는 방법은 $2\times2\times2\times2=16$가지이다.

19
정답 ②

두 열차가 같은 시간 동안 이동한 거리의 합은 6km이다.

두 열차가 이동한 시간이 같고, KTX와 새마을호 속력의 비는 7 : 5이므로 KTX와 새마을호가 이동한 거리를 각각 $7x$km, $5x$km라고 하면 다음과 같은 식이 성립한다.

$7x+5x=6$

→ $12x=6$

$\therefore x=0.5$

따라서 새마을호가 이동한 거리는 $\frac{1}{2}\times5=2.5$km이다.

20
정답 ④

3대의 버스 중 출근 시각보다 일찍 도착할 2대의 버스를 고르는 경우의 수는 ${}_3C_2=3$가지이다.

따라서 구하고자 하는 확률은 $3\times\frac{3}{8}\times\frac{3}{8}\times\frac{1}{2}=\frac{27}{128}$이다.

제4영역 언어추리

01	02	03	04	05	06	07	08	09	10
②	⑤	①	④	⑤	④	⑤	⑤	①	③
11	**12**	**13**	**14**	**15**	**16**	**17**	**18**	**19**	**20**
①	②	①	⑤	⑤	③	③	③	③	④

01 　　　　정답 ②

제시된 조건을 정리하면 왼쪽에서부터 E, A가 서 있고, B, C, D는 왼쪽에서 3 ~ 5번째에 서 있다는 것을 알 수 있을 뿐, 순서는 알 수 없다. 따라서 항상 참인 것은 ㉡이다.

02 　　　　정답 ⑤

제시문을 정리하면 다음과 같다.

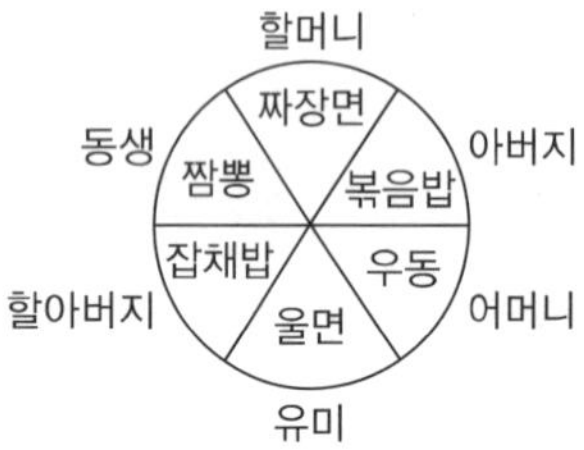

따라서 유미가 주문한 음식은 울면이며, 유미의 왼쪽에 앉은 사람은 할아버지이다.

03 　　　　정답 ①

C, D, E의 진술이 연관되어 있고 2명만 진실을 말하고 있다고 하였으므로 C, D, E의 진술은 거짓이고 A, B의 진술이 참이다.

오답분석

②·③·④·⑤ 서로 진실을 말하고 있다는 C와 D의 진술은 동시에 참이 되거나 거짓이 되어야 한다.

04 　　　　정답 ④

지원이는 주스를 좋아하므로 디자인 담당이 아니다. 또한 편집 담당과 이웃해 있으므로 기획 담당이다. 편집 담당은 콜라를 좋아하고, 검은색 책상에 앉아 있다. 그런데 지영이는 갈색 책상에 앉아 있으므로 디자인 담당이며, 수현이는 검은색 책상에 앉아 있다. 그러므로 지원이는 흰색 책상에 앉아 있다. 이를 정리하면 다음과 같다.

지원	수현	지영
흰색 책상	검은색 책상	갈색 책상
기획	편집	디자인
주스	콜라	커피

오답분석

㉢ 지원이가 편집을 하지 않는 것은 맞지만, 수현이는 콜라를 좋아한다.
㉣ 수현이는 편집 담당이므로 검은색 책상에 앉아 있다.

05 　　　　정답 ⑤

두 번째 조건과 세 번째 조건에 따라 3학년이 앉은 첫 번째 줄과 다섯 번째 줄의 바로 옆줄인 두 번째 줄과 네 번째 줄, 여섯 번째 줄에는 3학년이 앉을 수 없다. 즉, 두 번째 줄, 네 번째 줄, 여섯 번째 줄에는 1학년 또는 2학년이 앉아야 한다. 이때 3학년이 앉은 줄의 수가 1학년과 2학년이 앉은 줄의 수와 같다는 네 번째 조건에 따라 남은 세 번째 줄은 반드시 3학년이 앉아야 한다. 따라서 ⑤는 항상 거짓이 된다.

오답분석

① 두 번째 줄에는 1학년 또는 2학년이 앉을 수 있다.
② 여섯 번째 줄에는 1학년 또는 2학년이 앉을 수 있다.
③ 책상 수가 몇 개인지는 알 수 없다.
④ 학생 수가 몇 명인지는 알 수 없다.

06 　　　　정답 ④

제시된 조건을 종합해 보면 D는 1시부터 6시까지 연습실 2에서 플루트를 연습하고, B는 연습실 3에서 첼로를 연습하며, 연습실 2에서 처음 연습하는 사람은 9시부터 1시까지, 연습실 3에서 처음 연습하는 사람은 9시부터 3시까지 연습한다. 따라서 연습실 1에서는 나머지 3명이 3시간씩 연습해야 한다.

이때 ④의 조건이 추가되면 A와 E가 3시에 연습실 1과 연습실 3에서 연습이 끝나는 것이 되는데, A는 연습실 1을 이용할 수 없으므로 9시부터 3시까지 연습실 3에서 바이올린을 연습하고 E는 연습실 1에서 12시부터 3시까지 클라리넷을 연습한다. C도 연습실 1을 이용할 수 없으므로 연습실 2에서 9시부터 1시까지 콘트라베이스를 연습하고, 마지막 조건에 따라 G는 9시부터 12시까지 연습실 1에서, F는 3시부터 6시까지 연습실 1에서 바순을 연습하므로 모든 사람의 연습 장소와 연습 시간이 확정된다.

<table>
<tr><th>구분</th><th>연습실 1</th><th>연습실 2</th><th>연습실 3</th></tr>
<tr><td>오전 9 ~ 10시</td><td rowspan="3">G</td><td rowspan="4">C</td><td rowspan="6">A</td></tr>
<tr><td>오전 10 ~ 11시</td></tr>
<tr><td>오전 11 ~ 12시</td></tr>
<tr><td>오전 12시 ~ 오후 1시</td><td rowspan="3">E</td></tr>
<tr><td>오후 1 ~ 2시</td><td rowspan="5">D</td></tr>
<tr><td>오후 2 ~ 3시</td></tr>
<tr><td>오후 3 ~ 4시</td><td rowspan="3">F</td><td rowspan="3">B</td></tr>
<tr><td>오후 4 ~ 5시</td></tr>
<tr><td>오후 5 ~ 6시</td></tr>
</table>

07 정답 ⑤

먼저 거짓말을 하는 사람은 1명인데 진희와 희정의 말이 서로 다르므로 둘 중 1명이 거짓말을 하고 있음을 알 수 있다. 이때, 반드시 진실인 아름의 말에 따라 진희의 말은 진실이 되므로 결국 희정이가 거짓말을 하고 있음을 알 수 있다. 그러므로 영화관에 '아름 – 진희 – 민지 – 희정 – 세영' 순서로 도착하였다. 따라서 가장 마지막으로 영화관에 도착한 사람은 세영이다.

08 정답 ⑤

세 번째 조건에 따라 A팀장이 볶음밥을 주문하므로, 짬뽕을 주문하는 3명은 각각 직급이 달라야 한다. 즉, 과장, 대리, 사원이 각각 1명씩 주문해야 하는데, 다섯 번째 조건에 따라 D사원은 볶음밥이나 짜장면을 주문해야 한다. 각각의 경우로 나누어 살펴보면 다음과 같다.

i) D사원이 볶음밥을 주문하는 경우

네 번째 조건에 따라 J대리가 짬뽕을 주문하므로 N대리가 짜장면을 주문한다. 여섯 번째 조건에 따라 S과장이 짜장면을 주문하므로 K과장이 짬뽕을 주문한다. 일곱 번째 조건에 따라 P사원도 짬뽕을 주문한다. 따라서 S과장은 짜장면을 주문한다.

짜장면	짬뽕	볶음밥
N대리 S과장	J대리 K과장 P사원	A팀장 D사원

ii) D사원이 짜장면을 주문하는 경우

일곱 번째 조건에 따라 K과장은 사원과 같은 메뉴를 주문해야 한다. 만약 K과장이 짜장면이나 볶음밥을 주문하면 S과장이 반드시 짬뽕을 주문해야 하는데 이는 두 번째와 여섯 번째 조건에 어긋난다. 따라서 K과장은 짬뽕을 주문하고, P사원도 짬뽕을 주문한다. J대리는 짜장면을 싫어하므로 짬뽕이나 볶음밥을 주문해야 하는데, 만약 J대리가 짬뽕을 주문하면 볶음밥을 싫어하는 N대리는 짜장면을, S과장은 볶음밥을 주문해야 하는데 이는 다섯 번째 조건에 어긋난다. 따라서 J대리가 볶음밥을, N대리는 짬뽕을, S과장은 짜장면을 주문한다.

짜장면	짬뽕	볶음밥
D사원 S과장	K과장 P사원 N대리	A팀장 J대리

따라서 모든 경우에서 A팀장은 과장과 같은 메뉴를 주문할 수 없으므로 ⑤는 참이 아니다.

09 정답 ①

제시된 명제를 정리하면 다음과 같다.

- A : 좋은 자세로 공부한다.
- B : 허리의 통증이 약해진다.
- C : 공부를 오래 한다.
- D : 성적이 올라간다.

첫 번째 명제는 ~B → ~A, 두 번째 명제는 C → D, 네 번째 명제는 ~D → ~A이므로 네 번째 명제가 도출되기 위해서는 빈칸에 ~C → ~B가 필요하다. 따라서 대우 명제인 ①이 답이 된다.

10 정답 ③

제시된 명제를 정리하면 다음과 같다.

- A : 에어컨을 과도하게 쓴다.
- B : 프레온 가스가 나온다.
- C : 오존층이 파괴된다.
- D : 지구 온난화가 진행된다.

첫 번째 명제는 ~C → ~B, 세 번째 명제는 ~D → ~C, 네 번째 명제는 ~D → ~A이므로 네 번째 명제가 도출되기 위해서는 빈칸에 ~B → ~A가 필요하다. 따라서 대우 명제인 ③이 답이 된다.

11 정답 ①

두 번째 명제와 세 번째 명제의 대우를 연결하면 '사진을 좋아하는 사람은 운동을 좋아하고, 운동을 좋아하는 사람은 고전을 좋아한다.'이다. 따라서 사진을 좋아하는 사람은 고전을 좋아한다.

12 정답 ②

세 번째 명제와 첫 번째 명제를 연결하면 '수학을 잘하는 사람은 컴퓨터를 잘하고, 컴퓨터를 잘하는 사람은 사탕을 좋아한다.'이다. 따라서 수학을 잘하는 사람은 사탕을 좋아한다.

13 정답 ①

영희가 전체 평균 1등을 했으므로 총점이 가장 높다.

오답분석

②·③·④·⑤ 등수는 알 수 있지만 각 점수는 알 수 없기 때문에 점수 간 비교는 불가능하다.

14 정답 ⑤

제시된 명제를 정리하면 다음과 같다.

- p : 근대화
- q : 전통 사회 생활양식의 변화
- r : 전통 사회의 고유성 유지
- s : 문화적 전통 확립

제시된 명제는 각각 $p \rightarrow q$, $q \rightarrow \sim r$, $r \rightarrow s$이며, 두 번째 명제의 대우인 $r \rightarrow \sim q$가 성립한다. 따라서 전통 사회의 고유성을 유지한다면 생활양식의 변화 없이 문화적 전통을 확립할 수 있다.

15

정답 ⑤

재은이가 요일별로 달린 거리를 정리하면 다음과 같다.

월	화	수	목
200−50 =150m	200m	200−30 =170m	170+10 =180m

따라서 재은이는 목요일에 화요일보다 20m 적게 달렸다.

16

정답 ③

제시된 조건에 따라 월～금요일의 평균 낮 기온을 정리하면 다음과 같다.

월	화	수	목	금	평균
25도	26도	23도		25도	25도

이번 주 월～금요일의 평균 낮 기온은 25도이므로 목요일의 낮 기온을 구하는 식은 다음과 같다.

$$\frac{25+26+23+25+x}{5}=25$$

$\therefore\ x=25\times5-99=26$

따라서 목요일의 낮 기온은 평균 26도로 예상할 수 있다.

17

정답 ③

연경, 효진, 다솜, 지민, 지현의 증언을 차례대로 검토하면서 모순 여부를 찾아내면 쉽게 문제를 해결할 수 있다.

i) 연경이의 증언이 참일 경우
효진이의 증언도 참이다. 그런데 효진이의 증언이 참이라면 지현이의 증언은 거짓이 된다.

ii) 지현이의 증언이 거짓일 경우
'나와 연경이는 꽃을 꽂아두지 않았다.'는 말 역시 거짓이 되어 연경이와 지현이 중 적어도 1명은 꽃을 꽂아두었다고 봐야 한다. 그런데 효진이의 증언은 지민이를 지적하고 있으므로 역시 모순이다. 결국 연경이와 효진이의 증언은 거짓이다.

따라서 다솜, 지민, 지현이의 증언이 참이 되며, 이들이 언급하지 않은 다솜이가 꽃을 꽂아두었다.

18

정답 ③

B의 진술에 따르면 A가 참이면 B도 참이므로, A와 B는 모두 참을 말하거나 모두 거짓을 말한다. 또한 C와 E의 진술은 서로 모순되므로 둘 중에 1명의 진술은 참이고, 다른 1명의 진술은 거짓이 된다. 만약 A와 B의 진술이 모두 거짓일 경우 A, B, E 3명의 진술이 거짓이 되므로 2명의 학생이 거짓을 말한다는 조건에 맞지 않는다. 그러므로 A와 B의 진술은 모두 참이다. A와 B의 진술이 참이므로 C와 D의 진술은 거짓이 되며, E의 진술은 참이 된다.
따라서 E의 진술에 따라 C와 D 중 C가 범인이 된다.

19

정답 ③

네 번째 조건을 이용하면 막걸리 → 소주 → 고량주 순으로 마셨음을 알 수 있다. 또한 두 번째 조건을 이용하면 소주와 고량주 사이에는 맥주가 있다는 사실도 알 수 있다. 그러므로 양주를 *이라 하면 *막소맥고, 막*소맥고, 막소*맥고, 막소맥*고, 막소맥고*의 경우가 있다.
따라서 맥주 다음에 양주가 올 가능성이 있으므로, 반드시 고량주가 있다고는 할 수 없다.

오답분석

④ 양주 또는 막걸리가 항상 맨 앞에 위치한다.
⑤ 양주를 마지막에 마시지 않았다면 고량주는 항상 마지막에 마신다.

20

정답 ④

제시된 조건에 따라 수진, 지은, 혜진, 정은의 수면 시간을 정리하면 다음과 같다.

- 수진 : 22:00～07:00 → 9시간
- 지은 : 22:30～06:50 → 8시간 20분
- 혜진 : 21:00～05:00 → 8시간
- 정은 : 22:10 ～05:30 → 7시간 20분

따라서 수진이의 수면 시간이 가장 길다.

제 5 영역 수열추리

01	02	03	04	05	06	07	08	09	10
④	③	④	④	②	①	④	①	③	③
11	12	13	14	15	16	17	18	19	20
②	②	③	①	②	①	①	③	①	④

01
정답 ④

정수 부분은 1^2, 3^2, 5^2, …, 분자는 +2, +3, +4, …, 분모는 +2, +4, +6, …인 수열이다.

따라서 ( )$=(9+2)^2\left(\frac{18+6}{27+10}\right)=121\frac{24}{37}$ 이다.

02
정답 ③

정수 부분은 앞의 두 항의 정수 부분의 합이 다음 항의 정수 부분이 되는 피보나치 수열이고, 분자는 (정수)×2+1, 분모는 (정수)×3인 수열이다.

따라서 ( )$=(5+8)\left\{\frac{(5+8)\times2+1}{(5+8)\times3}\right\}=13\frac{27}{39}$ 이다.

03
정답 ④

정수 부분은 +2, −4, +6, −8, …, 분자는 +4, 분모는 +4, +8, +16, …인 수열이다.

따라서 ( )$=(16-12)\left(\frac{25+4}{131+128}\right)=4\frac{29}{259}$ 이다.

04
정답 ④

분자는 +3, +6, +12, +24, …, 분모는 +3인 수열에서 짝수 번째 항일 때 음수인 수열이다.

따라서 ( )$=-\frac{47+48}{17+3}=-\frac{95}{20}$ 이다.

05
정답 ②

분자는 +13, 분모는 +4인 수열이다.

따라서 ( )$=\frac{10+13}{17+4}=\frac{23}{21}$ 이다.

06
정답 ①

분자는 +1, 분모는 2^1, 2^2, 2^3, 2^4, 2^5, …인 수열이다.

따라서 ( )$=\frac{39+1}{2^5}=\frac{40}{32}$ 이다.

07
정답 ④

정수 부분은 +1, +2, +3, …, 소수 부분은 −0.21, +0.12가 반복되는 수열이다.

따라서 ( )=(15+5)+(0.71−0.21)=20.50이다.

08
정답 ①

앞의 항에 ×2, −1.35가 반복되는 수열이다.

따라서 ( )=11.58−1.35=10.23이다.

09
정답 ③

홀수 항은 +12.48, 짝수 항은 ×2인 수열이다.

따라서 ( )=7.38×2=14.76이다.

10
정답 ③

홀수 항은 +1, +2, +3, …, 짝수 항은 ×5, ×10, ×15, …인 수열이다.

따라서 ( )=12.5÷5=2.5이다.

11
정답 ②

나열된 수를 각각 A, B, C라고 하면

$\underline{A\ B\ C} \rightarrow A-B=C$

따라서 ( )=20−12=8이다.

12
정답 ②

나열된 수를 각각 A, B, C라고 하면

$\underline{A\ B\ C} \rightarrow A^2-B^2=C$

따라서 ( )$=\sqrt{72+3^2}=9$이다.

13
정답 ③

$\underline{A\ B\ C\ D} \rightarrow A\times B=C\times D$

따라서 ( )=14×4÷7=8이다.

14
정답 ①

$\underline{A\ B\ C} \rightarrow A+C=B$

따라서 ( )=−14+16=2이다.

15
정답 ②

앞의 항에 +7, +2, −3, −8, …인 수열이다.

∴ A=−6−8=−14, B=−45−23=−68

따라서 A−B=−14−(−68)=54이다.

16

정답 ①

앞의 항에 −3, ×4가 반복되는 수열이다.

∴ A=36−3=33, B=516−3=513

따라서 B−A=513−33=480이다.

17

정답 ①

홀수 항은 −5, −10, −15, …, 짝수 항은 +7, +14, +21, …인 수열이다.

∴ A=−18+14=−4, B=−10−20=−30

따라서 3A−4B=3×(−4)−4×(−30)=−12+120=108이다.

18

정답 ③

앞의 항에 +1, −3, −7, −11, …인 수열이므로 수열의 일반항을 a_n 이라고 하면 다음과 같다.

- a_8 =0−23=−23
- a_9 =−23−27=−50
- a_{10} =−50−31=−81
- a_{11} =−81−35=−116
- a_{12} =−116−39=−155

따라서 12번째 항의 값은 −155이다.

19

정답 ①

제시된 수열은 +7, +21, +63, +189, …인 수열이므로 수열의 일반항을 a_n 이라고 하면 다음과 같다.

- a_6 =283+(189×3)=850
- a_7 =850+(567×3)=2,551
- a_8 =2,551+(1,701×3)=7,654

따라서 8번째 항의 값은 7,654이다.

20

정답 ④

제시된 수열은 ×3, −5가 반복되는 수열이므로 수열의 일반항을 a_n 이라고 하면 다음과 같다.

- a_8 =70×3=210
- a_9 =210−5=205
- a_{10} =205×3=615
- a_{11} =615−5=610
- a_{12} =610×3=1,830
- a_{13} =1,830−5=1,825

따라서 13번째 항의 값은 1,825이다.

SK그룹 SKCT 온라인 역량검사

2일 차 기출응용 모의고사 정답 및 해설

제 1 영역 언어이해

01	02	03	04	05	06	07	08	09	10
④	①	③	②	④	⑤	①	③	⑤	③
11	12	13	14	15	16	17	18	19	20
⑤	⑤	③	③	⑤	④	④	①	③	②

01 정답 ④

등장수축은 전체 근육 길이가 줄어드는 동심 등장수축과 늘어나는 편심 등장수축으로 나뉜다. 따라서 등장수축에서 근육섬유가 수축할 때, 전체 근육 길이가 줄어든다는 것은 적절하지 않다.

02 정답 ①

시민단체들은 농부와 노동자들이 스스로 조합을 만들어 환경친화적으로 농산물을 생산하도록 교육하고 이에 필요한 자금을 지원하는 역할을 했을 뿐, 이들이 농산물을 직접 생산하고 판매한 것은 아니다.

03 정답 ③

제시문에서 학자는 순수한 태도로 진리를 탐구해야 한다고 하였다. 따라서 학자들이 특정한 목적의식을 가져야 한다는 설명은 적절하지 않다.

04 정답 ②

마지막 문단에 따르면 우리 춤은 정지 상태에서 몰입을 통해 상상의 선을 만들어 내는 과정을 포함한다. 따라서 처음부터 끝까지 쉬지 않고 곡선을 만들어낸다는 설명은 적절하지 않다.

오답분석

① 세 번째 문단에서 '그러나 이때의 ~ 이해해야 한다.'를 통해 알 수 있다.
③ 첫 번째 문단에서 '우리 춤은 옷으로 몸을 가린 채 손만 드러내 놓고 추는 경우가 많기 때문이다.'를 통해 알 수 있다.
④ 마지막 문단에서 '이런 동작의 ~ 몰입 현상이다.'를 통해 알 수 있다.
⑤ 두 번째 문단에서 '예컨대 승무에서 ~ 완성해 낸다.'를 통해 알 수 있다.

05 정답 ④

제시문은 현대 건축가 르 코르뷔지에의 업적에 대해 설명하고 있다. 따라서 (라) 현대 건축의 거장으로 불리는 르 코르뷔지에 – (가) 르 코르뷔지에가 만든 도미노 이론의 정의 – (다) 도미노 이론에 대한 설명 – (나) 도미노 이론의 연구와 적용되고 있는 다양한 건물의 순으로 나열하는 것이 적절하다.

06 정답 ⑤

제시문은 무협 소설에서 나타나는 '협(俠)'의 정의와 특징에 대하여 설명하고 있다. 따라서 (라) 무협 소설에서 나타나는 협의 개념 – (다) 협으로 인정받기 위한 조건 중 하나인 신의 – (가) 협으로 인정받기 위한 추가적인 조건 – (나) 앞선 사례를 통해 나타나는 협의 원칙과 정의의 순으로 나열하는 것이 적절하다.

07 정답 ①

(가)와 (나)는 서로 다른 영역을 탐구 대상으로 하며 독립적으로 존재하지만 큰 테두리에서 보면 상호보완적으로 작용하고 있다. 법과 관습도 서로 다른 양상으로 작용하지만 '바람직한 행동의 추구'라는 보다 포괄적인 측면에서는 상호보완적으로 작용한다. 따라서 (가)와 (나)의 관계와 가장 유사한 것은 ①이다.

08 정답 ③

제시문은 사회복지의 역할을 긍정하며 사회복지 찬성론자의 입장을 설명하고 있다. 따라서 사회 발전을 위한 사회복지가 오히려 장애가 될 수 있다는 점을 주장하며 반박하는 것이 적절하다.

오답분석

① 현대 사회가 발전함에 따라 생기는 문제의 기저에는 경제 성장과 사회 분화 과정에서 나타나는 불평등과 불균형이 있다.
② 사회복지는 삶의 질을 향상시키는 데 필요한 제반 서비스를 제공하는 행위와 그 과정을 의미한다.
④ 사회복지는 소외 문제를 해결하고 예방하기 위하여, 사회 구성원들이 각자의 사회적 기능을 원활하게 수행하게 한다.
⑤ 찬성론자들은 병리 현상을 통해 생겨난 희생자들을 방치하게 되면 사회 통합은 물론 지속적 경제 성장에 막대한 지장을 초래할 것이라고 주장한다.

09

정답 ⑤

제시문의 두 번째 문단에서 전기자동차 산업이 확충되고 있음을 언급하면서 구리가 전기자동차의 배터리를 만드는 데 핵심 재료임을 언급하고 있기 때문에 글의 중심 내용으로 ⑤가 적절하다.

오답분석

① 제시문에서 '그린 열풍'을 언급하고 있으나 그 이유는 제시되어 있지 않다.
② 제시문에서 산업금속 공급난이 우려된다고 하나, 그로 인한 문제가 제시되어 있지는 않다.
③·④ 제시문에서 언급하고 있는 내용이지만 중심 내용으로 보기는 어렵다.

10

정답 ③

제시문은 앞부분에서 언어가 사고능력을 결정한다는 언어결정론자들의 주장을 소개하고, 이어지는 문단에서 이에 대하여 반박하면서 우리의 생각과 판단이 언어가 아닌 경험에 의해 결정된다고 결론짓고 있다. 따라서 빈칸에 들어갈 문장은 언어결정론자들이 내놓은 근거를 반박하면서도 사고능력이 경험에 의해 결정된다는 주장에 위배되지 않는 내용이어야 한다. 따라서 빈칸에는 풍부한 표현을 가진 언어를 사용함에도 인지능력이 뛰어나지 못한 경우가 있다는 내용이 들어가는 것이 적절하다.

11

정답 ⑤

제시문은 소음의 규제에 대한 이야기를 하고 있다. 따라서 소리가 시공간적 다양성을 담아내는 문화 구성 요소라는 주장을 통해 소음 규제에 반박할 수 있다.

오답분석

①·③·④ 제시문의 내용과 일치하는 주장이다.
② 관현악단 연주 사례를 통해 알 수 있는 사실이다.

12

정답 ⑤

제시문은 부모 사망 시 장애인 자녀의 안정적인 생활을 위해 가입할 수 있는 보험과 그와 관련된 세금 혜택 그리고 부모 및 그 밖의 가족들의 재산 증여 시 받을 수 있는 세금 혜택에 대해 다루고 있다. 따라서 제목으로 ⑤가 가장 적절하다.

오답분석

① 제시문은 부모 사망 시 장애인 자녀가 직면한 상속의 어려움에 대해 언급하고 있지만, 구체적으로 유산 상속 과정을 다루고 있지는 않다.
② 제시문은 부모 사망 시 장애인 자녀가 받을 수 있는 세금 혜택을 다루고는 있으나, 단순히 '혜택'이라고 명시하기에는 제목이 포괄적이므로 적절하지 않다.
③ 제시문은 부모 사망 시 장애인 자녀가 직면한 상속의 어려움과 생활 안정 방안에 대해 다루고 있으므로 '사회적 문제'는 전체적인 제목으로 보기에는 적절하지 않다.
④ 제시문은 부모 사망 시 장애인 자녀가 받는 보험 혜택과 증여세 혜택보다는, 수령하는 보험금에 있어서의 세금 혜택과 보험금을 어떻게 수령하여야 장애인 자녀의 생활 안정에 유리한지, 또 상속세 및 증여세법에 의해 받는 세금혜택이 무엇인지에 대해 다루고 있으므로 글의 내용 전체를 담고 있지 않아 적절하지 않다.

13

정답 ③

마지막 문단에 따르면 수요 탄력성이 완전 비탄력적인 상품은 가격이 내리면 지출액이 감소하며, 수요 탄력성이 완전 탄력적인 상품은 가격이 내리면 지출액이 많이 늘어난다. 그러므로 소비자의 지출액을 줄이려면 수요 탄력성이 낮은 생필품의 가격은 낮추고 수요 탄력성이 높은 사치품은 가격을 높여야 한다고 추론할 수 있다.

14

정답 ③

'이러한 작업'이 구체화된 바로 앞 문장을 보면 빈칸은 부분적 관점의 과학적 지식과 기술을, 포괄적인 관점의 예술적 세계관을 바탕으로 이해하는 작업이므로 빈칸에는 '과학의 예술화'가 들어가는 것이 적절하다.

15

정답 ⑤

제시문은 유추에 의한 단어 형성에 대해서만 설명을 하고 있다. 따라서 다른 단어 형성 방식에 대해서는 알 수가 없다.

오답분석

① 첫 번째 문단에서 확인할 수 있다.
② 두 번째 문단에서 확인할 수 있다.
③ 세 번째 문단에서 확인할 수 있다.
④ 마지막 문단에서 확인할 수 있다.

16

정답 ④

보기의 밑줄 친 부분을 반박하는 주장은 '인간에게 동물의 복제 기술을 적용해서는 안 된다.'이므로, 이를 뒷받침하는 근거이지만 인터뷰에서 찾을 수 없는 것이 정답이 된다. 인터뷰에서 복제 기술을 인간에게 적용했을 때 발생할 수 있는 문제점으로 지적한 것은 '기존 인간관계의 근간을 파괴하는 사회 문제'와 '바이러스 등 통제 불능한 생물체가 만들어질 가능성', 그리고 '어느 국가 또는 특정 집단이 복제 기술을 악용할 위험성' 등이다. 그러나 ④의 내용은 인간에게 복제 기술을 적용했을 때 나타날 수 있는 부작용인지를 판단할 자료가 인터뷰에 제시되지 않았으므로 밑줄 친 부분을 반박할 근거로 적절하지 않다.

17

정답 ④

마지막 문단에 따르면 사람들은 자신은 대중 매체의 전달 내용에 쉽게 영향받지 않는다고 생각하면서도 다른 사람들이 영향을 받을 것을 고려하여, 자신의 의견을 포기하고 다수의 의견을 따라가는 경향이 있다.

오답분석

① 첫 번째 문단에 의하면 태평양 전쟁 당시 백인 장교들에게 제3자 효과가 나타나, 일본군의 선전에 흑인 병사들이 현혹되리라고 생각하여 부대를 철수시켰다.

②·③ 제3자 효과의 원인은 자신보다 타인들이 대중매체의 영향을 크게 받는다고 믿기 때문이며, 때문에 제3자 효과가 크게 나타나는 사람일수록 대중매체에 대한 법적·제도적 조치에 찬성하는 경향이 있다.

⑤ 세 번째 문단에 따르면 사람들은 대중 매체가 바람직한 내용보다는 유해한 내용을 전달할 때 다른 사람들에게 미치는 영향이 크다고 생각한다.

18

정답 ①

대나무는 '약용'을 비롯해 다양한 생활용품으로 사용되었다.

오답분석

② 대나무의 원산지에 대해서는 제시문에 드러나 있지 않다.

③ 우리 조상들은 대나무의 꼿꼿한 기상을 사랑했음을 알 수 있다.

④ 대나무는 전 세계 500여 종이 있으며 한국, 중국, 일본 등 아시아 전 지역에 고루 분포하고 있지만, 특히 우리나라에 많이 분포하고 있는지의 여부는 확인할 수 없다.

⑤ 죽의 장막은 조선이 아닌 중국의 별명이다.

19

정답 ③

실재론은 세계가 정신과 독립적으로 존재함을, 반실재론은 세계가 감각적으로 인식될 때만 존재함을 주장하므로 두 이론 모두 세계는 존재한다는 전제를 깔고 있다.

오답분석

① 세계가 감각으로 인식될 때만 존재한다는 것은 반실재론자의 입장이다.

② 세 번째 문단에서 어떤 사람이 버클리의 주장을 반박하기 위해 돌을 발로 차서 날아간 돌이 존재한다는 사실을 증명하려고 하였으나, 반실재론을 제대로 반박한 것은 아니라고 하였다. 따라서 실재론자의 주장이 옳다는 사실을 증명하는 것은 아니다.

④ 버클리는 객관적 성질이라고 여겨지는 것들도 우리가 감각할 수 있을 때만 존재하는 주관적 속성이라고 하였다.

⑤ 새로운 형태의 반실재론이 제기되어 활발한 논의가 진행중이라고 하였을 뿐, 반실재론이 정론으로 받아들여지고 있다는 언급은 없다.

20

정답 ②

마지막 문단의 '더 큰 문제는 이런 인식이 농민운동을 근대 이행을 방해하는 역사의 반역으로 왜곡할 소지가 있다는 것이다.'라는 문장을 통해 추론 가능하다.

제2영역 자료해석

01	02	03	04	05	06	07	08	09	10
③	⑤	①	①	⑤	④	④	⑤	④	⑤
11	12	13	14	15	16	17	18	19	20
③	②	②	③	①	⑤	②	⑤	④	②

01

정답 ③

A～C철도사의 차량 1량당 연간 승차인원 수는 다음과 같다.

• 2022년

– A철도사 : $\frac{775,386}{2,751}$ ≒281.86천 명/년/1량

– B철도사 : $\frac{26,350}{103}$ ≒255.83천 명/년/1량

– C철도사 : $\frac{35,650}{185}$ ≒192.7천 명/년/1량

• 2023년

– A철도사 : $\frac{768,776}{2,731}$ ≒281.5천 명/년/1량

– B철도사 : $\frac{24,746}{111}$ ≒222.9천 명/년/1량

– C철도사 : $\frac{33,130}{185}$ ≒179.08천 명/년/1량

• 2024년

– A철도사 : $\frac{755,376}{2,710}$ ≒278.74천 명/년/1량

– B철도사 : $\frac{23,686}{113}$ ≒209.61천 명/년/1량

– C철도사 : $\frac{34,179}{185}$ ≒184.75천 명/년/1량

따라서 2022～2024년의 차량 1량당 연간 승차인원 수는 C철도사가 가장 적으므로 3년간 차량 1량당 연간 평균 승차인원 수 또한 C철도사가 가장 적다.

오답분석

① 2022～2024년의 C철도사의 차량 수는 185량으로 변동이 없다.

② 2022～2024년의 C철도사의 차량 1량당 연간 승차인원 수는 각각 192.7천 명, 179.08천 명, 184.75천 명이므로 모두 200천 명 미만이다.

④ A～C철도사의 2022년의 전체 연간 승차인원 수는 775,386+26,350+35,650=837,386천 명, 2023년의 전체 연간 승차 인원 수는 768,776+24,746+33,130=826,652천 명, 2024년의 전체 연간 승차인원 수는 755,376+23,686+34,179=813,241천 명으로 매년 감소하였다.

⑤ 2022～2024년의 연간 승차인원 비율은 모두 A철도사가 가장 높다.

02

정답 ⑤

날짜별 1월 2일에 투자한 100,000원에 대한 주식가격은 각각 다음과 같다.

- 1월 3일 : 100,000×1.1=110,000원
- 1월 4일 : 110,000×1.2=132,000원
- 1월 5일 : 132,000×0.9=118,800원
- 1월 6일 : 118,800×0.8=95,040원
- 1월 9일 : 95,040×1.1=104,544원

따라서 1월 9일에 매도할 경우 주식 가격은 104,544원이다.

오답분석

① 1월 4일 주식가격은 132,000원이므로, 매도할 경우 이익률은 $\frac{132,000-100,000}{100,000}\times100=32\%$이다.

② 1월 5일 주식가격은 118,800원이므로, 매도할 경우 118,800−100,000=18,800원 이익이다.

③ 1월 6일 주식 가격은 95,040원이므로, 매도할 경우 100,000−95,040=4,960원 손실이다.

④ 1월 6일 주식 가격은 95,040원이므로, 1월 2일 대비 주식가격 감소율은 $\frac{100,000-95,040}{100,000}\times100=4.96\%$이다.

03

정답 ①

직급별 사원 수를 알 수 없으므로 전 사원의 주 평균 야근 빈도는 구할 수 없다.

오답분석

② 제시된 자료를 통해 알 수 있다.

③ 0.2시간은 60분×0.2=12분이다. 따라서 4.2시간은 4시간 12분이다.

④ 0.8시간은 48분이므로 조건에 따라 1시간으로 야근 수당을 계산한다. 따라서 과장급 사원의 주 평균 야근 시간은 5시간이므로 5×10,000원=50,000원을 받는다.

⑤ 대리급 사원은 주 평균 1.8일 야근을 하고 주 평균 6.3시간을 야간근무하므로, 야근 1회 시 6.3÷1.8=3.5시간 근무로 가장 긴 시간 동안 일한다.

04

정답 ①

2019년부터 2023년 동안 전년 대비 감귤 생산량의 감소량이 가장 많은 연도는 2019년으로 0.4천 톤 감소하였다.
따라서 2019년의 수확 면적은 48.1만 ha이다.

05

정답 ⑤

미국의 총점은 4.2+1.9+5.0+4.3=15.4점으로 프랑스의 총점 5.0+2.8+3.4+3.7=14.9점보다 높다.

오답분석

① 기술력 분야에서는 프랑스가 제일 높다.

② 시장지배력 분야의 점수는 일본이 1.7점으로 3.4점인 프랑스보다 낮다.

③ 브랜드파워 분야에서 각국 점수 중 최댓값과 최솟값의 차이는 4.3−1.1=3.2점이다.

④ 성장성 분야에서 점수가 가장 높은 국가는 한국이고, 시장지배력 분야에서 점수가 가장 높은 국가는 미국이다.

06

정답 ④

2017년, 2018년, 2021년은 금융부채가 비금융부채보다 각각 약 1.48배, 1.48배, 1.4배 많다.

오답분석

① 부채는 2020년 이후 줄어들고 있다.

② 자본은 비금융부채보다 매년 약 1.9~6.3배 이상이다.

③ 자산은 2014년부터 2022년까지 꾸준히 증가했다.

⑤ 2020년의 부채비율은 56.6÷41.6×100≒136.1로 약 136%이며, 부채비율이 가장 높다.

07

정답 ④

A국과 F국을 비교해 보면 참가선수는 A국이 더 많지만, 동메달 수는 F국이 더 많다.

오답분석

① 참가선수가 가장 적은 국가는 F로 메달 합계는 6위이다.

② 금메달은 F>A>E>B>D>C 순서로 많고 은메달은 C>D>B>E>A>F 순서로 많다.

③ C국은 금메달을 획득하지 못했지만 획득한 메달 수는 149개로 가장 많다.

⑤ 참가선수와 메달 합계의 순위는 동일하다.

08

정답 ⑤

2016년 대비 2023년 건강보험 수입의 증가율과 건강보험 지출의 증가율은 각각 다음과 같다.

- 건강보험 수입 : $\frac{58-33.6}{33.6}\times100≒72.6\%$
- 건강보험 지출 : $\frac{57.3-34.9}{34.9}\times100≒64.2\%$

따라서 차이는 72.6−64.2=8.4%p이므로 15%p 이하이다.

오답분석

① 2021년 보험료 등이 건강보험 수입에서 차지하는 비율은 $\frac{45.3}{52.4} \times 100 \fallingdotseq 86.5\%$이다.
② 건강보험 수입과 지출은 매년 전년 대비 증가하고 있으므로 전년 대비 증감 추이는 2017년부터 2022년까지 동일하다.
③ 건강보험 수지율이 전년 대비 감소하는 2017년, 2018년, 2019년, 2020년 모두 정부지원 수입이 전년 대비 증가했다.
④ 2017 ~ 2019년의 건강보험 지출 중 보험급여비가 차지하는 비중은 각각 다음과 같다.

- 2017년 : $\frac{36.2}{37.4} \times 100 \fallingdotseq 96.\dot{8}\%$
- 2018년 : $\frac{37.6}{38.8} \times 100 \fallingdotseq 96.9\%$
- 2019년 : $\frac{40.3}{41.6} \times 100 \fallingdotseq 96.9\%$

따라서 2017년부터 2019년까지 건강보험 지출 중 보험급여비가 차지하는 비중은 매년 90%를 초과한다.

09

정답 ④

오답분석

① 4월과 7월의 국외 개봉편수가 자료와 다르다.
② 8 ~ 10월의 국내 관객 수가 자료와 다르다.
③ 2 ~ 4월의 국내 관객 수와 국외 관객 수가 바뀌었다.
⑤ 1월과 12월의 국내 개봉편수와 국외 개봉편수가 바뀌었다.

10

정답 ⑤

2018년과 2022년에는 출생아 수와 사망자 수의 차이가 20만 명이 되지 않는다.

오답분석

① 기대수명은 제시된 기간 동안 전년 대비 증가하고 있다.
② 연도별 여성의 수명과 기대수명의 차이는 각각 다음과 같다.

- 2016년 : 80.81−77.44=3.37년
- 2017년 : 81.35−78.04=3.31년
- 2018년 : 81.89−78.63=3.26년
- 2019년 : 82.36−79.18=3.18년
- 2020년 : 82.73−79.56=3.17년
- 2021년 : 83.29−80.08=3.21년
- 2022년 : 83.77−80.55=3.22년

따라서 여성의 수명과 기대수명의 차이는 2020년에 가장 적다.

③ 연도별 남성과 여성의 수명 차이는 각각 다음과 같다.

- 2016년 : 80.81−73.86=6.95년
- 2017년 : 81.35−74.51=6.84년
- 2018년 : 81.89−75.14=6.75년
- 2019년 : 82.36−75.74=6.62년
- 2020년 : 82.73−76.13=6.6년
- 2021년 : 83.29−76.54=6.75년
- 2022년 : 83.77−76.99=6.78년

따라서 남자와 여자의 수명 차이는 매년 6년 이상이다.

④ 출생아 수는 2019년, 2020년을 제외하고 항상 전년 대비 감소하고 있다.

11

정답 ③

2019년과 2021년의 정규직 신규채용 중 여성의 비율은 각각 다음과 같다.

- 2019년 : $\frac{229}{1,605} \times 100 \fallingdotseq 14.3\%$
- 2021년 : $\frac{251}{2,103} \times 100 \fallingdotseq 11.9\%$

따라서 정규직 신규채용 중 여성의 비율은 2021년보다 2019년에 더 높다.

오답분석

① 2023년 정규직 신규채용 중 장애인의 비율은 $\frac{15}{3,361} \times 100 \fallingdotseq 0.4\%$이므로 1% 미만이다.
② 2023년에는 정규직 신규채용 중 고졸인력이 이전지역 지역인재보다 적다.
④ 2020년에는 정규직 신규채용이 전년 대비 감소하였다.
⑤ 2020년에 비수도권 지역인재 신규채용은 전년 대비 감소하였지만, 청년 신규채용은 전년 대비 증가하였다.

12

정답 ②

남성 실기시험 응시자가 가장 많은 분야는 건축 분야(15,888명)이고, 남성 필기시험 응시자가 가장 많은 분야는 토목 분야(8,180명)이다.

오답분석

① 영사 분야는 필기·실기시험 전체 신청자와 응시자가 동일하므로 응시율이 100%이다.
③ 필기시험 전체 합격률이 실기시험 전체 합격률보다 높은 직무분야는 디자인 분야와 영사 분야이다.
④ 여성 필기시험 응시자가 남성보다 많은 분야는 디자인 분야이며, 실기시험 응시자도 여성이 더 많다.
⑤ 건축 분야의 여성 실기시험 합격률은 토목 분야의 남성 실기시험 합격률보다 75.6−70.5=5.1%p 낮다.

13

정답 ②

2024년 9월 온라인쇼핑 거래액은 모든 상품군이 전년 동월보다 같거나 높다.

오답분석

① 2024년 9월 모바일쇼핑 거래액은 온라인쇼핑 거래액의 $\frac{42,000}{70,000}\times100=60\%$이다.

③ 2024년 9월 온라인쇼핑 거래액은 7조 원으로 전년 동월 대비 $\frac{70,000-50,000}{50,000}\times100=40\%$ 증가했다.

④ 2024년 9월 온라인쇼핑 거래액 중 모바일쇼핑 거래액은 4조 2,000억 원으로 전년 동월 대비 $\frac{42,000-30,000}{30,000}\times100=40\%$ 증가했다.

⑤ 2024년 9월 온라인쇼핑 대비 모바일쇼핑 거래액의 비중이 가장 작은 상품군은 $\frac{10}{50}\times100=20\%$로 소프트웨어이다.

14

정답 ③

㉡ 차감전순이익과 지분법이익의 2021년 대비 2022년 증가율은 각각 다음과 같다.

- 법인세비용 차감전순이익 : $\frac{21,341,029-13,439,566}{13,439,566}\times100≒58.8\%$
- 지분법이익 : $\frac{14,701-12,367}{12,367}\times100≒18.9\%$

따라서 2021년 대비 2022년 법인세비용 차감전순이익 증가율은 지분법이익 증가율보다 높다.

㉢ 2021년과 2022년의 매출액 대비 영업이익의 비율은 각각 다음과 같다.

- 2021년 : $\frac{13,721,326}{30,109,434}\times100≒45.6\%$
- 2022년 : $\frac{20,843,750}{40,445,066}\times100≒51.5\%$

따라서 매출액 대비 영업이익의 비율은 2022년이 2021년보다 높다.

오답분석

㉠ 2021년 외환이익은 전년 대비 감소했고, 매출총이익은 증가했다.

㉣ 2020년은 2023년보다 당기순이익은 높지만, 매출액은 낮다.

15

정답 ①

2023년 영국 지적재산권 지급금액의 전년 대비 감소율은 $\frac{6,907-7,015}{7,015}\times100≒-1.54\%$로 10% 미만으로 감소했다.

오답분석

② 2023년 프랑스 지적재산권 수입 전년 대비 감소금액은 6,659−6,583=76백만 원이므로 64백만 원 이상 감소했다.

③ 연도별로 한국의 지적재산권 수입의 3배와 독일의 지적재산권 수입을 비교하면 다음과 같다.

(단위 : 백만 원)

구분	한국	독일
2021년	2,610×3=7,830	7,977
2022년	2,789×3=8,367	8,511
2023년	3,656×3=10,968	11,003

따라서 한국의 지적재산권 수입의 3배보다 독일의 지적재산권 수입이 더 크다.

④ 제시된 자료에서 확인할 수 있는 바와 같이 일본의 2021 ~ 2023년 지적재산권 수입 및 지급 금액이 가장 많다.

⑤ 제시된 자료에서 확인할 수 있는 바와 같이 2021 ~ 2023년 한국을 제외한 모든 나라들은 매년 지적재산권 수입보다 지적재산권 지급이 낮다.

16

정답 ⑤

2024년 1/4분기 고용 분야는 2023년 1/4분기 대비 7.8% 증가했다.

오답분석

①・② 제시된 자료를 통해 확인할 수 있다.

③ 눈으로 어림잡은 수치로만 보아도 수출이 가장 많이 증가했으며, 실제 증가율은 $\frac{1,125-910}{910}\times100≒23.6\%$이다.

④ 수출 분야가 −7.9%로 가장 큰 비율로 감소했다.

17

정답 ②

남녀 국회의원의 여야별 SNS 이용자 구성비 중 여자의 경우 여당이 (22÷38)×100≒57.9%이고, 야당은 (16÷38)×100≒42.1%이므로 옳지 않은 그래프이다.

오답분석

① 국회의원의 여야별 SNS 이용자 수는 각각 145명, 85명이다.

③ 야당 국회의원의 당선 횟수별 SNS 이용자 구성비는 85명 중 초선 36명, 2선 28명, 3선 14명, 4선 이상 7명이므로 각각 계산해 보면 42.4%, 32.9%, 16.5%, 8.2%이다.

④ 2선 이상 국회의원의 정당별 SNS 이용자는 A당 29+22+12=63명, B당 25+13+6=44명, C당 3+1+1=5명이다.

⑤ 여당 국회의원의 당선 유형별 SNS 이용자 구성비는 145명 중 지역구가 126명이고, 비례대표가 19명이므로 각각 86.9%와 13.1%이다.

18
정답 ⑤

2017 ~ 2022년 평균 지진 발생 횟수는 (42+52+56+93+49+44)÷6=56회이다. 2023년에 발생한 지진은 2017 ~ 2022년 평균 지진 발생 횟수에 비해 492÷56≒8.8배 증가했으므로 옳다.

오답분석

① 2018년보다 2019년에 지진 횟수는 증가했지만 최고 규모는 감소했다.
② 2021년부터 2년간 지진 횟수는 감소했다.
③ 2020년의 지진 발생 횟수는 93회이고 2019년의 지진 발생 횟수는 56회이므로 2020년에는 2019년보다 지진이 93−56=37회 더 발생했다.
④ 2023년에 일어난 규모 5.8의 지진이 2017년 이후 우리나라에서 발생한 지진 중 가장 강력한 규모이다.

19
정답 ④

녹지의 면적은 2020년이 아닌 2022년부터 유원지 면적을 추월하였다.

20
정답 ②

제시된 자료는 구성비에 해당하므로 2023년에 전체 수송량이 증가하였다면 2023년 구성비가 감소하였어도 수송량은 증가했을 수 있다. 따라서 제시된 자료만으로 알 수 없다.

제3영역 창의수리

01	02	03	04	05	06	07	08	09	10
⑤	⑤	③	②	②	⑤	③	①	②	⑤
11	12	13	14	15	16	17	18	19	20
④	③	④	①	④	①	④	③	②	①

01
정답 ⑤

두 지점 A, B사이의 거리를 $x$km라 하면 A에서 B로 갈 때 걸리는 시간은 $\frac{x}{16}$시간, B에서 A로 되돌아올 때 걸리는 시간은 $\frac{x}{8}$시간이므로 다음과 같은 식이 성립한다.

$\frac{x}{16}+\frac{x}{8}\le\frac{3}{2}$

$\rightarrow 3x\le 24$

$\therefore x\le 8$

따라서 두 지점 사이의 거리는 최대 8km 떨어져 있어야 한다.

02
정답 ⑤

덜어낸 소금물의 양을 xg, 더 넣은 농도 2% 소금물의 양을 yg이라고 하면 다음과 같은 식이 성립한다.

$200-x+\frac{x}{2}+y=300 \cdots$ ㉠

$\frac{6}{100}\times(200-x)+\frac{2}{100}\times y=\frac{3}{100}\times 300 \cdots$ ㉡

이를 정리하면 다음과 같은 식이 성립한다.

$-x+2y=200 \cdots$ ㉠'

$-6x+2y=-300 \cdots$ ㉡'

㉠'과 ㉡'을 연립하면 $x=100$, $y=150$이다.

따라서 농도 2% 소금물의 양은 150g이다.

03
정답 ③

A원두의 100g당 원가를 a원, B원두의 100g당 원가를 b원이라고 하면 다음과 같은 식이 성립한다.

$1.5(a+2b)=3{,}000 \cdots$ ㉠

$1.5(2a+b)=2{,}850 \cdots$ ㉡

㉠과 ㉡을 연립하면 $a=600$, $b=700$이다.

따라서 B원두의 원가는 700원이다.

04

정답 ②

가위바위보 게임에서 A가 이긴 횟수를 x회, 진 횟수를 y회라고 하자. A가 받은 금액을 식으로 정리하면 다음과 같다.

$10\times x-7\times y=49-20$ → $10x-7y=29$ ⋯ ㉠

B가 받은 금액을 식으로 정리하면 다음과 같다.

$10\times y-7\times x=15-20$ → $-7x+10y=-5$ ⋯ ㉡

㉠과 ㉡을 연립하면 다음과 같다.

$100x-49x=290-35$

→ $51x=255$

∴ $x=5$

따라서 A는 게임에서 5회 이겼다.

05

정답 ②

- 어른들이 원탁에 앉는 경우의 수 : $(3-1)!=2$가지
- 어른들 사이에 아이들이 앉는 경우의 수 : $3!=6$가지

따라서 원탁에 앉을 수 있는 모든 경우의 수는 $2\times6=12$가지이다.

> 원순열은 서로 다른 물건들을 원형으로 배열하는 순열이다. 이때 서로 다른 n개의 물건을 원형으로 배열하는 경우의 수는 $(n-1)!$가지이다.

06

정답 ⑤

프라모델 1개를 완전히 조립하는 일의 양을 1이라고 하면, 희경이는 하루에 $\frac{1}{6}$만큼 조립한다. 이때 소현이가 하루에 조립하는 양을 a라고 하면 다음과 같은 식이 성립한다.

$\left(\frac{1}{6}+a\right)\times4=1$

→ $4a=\frac{2}{3}$

∴ $a=\frac{1}{12}$

따라서 소현이가 혼자서 프라모델 1개를 조립하는 데 걸리는 기간은 12일이다.

07

정답 ③

X바이러스의 감염률과 예방접종률을 정리하면 다음과 같다.

구분	예방접종 ○	예방접종 ×	합계
감염 ○	0.8×0.005 $=0.004$	$0.2\times(1-0.95)$ $=0.01$	$0.004+0.01$ $=0.014=1.4\%$
감염 ×	$0.8\times(1-0.005)$ $=0.796$	0.2×0.95 $=0.19$	$0.796+0.19$ $=0.986$ $=98.6\%$

따라서 전체 감염률은 1.4%이다.

08

정답 ①

현재 현식이의 나이를 x세라고 하면 아버지의 나이는 $(x+18)$세이므로 다음과 같은 식이 성립한다.

$3(x+4)=x+18+4$

∴ $x=5$

따라서 현식이의 2년 전 나이는 3세이다.

09

정답 ②

판매 차량 대수를 x대라고 하면 차량 판매 금액은 $1,200x$만 원이므로 판매 성과급에 대한 식은 다음과 같다.

$1,200x\times\frac{3}{100}=36x$

월급에 대한 식은 다음과 같다.

$80+36x\geq240$

→ $36x\geq160$

∴ $x\geq4.4444\cdots$

따라서 최소 5대의 차량을 팔아야 한다.

10

정답 ⑤

$(\text{평균속력})=\frac{(\text{전체 이동 거리})}{(\text{전체 소요 시간})}$

- 전체 이동 거리 : $20\times10+20\times6+20\times4=400$km
- 전체 소요 시간 : 4시간

따라서 평균속력은 $\frac{400}{4}=100$km/h이다.

11

정답 ④

농도 11% 소금물의 양에 대해 다음과 같은 식이 성립한다.

$(100-x)+x+y=300$

→ $100+y=300$

∴ $y=200$

덜어낸 소금물의 양에 대해 다음과 같은 식이 성립한다.

$\frac{20}{100}\times(100-x)+x+\frac{11}{100}\times200=\frac{26}{100}\times300$

→ $2,000-20x+100x+2,200=7,800$

∴ $x=45$

따라서 $x+y=245$이다.

12

정답 ③

1월의 난방요금을 $7k$원, 6월의 난방요금을 $3k$원이라고 하면 다음과 같은 식이 성립한다(단, k는 비례상수).

$(7k-20,000):3k=2:1$

∴ $k=20,000$

따라서 1월의 난방요금은 $20,000\times7=140,000$이므로, 14만 원이다.

13

정답 ④

10명을 4명과 6명으로 나누는 경우의 수는 ${}_{10}C_4 \times {}_6C_6 = 210$가지이다. 이를 4명이 포함된 그룹에 2명씩 팀을 나누면 ${}_4C_2 \times {}_2C_2 \times \frac{1}{2!} = 3$가지이고, 6명이 속한 팀을 다시 4명과 2명으로 나누면 ${}_6C_4 \times {}_2C_2 = 15$가지이다. 이 중 4명을 2팀으로 다시 구분하면 ${}_4C_2 \times {}_2C_2 \times \frac{1}{2!} = 3$가지이다.

따라서 10명의 대진표를 구성하는 전체 경우의 수는 $210 \times 3 \times 15 \times 3 = 28,350$가지이다.

14

정답 ①

전체 일의 양을 1이라고 하면, A, B, C가 하루 동안 할 수 있는 일의 양은 각각 $\frac{1}{15}$, $\frac{1}{10}$, $\frac{1}{30}$이다.

$\left(\frac{1}{15}+\frac{1}{10}+\frac{1}{30}\right) \times x = 1$

$\rightarrow \frac{1}{5} \times x = 1$

$\therefore x = 5$

따라서 이 일을 A～C가 함께 하는 데 걸리는 기간은 5일이다.

15

정답 ④

• A만 문제를 풀 확률 : $\frac{1}{4} \times \frac{2}{3} \times \frac{1}{2} = \frac{2}{24}$

• B만 문제를 풀 확률 : $\frac{3}{4} \times \frac{1}{3} \times \frac{1}{2} = \frac{3}{24}$

• C만 문제를 풀 확률 : $\frac{3}{4} \times \frac{2}{3} \times \frac{1}{2} = \frac{6}{24}$

따라서 1명만 문제를 풀 확률은 $\frac{2}{24}+\frac{3}{24}+\frac{6}{24}=\frac{11}{24}$이다.

16

정답 ①

할아버지 댁까지 걸린 시간을 모두 합하면 다음과 같다.

$\frac{25}{10}+\frac{25}{15}=\frac{25}{6}=4\frac{1}{6}$

즉, 걸린 시간은 4시간 10분이다.

따라서 오후 4시에 도착했다고 했으므로 집에서 나온 시각은 오전 11시 50분이다.

17

정답 ④

• 잘 익은 귤을 꺼낼 확률 : $1-\left(\frac{10}{100}+\frac{15}{100}\right)=\frac{75}{100}$

• 썩거나 안 익은 귤을 꺼낼 확률 : $\frac{10}{100}+\frac{15}{100}=\frac{25}{100}$

따라서 한 사람은 잘 익은 귤, 다른 한 사람은 그렇지 않은 귤을 꺼낼 확률은 $2 \times \frac{75}{100} \times \frac{25}{100} \times 100 = 37.5\%$이다.

18

정답 ③

반장과 부반장을 서로 다른 팀에 배치하는 경우는 2가지이다. 2명을 제외한 인원을 2명, 4명으로 나누는 경우는 먼저 6명 중 2명을 뽑는 방법과 같으므로 ${}_6C_2 = \frac{6 \times 5}{2} = 15$가지이다.

따라서 래프팅을 두 팀으로 나눠 타는 경우의 수는 $2 \times 15 = 30$가지이다.

19

정답 ②

집에서 도서관까지의 거리를 $x$km라고 하면 다음과 같은 식이 성립한다.

$\frac{0.5x}{2}+\frac{0.5x}{6}=\frac{1}{3}$

$15x + 5x = 20$

$\therefore x = 1$

따라서 집에서 도서관까지의 거리는 1km이다.

20

정답 ①

처음 퍼낸 소금물의 양을 xg이라고 하자. 200g의 소금물에서 xg을 퍼낸 후의 소금의 양은 $\frac{8}{100} \times (200-x)$g이므로 다음과 같은 식이 성립한다.

$\frac{8}{100} \times (200-x) + 50 = \frac{24}{100} \times 250$

$\rightarrow 8 \times (200-x) + 5,000 = 6,000$

$\rightarrow 200 - x = 125$

$\therefore x = 75$

따라서 처음 퍼낸 소금물의 양은 75g이다.

제4영역 언어추리

01	02	03	04	05	06	07	08	09	10
③	①	①	③	⑤	⑤	④	⑤	①	①
11	12	13	14	15	16	17	18	19	20
④	⑤	③	①	④	①	⑤	③	①	⑤

01

정답 ③

세 번째 조건과 네 번째 조건을 기호로 나타내면 다음과 같다.

• D → ~E

• ~E → ~A

각각의 대우 E → ~D와 A → E에 따라 A → E → ~D가 성립하므로 A를 지방으로 발령한다면 E도 지방으로 발령하고, D는 지방으로 발령하지 않는다. 이때, 회사는 B와 D에 대하여 같은 결정을 하고, C와 E에 대하여는 다른 결정을 하므로 B와 C를 지방으로 발령하지 않는다. 따라서 A가 지방으로 발령된다면 지방으로 발령되지 않는 직원은 B, C, D 총 3명이다.

02

정답 ①

먼저 8호 태풍 바비의 이동 경로에 관한 A국과 D국의 예측이 서로 어긋나므로 둘 중 한 국가의 예측만 옳은 것을 알 수 있다.

i) A국의 예측이 옳은 경우

A국의 예측에 따라 8호 태풍 바비는 일본에 상륙하고, 9호 태풍 마이삭은 한국에 상륙한다. D국의 예측은 옳지 않으므로 10호 태풍 하이선이 중국에 상륙하지 않을 것이라는 C국의 예측 역시 옳지 않음을 알 수 있다. 따라서 B국의 예측에 따라 10호 태풍 하이선은 중국에 상륙하며, 태풍의 이동 경로를 바르게 예측한 나라는 A국과 B국이다.

ii) D국의 예측이 옳은 경우

D국의 예측에 따라 10호 태풍 하이선은 중국에 상륙하지 않으며, 8호 태풍 바비가 일본에 상륙한다는 A국의 예측이 옳지 않게 되므로 9호 태풍 마이삭은 한국에 상륙하지 않는다. 따라서 B국이 예측한 결과의 대우인 '태풍 하이선이 중국에 상륙하지 않으면, 9호 태풍 마이삭은 한국에 상륙하지 않는다.'가 성립하므로 B국의 예측 역시 옳은 것을 알 수 있다. 그런데 이때 10호 태풍 하이선은 중국에 상륙하지 않는다는 C국의 예측 역시 성립하므로 두 국가의 예측만이 실제 태풍의 이동 경로와 일치했다는 조건에 어긋난다.

따라서 태풍의 이동 경로를 바르게 예측한 나라는 A국과 B국이다.

03

정답 ①

A ~ D 4명의 진술을 정리하면 다음과 같다.

구분	진술 1	진술 2
A	C는 B를 이길 수 있는 것을 냈다.	B는 가위를 냈다.
B	A는 C와 같은 것을 냈다.	A가 편 손가락의 수는 B보다 적다.
C	B는 바위를 냈다.	A ~ D는 같은 것을 내지 않았다.
D	A, B, C 모두 참 또는 거짓을 말한 순서가 동일하다.	이 판은 승자가 나온 판이었다.

먼저 A ~ D는 반드시 가위, 바위, 보 세 가지 중 하나를 내야 하므로 그 누구도 같은 것을 내지 않았다는 C의 진술 2는 거짓이 된다. 따라서 C의 진술 중 진술 1은 참이 되므로 B가 바위를 냈다는 것을 알 수 있다. 이때, B가 가위를 냈다는 A의 진술 2는 참인 C의 진술 1과 모순되므로 A의 진술 중 진술 2가 거짓이 되는 것을 알 수 있다. 결국 A의 진술 중 진술 1이 참이 되므로 C는 바위를 낸 B를 이길 수 있는 보를 냈다는 것을 알 수 있다.

한편, 바위를 낸 B는 손가락을 펴지 않으므로 A가 편 손가락의 수가 자신보다 적었다는 B의 진술 2는 거짓이 된다. 따라서 B의 진술 중 진술 1이 참이 되므로 A는 C와 같은 보를 냈다는 것을 알 수 있다. 이를 바탕으로 A ~ C의 진술에 대한 참, 거짓 여부와 가위바위보를 정리하면 다음과 같다.

구분	진술 1	진술 2	가위바위보
A	참	거짓	보
B	참	거짓	바위
C	참	거짓	보

따라서 참 또는 거짓에 대한 A ~ C의 진술 순서가 동일하므로 D의 진술 1은 참이 되고, 진술 2는 거짓이 되어야 한다. 이때, 승자가 나오지 않으려면 D는 반드시 A ~ C와 다른 것을 내야 하므로 가위를 낸 것을 알 수 있다.

오답분석

② 보를 낸 사람은 2명이다.

③ 바위를 낸 사람은 1명이다.

④ B와 같은 것을 낸 사람은 없다.

⑤ B가 기권했다면 가위를 낸 D가 이기게 된다.

04

정답 ③

제시된 조건에 따라 A ~ E의 이번 주 당직일을 정리하면 다음과 같다.

구분	월	화	수	목	금
경우 1	A, B, E	B	C	D	A, D
경우 2	A, B	B	C	D	A, D, E
경우 3	A, D, E	D	C	B	A, B
경우 4	A, D	D	C	B	A, B, E

따라서 C는 항상 수요일에 혼자 당직을 서므로 반드시 참이 되는 것은 ③이다.

오답분석

① 경우 3·4의 경우 B는 월요일에 당직을 서지 않는다.
② 경우 1·2의 경우 B는 금요일에 당직을 서지 않는다.
④ 경우 3·4의 경우 D는 금요일에 당직을 서지 않는다.
⑤ 경우 1·3의 경우 E는 금요일에 당직을 서지 않는다.

05

정답 ⑤

첫 번째 조건에서 A는 B보다 먼저 먹거나 A와 B는 같이 먹는 두 가지 경우가 가능하다.

i) A가 B보다 먼저 먹는 경우
C와 D는 세 번째 명제에 따라 각각 12시, 1시 팀이 되고, 마지막 명제에서 E는 F보다 먼저 먹으므로 E와 F도 각각 12시, 1시 팀이 될 것이다. 따라서 12시 팀은 A, C, E이고, 1시 팀은 B, D, F이다.

ii) A와 B가 같이 먹는 경우
- A와 B가 12시에 먹는 경우
C와 D는 각각 12시, 1시 팀이 되고, E와 F도 각각 12시, 1시 팀이 된다. 따라서 12시 팀은 A, B, C, E이고, 1시 팀은 D, F이다.
- A와 B가 1시에 먹는 경우
두 번째 명제에서 C는 A와 같은 시간에 먹으므로 C는 1시 팀, D는 12시 팀이 되고, E와 F는 각각 12시, 1시 팀이 된다. 따라서 12시 팀은 D, E이고, 1시 팀은 A, B, C, F이다.

따라서 A가 1시에 먹는다면 1시 팀은 4명, 12시 팀은 2명으로 1시 팀 인원이 더 많다.

오답분석

① A와 B는 같은 시간에 먹을 수도 있다.
② i)의 경우, B와 C는 다른 시간에 먹는다.
③ ii)의 경우, A와 B가 1시에 먹는 경우 D와 F는 다른 시간에 먹는다.
④ i)의 경우, 12시 팀과 1시 팀의 인원수는 같다.

06

정답 ⑤

A ~ E의 진술을 차례대로 살펴보면 A는 B보다 먼저 탔으므로 서울역 또는 대전역에서 승차하였다. 이때 A는 자신이 C보다 먼저 탔는지 알지 못하므로 C와 같은 역에서 승차하였음을 알 수 있다. 다음으로 B는 A와 C보다 늦게 탔으므로 첫 번째 승차 역인 서울역에서 승차하지 않았으며, C는 가장 마지막에 타지 않았으므로 마지막 승차 역인 울산역에서 승차하지 않았다.
한편, D가 대전역에서 승차하였으므로 같은 역에서 승차하는 A와 C는 서울역에서 승차하였음을 알 수 있다.
또한 마지막 역인 울산역에서 혼자 승차하는 경우에만 자신의 정확한 탑승 순서를 알 수 있으므로 자신의 탑승 순서를 아는 E가 울산역에서 승차하였다. 이를 정리하면 다음과 같다.

구분	서울역		대전역		울산역
탑승객	A	C	B	D	E

따라서 E는 울산역에서 승차하였다.

오답분석

① A는 서울역에서 승차하였다.
② B는 대전역, C는 서울역에서 승차하였으므로 서로 다른 역에서 승차하였다.
③ C는 서울역, D는 대전역에서 승차하였으므로 서로 다른 역에서 승차하였다.
④ D는 대전역, E는 울산역에서 승차하였으므로, 서로 다른 역에서 승차하였다.

07

정답 ④

- 다섯 번째 조건에 따라 S대리는 밀양을 방문한다.
- 여섯 번째 조건의 대우명제는 '밀양을 방문하면 동래를 방문하지 않는다.'이다. 이에 따라 동래는 방문하지 않는다.
- 세 번째 조건의 대우명제에 따라 목포도 방문하지 않는다.
- 첫 번째 조건에 따라 S대리는 목포를 제외하고 양산, 세종을 방문해야 한다.
- 두 번째 조건의 대우명제에 따라 성남을 방문하지 않는다.
- 네 번째 조건에 따라 익산을 방문한다.

즉, S대리는 양산, 세종, 익산, 밀양은 방문하고, 성남, 동래, 목포는 방문하지 않는다. 따라서 옳게 말하는 사람은 세리와 진경이다.

08

정답 ⑤

'책을 좋아한다.'를 A, '영화를 좋아한다.'를 B, '여행을 좋아한다.'를 C, '산책을 좋아한다.'를 D, '게임을 좋아한다.'를 E라고 하자. 제시된 명제는 각각 A → B, ~C → ~A, D → ~E, B → D이고, A → B → D → ~E, A → C가 성립한다.
따라서 ⑤는 ~C → ~E이고, 조건에서 여행(C)과 게임(E)의 연관성을 구할 수 없으므로 참이 아니다.

09

정답 ①

명제가 참이면 대우 명제도 참이다. 즉, '유민이가 좋아하는 과일은 신혜가 싫어하는 과일이다.'가 참이면 '신혜가 좋아하는 과일은 유민이가 싫어하는 과일이다.'도 참이다. 따라서 신혜는 딸기를 좋아하고, 유민이는 사과와 포도를 좋아한다.

10

정답 ①

영수와 재호의 시력을 비교할 수 없으므로 시력이 높은 순서대로 나열하면 '정수 – 영호 – 영수 – 재호 – 경호' 또는 '정수 – 영호 – 재호 – 영수 – 경호'가 된다. 따라서 어느 경우라도 정수의 시력이 가장 높은 것을 알 수 있다.

11

정답 ④

'낡은 것을 버리다.'를 p, '새로운 것을 채우다.'를 q, '더 많은 세계를 경험하다.'를 r이라고 하면, 첫 번째 명제는 $p \rightarrow q$이며, 마지막 명제는 $\sim q \rightarrow \sim r$이다. 이때 첫 번째 명제의 대우는 $\sim q \rightarrow \sim p$이므로 마지막 명제가 참이 되기 위해서는 $\sim p \rightarrow \sim r$이 필요하다. 따라서 빈칸에 들어갈 명제로 '낡은 것을 버리지 않는다면 더 많은 세계를 경험할 수 없다.'가 적절하다.

12

정답 ⑤

'세미나에 참여한 사람'을 A, '봉사활동 지원자'를 B, '신입사원'을 C라고 하면, 첫 번째 명제에 따라 A는 B에 포함되며, 두 번째 명제에 따라 C는 A와 겹치지 않지만 B와는 겹칠 가능성이 있다. 이를 벤다이어그램으로 표현하면 다음과 같다.

i) 경우 1

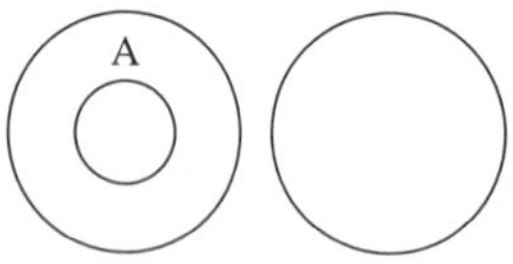

ii) 경우 2

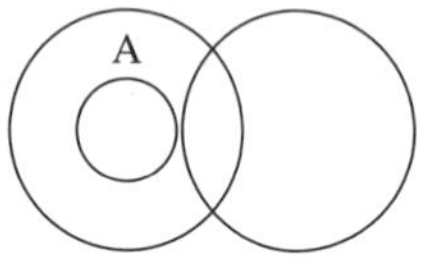

따라서 빈칸에 들어갈 명제로 '신입사원은 봉사활동에 지원하였을 수도, 하지 않았을 수도 있다.'가 적절하다.

13

정답 ③

C사원은 10개의 도장에서 2개의 도장이 모자라므로 현재 8개의 도장을 모았으며, A사원은 C사원보다 1개의 도장이 적으므로 현재 7개의 도장을 모은 것을 알 수 있다. 또한 B사원은 A사원보다 2개 적은 5개의 도장을 모았으며, D사원은 무료 음료 1잔을 포함하여 3잔을 주문하였으므로 10개의 도장을 모은 쿠폰을 반납하고, 새로운 쿠폰에 2개의 도장을 받았음을 알 수 있다. 따라서 D사원보다 6개의 도장을 더 모은 E사원은 8개의 도장을 받아 C사원의 도장 개수와 동일함을 알 수 있다.

14

정답 ①

'A가 외근을 나감'을 a, 'B가 외근을 나감'을 b, 'C가 외근을 나감'을 c, 'D가 외근을 나감'을 d, 'E가 외근을 나감'을 e라고 할 때, 네 번째 조건의 대우와 다섯 번째 조건의 대우인 $b \rightarrow c$, $c \rightarrow d$에 따라 $a \rightarrow b \rightarrow c \rightarrow d \rightarrow e$가 성립한다. 따라서 'A가 외근을 나가면 E도 외근을 나간다.'는 반드시 참이다.

15

정답 ④

월요일에 먹는 영양제는 비타민 B와 칼슘, 마그네슘 중에 하나일 수 있으나, 마그네슘의 경우 비타민 D보다 늦게 먹고, 비타민 B보다는 먼저 먹어야 하므로 월요일에 먹는 영양제로 마그네슘과 비타민 B 둘 다 불가능하다. 그러므로 S씨가 월요일에 먹는 영양제는 칼슘이 된다. 또한 비타민 B는 화요일 또는 금요일에 먹을 수 있으나, 화요일에 먹게 될 경우 마그네슘을 비타민 B보다 먼저 먹을 수 없게 되므로 비타민 B는 금요일에 먹는다. 나머지 조건에 따라 S씨가 요일별로 먹는 영양제를 정리하면 다음과 같다.

월	화	수	목	금
칼슘	비타민 C	비타민 D	마그네슘	비타민 B

따라서 회사원 S씨가 월요일에는 칼슘, 금요일에는 비타민 B를 먹는 것을 알 수 있다.

16

정답 ①

C사원과 E사원의 근무 연수를 정확히 알 수 없으므로 근무 연수가 높은 순서대로 나열하면 'B – A – C – E – D' 또는 'B – A – E – C – D'가 된다. 따라서 근무 연수가 가장 높은 B사원의 경우 제시된 조건에 따라 최대 근무 연수인 4년 차에 해당한다.

17

정답 ⑤

'요리'를 p, '설거지'를 q, '주문받기'를 r, '음식 서빙'을 s라고 하면 '$p \rightarrow \sim q \rightarrow \sim s \rightarrow \sim r$'이 성립한다. 따라서 'E사원이 설거지를 하지 않으면 음식 주문도 받지 않는다.'는 반드시 참이다.

18

정답 ③

제시된 조건에 다섯 명의 좌석을 무대와 가까운 순서대로 나열하면 '현수 – 형호 – 재현 – 지연 – 주현'이다. 한편, 제시된 조건만으로 정확한 좌석의 위치를 알 수 없으므로 서로의 좌석이 바로 뒤 또는 바로 앞의 좌석인지는 추론할 수 없다. 따라서 '형호는 현수와 재현 사이의 좌석을 예매했다.'는 반드시 참이다.

19

정답 ①

전자제품을 A/S 기간이 짧은 순서대로 나열하면 '컴퓨터 – 세탁기 – 냉장고 – 에어컨'이므로 컴퓨터의 A/S 기간이 가장 짧은 것을 알 수 있다.

20

정답 ⑤

측정 결과를 토대로 정리하면 A별의 밝기 등급은 3등급 이하이며, C별의 경우 A, B, E별보다 어둡고 D별보다는 밝으므로 C별의 밝기 등급은 4등급이다. 따라서 A별의 밝기 등급은 3등급이며, D별은 5등급, 나머지 E별과 B별은 각각 1등급, 2등급이 된다. 별의 밝기 등급에 따라 순서대로 나열하면 'E – B – A – C – D'이다.

제5영역 수열추리

01	02	03	04	05	06	07	08	09	10
⑤	②	③	④	③	①	⑤	③	②	③
11	12	13	14	15	16	17	18	19	20
③	④	④	④	①	②	①	①	③	⑤

01 정답 ⑤

정수 부분은 +4, −8, +12, …, 분자는 +3, −6, +9, …, 분모는 +5, −10, +15, …인 수열이다.

따라서 ( )$=(-9+28)\left(\frac{-6+21}{-8+35}\right)=19\frac{15}{27}$ 이다.

02 정답 ②

n번째 항일 때 $(2n)^2\left\{\frac{(2n)^2+1}{(2n)^3}\right\}$인 수열이다.

따라서 ( )$=(2\times5)^2\left\{\frac{(2\times5)^2+1}{(2\times5)^3}\right\}=100\frac{101}{1,000}$ 이다.

03 정답 ③

대분수를 가분수로 표현했을 때, 분자는 5^2, 7^2, 9^2, …, 분모는 +3인 수열이다.

따라서 ( )$=\frac{17^2}{22+3}=\frac{289}{25}=11\frac{14}{25}$ 이다.

04 정답 ④

분자는 -1^3, -2^3, -3^3, …, 분모는 $+1^3$, $+2^3$, $+3^3$, …인 수열이다.

따라서 ( )$=\frac{900-5^3}{200+5^3}=\frac{775}{325}$ 이다.

05 정답 ③

분자는 +4, +3, +2, …, 분모는 −6, −7, −8, …인 수열이다.

따라서 ( )$=\frac{37+3}{183-7}=\frac{40}{176}$ 이다.

06 정답 ①

분자는 +17, 분모는 ×3인 수열이다.

따라서 ( )$=\frac{2+17}{3\times3}=\frac{19}{9}$ 이다.

07 정답 ⑤

앞의 항에 −0.12, −0.24, −0.48, …인 수열이다.

따라서 ( )=49.64−0.48=49.16이다.

08 정답 ③

(앞의 항의 정수와 소수점 두 자리의 수의 합)+(앞의 항의 정수와 소수점 두 자리의 수의 차)×0.01인 수열이다.

따라서 ( )=(112+48)+(112−48)×0.01=160.64이다.

09 정답 ②

앞의 항에 −0.7, +1.6이 반복되는 수열이다.

따라서 ( )=6.5+1.6=8.1이다.

10 정답 ③

앞의 항에 ×10, ÷4가 반복되는 수열이다.

따라서 ( )=156.25×10=1,562.5이다.

11 정답 ③

나열된 수를 각각 A, B, C라고 하면

$\underline{A\ B\ C} \rightarrow \frac{A+C}{2}+2=B$

따라서 ( )=2(12−2)−7=13이다.

12 정답 ④

나열된 수를 각각 A, B, C, D라고 하면

$\underline{A\ B\ C\ D} \rightarrow A-B=C-D$

따라서 ( )=25−16+9=18이다.

13 정답 ④

나열된 수를 각각 A, B, C라고 하면

$\underline{A\ B\ C} \rightarrow C=-\frac{1}{2}(A+B)$

따라서 ( )={(−13)×(−2)}+4=30이다.

14 정답 ④

나열된 수를 각각 A, B, C라고 하면

$\underline{A\ B\ C} \rightarrow A+B=C$

따라서 ( )=7+13=20이다.

15 정답 ①

제시된 수열은 1^2, 4^2, 7^2, 10^2, …인 수열이다.

∴ $A=4^2=16$, $B=16^2=256$

따라서 $\frac{B}{A}=\frac{256}{16}=16$이다.

16 정답 ②

앞의 항에 ×(−2), +6, ×(−2), +12, ×(−2), +18, …인 수열이다.

∴ $A=(-4)\times(-2)=8$, $B=68\times(-2)=-136$

따라서 $A-B=8-(-136)=144$이다.

17 정답 ①

앞의 항에 +2, −4, +8, −16, …인 수열이다.

∴ $A=6+8=14$, $B=30-64=-34$

따라서 $5A+2B=5\times14+2\times(-34)=2$이다.

18 정답 ①

제시된 수열은 +7, +9, +11, …이고, 짝수 항이 음수인 수열이므로 수열의 일반항을 a_n 이라고 하면 다음과 같다.

- $a_9=93+21=114$
- $a_{10}=-(114+23)=-137$

따라서 10번째 항의 값은 −137이다.

19 정답 ③

제시된 수열은 분자는 ×2, 분모는 +2인 수열이므로 수열의 일반항을 a_n 이라고 하면 다음과 같다.

- $a_5=\frac{40\times2}{9+2}=\frac{80}{11}$
- $a_6=\frac{80\times2}{11+2}=\frac{160}{13}$
- $a_7=\frac{160\times2}{13+2}=\frac{320}{15}$

따라서 7번째 항의 값은 $\frac{320}{5}$ 이다.

20 정답 ⑤

제시된 수열은 +171, +173, +175, +177, …인 수열이므로 수열의 일반항을 a_n 이라고 하면 다음과 같다.

- $a_6=807+179=986$
- $a_7=986+181=1,167$
- $a_8=1,167+183=1,350$
- $a_9=1,350+185=1,535$

따라서 9번째 항의 값은 1,535이다.

3일 차 기출응용 모의고사 정답 및 해설

제 1 영역 언어이해

01	02	03	04	05	06	07	08	09	10
③	③	⑤	①	②	⑤	②	②	⑤	④
11	12	13	14	15	16	17	18	19	20
③	⑤	②	①	③	⑤	⑤	⑤	①	①

01
정답 ③

앞 문장의 '정상적인 기능을 할 수 없는 상태'와 대조를 이루는 표현이면서, 마지막 문장의 '자기조절과 방어 시스템이 작동하는 과정인 것'이라는 내용에 어울리는 표현인 ③이 빈칸에 들어갈 내용으로 적절하다.

02
정답 ③

제시문에서는 OECD 회원국 가운데 꼴찌를 차지한 한국인의 부족한 수면 시간에 대해 언급하며, 이로 인해 수면장애 환자가 늘어나고 있음을 설명하고 있다. 또한 불면증, 수면무호흡증, 렘수면 행동장애 등 다양한 수면장애를 설명하며, 이러한 수면장애들이 심혈관계질환, 치매, 우울증 등의 원인이 될 수 있다는 점을 통해 심각성을 이야기한다. 마지막으로 이러한 수면장애를 방치해서는 안 되며, 전문적인 치료가 필요하다고 제시하고 있다. 따라서 글의 주제로 적절하지 않은 것은 수면 마취제와 관련된 내용인 ③이다.

03
정답 ⑤

제시문은 사회 윤리의 중요성과 특징, 향후 발전 방법에 대하여 설명하고 있다. 이때 글의 구조를 파악해 보면 (가)는 대전제, (다)는 소전제, (나)는 결론의 구조를 취하고 있으며 (마)는 (다)에 대한 보충 설명, (라)는 (마)에 대한 보충 설명을 하고 있다. 따라서 (가) 현대 사회에서 대두되는 사회 윤리의 중요성 – (다) 개인의 윤리와 다른 사회 윤리의 특징 – (마) 개인 윤리와 사회 윤리의 차이점 – (라) 개인과 사회의 차이와 특성 – (나) 현대 사회의 특성에 맞는 사회 윤리의 정의의 순으로 나열하는 것이 적절하다.

04
정답 ①

제시문은 주관적으로 사물을 바라보는 '오류'의 가능성과 이러한 '오류'의 긍정적 면모에 대하여 설명하고 있다. 따라서 (가) 개인의 경험과 관심, 흥미에 따라 달라지는 사물의 상 – (나) 낯설거나 명료하지 않은 이미지를 바라볼 때 나타나는 심리적 경향 – (다) 사물을 볼 때 나타나는 '오류'의 가능성 – (라) '오류'의 또 다른 면모 – (마) '오류'의 긍정적인 사례의 순으로 나열하는 것이 적절하다.

05
정답 ②

제시문은 법과 울타리의 '양면성'이라는 공통점을 근거로 내용을 전개하고 있다.

06
정답 ⑤

제시문의 중심 내용은 '과학적 용어'이다. 필자는 '모래언덕'의 높이, '바람'의 세기, '저온'의 온도를 사례로 들어 과학자들은 모호한 것을 싫어하지만 '대화를 통해 그 상황에 적절한 합의를 도출'하는 것으로 문제화하지 않는다고 한다. 따라서 제시문은 과학적 용어가 엄밀하고 보편적인 정의에 의해 객관성이 보장된다는 ⑤의 주장에 대한 비판적 논거이다.

07
정답 ②

혼수발기에서는 혼수품의 이름이라든가 혼인과 관련된 내용을 확인할 수 있으나, 필체가 어떠한지에 대해서는 제시문에서 확인할 수 없는 내용이다.

08

정답 ②

아픈 사람이 없기를 바라면서 홍역이나 천연두를 예방하는 굿은 손님굿이다.

오답분석

① 강릉단오제는 2005년 11월 25일에 유네스코 인류 구전 및 무형 유산 걸작으로 등재되기도 했다.
③ 강릉단오제는 삶의 고단함을 신과 인간이 하나 되는 신명의 놀이로 풀어주는 축제이다.
④ 제사에 직접 관여하는 제관・임원・무격(巫覡) 등은 제사가 끝날 때까지 먼 곳 출입을 삼가고 근신하는 등 몸과 마음을 깨끗이 한다.
⑤ 강릉단오제의 무당굿에서는 자식들에게 복을 주는 세존굿과 군에 간 자손을 보호해 달라 청하는 군웅장수굿을 볼 수 있다.

09

정답 ⑤

첫 번째 문단이 도입부라 볼 수 있고, 마지막 문단의 첫 문장이 제시문의 주제문이다. 이어서 서구와의 비교로 연고주의의 장점을 강화하고 있다. 따라서 글의 중심 내용으로 ⑤가 가장 적절하다.

10

정답 ④

고전주의 범죄학에서는 인간의 모든 행위는 자유 의지에 입각한 합리적 판단에 따라 이루어지므로 범죄에 비례해 형벌을 부과할 경우 범죄가 억제될 수 있다고 주장한다. 따라서 이러한 주장에 대한 반박으로는 사회적 요인의 영향 등을 고려할 때 범죄는 개인의 자유 의지로 통제할 수 없다는 내용의 ④가 가장 적절하다.

오답분석

①・②・⑤ 고전주의 범죄학의 입장에 해당한다.

11

정답 ③

두 번째 문단에서 전통의 유지와 변화에 대한 견해 차이는 보수주의와 진보주의의 차이로 이해될 성질의 것이 아니며, 한국 사회의 근대화는 앞으로도 계속되어야 할 광범하고 심대한 '사회 구조적 변동'이라고 하였다. 또한 마지막 문단에서 '근대화라고 하는 사회 구조적 변동이 문화 변화를 결정지을 것이기 때문'이라고 하였으므로 전통문화의 변화 문제를 사회 변동의 시각에서 다루는 것이 적절하다.

12

정답 ⑤

제시문은 인지부조화의 개념과 과정을 설명한 후, 이러한 인지부조화를 감소시키는 행동에 자기방어적인 행동을 유발하는 비합리적인 면이 있음을 지적하며, 이러한 행동이 부정적 결과를 초래할 수 있다고 밝히고 있다. 따라서 글의 주제로 ⑤가 가장 적절하다.

13

정답 ②

매몰비용효과는 이미 지불한 비용에 대한 시도를 계속하려는 경향이며, 커플링이 강할 때 높게 나타난다고 했다. ②는 이 두 가지 조건을 모두 만족하고 있다.

14

정답 ①

제시된 논증의 결론은 '커피(카페인) 섭취 → 수면장애'이다. 그렇기 때문에 김사원의 의견대로 수면장애로 내원한 사람들 중에 커피를 마시지 않는 사람이 있다는 사실은 제시된 논증의 결론과 상반된 사례이기 때문에 이 논증의 결론은 약화된다.

오답분석

- 이대리 : 무(無)카페인과 관련된 근거는 논증을 강화한다고 볼 수 없다.
- 안사원 : 발작 현상이 공포감과 무관하다는 사실은 카페인으로 인해 발작이 나타날 수 있다는 논증의 결론을 강화한다고 볼 수 없다.

15

정답 ③

제시문은 '직업안전보건국이 제시한 1ppm의 기준이 지나치게 엄격하다고 판결하였다.'와 '직업안전보건국은 노동자를 생명의 위협이 될 수 있는 화학물질에 노출시키는 사람들이 그 안전성을 입증해야 한다.'의 논점의 대립이다. 따라서 빈칸에는 ③과 같이 '벤젠의 노출 수준이 1ppm을 초과할 경우 노동자의 건강에 실질적으로 위험하다는 것을 직업안전보건국이 입증해야 한다.'는 내용이 오는 것이 적절하다.

16

정답 ⑤

제시문은 청소년들의 과도한 불안이 집중을 방해하여 학업 수행에 부정적으로 작용한다고 주장한다. 따라서 이러한 주장에 대한 반박으로는 오히려 불안이 긍정적으로 작용할 수 있다는 내용의 ⑤가 가장 적절하다.

17

정답 ⑤

16세기 말 그레고리력이 도입되기 전 프랑스 사람들은 3월 25일부터 4월 1일까지 일주일 동안 축제를 벌였다.

오답분석

① 만우절이 프랑스에서 기원했다는 이야기는 많은 기원설 중의 하나일 뿐, 정확한 기원은 알려지지 않았다.
② 프랑스에서는 만우절에 놀림감이 된 사람들을 '4월의 물고기'라고 불렀다.
③ 프랑스의 관습이 18세기에 이르러 영국으로 전해지면서 영국의 만우절이 생겨났다.
④ 프랑스는 16세기 말 그레고리력을 받아들이면서 달력을 새롭게 개정하였다.

18

정답 ⑤

정의로운 국가라면 국가가 사회 구성원 모두 평등권을 되도록 폭넓게 누리도록 보장해야 한다는 정의의 원칙은 좌파와 우파 모두에게 널리 받아들여진 생각이다.

오답분석

① 좌우 진영은 이미 사회정의의 몇 가지 기본 원칙에 서로 합의했다.
② 좌파와 우파의 대립은 불평등이 왜 생겨났으며 그것을 어떻게 해소할 것인가를 다루는 사회경제 이론이 다른 데서 비롯되었다.
③ 좌파는 불평등과 재분배의 문제에 강력한 정부의 개입이 필요하다고 주장하나, 이와 달리 우파는 정부 개입을 통한 재분배의 규모가 크지 않아야 한다고 주장한다.
④ 상속으로 생겨난 재산의 불평등 문제는 개인이 통제할 수 없는 요인으로 발생한 것이므로 상속의 혜택을 받은 이들에게 불평등 문제를 해결하라고 요구하는 것은 바람직하지 않다.

19

정답 ①

제시문에 따르면 최근 수면장애 환자의 급격한 증가를 통해 한국인의 수면의 질이 낮아지고 있음을 알 수 있다. 특히, 첫 번째 문단에서 현재 한국인의 짧은 수면시간도 문제지만, 수면의 질 저하도 심각한 문제가 되고 있다고 서술한다.

오답분석

② 40 · 50대 중 · 장년층 수면장애 환자는 전체의 36.6%로 가장 큰 비중을 차지한다.
③ 다른 국가에 비해 근무 시간이 많아 수면시간이 짧은 것일 뿐, 수면시간이 근무 시간보다 짧은지는 알 수 없다.
④ 수면장애 환자는 여성이 42만 7,000명으로 29만 1,000명의 남성보다 1.5배 정도 더 많다.
⑤ 완경기 여성의 경우 여성호르몬인 에스트로겐이 줄어들면서 아세틸콜린 신경전달 물질의 분비가 저하됨에 따라 여러 형태의 불면증이 동반된다. 즉, 에스트로겐의 증가가 아닌 감소가 불면증에 영향을 미친다.

20

정답 ①

모든 개인의 가치가 관심을 받는 속에서 근대 소설이 탄생했다.

오답분석

② 근대 소설의 발생과 관련한 이론을 전개했던 이안 왓트에 따르면 근대 소설 속에는 개인주의가 발현됨을 알 수 있다.
③ 근대 사회에서 개인과 사회의 만남은 어떤 식으로든 불화를 만들어 내게 된다.
④ 고전 소설의 주인공인 심청과 춘향을 볼 때, 효나 절개와 같은 윤리적 행동은 개인의 입장에서 선택된 것이 아닌 그들이 따라야 할 가치로 이미 존재하고 있었다.
⑤ 고전 소설에서 개인의 행동이 정당한지 아닌지를 판단하는 기준은 '전통' 혹은 '시대 윤리' 등의 집단적이고 추상적인 것에 한정되어 있었다.

제2영역 자료해석

01	02	03	04	05	06	07	08	09	10
④	⑤	⑤	⑤	②	⑤	①	②	②	④
11	12	13	14	15	16	17	18	19	20
②	③	①	③	③	③	⑤	⑤	①	④

01

정답 ④

일본의 R&D 투자 총액은 1,508억 달러이며, 이는 GDP의 3.44%이므로 $3.44=\frac{1,508}{(\text{GDP 총액})}\times 100$이다.

따라서 일본의 GDP 총액은 $\frac{1,508}{0.0344}\fallingdotseq 43,837$억 달러이다.

02

정답 ⑤

- 1년(=12개월=52주) 동안 렌즈 교체(=구매) 횟수
  - A : 12÷1=12번을 구매해야 한다.
  - B : 1+1의 서비스로, 한 번에 4달 치의 렌즈를 구매할 수 있으므로 12÷4=3번을 구매해야 한다.
  - C : 3월, 7월, 11월은 1+2의 서비스로, 1월, 2월, 3월(4, 5월), 6월, 7월(8, 9월), 10월, 11월(12월) 총 7번을 구매해야 한다.
  - D : 착용기한이 1주이므로 1년에 총 52번을 구매해야 한다.
  - E : 1+2의 서비스로, 한 번에 6달 치의 렌즈를 구매할 수 있으므로 12÷6=2번을 구매해야 한다.
- (최종 가격)=(가격)×(횟수)
  - A : 30,000×12=360,000원
  - B : 45,000×3=135,000원
  - C : 20,000×7=140,000원
  - D : 5,000×52=260,000원
  - E : 65,000×2=130,000원

따라서 1년간 가장 적은 비용으로 사용할 수 있는 렌즈는 E이다.

03

정답 ⑤

경공업제품의 2019년 수출액은 29,397백만 달러이고, 2022년 수출액은 36,829백만 달러이다.
따라서 2019년 대비 2022년의 경공업제품 수출액 증감률은 $\left(\frac{36,829-29,397}{29,397}\right)\times 100\fallingdotseq 25.3\%$이다.

04

정답 ⑤

사망자가 30명 이상인 사고를 제외한 나머지 사고는 A, C, D, F이다. 사고 A, C, D, F를 화재 규모와 복구 비용이 큰 순서로 각각 나열하면 다음과 같다.

- 화재 규모 : A－D－C－F
- 복구 비용 : A－D－C－F

따라서 ⑤는 옳은 설명이다.

오답분석

① 사고를 터널 길이가 긴 순서와 사망자 수가 많은 순서로 각각 나열하면 다음과 같다.
- 터널 길이 : A－D－B－C－F－E
- 사망자 수 : E－B－C－D－A－F

따라서 터널 길이와 사망자 수는 관계가 없다.

② 사고를 화재 규모가 큰 순서와 복구 기간이 긴 순서로 각각 나열하면 다음과 같다.
- 화재 규모 : A－D－C－E－B－F
- 복구 기간 : B－E－F－A－C－D

따라서 화재 규모와 복구 기간은 관계가 없다.

③ 사고 A～E의 사고 비용은 각각 다음과 같다.
- 사고 A : $4,200+1\times5=4,205$억 원
- 사고 B : $3,276+39\times5=3,471$억 원
- 사고 C : $72+12\times5=132$억 원
- 사고 D : $312+11\times5=367$억 원
- 사고 E : $570+192\times5=1,530$억 원
- 사고 F : $18+0\times5=18$억 원

따라서 사고 A의 사고 비용이 가장 크다.

④ 사고 A를 제외한 나머지 사고를 복구 기간이 긴 순서와 복구 비용이 큰 순서로 나열하면 다음과 같다.
- 복구 기간 : B－E－F－C－D
- 복구 비용 : B－E－D－C－F

따라서 사고 A를 제외한 나머지 사고 간에서 복구 기간과 복구 비용은 관계가 없다.

05

정답 ②

생산이 증가한 해에는 수출과 내수 모두 증가했다.

오답분석

① 수출이 증가했던 2019년, 2022년, 2023년에 생산, 내수 모두 증가하였다.

③ 2021년이 이에 해당한다.

④ 제시된 자료에서 ▽는 감소 수치를 나타내고 있으므로 2019년에는 전년 대비 모두 증가했다.

⑤ 내수가 가장 큰 폭으로 증가한 해는 2021년으로 생산과 수출 모두 감소했다.

06

정답 ⑤

연도별 국가공무원 중 여성의 비율과 지방자치단체공무원 중 여성의 비율의 차는 각각 다음과 같다.

- 2019년 : $47-30=17$%p
- 2020년 : $48.1-30.7=17.4$%p
- 2021년 : $48.1-31.3=16.8$%p
- 2022년 : $49-32.6=16.4$%p
- 2023년 : $49.4-33.7=15.7$%p

비율의 차는 2020년에 증가했다가 이후에는 계속 감소한다.

07

정답 ①

영화 매출액은 매년 전체 매출액의 30% 이상을 차지한다.

오답분석

② 2017～2018년의 전년 대비 매출액 증감 추이는 게임의 경우 '감소－증가'이고, 음원은 '증가－증가'이다.

③ 2018년에 SNS 매출액은 전년 대비 감소하였다.

④ 2021년과 2023년 음원 매출액은 SNS 매출액의 2배 미만이다.

⑤ SNS와 영화의 2021년 전년 대비 증가한 매출액은 각각 250억 원, 273억 원으로 영화가 더 크지만 2020년 매출액은 SNS가 더 작기 때문에 증가율이 가장 큰 콘텐츠는 SNS이다.

08

정답 ②

㉠ 응답자 2,000명 중 남성을 x 명, 여성을 y명이라고 하면, 주유 할인을 선택한 응답자는 $2,000\times0.2=400$명이므로 다음과 같은 식이 성립한다.

$x+y=2,000$ … Ⓐ

$0.18x+0.22y=400$ … Ⓑ

Ⓐ와 Ⓑ를 연립하면 $x=1,000$, $y=1,000$이므로 남성과 여성의 비율이 동일하다.

㉣ 가장 많은 남성 응답자(24%)가 영화관 할인을 선택하였으며, 여성 역시 가장 많은 응답자(23%)가 영화관 할인을 선택하였다.

오답분석

㉡ 남성의 경우 응답자의 18%인 180명이 편의점 할인을 선택하였고, 여성의 경우 7%인 70명이 편의점 할인을 선택하였다. 따라서 편의점 할인 서비스는 여성보다 남성 응답자가 더 선호하는 것을 알 수 있다.

㉢ 남성 응답자 수는 1,000명이므로 온라인 쇼핑 할인을 선택한 남성은 $1,000\times0.1=100$명이다.

09

정답 ②

㉠ 성별 X와 블로그의 이용자 수는 각각 다음과 같다.

- X 이용자 남성 : $2,000 \times 0.532 = 1,064$명
- X 이용자 여성 : $2,000 \times 0.468 = 936$명
- 블로그 이용자 남성 : $1,000 \times 0.534 = 534$명
- 블로그 이용자 여성 : $1,000 \times 0.466 = 466$명

㉢ 소득수준별 블로그 이용자와 X 이용자의 구성비는 제시된 자료에서 쉽게 확인할 수 있다.

오답분석

㉡ 교육수준별 X 이용자 대비 블로그 이용자 비율은 각각 다음과 같다.

- 중졸 이하 : $\frac{1,000 \times 0.02}{2,000 \times 0.016} \times 100 = 62.5\%$
- 고졸 : $\frac{1,000 \times 0.234}{2,000 \times 0.147} \times 100 ≒ 79.6\%$
- 대졸 : $\frac{1,000 \times 0.661}{2,000 \times 0.744} \times 100 ≒ 44.4\%$
- 대학원 이상 : $\frac{1,000 \times 0.085}{2,000 \times 0.093} \times 100 ≒ 45.7\%$

㉣ 연령별 블로그 이용자의 구성비는 제시된 자료에서 쉽게 확인할 수 있다.

10

정답 ④

2015년 대비 2023년 신장 증가량은 A가 22cm, B가 21cm, C가 28cm로 C가 가장 많이 증가하였다.

오답분석

① 2023년에 세 사람 중 가장 키가 큰 사람은 C이다.
② B의 2023년 체중은 2020년에 비해 감소하였다.
③ 2015년의 신장 순위는 B, C, A 순서이지만 2023년의 신장 순위는 C, B, A 순서이다.
⑤ 2015년 대비 2020년 체중 증가는 A, B, C 모두 6kg으로 같다.

11

정답 ②

교통 할인을 제공하는 A카드는 동종 혜택을 제공하는 카드의 개수가 가장 많으므로 시장에서의 경쟁이 가장 치열할 것이라 예상할 수 있다.

오답분석

① B카드를 출시하는 경우에 비해 연간 예상필요자본 규모가 더 작은 D카드를 출시하는 경우가 자본 동원에 더 수월할 것이다.
③ 제휴 레스토랑 할인을 제공하는 C카드의 신규가입 시 혜택 제공가능 기간은 18개월로, 24개월인 B카드와 D카드보다 짧다.
④ A카드와 B카드를 비교해보면, 신규가입 시 혜택 제공가능 기간은 B카드가 2배로 더 길지만, 동종 혜택을 제공하는 타사 카드 개수는 A카드가 가장 많다. 따라서 신규가입 시 혜택 제공가능 기간이 길수록 동종 혜택분야에서의 현재 카드사 간 경쟁이 치열하다고 볼 수 없다.
⑤ D카드의 경우, 신규가입 시 혜택 제공가능 기간은 B카드와 동일하지만, 연간 예상필요자본 규모는 B카드보다 작다. 따라서 D카드가 B카드보다 출시 가능성이 높으므로 옳지 않다.

12

정답 ③

내국인 순유출이 가장 많았던 해는 2009년이며, 외국인 순유입이 가장 적은 해는 2013년이다.

13

정답 ①

0 ~ 14세 인구의 구성비는 2022년에 약 12.4%, 2024년에 약 12.2%로 2022년에 더 높다.

오답분석

㉡ 남자 중위연령은 항상 여자 평균연령보다 더 낮은 수치를 보인다.
㉢ 2025년 15 ~ 64세 인구는 35,756,863명으로, 65세 이상 인구의 3배인 $10,507,986 \times 3 = 31,523,958$명보다 크다. 따라서 3배 이상이다.
㉣ 2023년 중위연령의 전년 대비 증가율은 약 1.12%로, 평균연령의 전년 대비 증가율인 약 0.92%보다 높다.

14

정답 ③

청바지의 괴리율 차이는 37.2%p이고, 운동복의 괴리율 차이는 40%p로 운동복의 괴리율 차이가 더 크다.

오답분석

① 할인가 판매 시 괴리율이 40%가 넘는 품목은 운동복과 청바지 2개이다.
② 할인가 판매제품 수가 정상가 판매제품 수보다 많은 품목은 세탁기, 유선전화기, 기성신사복, 진공청소기, 가스레인지, 무선전화기, 오디오세트, 정수기로 총 8개이다.
④ 할인가 판매제품 수와 정상가 판매제품 수의 차이가 가장 큰 품목은 라면으로, 30개 차이가 난다.
⑤ 괴리율이 클수록 권장소비자가격과 판매가격(정상가격 또는 할인가격)의 차이가 큰 것이다. 따라서 세탁기가 가장 크고, 기성숙녀복이 가장 작다.

15

정답 ③

영등포구의 고등학생 수는 영등포구 전체 학생 수의 $\frac{6,713}{26,822}\times 100 \fallingdotseq 25.0\%$이므로 30% 미만이다.

오답분석

① 중학교의 학급당 학생 수가 가장 많은 지역은 27.2명으로 강남구이다.

② 중학교와 고등학교의 전체 학생 수는 합계에서 초등학교 학생 수를 뺀 것과 같으므로 900,684−424,800=475,884명이다. 따라서 초등학교의 전체 학생 수가 더 적다.

④ 학생 수가 초등학교, 중학교, 고등학교 순서로 많은 지역은 중랑구, 성북구, 강북구, 서대문구, 마포구, 양천구, 동작구로 총 7곳이다. 따라서 5곳 이상이므로 옳지 않다.

⑤ 고등학교의 학급 수가 가장 많은 상위 3개 지역은 노원구 869개, 강남구 730개, 강서구 668개이다. 이 지역 학급 수의 합은 869+730+668=2,267개이고 전체의 $\frac{2,267}{9,685}\times 100 \fallingdotseq 23.4\%$로 25% 이하이다.

16

정답 ③

고령취업자의 농가 비율이 53%이고 비농가 비율이 11.4%이므로 단순 비율계산을 통해 전체 고령취업자 중 농가의 취업자 수가 $\frac{53}{53+11.4}\times 100 \fallingdotseq 82\%$라고 생각하기 쉽지만, 이러한 계산은 농가의 전체 취업자 수와 비농가의 전체 취업자 수가 같을 때에만 성립하게 되므로 옳지 않다.

오답분석

① 2023년 농가의 고령취업자 비율은 53%이고 비농가의 고령취업자 비율은 11.4%이므로 고령취업률은 농가가 비농가보다 높다.

② 제시된 자료를 보면 농가의 고령취업자 비율은 매년 증가하고 있는 것을 알 수 있다.

④ 제시된 자료를 보면 고령취업자 비율은 매년 여성이 남성보다 높은 것을 알 수 있다.

⑤ 농가에서의 고령취업자 비율은 53%로 절반이 넘어가므로 농가에서 취업자 2명 중 1명은 고령자이다.

17

정답 ⑤

전체 밭벼 생산량은 2,073톤이고, 광주・전남 지역의 밭벼 생산량은 1,662톤이다. 이에 대한 비율은 $\frac{1,662}{2,073}\times 100 \fallingdotseq 80.17\%$이다. 따라서 ⑤는 옳지 않다.

18

정답 ⑤

• 남성 : $11.1\times 3=33.3>32.2$

• 여성 : $10.9\times 3=32.7<34.7$

따라서 남성의 경우 국가기관에 대한 선호 비율이 공기업 선호 비율의 3배보다 작다.

오답분석

① 국가기관은 모든 기준에서 선호 비율이 가장 높다.

② 3% → 2.6% → 2.5% → 2.1% → 1.9% → 1.7%로 가구소득이 많을수록 중소기업을 선호하는 비율이 줄어들고 있다.

③ 학력별 공기업을 선호하는 비중이 가장 높은 학력은 대학교 재학이다.

④ 연령을 기준으로 3번째로 선호하는 직장은 모두 전문직 기업으로 같다.

19

정답 ①

표준편차는 변량의 분산 정도를 표시하는 척도이다. 부가서비스별로 선호하는 비중은 남성의 경우 7 ~ 19% 사이에 위치하고, 여성의 경우 6 ~ 21%에 위치하고 있다. 평균이 약 11.1%(=100%/9항목)인 것을 감안했을 때, 여성의 비중이 평균에 비해 더 멀리 떨어져 있으므로 표준편차의 값은 남성보다 여성이 더 큰 것을 알 수 있다.

오답분석

② 무응답한 비율은 전체 8.4%이므로 $1,000\times 0.084=84$명이 맞다. 하지만 남녀 비율이 6 : 4이므로 남성은 $600\times 10\%=60$명, 여성은 $400\times 6\%=24$명이다.

③ 성별 비율이 각각 50%라면, 포인트 적립 항목의 경우 전체 비율이 $19\%\times 0.5+21\%\times 0.5=20\%$가 나와야 한다. 하지만 표에서는 19.8%라고 하였으므로 P대리가 설명한 내용은 옳지 않다. 올바른 설명이려면 남성의 비율은 60%, 여성은 40%여야 한다.

④ 남성이 두 번째로 선호하는 부가서비스는 무이자 할부(17%)이다.

⑤ 제시된 자료를 살펴보면 남성과 여성이 선호하는 부가서비스의 종류가 정반대인 것이 아니며, 일부 차이는 있지만 선호하는 주요 부가서비스는 서로 일치한다.

20

정답 ④

제시된 자료를 통해 초혼연령이 증가하는 이유에 대해서는 알 수 없다.

제3영역 창의수리

01	02	03	04	05	06	07	08	09	10
⑤	①	①	③	③	③	①	①	①	⑤
11	12	13	14	15	16	17	18	19	20
④	③	②	①	⑤	④	④	③	③	①

01
정답 ⑤

소희의 속력은 30km/h= $\frac{30}{60}$ km/min=500m/min이므로, 예성이의 분당 속력을 xm/min라고 하면 예성이가 이동한 거리는 $500\times12+500\times20=20x$m이다.

따라서 예성이의 분당 속력은 $\frac{500\times12+500\times20}{20}$=800m/min이다.

02
정답 ①

처음 소금물의 농도를 x%라고 하면 소금의 양에 대해 다음과 같은 식이 성립한다.

$\frac{x}{100}\times160+\frac{0}{100}\times40=\frac{8}{100}\times(160+40)$

$\rightarrow 160x=1,600$

$\therefore x=10$

따라서 물을 넣기 전 처음 소금물의 농도는 10%이다.

03
정답 ①

졸업하기 위해 평균점수가 8점 이상이 되려면 총점은 24점 이상이 되어야 한다.

따라서 $24-(7.5+6.5)=24-14=10$점 이상을 받아야 한다.

04
정답 ③

S야구팀의 작년 경기 횟수를 x회, 작년의 승리 횟수를 $0.4x$회라고 하자. 작년과 올해를 합산한 승률이 45%이므로 다음과 같은 식이 성립한다.

$\frac{0.4x+65}{x+120}=0.45$

$\rightarrow 5x=1,100$

$\therefore x=220$

즉, 작년의 총 경기 횟수는 220회이고, 승률이 40%이므로 이긴 경기는 $220\times0.4=88$회이다.

따라서 작년과 올해에 승리한 횟수는 $88+65=153$회이다.

05
정답 ③

- 첫 번째 손님에게 6장의 쿠폰 중 1장을 주는 경우의 수
  : ${}_6C_1=6$가지
- 두 번째 손님에게 5장의 쿠폰 중 2장을 주는 경우의 수
  : ${}_5C_2=10$가지
- 세 번째 손님에게 3장의 쿠폰 중 3장을 주는 경우의 수
  : ${}_3C_3=1$가지

따라서 구하고자 하는 경우의 수는 $6\times10\times1=60$가지이다.

06
정답 ③

A는 월요일부터 2일 간격으로 산책하고, B는 그 다음날인 화요일부터 3일 간격으로 산책하므로 A와 B가 산책하는 요일을 정리하면 다음과 같다.

월	화	수	목	금	토	일
A		A		A		A
	B			B		

따라서 처음으로 A와 B가 만나는 날은 금요일이다.

07
정답 ①

- 전체 8명 중 팀장 2명을 뽑는 경우의 수 : ${}_8C_2$가지
- 남자 4명 중 팀장 2명을 뽑는 경우의 수 : ${}_4C_2$가지

따라서 구하고자 하는 확률은 $\frac{{}_4C_2}{{}_8C_2}=\frac{6}{28}=\frac{3}{14}$이다.

08
정답 ①

형의 나이를 x세, 동생의 나이를 y세라고 하면 다음과 같은 식이 성립한다(단, $x>y$).

$x+y=22 \cdots$ ㉠

$xy=117 \cdots$ ㉡

㉠과 ㉡을 연립하면 $x=13$, $y=9$이다.

따라서 동생의 나이는 9세이다.

09
정답 ①

밭은 한 변의 길이가 12m인 정사각형 모양이다. 한 변의 양 끝에 점을 찍고 그사이에 1m 격자 형태로 점을 찍으면 한 변에 13개의 점이 찍히고 인접한 점 사이의 거리는 1m가 된다. 사과나무 169그루는 13^2그루이기 때문에 각 격자점에 한 그루씩 심으면 일정한 간격으로 심을 수 있게 된다.

따라서 나무와 나무 사이 거리는 최소 1m이다.

10 정답 ⑤

기차는 다리에 진입하여 완전히 벗어날 때까지 다리의 길이인 800m에 기차의 길이 100m를 더한 총 900m(=0.9km)를 36초(=0.01시간) 동안 이동했다.

따라서 기차의 속력은 $\frac{0.9}{0.01}=90$km/h이다.

11 정답 ④

500g의 설탕물에 녹아있는 설탕의 양을 xg이라고 하면 농도 3%의 설탕물 200g에 들어있는 설탕의 양은 $\frac{3}{100}\times200=6$g이므로 다음과 같은 식이 성립한다.

$\frac{x+6}{500+200}\times100=7$

→ $x+6=49$

∴ $x=43$

따라서 처음 500g의 설탕물에 녹아있던 설탕의 양은 43g이다.

12 정답 ③

옷의 정가를 x원이라고 하면 다음과 같은 식이 성립한다.

$x(1-0.2)(1-0.3)=280,000$

→ $0.56x=280,000$

∴ $x=500,000$

따라서 할인받은 금액은 500,000−280,000=220,000원이다.

13 정답 ②

주사위 3개를 동시에 던졌을 때 나오는 눈의 합이 4가 되는 경우를 순서쌍으로 나타내면 다음과 같다.

(1, 1, 2), (1, 2, 1), (2, 1, 1)

따라서 나오는 눈의 합이 4가 되는 경우의 수는 3가지이다.

14 정답 ①

수진이가 1층부터 6층까지 쉬지 않고 올라갈 때 35초가 걸린다고 하였으므로, 한 층을 올라가는 데 걸리는 시간은 $\frac{35}{5}=7$초이다.

따라서 6층부터 12층까지 올라가는 데 7×6=42초가 걸리고, 6층부터는 한 층을 올라갈 때마다 5초씩 쉰다고 했으므로, 쉬는 시간은 5×5=25초이다(∵ 7, 8, 9, 10, 11층에서 쉰다).

따라서 수진이가 1층부터 12층까지 올라가는 데 걸린 시간은 35+42+25=102초이다.

15 정답 ⑤

두 사람이 내릴 수 있는 층은 1~8층이다.

따라서 두 사람이 엘리베이터에서 내리는 경우의 수는 8×8=64가지이고, 같은 층에서 내리는 경우의 수는 8가지이다.

그러므로 두 사람이 같은 층에서 내릴 확률은 $\frac{8}{64}=\frac{1}{8}$이다.

따라서 두 사람이 서로 다른 층에서 내릴 확률은 $1-\frac{1}{8}=\frac{7}{8}$이다.

16 정답 ④

민경이가 이동한 시간을 x초, 선화가 이동한 시간을 $(x-180)$초라고 하면 다음과 같은 식이 성립한다.

$3x+2(x-180)=900$

→ $5x=1,260$

∴ $x=252$

따라서 민경이는 4분 12초 후 선화와 만난다.

17 정답 ④

첫날은 버스를 타고, 남은 이틀은 버스와 도보를 이용할 확률이 동시에 일어나야 하므로 곱의 법칙을 적용한다. 또한 남은 이틀 중 첫날에 버스를 타는 경우와 둘째 날에 버스를 타는 두 가지 경우가 있으므로 2를 곱한다.

따라서 구하고자 하는 확률은 $\frac{1}{3}\times\left(\frac{1}{3}\times\frac{2}{3}\times2\right)=\frac{4}{27}$이다.

18 정답 ③

깃발은 2개이고, 깃발을 5번 들어서 표시할 수 있는 신호의 개수는 2×2×2×2×2=32가지이다. 여기서 5번 모두 흰색 깃발만 사용하거나 검은색 깃발만 사용하는 경우의 수 2가지를 빼야 한다.

따라서 구하고자 하는 경우의 수는 32−2=30가지이다.

19 정답 ③

여객열차의 길이를 xm라고 하면 다음과 같은 식이 성립한다.

$60+x=\left(\frac{400+x}{20}+16\right)\times4$

→ $60+x=\frac{400+x}{5}+64$

→ $300+5x=400+x+320$

∴ $x=105$

따라서 여객열차의 길이는 105m이다.

20 정답 ①

A소금물의 농도를 $x\%$, B소금물의 농도를 $y\%$라고 하면 다음과 같은 식이 성립한다.

$\frac{x}{100}\times100+\frac{y}{100}\times150=\frac{8}{100}(100+150)\cdots$ ㉠

$\frac{x}{100}\times200+\frac{y}{100}\times50=\frac{6}{100}(200+50)\cdots$ ㉡

㉠과 ㉡을 연립하면 $x=5$, $y=10$이다.
따라서 A소금물의 농도는 5%이다.

제4영역 언어추리

01	02	03	04	05	06	07	08	09	10
⑤	③	②	⑤	②	①	④	①	④	④
11	12	13	14	15	16	17	18	19	20
④	④	③	⑤	③	②	①	③	①	④

01 정답 ⑤

모야모야 동아리 회원들이 A지역 외부에서 한 번도 수영을 하지 않았다면, 그들은 A지역에서만 수영을 한 것이다. 모야모야 동아리 회원들은 지난 2년간 수영한 경험이 있어야 하고, A지역에서는 지난 7년간 수영하는 것이 법적으로 금지되어 있었으므로 ⑤는 참이다.

02 정답 ③

우선 이 문제는 일반 논리 문제들과 다르게 각 명제가 길다. 하지만 자세히 보면, 각 직원에 대한 명제들에서 모두 기존부서와 이동부서가 동일하다. 즉, 직원의 이름을 기준으로 하나의 명제로 보면 되는 것이지, 굳이 기존부서, 이동부서까지 나눌 필요가 없음을 알아차려야 한다.
따라서 각 직원이 '○부서에서 □부서로 이동하였다.'는 것을 '이동하였다'라고 줄여서 생각하면 된다.
네 번째 정보에 따르면 C는 이동하며, 첫 번째 정보의 대우 명제에 따라 A는 이동하지 않는다.
그러면 세 번째 정보의 대우 명제에 따라 B도 이동하지 않는다.
여섯 번째 정보에 따라 E, G는 이동한다.
두 번째 정보의 경우, '□하는 경우에만 ○한다.'는 명제의 경우, '○ → □'으로 기호화할 수 있으므로 D는 이동하지 않음을 알 수 있다.
그리고 다섯 번째 정보에 따라 F는 이동한다.
따라서 이동하는 직원은 C, E, F, G이고, E는 기획재무본부가 아닌 도시재생본부로 이동한다.

03 정답 ②

제시된 조건을 논리기호화하면 다음과 같다.

i) 혁신역량강화 → ~조직문화
ii) ~일과 가정 → 미래가치교육
iii) 혁신역량강화, 미래가치교육 中 1
iv) 조직문화, 전략적 결정, 공사융합전략 中 2
v) 조직문화

- S대리가 조직문화에 참여하므로 i)의 대우인 '조직문화 → ~혁신역량강화'에 따라 혁신역량강화에 참여하지 않는다. 그러므로 iii)에 따라 미래가치교육에 참여한다.
- 일과 가정의 경우 참여와 불참 모두 가능하지만, S대리는 최대한 참여하므로 일과 가정에 참여한다.

• ⅳ)에 따라 전략적 결정, 조직융합전략 중 1개의 프로그램에 참여할 것임을 알 수 있다.

따라서 S대리는 조직문화, 미래가치교육, 일과 가정 그리고 전략적 결정 혹은 조직융합전략에 참여하므로 최대 4개의 프로그램에 참여한다.

오답분석

① S대리는 조직문화, 미래가치교육에 반드시 참여하며, 전략적 결정과 조직융합전략 중 한 가지 프로그램에 반드시 참여하므로 최소 3개의 프로그램에 참여한다.

③ S대리는 조직문화에 참여하므로 ⅳ)에 따라 전략적 결정과 조직융합전략 중 한 가지에만 참여 가능하다.

④ S대리는 혁신역량강화에 참여하지 않으며, 일과 가정 참여 여부는 알 수 없다.

⑤ S대리의 전략적 결정 참여 여부와 일과 가정 참여 여부는 상호 무관하다.

04

정답 ⑤

제시된 조건에 따라 선반에 놓여 있는 사무용품을 정리하면 다음과 같다.

5층	보드마카, 접착 메모지
4층	스테이플러, 볼펜
3층	2공 펀치, 형광펜
2층	서류정리함, 북엔드
1층	인덱스 바인더, 지우개

따라서 보드마카와 접착 메모지는 가장 높은 층인 5층 선반에 놓여 있다.

05

정답 ②

제시된 결과를 정리하면 'A대리 > B사원 > C과장 > D사원', 'G사원 > F대리 > B사원 / E부장', 'E부장은 가장 낮은 점수를 받지 않았다'는 것이다. 첫 번째와 두 번째 정리에 따르면 B사원보다 높은 사람은 A대리, G사원, F대리 3명이고, B사원보다 낮은 사람은 C과장, D사원 2명이므로, B사원을 4등과 5등에 두면 각각 다음과 같은 경우가 나온다.

ⅰ) B사원이 4등일 때(6가지 경우)

1등	2등	3등	4등	5등	6등	7등
G사원	F대리	A대리	B사원	C과장	E부장	D사원
G사원	F대리	A대리	B사원	E부장	C과장	D사원
G사원	A대리	F대리	B사원	E부장	C과장	D사원
G사원	A대리	F대리	B사원	C과장	E부장	D사원
A대리	G사원	F대리	B사원	E부장	C과장	D사원
A대리	G사원	F대리	B사원	C과장	E부장	D사원

ⅱ) B사원이 5등일 때(4가지 경우)

1등	2등	3등	4등	5등	6등	7등
G사원	F대리	E부장	A대리	B사원	C과장	D사원
G사원	F대리	A대리	E부장	B사원	C과장	D사원
G사원	A대리	F대리	E부장	B사원	C과장	D사원
A대리	G사원	F대리	E부장	B사원	C과장	D사원

따라서 C과장이 5등일 때, B사원이 4등이다.

오답분석

① B사원이 4등이면 G사원은 2등도 될 수 있다.

③ B사원이 4등일 때, E부장은 5등 또는 6등이 될 수도 있다.

④ F대리가 3등일 때, A대리는 1등 또는 2등이 될 수 있다.

⑤ 등수를 확실히 알 수 있는 사람은 7등인 D사원 1명이다.

06

정답 ①

먼저 세 번째 조건에 따라 C주임은 아일랜드로 파견된다. 이때, 네 번째 조건의 후단이 거짓이 되므로 네 번째 조건이 참이 되기 위해서는 전단이 참이 되어야 한다. 따라서 E주임은 몽골로 파견되고, 첫 번째 조건의 대우에 따라 A대리는 인도네시아로 파견된다. A대리가 인도네시아로 파견되어 다섯 번째 조건의 전단이 거짓이기 때문에 다섯 번째 조건이 참이 되기 위해서는 후단이 참이어야 하므로 B대리는 우즈베키스탄에 파견되지 않는다. 마지막으로 두 번째 조건의 대우에 따라 B대리가 우즈베키스탄에 파견되지 않는다면 D주임 또한 뉴질랜드에 파견되지 않는다. 이를 정리하면 다음과 같다.

• A대리 : 인도네시아 파견 ○
• B대리 : 우즈베키스탄 파견 ×
• C주임 : 아일랜드 파견 ○
• D주임 : 뉴질랜드 파견 ×
• E주임 : 몽골 파견 ○

따라서 반드시 참인 것은 ㉠, ㉡이다.

07

정답 ④

• A<C<F
• E<□<D
• D<B
• □<A
• D<F<□
• E<□<C, C<□<E(E보다 큰 학생이 4명 이상으로 불가능)

주어진 조건에 따라 학생들의 키 순서를 정리하면 다음과 같다.

앞	6	5	4	3	2	1	뒤
	E	A	C	D	F	B	

따라서 C는 6명 중 4번째로 키가 큰 것을 알 수 있다.

08

정답 ①

각 지점에는 한 번에 한 명의 신입사원만 근무할 수 있으므로 제시된 조건에 따라 지점별 순환근무표를 정리하면 다음과 같다.

구분	강남	구로	마포	잠실	종로
1	A	B	C	D	E
2	B	C	D	E	A
3(현재)	C	D	E	A	B
4	D	E	A	B	C
5	E	A	B	C	D

따라서 E는 네 번째 순환근무 기간에 구로에서 근무할 예정이므로 ①은 항상 참이 된다.

오답분석

② C는 이미 첫 번째 순환근무 기간에 마포에서 근무하였다.
③ 강남에서 가장 먼저 근무한 사람은 A이다.
④ 세 번째 순환근무 기간을 포함하여 지금까지 강남에서 근무한 사람은 A, B, C이다.
⑤ 다음 순환근무 기간인 네 번째 기간에 잠실에서 근무할 사람은 B이다.

09

정답 ④

주어진 조건에 따라 확정적으로 알 수 있는 정보는 다음과 같다.

- 지영 : 보라색 공책, 다른 색 공책
- 미주 : 보라색 공책
- 수진 : 보라색 공책, 빨간색 공책

지영이는 보라색 공책 외에도 다른 색의 공책을 갖고 있으므로 지영이의 모든 공책이 책상 위에 있는 것은 아니다.

오답분석

① 미주가 가진 공책의 색상이 보라색인 것만 알 수 있을 뿐, 몇 권을 가지고 있는지는 알 수 없으므로 미주가 가진 모든 공책이 책상 위에 있다고 할 수 없다.
② 수진이는 보라색 공책 외에도 빨간색 공책을 가지고 있으며 책상 위에는 보라색 공책만 있으므로 수진이가 가진 모든 공책이 책상 위에 있다고 할 수 없다.
③ 지영이가 빨간색 공책을 갖고 있는지 확정할 수 없다.
⑤ 수진이가 보라색 공책과 빨간색 공책을 가지고 있다는 것은 추론할 수 있지만, 그 외에도 다른 색의 공책을 가지고 있을 수 있으므로 보라색 공책과 빨간색 공책만 가지고 있다고 할 수 없다.

10

정답 ④

K씨가 등록할 수 있는 월 ~ 토요일까지의 운동 스케줄은 다음과 같다.

구분	월	화	수	목	금	토
경우 1	리포머	바렐	체어	리포머	체어	리포머
경우 2	리포머	체어	바렐	리포머	체어	리포머
경우 3	리포머	체어	리포머	바렐	체어	리포머
경우 4	체어	리포머	바렐	리포머	체어	리포머
경우 5	바렐	리포머	체어	리포머	체어	리포머

먼저 K씨가 월요일부터 토요일까지 운동 스케줄을 등록할 때, 토요일에는 리포머 수업만 진행되므로 K씨는 토요일에 리포머 수업을 선택해야 한다.
금요일에는 체어 수업에 참여하므로 네 번째 조건에 따라 목요일에는 바렐 또는 리포머 수업만 선택할 수 있다. 그런데 K씨가 화요일에 바렐 수업을 선택한다면, 목요일에는 리포머 수업만 선택할 수 있다. 따라서 수요일에는 리포머 수업을 선택할 수 없으며, 반드시 체어 수업을 선택해야 한다.

월	화	수	목	금	토
리포머	바렐	체어	리포머	체어	리포머

오답분석

① 경우 2와 경우 3에 따라 옳은 내용이다.
② 경우 4에 따라 옳은 내용이다.
③ 경우 2에 따라 옳은 내용이다.
⑤ 경우 3에 따라 옳은 내용이다.

11

정답 ④

첫 번째 진술의 대우 명제는 '영희 또는 서희가 서울 사람이 아니면 철수 말이 거짓이다.'이다. 그러므로 서희가 서울 사람이 아니라면, 철수 말은 거짓이다. 또한 두 번째 진술에 의해, 창수와 기수는 서울 사람이다. 따라서 참·거짓을 판단할 수 없는 것은 ④이다.

12

정답 ④

갑과 병은 둘 다 참을 말하거나 거짓을 말하고, 을과 무의 진술이 모순이므로 둘 중 1명은 무조건 거짓말을 하고 있다. 만약 갑과 병이 거짓을 말하고 있다면 을과 무의 진술로 인해 거짓말을 하는 사람이 최소 3명이 되므로 조건에 맞지 않는다. 따라서 갑과 병은 모두 진실을 말하고 있으며, 정은 갑의 진술과 어긋나므로 거짓을 말하고 있다.
거짓을 말하고 있는 나머지 1명은 을 또는 무인데, 을이 거짓을 말하는 경우 무의 진술에 의해 갑·을·무는 함께 무의 집에 있었던 것이 되므로 정이 범인이고, 무가 거짓말을 하는 경우에도 갑·을·무는 함께 출장을 가 있었던 것이 되므로 역시 정이 범인이 된다.

13 정답 ③

'A세포가 있다.'를 p, '물체의 상을 감지하다.'를 q, 'B세포가 있다.'를 r, '빛의 유무를 감지하다.'를 s라 하면, 첫 번째, 두 번째, 마지막 명제는 각각 $p \rightarrow \sim q$, $\sim r \rightarrow q$, $p \rightarrow s$이다. 두 번째 명제의 대우와 첫 번째 명제에 따라 $p \rightarrow \sim q \rightarrow r$이 되어 $p \rightarrow r$이 성립하고, 마지막 명제가 $p \rightarrow s$가 되기 위해서는 $r \rightarrow s$가 추가로 필요하다. 따라서 빈칸에 들어갈 명제는 $r \rightarrow s$인 'B세포가 있는 동물은 빛의 유무를 감지할 수 있다.'이다.

14 정답 ⑤

낙서가 된 벽지는 모두 분홍색이므로, 분홍색 벽지의 집에는 벽에 낙서가 되어 있다. 따라서 빈칸에 들어갈 명제는 '분홍색 벽지의 어떤 집은 벽에 낙서가 되어 있다.'이다.

15 정답 ③

- 적극적임 → 활동량이 많음 → 잘 다침
- 적극적임 → 활동량이 많음 → 면역력이 강화됨
- 활동량이 많지 않음 → 적극적이지 않음 → 영양제를 챙겨먹음

따라서 ③은 추론할 수 없다.

오답분석

① 첫 번째 명제와 두 번째 명제의 대우를 통해 추론할 수 있다.
② 첫 번째 명제와 세 번째 명제를 통해 추론할 수 있다.
④ 두 번째 명제, 첫 번째 명제의 대우, 네 번째 명제를 통해 추론할 수 있다.
⑤ 두 번째 명제의 대우와 첫 번째 명제를 통해 추론할 수 있다.

16 정답 ②

- 깔끔한 사람 → 정리정돈을 잘함 → 집중력이 좋음 → 성과 효율이 높음
- 주변이 조용함 → 집중력이 좋음 → 성과 효율이 높음

따라서 ②는 추론할 수 없다.

오답분석

① 세 번째 명제와 첫 번째 명제를 통해 추론할 수 있다.
③ 세 번째 명제, 첫 번째 명제, 네 번째 명제를 통해 추론할 수 있다.
④ 두 번째 명제와 네 번째 명제를 통해 추론할 수 있다.
⑤ 네 번째 명제의 대우와 두 번째 명제의 대우를 통해 추론할 수 있다.

17 정답 ①

'커피를 마신다.'를 A, '치즈케이크를 먹는다.'를 B, '마카롱을 먹는다.'를 C, '요거트를 먹는다.'를 D, '초코케이크를 먹는다.'를 E, '아이스크림을 먹는다.'를 F라고 하면, '$C \rightarrow \sim D \rightarrow A \rightarrow B \rightarrow \sim E \rightarrow F$'가 성립한다. 따라서 ①은 참이다.

18 정답 ③

K씨는 2020년 상반기에 입사하였으므로 K씨의 사원번호 중 앞의 두 자리는 20이다. 또한 K씨의 사원번호는 세 번째와 여섯 번째 자리의 수가 같다고 하였으므로 세 번째와 여섯 번째 자리의 수를 x, 나머지 네 번째, 다섯 번째 자리의 수를 각각 y, z라고 하자.

첫 번째	두 번째	세 번째	네 번째	다섯 번째	여섯 번째
2	0	x	y	z	x

사원번호 여섯 자리의 합은 9이므로 $2+0+x+y+z+x=9$이다. 이를 정리하면 $2x+y+z=7$이다. K씨의 사원번호 자리의 수는 세 번째와 여섯 번째 자리의 수를 제외하고 모두 다르다는 것을 주의하며 1부터 대입해보면 다음과 같다.

구분	x	y	z
경우 1	1	2	3
경우 2	1	3	2
경우 3	2	0	3
경우 4	2	3	0
경우 5	3	0	1
경우 6	3	1	0

네 번째 조건에 따라 y와 z자리에는 0이 올 수 없으므로 경우 1, 경우 2만 성립하고 K씨의 사원번호는 '201231'이거나 '201321'이다.

오답분석

① '201321'은 가능한 사원번호이지만 문제에서 항상 참인 것을 고르라고 하였으므로 답이 될 수 없다.
② K씨의 사원번호는 '201231'이거나 '201321'이다.
④ 사원번호 여섯 자리의 합이 9가 되어야 하므로 K씨의 사원번호는 '211231'이 될 수 없다.
⑤ K씨의 사원번호 네 번째 자리의 수가 다섯 번째 자리의 수보다 작다면 '201231'과 '201321' 중 K씨의 사원번호로 적절한 것은 '201231'이다.

19 정답 ①

1명의 진술은 참이고 2명의 진술은 모두 거짓이라고 하였으므로 3명의 진술이 참인 경우를 각각 나누어 살펴보아야 한다.

i) 수민이의 진술이 참인 경우
수민이와 한별이는 농구장, 영수는 극장에 갔다. 수영장에 간 사람이 없으므로 모순이다.

ii) 한별이의 진술이 참인 경우
수민이와 한별이는 수영장 또는 극장에 갈 수 있고, 영수는 극장에 갔다. 농구장에 간 사람이 없으므로 모순이다.

iii) 영수의 진술이 참인 경우
영수가 극장에 가지 않았고 한별이가 농구장에 갔으므로 수민이는 극장, 영수는 수영장, 한별이는 농구장에 갔다.

따라서 수민이는 극장에, 한별이는 농구장에, 영수는 수영장에 갔다.

20

정답 ④

먼저, 갑이나 병이 짜장면을 시켰다면 진실만 말해야 하는데, 다른 사람이 짜장면을 먹었다고 말할 경우 거짓을 말한 것이 되므로 모순이 된다. 따라서 짜장면을 시킨 사람은 을 또는 정이다.

i) 을이 짜장면을 주문한 경우
병은 짬뽕, 정은 우동을 시키고 남은 갑이 볶음밥을 시킨다. 이 경우 갑이 한 말은 모두 거짓이고, 병과 정은 진실과 거짓을 1개씩 말하므로 모든 조건이 충족된다.

ii) 정이 짜장면을 주문한 경우
을은 짬뽕, 갑은 볶음밥, 병은 우동을 시킨다. 이 경우 갑은 진실과 거짓을 함께 말하고, 을과 병은 거짓만 말한 것이 되므로 모순이 된다. 따라서 정은 짜장면을 주문하지 않았다.

따라서 갑은 볶음밥을, 을은 짜장면을, 병은 짬뽕을, 정은 우동을 주문했다.

제5영역 수열추리

01	02	03	04	05	06	07	08	09	10
②	④	②	⑤	⑤	②	③	②	②	①
11	12	13	14	15	16	17	18	19	20
①	①	④	③	④	③	③	④	①	④

01

정답 ②

정수 부분은 1^2, -3^2, 5^2, …, 분모는 5^2-5, 7^2-5, 9^2-5, …, 분자는 (분모)-11, (분모)-12, (분모)-13, …인 수열이다.

따라서 ( )$=-7^2\left\{\frac{(11^2-5)-14}{11^2-5}\right\}=-49\frac{102}{116}$ 이다.

02

정답 ④

정수 부분은 $\times 2-4$, 분자는 $\times 2+3$, 분모는 $\times 3-2$인 수열이다.

따라서 ( )$=(12\times 2-4)\left(\frac{29\times 2+3}{55\times 3-2}\right)=20\frac{61}{163}$ 이다.

03

정답 ②

홀수 항은 정수 부분은 $+1$, 분자는 $+3$, 분모는 $+5$이고, 짝수 항은 정수 부분은 $+3$, 분자는 $+5$, 분모는 $+7$인 수열이다.

따라서 ( )$=(6+1)\left(\frac{14+3}{22+5}\right)=7\frac{17}{27}$ 이다.

04

정답 ⑤

분자는 $+8$, $+12$, $+16$, …, 분모는 $+2$인 수열이다.

따라서 ( )$=\frac{13+12}{5+2}=\frac{25}{7}$ 이다.

05

정답 ⑤

홀수 항은 분자는 $+11$, 분모는 $\times 2$이고, 짝수 항은 $\left(\frac{10}{3}\right)^1$, $\left(\frac{10}{3}\right)^2$, $\left(\frac{10}{3}\right)^3$, …인 수열이다.

따라서 ( )$=\frac{41+11}{40\times 2}=\frac{52}{80}$ 이다.

06

정답 ②

앞의 항에 $\times\frac{3}{4}$, -1이 반복되는 수열이다.

따라서 ( )$=\frac{3}{80}-1=-\frac{77}{80}$이다.

07

정답 ③

홀수 항은 $+1.23$, $+2.34$, $+3.45$, $\cdots$, 짝수 항은 $+9.87$, $+8.76$, $+7.65$, $\cdots$인 수열이다.
따라서 ( )$=28.5+7.65=36.15$이다.

08

정답 ②

(소수의 제곱)$\times0.1$인 수열이다.
따라서 ( )$=13^2\times0.1=16.9$이다.

09

정답 ②

앞의 항에 $\times2$, -1, $\times4$, -2, $\times6$, -3, $\cdots$인 수열이다.
따라서 ( )$=6-2=4$이다.

10

정답 ①

앞의 항에 $\times7-1$, $\times7$, $\times7+1$, $\times7+2$, $\cdots$인 수열이다.
따라서 ( )$=0.2\times7-1=0.4$이다.

11

정답 ①

나열된 수를 각각 A, B, C, D라고 하면
$\underline{A\ B\ C\ D} \rightarrow A\times B=C+D$
따라서 ( )$=(10+2)\div4=3$이다.

12

정답 ①

나열된 수를 각각 A, B, C, D라고 하면
$\underline{A\ B\ C\ D} \rightarrow A+B=C+D$
따라서 ( )$=9+4-3=10$이다.

13

정답 ④

나열된 수를 각각 A, B, C라고 하면
$\underline{A\ B\ C} \rightarrow A+B=-2C$
따라서 ( )$=(-13)\times(-2)-(-4)=30$이다.

14

정답 ③

나열된 수를 각각 A, B, C라고 하면
$\underline{A\ B\ C} \rightarrow (A+B)\times2=C$
따라서 ( )$=(2+4)\times2=12$이다.

15

정답 ④

1.1^2+1, 1.3^2+2, 1.5^2+3, 1.7^2+4, $\cdots$인 수열이다.
$\therefore$ $A=1.7^2+4=6.89$, $B=2.7^2+9=16.29$
따라서 $5(B-A)=5\times(16.29-6.89)=47$이다.

16

정답 ③

(앞의 항)$-$(뒤의 항)$=$(다음 항)인 수열이다.
$\therefore$ $A=466-178=288$, $B=42-26=16$
따라서 $\frac{A}{B}=\frac{288}{16}=18$이다.

17

정답 ③

1^2, $(1+1)^2$, $(1+1+2)^2$, $(1+1+2+3)^2$, $\cdots$인 수열이다.
$\therefore$ $A=(7+4)^2=121$, $B=(29+8)^2=1{,}369$
따라서 $B-9A=1{,}369-9\times121=280$이다.

18

정답 ④

제시된 수열은 홀수 항은 $+2$, $+4$, $+8$, $\cdots$이고, 짝수 항은 $+7$인 수열이므로 수열의 일반항을 a_n이라고 하면 다음과 같다.

- $a_{10}=24+7=31$
- $a_{12}=31+7=38$
- $a_{14}=38+7=45$
- $a_{16}=45+7=52$
- $a_{18}=52+7=59$
- $a_{20}=59+7=66$
- $a_{22}=66+7=73$

따라서 22번째 항의 값은 73이다.

19

정답 ①

제시된 수열은 홀수 항은 $\times(-2)$, 짝수 항은 바로 직전 항에 $+3$인 수열이므로 수열의 일반항을 a_n이라고 하면 다음과 같다.

- $a_9=-40\times(-2)=80$
- $a_{11}=80\times(-2)=-160$
- $a_{13}=-160\times(-2)=320$
- $a_{15}=320\times(-2)=-640$
- $a_{17}=-640\times(-2)=1,280$
- $a_{19}=1,280\times(-2)=-2,560$
- $a_{20}=-2,560+3=-2,557$

따라서 20번째 항의 값은 $-2,557$이다.

20

정답 ④

제시된 수열은 $+11$, -22, $+33$, -44, …인 수열이므로 수열의 일반항을 a_n이라고 하면 다음과 같다.

- $a_8=603+77=680$
- $a_9=680-88=592$
- $a_{10}=592+99=691$
- $a_{11}=691-110=581$
- $a_{12}=581+121=702$
- $a_{13}=702-132=570$
- $a_{14}=570+143=713$
- $a_{15}=713-154=559$
- $a_{16}=559+165=724$

따라서 16번째 항의 값은 724이다.

SK그룹 SKCT 온라인 역량검사

4일 차 기출응용 모의고사 정답 및 해설

제 1 영역 언어이해

01	02	03	04	05	06	07	08	09	10
④	③	②	④	③	③	⑤	④	③	③
11	**12**	**13**	**14**	**15**	**16**	**17**	**18**	**19**	**20**
②	②	④	②	②	③	⑤	⑤	③	③

01

정답 ④

각 경우에 따른 한국과 다른 회원국의 이익을 정리하면 다음과 같다.

구분	다른 회원국이 협조하는 경우		다른 회원국이 비협조하는 경우	
	한국	회원국	한국	회원국
A안	30억	230억	0	150억
B안	20억	200억	10억 손실	180억

따라서 다른 회원국의 비협조를 가정할 경우 한국은 손실보다는 현상유지를 할 수 있는 A안을 선택해야 하므로 ④는 적절하지 않다.

오답분석

① A안이 선택된 경우 다른 회원국들의 협조가 없다면 한국이 얻을 수 있는 경제적 이익은 없다.
② A안이 선택되어 협조하는 경우 총 이득이 260억으로, 협조하지 않는 경우의 150억보다 이득을 더 많이 창출하므로 회원국들이 협조할 것으로 예상할 수 있다.
③ 한국의 입장에서는 다른 회원국들이 협조할 것으로 판단되면 30억의 이득을 볼 수 있는 A안을 선택해야 한다.
⑤ 회원국의 협조를 가정할 경우 A안은 총 260억, B안은 총 220억의 이득을 내므로 ASEM은 A안을 선택할 것이다.

02

정답 ③

제시문에 따르면 임마누엘 칸트는 단순히 이 세상의 행복을 얻으려는 욕심의 지배를 받아 이를 실천의 원리로 삼는 것을 악으로 규정했을 뿐, 행복 그 자체를 악으로 판단하진 않았으므로 ③이 제시문의 내용으로 적절하지 않다.

03

정답 ②

수박을 고를 때 소리로 확인하는 것이 어렵다면 배꼽을 확인하였을 때 작은 것이 잘 익은 수박일 가능성이 높다.

04

정답 ④

제시문의 마지막 문단에 따르면 비트코인은 인터넷 환전 사이트에서 구매 가능하며, 현금화할 수 있다.

오답분석

①·③ 다섯 번째 문단을 통해 확인할 수 있다.
② 네 번째 문단을 통해 확인할 수 있다.
⑤ 세 번째 문단을 통해 확인할 수 있다.

05

정답 ③

제시문은 청소년기 영양 섭취의 중요성과 우리나라 학생들의 식습관 실태에 대해 설명하는 내용의 글이다. 따라서 (나) 입시 준비를 잘하기 위해서는 체력이 관건임 – (가) 좋은 체력을 위해서는 규칙적인 생활 관리와 알맞은 영양 공급이 필수적이며 특히 청소년기에는 좋은 영양 상태를 유지하는 것이 중요함 – (다) 그러나 우리나라 학생들의 식습관을 살펴보면 충분한 영양 섭취가 이루어지지 못하고 있음의 순으로 나열하는 것이 적절하다.

06

정답 ③

제시문은 자연 개발에 대한 찬반 입장과 두 입장을 모두 비판하는 주장을 소개하는 내용의 글이다. 따라서 (다) 자연 개발에 상반된 주장이 대두 – (나) 자연에 손을 대는 것이 불가피하다는 입장 – (가) 자연에 손을 대는 것을 반대하는 입장 – (라) 두 주장을 모두 비판하는 입장의 순으로 나열하는 것이 적절하다.

07

정답 ⑤

태초의 자연은 인간과 균형적인 관계로, 서로 소통하고 공생할 수 있었으나 기술의 발달로 인간은 자연을 정복하고 자연에게 폭력을 행사했다. 그러나 이는 인간과 자연 양쪽에게 해가 되는 일이므로 힘의 균형을 통해 대칭적인 관계를 회복해야 한다는 것이 제시문의 중심 내용이다. 따라서 제시문에 이어질 내용으로는 그 대칭적인 관계를 회복하기 위한 방법이 적절하다.

08

정답 ④

'소비자 책임 부담 원칙'은 소비자를 이성적인 존재로 상정하며, 소비자의 선택이 자유로움을 전제로 한다. 따라서 실제로는 소비자가 자유로운 선택을 하기 어렵다는 주장을 통해 반박할 수 있다.

오답분석

① 소비자는 소비 생활에 필요한 상품의 성능, 가격, 판매 조건 등의 정보를 광고에서 얻을 수 있기 때문에 도움이 되지 않는 것은 아니다.

②·③·⑤ 제시문의 주장과 일치한다.

09

정답 ③

제시문은 고전 범주화 이론에 바탕을 두고 있는 성분 분석 이론이 단어의 의미를 충분히 설명하지 못한다는 것을 말하고 있는 글이지 '새' 자체가 주제인 것은 아니다. 따라서 주제로 '고전 범주화 이론의 한계'가 적절하다.

오답분석

①·④·⑤ '새'가 계속 언급되는 것은 고전적인 성분 분석의 예로서 언급되는 것이기 때문에 주제가 될 수 없다.

② 성분 분석 이론의 바탕은 고전 범주화 이론이고, 이는 너무 포괄적이기 때문에 주제가 될 수 없다.

10

정답 ③

빈칸 앞뒤 문맥의 의미에 따라 제시문의 내용을 추론하면 기업주의 이익추구에 따른 병폐가 우리 소비자에게 간접적으로 전해진다는 것이다. 따라서 빈칸에 들어갈 내용으로 ③이 가장 적절하다.

11

정답 ②

제시문에서는 아이들이 어른에게서보다 어려운 문제 해득력이나 추상력을 필요로 하지 않는 텔레비전을 통해서 더 많은 것을 배우므로 어린이나 젊은이들에게서 어른에 대한 두려움이나 존경을 찾기 어렵다고 주장한다. 이러한 주장에 대한 반박으로는 아이들은 텔레비전보다 학교의 선생님이나 친구들과 더 많은 시간을 보내고, 텔레비전이 아이들에게 부정적 영향만 끼치는 것은 아니며, 아이들의 그러한 행동에 영향을 미치는 다른 요인이 있다는 것이 적절하다. 따라서 텔레비전이 인간의 필요성을 충족시킨다는 내용의 ②는 제시문의 주장에 대한 반박으로 적절하지 않다.

12

정답 ②

제시문에서는 외래어가 국어에 들어오면 국어의 음운적 특징에 따라 외국어 원래의 발음이나 운율적 자질을 잃어버린다고 하였으나, 우리말의 로마자 표기를 실제 우리말 발음과 다르게 읽어야 함을 암시하는 대목은 없다.

13

정답 ④

제시문은 세계 대공황의 원인으로 작용한 '보이지 않는 손'과 그에 대한 해결책으로 새롭게 등장한 케인스의 '유효수요이론'을 설명하고 있다. 따라서 주제로 '세계 대공황의 원인과 해결책'인 ④가 가장 적절하다.

오답분석

①·② 유효수요이론은 해결책 중 하나로 언급되었으며, 일부에 지나지 않으므로 글 전체의 주제가 될 수 없다.

③ 세이 법칙의 이론적 배경에 대한 내용은 없다.

⑤ 고전학파 경제학자들이 주장한 '보이지 않는 손'은 세계 대공황의 원인에 해당하는 부분이므로 글 전체의 주제가 될 수 없다.

14

정답 ②

갑은 노키즈존의 운영에 대하여 반대, 을은 찬성하는 입장이다. 따라서 갑과 을의 주장을 도출할 수 있는 가장 적절한 질문은 ②이다.

15

정답 ②

제시문은 애덤 스미스의 '보이지 않는 손'에 대해 반박하기 위해 정부가 개인의 이익 활동을 제한하지 않으면 발생할 수 있는 문제점을 예를 들어 설명하고 있다. 수용 한계가 넘은 상황에서 개인의 이익을 위해 상대방의 이익을 침범한다면, 상대방도 자신의 이익을 늘리기 위해 사육 두수를 늘릴 것이다. 이러한 상황이 장기화된다면 두 번째 문단에서 말했던 것과 같이 목초가 줄어들어 그 목초지에서 양을 키워 얻을 수 있는 전체 생산량이 줄어든다. 따라서 ㉠은 '농부들의 총이익은 기존보다 감소할 것이다.'이고 ㉡은 '한 사회의 전체 이윤이 감소하는' 결과를 초래한다는 내용이 들어가는 것이 적절하다.

16

정답 ③

제시문은 인간에게 어떠한 이익을 주는가에 초점을 맞춰 생물 다양성의 가치를 논하고 있다. 즉, 인간 자신의 이익을 위해 생물 다양성을 보존해야 한다는 것이다. 따라서 ③과 같이 제시문의 인간 중심적인 시각을 비판하는 것이 적절하다.

오답분석

① 마지막 문단에 문제 해결의 구체적 실천 방안이 제시되었다.

② 생물 다양성의 경제적 가치뿐만 아니라 생태적 봉사 기능, 학술적 가치 등을 설명하며 동등하게 언급하였다.

④ 자연을 우선시하고 있지는 않지만, 마지막 문단에서 인간 중심에 따른 생태계 파괴의 문제를 지적하고 보존 대책을 제시하는 등 인간과 자연이 공존할 수 있는 길을 모색하고 있다.

⑤ 제시문에서는 인간과 자연을 대립 관계로 보는 시각이 드러나 있지 않다.

17

정답 ⑤

두 번째 문단 첫 번째 문장에서 언급되고 있다.

오답분석

① 간디는 인간적 규모를 넘어선 거대 기계의 인간 소외 현상에 주목했지만, 기계 자체를 반대한 적은 없다.
② 거대 기계는 그 자체로 비인간화와 억압의 구조를 강화하기 쉽다고 하였다.
③ 근대 산업 문명은 사람들의 정신을 병들게 하고 내면적인 평화와 명상의 생활을 불가능하게 만든다.
④ 간디는 경제 성장이 참다운 인간의 행복에 기여한다고 생각하지 않았다.

18

정답 ⑤

지방이 각종 건강상의 문제를 일으키는 것은 지방을 섭취하는 인간의 자기 관리가 허술했기 때문이며, 좋고 나쁜 지방을 분별력 있게 가려 먹는다면 걱정할 필요가 없다는 것을 마지막 문단을 통해 알 수 있다.

19

정답 ③

세 번째 문단에 따르면 종교적·주술적 성격의 동물은 대개 초자연적인 강대한 힘을 가지고 인간 세계를 지배하거나 수호하는 신적인 존재이다.

오답분석

① 미술 작품 속에 등장하는 동물에는 해태나 봉황 등 인간의 상상에서 나온 동물도 적지 않다.
② 미술 작품에 등장하는 동물은 성격에 따라 구분할 수 있으나, 이 구분은 엄격한 것이 아니다.
④ 신의 위엄을 뒷받침하고 신을 도와 치세의 일부를 분담하기 위해 이용되는 동물들은 현실 이상의 힘을 가진다.
⑤ 인간의 이지가 발달함에 따라 신적인 기능이 감소한 종교적·주술적 동물은 신이 아닌 인간에게 봉사하는 존재로 전락한다.

20

정답 ③

상업적 성공을 바탕으로 매너리즘에 빠진 할리우드 영화는 이를 극복하기 위해 엉성한 이야기 구조와 구성 방식, 실험 정신을 특징으로 하는 누벨바그의 창의적 시도를 받아들였다는 내용을 통해 ③이 제시문의 내용으로 적절함을 알 수 있다.

제2영역 자료해석

01	02	03	04	05	06	07	08	09	10
⑤	⑤	①	③	④	②	④	⑤	②	②
11	12	13	14	15	16	17	18	19	20
①	⑤	②	④	②	④	①	④	⑤	⑤

01

정답 ⑤

작년 전체 실적은 $45+50+48+42=185$억 원이며, $1\sim2$분기와 $3\sim4$분기의 실적 비중은 각각 다음과 같다.

- $1\sim2$분기 비중 : $\frac{45+50}{185}\times100 \fallingdotseq 51.4\%$
- $3\sim4$분기 비중 : $\frac{48+42}{185}\times100 \fallingdotseq 48.6\%$

따라서 바르게 짝지은 것은 ⑤이다.

02

정답 ⑤

절도 발생 건수의 추이를 살펴보면 매년 증가와 감소를 반복한다. 따라서 빈칸에는 155,393보다 큰 숫자가 들어가야 하므로 답은 ⑤이다.

03

정답 ①

면세유류는 1990년부터 사용량이 계속 증가하였고, 2020년에는 가장 높은 비율을 차지하였다.

오답분석

② 일반자재는 2010년까지 증가한 이후 2020년에 감소하였다.
③ 제시된 자료만 보고 2020년 이후의 상황은 알 수 없다.
④ 2000년에는 배합사료, 2020년에는 면세유류가 가장 높은 비율을 차지하였다.
⑤ 배합사료는 증가와 감소를 반복하였으나, 농기계는 1990년까지 비율이 증가한 이후 2000년부터 증가와 감소를 반복하였다.

04

정답 ③

2017년 대비 2023년에 발생률이 증가한 암은 폐암, 대장암, 유방암인 것을 알 수 있다.

오답분석

① 제시된 자료를 통해 위암의 발생률은 점차 감소하다가 2022년부터 다시 증가하는 것을 알 수 있다.
② 제시된 자료를 통해 알 수 있다.
④ 2023년에 위암으로 죽은 사망자 수를 알 수 없으므로 옳지 않은 설명이다.

⑤ 전년 대비 2023년 암 발생률 증가폭은 다음과 같다.
- 위암 : 24.3−24.0=0.3%p
- 간암 : 21.3−20.7=0.6%p
- 폐암 : 24.4−22.1=2.3%p
- 대장암 : 8.9−7.9=1.0%p
- 유방암 : 4.9−2.4=2.5%p
- 자궁암 : 5.6−5.6=0%p

폐암의 발생률은 계속적으로 증가하고 있지만, 전년 대비 2023년 암 발생률 증가폭은 유방암의 증가폭이 더 크므로 옳지 않은 설명이다.

05

정답 ④

- 이주임 : 2021년 부채는 4,072백만 원, 2022년 부채는 3,777백만 원으로, 2022년 전년 대비 감소율은 $\frac{4,072-3,777}{4,072}\times100$ ≒7.2%이다.
- 박사원 : 자산 대비 자본의 비율은 2021년에 $\frac{39,295}{44,167}\times100$ ≒89.0%이고, 2022년에 $\frac{40,549}{44,326}\times100$ ≒91.5%로 증가하였으므로 옳다.

오답분석

- 김대리 : 2020년부터 2022년까지 당기순이익의 전년 대비 증감 방향은 '증가 – 증가 – 증가'이나, 부채의 경우 '증가 – 증가 – 감소'이므로 옳지 않다.
- 최주임 : 2021년의 경우 부채비율이 전년과 동일하므로 옳지 않다.

06

정답 ②

연도별 아동복지시설과 여성복지시설의 의료진 수의 차이는 각각 다음과 같다.
- 2019년 : 45,088−1,842=43,246명
- 2020년 : 48,212−2,112=46,100명
- 2021년 : 49,988−2,329=47,659명
- 2022년 : 50,218−2,455=47,763명
- 2023년 : 52,454−2,598=49,856명

따라서 아동복지시설과 여성복지시설의 의료진 수의 차이는 매년 증가하고 있다.

오답분석

① 2019년부터 2023년까지 의료진 수가 많은 순대로 나열하면 '아동복지시설 – 노인복지시설 – 장애인복지시설 – 여성복지시설 – 정신요양시설 – 노숙인복지시설' 순으로 매년 동일하다.

③ • 2021년 아동복지시설의 의료진 수 : 49,988명
 • 2021년 아동복지시설 외의 의료진 수
 : 59,897−49,988=9,909명

따라서 아동복지시설의 의료진 수는 아동복지시설 외의 의료진 수의 약 49,988÷9,909≒5.0배이다.

④ 2020 ~ 2023년의 전년 대비 의료진 수 증가율은 각각 다음과 같다.
- 2020년 : $\frac{56,988-52,800}{52,800}\times100$ ≒7.9%
- 2021년 : $\frac{59,897-56,988}{56,988}\times100$ ≒5.1%
- 2022년 : $\frac{61,538-59,897}{59,897}\times100$ ≒2.7%
- 2023년 : $\frac{64,796-61,538}{61,538}\times100$ ≒5.3%

따라서 전년 대비 의료진 수 증가율이 가장 큰 해는 2020년이다.

⑤ 2019 ~ 2023년의 노인복지시설 의료진 수 대비 장애인복지시설 의료진 수의 비율은 각각 다음과 같다.
- 2019년 : $\frac{1,949}{2,584}\times100$ ≒75.4%
- 2020년 : $\frac{2,332}{2,924}\times100$ ≒79.8%
- 2021년 : $\frac{2,586}{3,332}\times100$ ≒77.6%
- 2022년 : $\frac{2,981}{3,868}\times100$ ≒77.1%
- 2023년 : $\frac{3,355}{4,102}\times100$ ≒81.8%

따라서 노인복지시설 의료진 수 대비 장애인복지시설 의료진 수의 비율은 2023년에 처음으로 80%를 넘었다.

07

정답 ④

㉣ 농가 소득 중 농업 이외 소득이 차지하는 비율은 각각 다음과 같다.
- 2018년 : $\frac{22,023}{32,121}\times100$ ≒68.56%
- 2019년 : $\frac{21,395}{30,148}\times100$ ≒70.97%
- 2020년 : $\frac{21,904}{31,031}\times100$ ≒70.59%
- 2021년 : $\frac{24,489}{34,524}\times100$ ≒70.93%
- 2022년 : $\frac{24,647}{34,950}\times100$ ≒70.52%
- 2023년 : $\frac{25,959}{37,216}\times100$ ≒69.75%

따라서 매년 증가하지 않는다.

㉤ $\frac{11,257-10,303}{10,303}\times100$ ≒9.26%이므로 10%를 넘지 않는다.

오답분석

㉠ 제시된 자료를 통해 확인할 수 있다.

㉡ 농가 수 그래프에서 감소폭이 큰 것은 2022년과 2023년인데, 2022년에는 21천 호가 줄고, 2023년에는 41천 호가 줄었으므로 전년 대비 농가 수가 가장 많이 감소한 해는 2023년이다.

㉢ 2018년 대비 2023년 농가 인구의 감소율은 $\frac{3,063-2,769}{3,063}\times 100 \fallingdotseq 9.6\%$이다.

08 정답 ⑤

전년 대비 업체 수가 가장 많이 증가한 해는 103개소가 증가한 2022년이며, 생산금액이 가장 많이 늘어난 해는 402,017백만 원이 증가한 2023년이다.

오답분석

① 증감률 전체 총합이 27.27%이며, 이를 7로 나누면 약 3.89%이다.

② 품목 수의 증감률은 업체 수에 비해 한 해(2023년)만 뒤처져 있으며 그 외에는 모두 앞서고 있다.

③ 2020 ~ 2023년 사이 운영인원의 증감률 추이와 품목 수의 증감률 추이는 '증가 – 증가 – 증가 – 감소'로 같다.

④ 조사기간 동안 업체 수는 해마다 증가했으며, 품목 수도 꾸준히 증가했다.

09 정답 ②

연도별 중국의 의료 빅데이터 예상 시장 규모의 전년 대비 성장률은 각각 다음과 같다.

구분	성장률(%)
2017년	–
2018년	56.3
2019년	90.0
2020년	60.7
2021년	93.2
2022년	64.9
2023년	45.0
2024년	35.0
2025년	30.0
2026년	30.0

따라서 옳은 그래프는 ②이다.

10 정답 ②

가입 대수는 매년 증가하지만 증가량이 매년 감소하고 있으므로 옳다.

오답분석

① 2022년까지는 A사가 1등, B사가 2등이었지만, 2023년에는 B사가 1등, A사가 2등이다.

③ 전체 인구의 감소는 제시된 자료로는 알 수 없다.

④ 2023년 데이터 매출액 증가율은 $\frac{9-7}{7}\times 100 \fallingdotseq 28.6\%$이다.

⑤ A사의 2024년 1 ~ 9월까지의 월평균 매출액은 $2,709\div 9=301$백만 달러이다. 그러므로 10 ~ 12월 동안 월평균 매출액을 유지한다면 2024년 매출액은 $2,709+301\times 3=3,612$백만 달러일 것이다. 따라서 매출액은 2024년에 2023년보다 감소할 것이다.

11 정답 ①

오답분석

㉣ 여성의 비만율은 2022년에 증가하고 있다.

㉤ 남성의 월평균 음주율의 증감 추이는 '증가 – 증가 – 증가'이고, 비만율의 증감 추이는 '감소 – 증가 – 증가'로 동일하지 않다.

12 정답 ⑤

2022년에 서울과 경남의 등락률이 상승했고, 2021년에 제주의 등락률이 상승했다.

오답분석

① 2020년부터 부산의 등락률은 2.4 → 1.5 → 1.3 → 0.8%로 하락하고 있다.

② 2022년에 등락률이 가장 높은 곳은 등락률이 1.6인 서울이다.

③ 2023년에 충북은 등락률이 −0.1%로 가장 낮다.

④ 2020년에 경남은 제주의 1.2%에 이어 1.9%로 등락률이 두 번째로 낮다.

13 정답 ②

㉠ 제시된 자료를 통해 쉽게 확인할 수 있다.

㉢ 노령화지수는 [(65세 이상 인구)÷(0 ~ 14세 인구)]×100이므로 65세 이상 인구가 1,000만, 0 ~ 14세 인구가 900만이면, [(1,000만)÷(900만)]×100=111.11%이다.

오답분석

㉡ 2016년부터 2030년까지 노령화지수가 높아지고 있으므로 0 ~ 14세 인구보다 65세 이상 인구가 늘어난다는 것을 알 수 있다.

㉣ 1980년의 노령화지수는 노년부양비보다 1.8배 정도 큰데, 2040년에는 노령화지수가 노년부양비보다 5.5배 정도 크다. 따라서 노령화지수 증가율이 노년부양비 증가율보다 높다는 것을 알 수 있다.

14
정답 ④

2015 ~ 2019년 동안 전통사찰로 지정 등록된 수의 평균을 구하면 다음과 같다.

$(17+15+12+7+4)\div5=11$

따라서 구하고자 하는 평균은 11개소이다.

오답분석

① 2023년 전통사찰 지정등록 수는 2022년보다 증가했다.
② 전년(2016년) 대비 오히려 감소했다.
③ 제시된 자료만으로는 전통사찰 총등록현황을 알 수 없다.
⑤ 2017년 전년 대비 지정등록 감소폭은 3개소, 2021년은 2개소이다.

15
정답 ②

2020년의 전년 대비 가격 상승률은 $\frac{230-200}{200}\times100=15\%$이고, 2023년도의 전년 대비 가격상승률은 $\frac{270-250}{250}\times100=8\%$이므로 옳지 않다.

오답분석

① 인건비는 55 → 64 → 72 → 85 → 90만 원으로 꾸준히 증가했다.
③ 재료비와 수익 모두 '증가 – 감소 – 증가 – 증가'이므로 증감 추이는 같다.
④ 재료비와 인건비 모두 '증가 – 증가'이므로 증감 추이는 같다.
⑤ 재료비의 상승폭은 2022년도에 11(99 → 110)만 원으로 가장 큰데, 2022년에는 가격의 상승폭도 35(215 → 250)만 원으로 가장 크다.

16
정답 ④

2019 ~ 2023년 동안 투자액이 전년 대비 증가한 해의 증가율은 다음과 같다.

• 2019년 : $\frac{125-110}{110}\times100\fallingdotseq13.6\%$
• 2021년 : $\frac{250-70}{70}\times100\fallingdotseq257\%$
• 2022년 : $\frac{390-250}{250}\times100=56\%$

따라서 2021년에 전년 대비 증가율이 가장 높다.

오답분석

①·② 제시된 자료를 통해 확인할 수 있다.
③ 2018년과 2021년 투자건수의 합(8+25=33건)은 2023년 투자건수(63건)보다 작다.
⑤ 투자건수의 전년 대비 증가율은 2023년에 $\frac{63-60}{60}\times100=5\%$로 가장 낮다.

17
정답 ①

오답분석

② 10세 남녀 체중 모두 그래프의 수치가 자료보다 높다.
③ 4 ~ 5세 남자 표준 키 수치가 자료보다 낮다.
④ 12 ~ 13세 여자 표준 키 및 체중이 자료보다 높다.
⑤ 11 ~ 13세의 바로 전 연령 대비 남자 표준 키의 차가 자료보다 낮다.

18
정답 ④

학력이 높을수록 도덕적 제재를 선호하는 비중이 증가한다.

오답분석

① 65.7−59.3=6.4%p이므로 초졸 이하의 준법의식이 대학 재학 이상보다 6.4%p 더 높다.
② 학력과는 무관하게 나타났다.
③ 대졸자와 중졸자의 응답자 수를 알 수 없으므로 판단할 수 없다.
⑤ 인터넷 여론조사는 인터넷 미사용층의 의견에 대해서는 알 수 없으므로 전 국민의 의견을 반영한다고 볼 수 없다.

19
정답 ⑤

1980년 대비 2015년 과실류의 재배면적 비중은 4배가 되었는데, 재배면적은 2배가 되었다면 전체 경지이용면적은 절반가량 감소해야 한다.

오답분석

① 2019년과 2020년의 전체 재배면적이 같을 때만 동일하므로 제시된 자료만으로 알 수 없다.
② 2010년 감귤은 $8.1\times0.156\fallingdotseq1.26\%$, 배추는 $14.1\times0.119\fallingdotseq1.68\%$이므로 배추의 재배면적이 넓다는 것을 알 수 있다.
③ 양파의 재배면적 비중은 계속 증가하고 있지만, 이 수치가 재배면적의 증가를 말하는 것은 아니다.
④ 1985년 사과와 감귤의 재배면적 비중은 54.1%이다. 따라서 다른 작물이 45% 이상이 될 수 있다.

20
정답 ⑤

전체 판매량 중 수출량은 2019년에서 2022년까지 매년 증가하였다.

오답분석

① 2017년과 2018년의 수출량은 제시된 자료에 나타나있지 않다.
② 전체 판매량이 가장 많은 해는 2022년이다.
③ 제시된 자료를 통해 2021년에서 2022년 사이 수출량은 약 50,000대에서 약 130,000대로 그 증가폭이 가장 컸음을 알 수 있다.
④ 전체 판매량은 2019년에서 2022년까지 매년 증가하였으나, 2023년에는 감소하였다.

제3영역 창의수리

01	02	03	04	05	06	07	08	09	10
②	②	②	③	⑤	③	④	③	③	⑤
11	12	13	14	15	16	17	18	19	20
③	④	②	⑤	④	④	③	④	②	②

01

정답 ②

배의 속력을 $x$km/h라고 하면, 강물을 거슬러 올라갈 때의 속력은 $(x-3)$km/h이다.
(거리)=(속력)×(시간)에 따라 $(x-3)\times 1=9$이므로, 배의 속력은 시속 12km이다.
강물을 따라 내려올 때의 속력은 시속 $12+3=15$km이고, 걸린 시간을 y시간이라고 하면 다음과 같은 식이 성립한다.

$15\times y=9$

$\therefore\ y=\frac{9}{15}$

따라서 강물을 따라 내려올 때 걸리는 시간은 $\frac{9}{15}$시간=36분이다.

02

정답 ②

용질이 녹아있는 용액의 농도에 대해 다음과 같은 식이 성립한다.

$(\text{농도})=\frac{(\text{용질의 양})}{(\text{용액의 양})}\times 100$

농도는 25%이고, 코코아 분말이 녹아있는 코코아 용액은 700mL이므로, 코코아 분말의 양은 $700\times 0.25=175$mL이다.
따라서 코코아 분말은 175g이 들어있음을 알 수 있다.

03

정답 ②

• 판매가 : $100\times 1.2=120$원
• 할인가 : $120\times 0.7=84$원
따라서 손실을 본 금액은 $100-84=16$원이다.

04

정답 ③

50,000원을 넘지 않으면서 사과를 최대로 구매한다면 다섯 상자($9{,}500\times 5=47{,}500$원)를 구매할 수 있다.
이때 나머지 금액 $50{,}000-47{,}500=2{,}500$원으로 낱개의 사과를 최대 2개 구매할 수 있다.
따라서 구매할 수 있는 사과의 최대 개수는 $10\times 5+2=52$개이다.

05

정답 ⑤

같은 부서 사람끼리 옆자리에 함께 앉아야 하므로 먼저 부서를 한 묶음으로 생각하고 세 부서를 원탁에 배치하는 경우는 $2!=2$가지이다. 각 부서 사람끼리 자리를 바꾸는 경우의 수는 $2!\times 2!\times 3!=2\times 2\times 6=24$가지이다.
따라서 조건에 맞게 7명이 앉을 수 있는 경우의 수는 $2\times 24=48$가지이다.

06

정답 ③

수도 A, B가 1분 동안 채울 수 있는 물의 양은 각각 $\frac{1}{15}$L, $\frac{1}{20}$L이다. 즉, 수도 A, B를 동시에 틀어 놓을 경우 1분 동안 채울 수 있는 물의 양은 $\frac{1}{15}+\frac{1}{20}=\frac{7}{60}$이다. 그러므로 수도 A, B를 사용해 30분 동안 받을 수 있는 물의 양은 $\frac{7}{60}\times 30=3.5$L이다.
따라서 가득 채울 수 있는 물통은 3개이다.

07

정답 ④

구분	뮤지컬 좋아함	뮤지컬 안 좋아함	합계
남학생	24	26	50
여학생	16	14	30
합계	40	40	80

따라서 뮤지컬을 안 좋아하는 사람을 골랐을 때, 그 사람이 여학생일 확률은 $\frac{14}{40}=\frac{7}{20}$이다.

08

정답 ③

딸의 나이 범위에서 8의 배수를 찾아보면 32, 40, 48살이 가능하다. 이 중 5로 나누어 3이 남는 나이는 48살이다. 그러므로 딸의 나이는 48살, 아버지의 나이는 84살이다.
따라서 두 사람의 나이 차는 $84-48=36$살이다.

09

정답 ③

엘리베이터 적재 용량이 305kg이고, S사원이 타기 전 60kg의 J사원이 80kg의 사무용품을 싣고 타 있는 상태이기 때문에 남은 적재 용량은 $305-140=165$kg이다. S사원의 몸무게가 50kg이므로 $165-50=115$kg의 A4용지를 실을 수 있다.
따라서 A4용지 한 박스는 10kg이므로 $115\div 10=11.5$, 11박스의 A4용지를 가지고 엘리베이터에 탈 수 있다.

10

정답 ⑤

B업체 견인차의 속력을 $x$km/h(단, $x \neq 0$)라고 하자.
A업체 견인차의 속력이 63km/h일 때, 40분 만에 사고지점에 도착하므로 A업체부터 사고지점까지의 거리는 $63\times\frac{40}{60}=42$km이다. 사고지점은 B업체보다 A업체에 40km 더 가까우므로 B업체에서 사고지점까지의 거리는 42+40=82km이다.
B업체의 견인차가 A업체의 견인차보다 늦게 도착하지 않으려면 사고지점에 도착하는 데 걸리는 시간이 40분보다 적거나 같아야 하므로 다음과 같은 식이 성립한다.

$\frac{82}{x} \le \frac{2}{3}$

$\rightarrow 2x \ge 246$

$\therefore\ x \ge 123$

따라서 B업체의 견인차는 최소 123km/h의 속력을 내야 한다.

11

정답 ③

더 넣는 생수의 양을 xL라고 하자. 농도 10% 소금물에 들어있는 소금의 양은 $500\times\frac{10}{100}=50$g이므로 다음과 같은 식이 성립한다.

$\frac{50}{500+x}\times100=5$

$\rightarrow 5{,}000=2{,}500+5x$

$\rightarrow 2{,}500=5x$

$\therefore\ x=500$

따라서 생수 500L를 넣어야 한다.

12

정답 ④

- 아이스크림 1개당 판매가 : $a\left(1+\frac{20}{100}\right)=1.2a$원
- 아이스크림 1개당 할인 판매가 : $(1.2a-500)$원
- 아이스크림 1개당 이익 : $(1.2a-500)-a=700$

즉, $0.2a=1{,}200$이므로 $a=6{,}000$이다.
따라서 아이스크림 1개당 원가는 6,000원이다.

13

정답 ②

6개의 숫자를 가지고 6자리 수를 만드는 경우의 수는 6!가지인데, 그중 1이 3개, 2가 2개로 중복되어 $3!\times2!$의 경우가 겹친다.
따라서 가능한 모든 경우의 수는 $\frac{6!}{3!\times2!}=60$가지이다.

14

정답 ⑤

1분 동안 A수도관으로 물을 채우는 양을 aL, B수도관으로 물을 채우는 양을 bL라고 하자.

$12a+10b=1 \cdots$ ㉠

$6a+15b=1 \cdots$ ㉡

㉠과 ㉡을 연립하면 $a=\frac{1}{24}$, $b=\frac{1}{20}$이다.

따라서 B수도관으로만 수영장을 가득 채우면 $1\div\frac{1}{20}=20$분이 걸린다.

15

정답 ④

두 수의 곱이 짝수인 경우는 (짝수, 홀수), (홀수, 짝수), (짝수, 짝수)이고, 두 수의 곱이 홀수인 경우는 (홀수, 홀수)이다.
a, b의 곱이 짝수일 확률은 $1-$(a, b의 곱이 홀수일 확률)이다.
따라서 a와 b의 곱이 짝수일 확률은 $1-\left(\frac{1}{3}\times\frac{2}{5}\right)=\frac{13}{15}$이다.

16

정답 ④

지원이가 자전거를 탄 시간을 x분이라고 하면 걸어간 시간은 $(30-x)$분이므로 다음과 같은 식이 성립한다.

$50(30-x)+150x=4{,}000$

$\rightarrow 100x=2{,}500$

$\therefore\ x=25$

따라서 지원이는 25분 동안 자전거를 탔다.

17

정답 ③

(좋아하는 색이 다를 확률)=1−(좋아하는 색이 같을 확률)

- 2명 모두 빨간색을 좋아할 확률 : $\left(\frac{2}{10}\right)^2$
- 2명 모두 파란색을 좋아할 확률 : $\left(\frac{3}{10}\right)^2$
- 2명 모두 검은색을 좋아할 확률 : $\left(\frac{5}{10}\right)^2$

따라서 학생 2명을 임의로 선택할 때, 좋아하는 색이 다를 확률은 $1-\left(\frac{4}{100}+\frac{9}{100}+\frac{25}{100}\right)=1-\frac{38}{100}=\frac{62}{100}=\frac{31}{50}$이다.

18

정답 ④

창고를 모두 가득 채웠을 때 보관 가능한 컨테이너의 수는 $10\times10=100$개이다.

- 9개 창고에 10개씩, 1개 창고에 8개를 보관하는 경우의 수(=10개의 창고 중 8개씩 보관할 1개의 창고를 고르는 경우의 수) : ${}_{10}C_1=10$가지
- 8개 창고에 10개씩, 2개 창고에 9개씩 보관하는 경우의 수(=10개의 창고 중 9개씩 보관할 2개의 창고를 고르는 경우의 수) : ${}_{10}C_2=\frac{10\times9}{2!}=45$가지

따라서 구하고자 하는 경우의 수는 $10+45=55$가지이다.

19

정답 ②

올 때 걸리는 시간을 x분이라고 하면, 같은 거리를 오고 가므로 다음과 같은 식이 성립한다.

$60(x-7)=55x$

$\rightarrow 5x=420$

$\therefore x=84$

따라서 거리는 $55\times84=4,620$m이다.

20

정답 ②

섞은 소금물의 농도를 x%라고 하면 다음과 같은 식이 성립한다.

$$\frac{10}{100}\times100+\frac{25}{100}\times200=\frac{x}{100}\times(100+200)$$

$\therefore x=20$

따라서 섞은 소금물의 농도는 20%이다.

제4영역 언어추리

01	02	03	04	05	06	07	08	09	10
③	③	①	①	⑤	④	①	⑤	⑤	⑤
11	12	13	14	15	16	17	18	19	20
①	④	③	③	①	①	④	③	②	⑤

01

정답 ③

제시된 조건을 정리하면 다음과 같다.

구분	A	B	C	D	E
짱구		×		×	
철수				×	
유리			○		
훈이		×			
맹구		×		×	×

유리는 C를 제안하였으므로 D는 훈이가, B는 철수가 제안하였다. 이때 A는 맹구가, 나머지 E는 짱구가 제안하였음을 알 수 있다. 따라서 제안자와 그 제안이 바르게 짝지어진 것은 ③이다.

02

정답 ③

제시된 명제를 순서대로 논리 기호화하여 정리하면 다음과 같다.

- 두 번째 명제 : 햇살론 → (~출발적금 ∧ ~미소펀드)
- 세 번째 명제 : ~대박적금 → 햇살론
- 네 번째 명제 : 미소펀드
- 다섯 번째 명제 : (미소펀드 ∨ 출발적금) → 희망예금

네 번째 명제에 따라 미소펀드에 반드시 가입하므로, 다섯 번째 명제에 따라 출발적금 가입 여부와 무관하게 희망예금에 가입하고, 두 번째 명제의 대우[(미소펀드 ∨ 출발적금) → ~햇살론]에 따라 햇살론에는 가입하지 않는다. 또한 세 번째 명제의 대우(~햇살론 → 대박적금)에 따라 대박적금에 가입하게 되므로 첫 번째 명제를 통해 미소펀드, 희망예금, 대박적금 3가지에 가입하는 것을 알 수 있다. 따라서 햇살론, 출발적금에는 가입하지 않으므로, 옳지 않은 것은 ③이다.

03

정답 ①

한 번 거주했던 층에는 다시 거주할 수 없기 때문에 가~라 4명의 기숙사 배치를 정리하면 다음과 같다.

구분	가	나	다	라
4층	×	×		×
3층		×	×	
2층	×			×
1층	×	×		

마지막 조건에 따라 4층에 거주할 수 있는 사람은 다 1명뿐이다. 따라서 반드시 참인 것은 ①이다.

오답분석

②·③·④ 제시된 조건만으로는 판단하기 힘들다.

⑤ 매년 새롭게 층을 배정하기 때문에 나 또한 3년 이상 거주했을 것이다.

04

정답 ①

제시된 조건을 정리해보면 다음과 같다.

구분	가	나	다	라
경우 1	호밀식빵	우유식빵	밤식빵	옥수수식빵
경우 2	호밀식빵	밤식빵	우유식빵	옥수수식빵

따라서 항상 참인 것은 ①이다.

오답분석

②·③·④·⑤ 제시된 조건만으로는 알 수 없다.

05

정답 ⑤

제시된 조건을 정리하면 다음과 같다.

구분	A	B	C	D	E
가	○	○	×	?	?
나	?	?	○	○	?
다	○	○	?	?	×
라	×	○	?	×	?
마	○	×	?	○	×

나는 병이 치료되지 않았기 때문에 C와 D는 성공한 신약이 아니다.

i) A가 신약인 경우

구분	A(신약)	B	C	D	E
가	○	○	×	?	?
나	×	?	○	○	×
다	○	○	?	?	×
라	×	○	?	×	?
마	○	×	?	○	×

3명이 치료되므로 성공한 신약이 될 수 없다.

ii) B가 신약인 경우

구분	A	B(신약)	C	D	E
가	○	○	×	?	?
나	?	×	○	○	×
다	○	○	?	?	×
라	×	○	?	×	?
마	○	×	?	○	×

3명이 치료되므로 성공한 신약이 될 수 없다.

iii) E가 신약인 경우

구분	A	B	C	D	E(신약)
가	○	○	×	?	?
나	?	?	○	○	×
다	○	○	?	?	×
라	×	○	?	×	?
마	○	×	?	○	×

가와 라 2명이 치료될 수 있으므로 성공한 신약이 될 수 있다. 따라서 개발에 성공한 신약은 E이다.

06

정답 ④

라팀은 파란색을 선택하였으므로 보라색을 사용하지 않고, 나와 다팀도 보라색을 사용한 적이 있으므로 가팀은 보라색을 선택한다. 나팀은 빨간색을 사용한 적이 있고, 파란색과 보라색은 사용할 수 없으므로 노란색을 선택한다. 다팀은 남은 빨간색을 선택한다. 이를 표로 정리하면 다음과 같다.

가	나	다	라
보라색	노란색	빨간색	파란색

따라서 반드시 참인 것은 ④이다.

오답분석

①·③·⑤ 주어진 정보만으로는 알 수 없다.

② 가팀의 상징색은 보라색이다.

07

정답 ①

제시된 조건을 순서대로 논리 기호화하여 정리하면 다음과 같다.

- 첫 번째 명제 : ~C
- 두 번째 명제 : ~B → (C ∧ E)
- 세 번째 명제 : (~E ∨ ~F) → D
- 네 번째 명제 : B → (~A ∧ ~E)

첫 번째 명제가 참이므로 두 번째 명제의 대우[(~C ∨ ~E) → B]에 따라 B는 공휴일에 영업한다. 그러므로 네 번째 명제에 따라 A와 E는 영업하지 않고, 다섯 번째 명제에 따라 F도 영업하지 않는다. 마지막으로 세 번째 명제에 따라 D는 영업한다. 따라서 공휴일에 영업하는 가게는 B와 D 2개이다.

08

정답 ⑤

제시된 조건을 순서대로 논리 기호화하여 정리하면 다음과 같다.

- 첫 번째 명제 : (~연차 ∨ 출퇴근) → 주택
- 두 번째 명제 : 동호회 → 연차
- 세 번째 명제 : ~출퇴근 → 동호회
- 네 번째 명제 : (출퇴근 ∨ ~연차) → ~동호회

먼저 두 번째 명제의 경우, 동호회행사비 지원을 도입할 때에만이라는 한정 조건이 있으므로 역(연차 → 동호회) 또한 참이다. 만약 동호회행사비를 지원하지 않는다고 가정하면, 두 번째 명제의 역의 대우(~동호회 → ~연차)와 세 번째 명제의 대우(~동호회 →

출퇴근)에 따라 첫 번째 명제가 참이 되므로, 출퇴근교통비 지원과 주택마련자금 지원을 도입하게 된다. 그러나 다섯 번째 명제에 따라 주택마련자금 지원을 도입했을 때, 다른 복지제도를 도입할 수 없으므로 모순이 된다. 따라서 동호회행사비를 지원하는 것이 참인 것을 알 수 있다.
동호회행사비를 지원한다면, 네 번째 명제의 대우[동호회 → (~출퇴근 ∧ 연차)]에 따라 출퇴근교통비 지원은 도입되지 않고, 연차 추가제공은 도입된다. 그리고 다섯 번째 명제의 대우에 따라 주택마련자금 지원은 도입되지 않는다.
따라서 S사가 도입할 복지제도는 동호회행사비 지원과 연차 추가제공 2가지이다.

09

정답 ⑤

키는 원숭이>기린이고, 몸무게는 원숭이>기린>하마이다. 따라서 원숭이가 가장 무겁다.

오답분석

①·③ 기린과 하마의 키 관계는 알 수 없다.
② 원숭이와 하마의 키 관계는 알 수 없다.
④ 하마는 기린보다 가볍다.

10

정답 ⑤

명제	기호화
아침에 시리얼을 먹는 사람은 두뇌 회전이 빠르다.	A → B
아침에 토스트를 먹는 사람은 피곤하다.	C → D
에너지가 많은 사람은 아침에 밥을 먹는다.	E → F
피곤하면 회사에 지각한다.	D → G
두뇌 회전이 빠르면 일 처리가 빠르다.	B → H

명제들을 정리하면, 'A → B → H, C → D → G, E → F'가 된다. 여기서 추론할 수 있는 것은 C → G의 대우인 ~G → ~C로, '회사에 지각하지 않으면 아침에 토스트를 먹지 않는다.'이다.

오답분석

① '아침에 밥을 먹는 사람은 에너지가 많다.'는 F → E로 세 번째 명제의 역이므로 반드시 참이라고 할 수 없다.
② '일 처리가 느리면 아침에 시리얼을 먹는다.'인 ~H → A는 A → H가 참이므로 추론할 수 없다.
③ '두뇌 회전이 느리면 아침에 시리얼을 먹는다.'인 ~B → A는 첫 번째 명제 A → B가 참이므로 추론할 수 없다.
④ '회사에 가장 일찍 오는 사람은 피곤하지 않다.'는 어느 명제에서도 추론할 수 없다.

11

정답 ①

삼단논법이 성립하기 위해서는 '호야는 노력하지 않았다.'라는 명제가 필요하다.

12

정답 ④

다이아몬드는 광물이고, 광물은 매우 규칙적인 원자 배열을 가지고 있다. 따라서 다이아몬드는 매우 규칙적인 원자 배열을 가지고 있다.

13

정답 ③

먼저 세 번째 ~ 여섯 번째 조건을 논리 기호화하여 정리하면 다음과 같다.

- A ∨ B → D, A ∧ B → D
- C → ~E ∧ ~F
- D → G
- G → E

세 번째 조건의 대우 ~D → ~A ∧ ~B에 따라 D사원이 출장을 가지 않으면 A사원과 B사원 모두 출장을 가지 않는 것을 알 수 있다. 결국 D사원이 출장을 가지 않으면 C사원과 대리인 E, F, G가 모두 출장을 가야 한다. 그러나 이는 대리 중 적어도 1명은 출장을 가지 않는다는 두 번째 조건과 모순되므로 성립하지 않는다. 따라서 D사원은 반드시 출장을 가야 한다. D사원이 출장을 가면 다섯 번째, 여섯 번째 조건을 통해 D → G → E가 성립하므로 G대리와 E대리도 출장을 가는 것을 알 수 있다. 이때, 네 번째 조건의 대우에 따라 E대리와 F대리 중 적어도 1명이 출장을 가면 C사원은 출장을 갈 수 없으며, 두 번째 조건에 따라 E, F, G대리는 모두 함께 출장을 갈 수 없다. 결국 D사원, G대리, E대리와 함께 출장을 갈 수 있는 사람은 A사원 또는 B사원이다.
따라서 항상 참인 것은 'C사원은 출장을 가지 않는다.'의 ③이다.

14

정답 ③

B는 8장의 응모권을 받은 A보다 2장 적게 받으므로 6장의 응모권을 받는다. 이때, C는 응모권을 A의 8장보다는 적게, B의 6장보다는 많이 받으므로 7장의 응모권을 받은 것을 알 수 있다.

15

정답 ①

B는 피자 2조각을 먹은 A보다 적게 먹었으므로 피자 1조각을 먹었다. 또한 4명 중 B가 가장 적게 먹었으므로 D는 반드시 2조각 이상 먹어야 한다. 따라서 A는 2조각, B는 1조각, C는 3조각, D는 2조각의 피자를 먹었으므로, 남은 피자 조각은 없다.

16

정답 ①

1행과 2행에 빈자리가 한 곳씩 있고 a자동차는 대각선을 제외하고 주변에 주차된 차가 없다고 하였으므로 a자동차는 1열이나 3열에 주차되어 있다. b자동차와 c자동차는 바로 옆에 주차되어 있다고 하였으므로 같은 행에 주차되어 있다. 1행과 2행에 빈자리가 한 곳씩 있다고 하였으므로 b자동차와 c자동차가 주차된 행에는 a자동차와 d자동차가 주차되어 있을 수 없다. 그러므로 a자동차와 d자동차는 같은 행에 주차되어 있다. 이를 정리하면 다음과 같다.

• 경우 1

a		d
	b	c

• 경우 2

a		d
	c	b

• 경우 3

d		a
b	c	

• 경우 4

d		a
c	b	

따라서 항상 거짓이 되는 것은 ①이다.

오답분석

② 경우 1, 4에서는 b자동차의 앞 주차공간이 비어있지만, 경우 2, 3에서는 b자동차의 앞 주차공간에 d자동차가 주차되어 있으므로 항상 거짓은 아니다.

③ 경우 1, 4에서는 c자동차의 옆 주차공간에 빈자리가 없지만, 경우 2, 3에서는 c자동차의 옆 주차공간에 빈자리가 있으므로 항상 거짓은 아니다.

④ 경우 1, 2, 3, 4에서 모두 a자동차와 d자동차는 1행에 주차되어 있으므로 항상 참이다.

⑤ 경우 1, 4에서는 d자동차와 c자동차가 같은 열에 주차되어 있지만, 경우 2, 3에서는 d자동차와 c자동차가 같은 열에 주차되어 있지 않으므로 항상 거짓은 아니다.

17

정답 ④

우선 A의 아이가 아들이라고 하면 A의 진술에 따라 B, C의 아이도 아들이므로 이것은 아들이 2명밖에 없다는 조건에 모순된다. 그러므로 A의 아이는 딸이다. 다음에 C의 아이가 아들이라고 하면 C의 대답에서 D의 아이는 딸이 되므로 B의 아이는 아들이어야 한다. 그런데 이것은 B의 대답과 모순된다(아들의 아버지인 B가 거짓말을 한 것이 되므로). 그러므로 C의 아이도 딸이다. 따라서 아들의 아버지는 B와 D이다.

18

정답 ③

기획개발팀 팀원 1명이 15경기에서 모두 이긴 경우, 105점을 받는다.

여기에서 이긴 경기 대신 비긴 경기 혹은 진 경기가 있는 경우, 최고점인 105점에서 비긴 경기 한 경기당 $7-3=4$점씩 감소하며, 진 경기가 있는 경우 진 경기 한 경기당 $7-(-4)=11$점씩 감소한다.

따라서 가능한 점수는 105−[4×(비긴 경기 수)+11×(진 경기 수)]점뿐이다.

이에 따라 팀원들의 경기 성적을 구체적으로 나타내면 다음과 같다.

팀원	이긴 경기	비긴 경기	진 경기
A팀장(93점)	12	3	0
B대리(90점)	13	1	1
D연구원(79점)	12	1	2

따라서 발표한 점수가 위 수식으로 도출 불가능한 점수인 사람은 C대리뿐므로 거짓을 말한 사람은 C대리이다.

19

정답 ②

만약 민정이가 진실을 말한다면 영재가 거짓, 세희가 진실, 준수가 거짓, 성은이의 '민정이와 영재 중 1명만 진실만을 말한다.'가 진실이 되면서 모든 조건이 성립한다.

반면, 만약 민정이가 거짓을 말한다면 영재가 진실, 세희가 거짓, 준수가 진실, 성은이의 '민정이와 영재 중 1명만 진실만을 말한다.'가 거짓이 되면서 모순이 생긴다.

따라서 거짓을 말한 사람은 영재와 준수이다.

20

정답 ⑤

A와 C의 성적 순위에 대한 B와 E의 진술이 서로 엇갈리고 있으므로, B의 진술이 참인 경우와 E의 진술이 참인 경우로 나누어 생각해본다.

• B의 진술이 거짓이고 E의 진술이 참인 경우 : B가 거짓을 말한 것이 되어야 하므로 'B는 E보다 성적이 낮다.'도 거짓이 되어야 하는데, 만약 B가 E보다 성적이 높다면 A의 진술 중 'E는 1등이다.' 역시 거짓이 되어야 하므로 거짓이 2명 이상이 되어 모순이다. 따라서 B의 진술이 참이어야 한다.

• B의 진술이 참이고 E의 진술이 거짓인 경우 : 1등은 E, 2등은 B, 3등은 D, 4등은 C, 5등은 A가 되므로 모든 조건이 성립한다.

따라서 항상 참인 것은 ⑤이다.

제 5 영역 수열추리

01	02	03	04	05	06	07	08	09	10
③	②	④	③	③	②	①	②	②	①
11	12	13	14	15	16	17	18	19	20
①	①	②	③	②	①	①	⑤	②	④

01

정답 ③

정수 부분은 (앞의 항)+(뒤의 항)=(다음 항), 분자는 +2, 분모는 (정수)+(분자)+2인 수열이다.

따라서 ( )$=(3-1)\left\{\frac{3+2}{(3+2)+(3-1)+2}\right\}=2\frac{5}{9}$이다.

02

정답 ②

정수 부분은 +3, 분자는 ×2, 분모는 [(정수)+(분자)]×2인 수열이다.

따라서 ( )$=(8+3)\left[\frac{4\times2}{\{(4\times2)+(8+3)\}\times2}\right]=11\frac{8}{38}$이다.

03

정답 ④

홀수 항은 정수 부분은 +1, +2, +3, …, 분자는 +2, 분모는 +3이고, 짝수 항은 정수 부분은 +1, +2, +4, …, 분자는 +2, +4, +8, …, 분모는 +4인 수열이다.

따라서 ( )$=(2+2)\left(\frac{7+2}{10+3}\right)=4\frac{9}{13}$이다.

04

정답 ③

분자는 ×2−1, 분모는 (앞의 항의 분자)+1인 수열이다.

따라서 ( )$=\frac{65\times2-1}{65+1}=\frac{129}{66}$이다.

05

정답 ③

분자는 ÷2, 분모는 −256, −128, −64, …인 수열이다.

따라서 ( )$=\frac{24\div2}{15-8}=\frac{12}{7}$이다.

06

정답 ②

앞의 항에 ×3+1, ÷5가 반복되는 수열이다.

따라서 ( )=5×3+1=16이다.

07

정답 ①

앞의 항에 +0.09, +0.18, +0.36, +0.72, …인 수열이다.

따라서 ( )=7.31+1.44=8.75이다.

08

정답 ②

앞의 항에 ×2, −5가 반복되는 수열이다.

따라서 ( )=0.88−5=−4.12이다.

09

정답 ②

앞의 항에 +3, ÷2가 반복되는 수열이다.

따라서 ( )=3.5+3=6.5이다.

10

정답 ①

앞의 항에 ×9, +1.7이 반복되는 수열이다.

따라서 ( )=(−145)×9=−1,305이다.

11

정답 ①

나열된 수를 각각 A, B, C, D라고 하면

$\underline{A\ B\ C\ D} \rightarrow A+B=2(C+D)$

따라서 ( )=(2+6)÷2−2=2이다.

12

정답 ①

나열된 수를 각각 A, B, C, D라고 하면

$\underline{A\ B\ C\ D} \rightarrow A+B=C+D$

따라서 ( )=9+4−3=10이다.

13

정답 ②

나열된 수를 각각 A, B, C라고 하면

$\underline{A\ B\ C} \rightarrow A\times B=C$

따라서 ( )$=\frac{5}{6}\times\frac{2}{5}=\frac{1}{3}$이다.

14

정답 ③

나열된 수를 각각 A, B, C라고 하면

$\underline{A\ B\ C} \rightarrow 2A+B=C$

따라서 ( )=2×5+4=14이다.

15

정답 ②

앞의 항에 −4, −8, −12, −16, …인 수열이다.

$\therefore$ A=−3−12=−15, B=−51−24=−75

따라서 $\frac{A}{B}=\frac{-15}{-75}=\frac{1}{5}$ 이다.

16

정답 ①

홀수 항은 −9, 짝수 항은 ×2인 수열이다.

$\therefore$ A=1−9=−8, B=88×2=176

따라서 7A+B=7×(−8)+176=120이다.

17

정답 ①

앞의 항에 $\times\frac{1}{3}$, $\times\frac{2}{4}$, $\times\frac{3}{5}$, $\times\frac{4}{6}$, …인 수열이다.

$\therefore A=\frac{1}{105}\times\frac{5}{7}=\frac{1}{147}$, $B=\frac{1}{252}\times\frac{8}{10}=\frac{1}{315}$

따라서 $\frac{B}{A}=\frac{\frac{1}{315}}{\frac{1}{147}}=\frac{7}{15}$ 이다.

18

정답 ⑤

제시된 수열은 (앞의 항)−(뒤의 항)=(다음 항)인 수열이므로 수열의 일반항을 a_n 이라고 하면 다음과 같다.

- $a_8=-35-57=-92$
- $a_9=57-(-92)=149$
- $a_{10}=-92-149=-241$
- $a_{11}=149-(-241)=390$

따라서 11번째 항의 값은 390이다.

19

정답 ②

제시된 수열은 앞의 항에 ÷2+1인 수열이므로 수열의 일반항을 a_n 이라고 하면 다음과 같다.

- $a_6=98\div2+1=50$
- $a_7=50\div2+1=26$
- $a_8=26\div2+1=14$

따라서 8번째 항의 값은 14이다.

20

정답 ④

제시된 수열은 앞의 항에 ×2+1인 수열이므로 수열의 일반항을 a_n 이라고 하면 다음과 같다.

- $a_7=223\times2+1=447$
- $a_8=447\times2+1=895$
- $a_9=895\times2+1=1,791$
- $a_{10}=1,791\times2+1=3,583$

따라서 10번째 항의 값은 3,583이다.

※ 절취선을 따라 분리하여 실제 시험과 같이 사용하면 더욱 효과적입니다.

SK그룹 SKCT 온라인 역량검사 OMR 답안카드

고사장

성　명

수험번호						
⓪	⓪	⓪	⓪	⓪	⓪	⓪
①	①	①	①	①	①	①
②	②	②	②	②	②	②
③	③	③	③	③	③	③
④	④	④	④	④	④	④
⑤	⑤	⑤	⑤	⑤	⑤	⑤
⑥	⑥	⑥	⑥	⑥	⑥	⑥
⑦	⑦	⑦	⑦	⑦	⑦	⑦
⑧	⑧	⑧	⑧	⑧	⑧	⑧
⑨	⑨	⑨	⑨	⑨	⑨	⑨

감독위원 확인
인

언어이해						자료해석						창의수리						언어추리						수열추리					
문번	1	2	3	4	5	문번	1	2	3	4	5	문번	1	2	3	4	5	문번	1	2	3	4	5	문번	1	2	3	4	5
1	①	②	③	④	⑤	1	①	②	③	④	⑤	1	①	②	③	④	⑤	1	①	②	③	④	⑤	1	①	②	③	④	⑤
2	①	②	③	④	⑤	2	①	②	③	④	⑤	2	①	②	③	④	⑤	2	①	②	③	④	⑤	2	①	②	③	④	⑤
3	①	②	③	④	⑤	3	①	②	③	④	⑤	3	①	②	③	④	⑤	3	①	②	③	④	⑤	3	①	②	③	④	⑤
4	①	②	③	④	⑤	4	①	②	③	④	⑤	4	①	②	③	④	⑤	4	①	②	③	④	⑤	4	①	②	③	④	⑤
5	①	②	③	④	⑤	5	①	②	③	④	⑤	5	①	②	③	④	⑤	5	①	②	③	④	⑤	5	①	②	③	④	⑤
6	①	②	③	④	⑤	6	①	②	③	④	⑤	6	①	②	③	④	⑤	6	①	②	③	④	⑤	6	①	②	③	④	⑤
7	①	②	③	④	⑤	7	①	②	③	④	⑤	7	①	②	③	④	⑤	7	①	②	③	④	⑤	7	①	②	③	④	⑤
8	①	②	③	④	⑤	8	①	②	③	④	⑤	8	①	②	③	④	⑤	8	①	②	③	④	⑤	8	①	②	③	④	⑤
9	①	②	③	④	⑤	9	①	②	③	④	⑤	9	①	②	③	④	⑤	9	①	②	③	④	⑤	9	①	②	③	④	⑤
10	①	②	③	④	⑤	10	①	②	③	④	⑤	10	①	②	③	④	⑤	10	①	②	③	④	⑤	10	①	②	③	④	⑤
11	①	②	③	④	⑤	11	①	②	③	④	⑤	11	①	②	③	④	⑤	11	①	②	③	④	⑤	11	①	②	③	④	⑤
12	①	②	③	④	⑤	12	①	②	③	④	⑤	12	①	②	③	④	⑤	12	①	②	③	④	⑤	12	①	②	③	④	⑤
13	①	②	③	④	⑤	13	①	②	③	④	⑤	13	①	②	③	④	⑤	13	①	②	③	④	⑤	13	①	②	③	④	⑤
14	①	②	③	④	⑤	14	①	②	③	④	⑤	14	①	②	③	④	⑤	14	①	②	③	④	⑤	14	①	②	③	④	⑤
15	①	②	③	④	⑤	15	①	②	③	④	⑤	15	①	②	③	④	⑤	15	①	②	③	④	⑤	15	①	②	③	④	⑤
16	①	②	③	④	⑤	16	①	②	③	④	⑤	16	①	②	③	④	⑤	16	①	②	③	④	⑤	16	①	②	③	④	⑤
17	①	②	③	④	⑤	17	①	②	③	④	⑤	17	①	②	③	④	⑤	17	①	②	③	④	⑤	17	①	②	③	④	⑤
18	①	②	③	④	⑤	18	①	②	③	④	⑤	18	①	②	③	④	⑤	18	①	②	③	④	⑤	18	①	②	③	④	⑤
19	①	②	③	④	⑤	19	①	②	③	④	⑤	19	①	②	③	④	⑤	19	①	②	③	④	⑤	19	①	②	③	④	⑤
20	①	②	③	④	⑤	20	①	②	③	④	⑤	20	①	②	③	④	⑤	20	①	②	③	④	⑤	20	①	②	③	④	⑤

※ 본 답안지는 마킹연습용 모의 답안지입니다.

※ 절취선을 따라 분리하여 실제 시험과 같이 사용하면 더욱 효과적입니다.

SK그룹 SKCT 온라인 역량검사 OMR 답안카드

고사장

성 명

수험번호						
⓪	⓪	⓪	⓪	⓪	⓪	⓪
①	①	①	①	①	①	①
②	②	②	②	②	②	②
③	③	③	③	③	③	③
④	④	④	④	④	④	④
⑤	⑤	⑤	⑤	⑤	⑤	⑤
⑥	⑥	⑥	⑥	⑥	⑥	⑥
⑦	⑦	⑦	⑦	⑦	⑦	⑦
⑧	⑧	⑧	⑧	⑧	⑧	⑧
⑨	⑨	⑨	⑨	⑨	⑨	⑨

감독위원 확인
(인)

언어이해						자료해석						창의수리						언어추리						수열추리					
문번	1	2	3	4	5	문번	1	2	3	4	5	문번	1	2	3	4	5	문번	1	2	3	4	5	문번	1	2	3	4	5
1	①	②	③	④	⑤	1	①	②	③	④	⑤	1	①	②	③	④	⑤	1	①	②	③	④	⑤	1	①	②	③	④	⑤
2	①	②	③	④	⑤	2	①	②	③	④	⑤	2	①	②	③	④	⑤	2	①	②	③	④	⑤	2	①	②	③	④	⑤
3	①	②	③	④	⑤	3	①	②	③	④	⑤	3	①	②	③	④	⑤	3	①	②	③	④	⑤	3	①	②	③	④	⑤
4	①	②	③	④	⑤	4	①	②	③	④	⑤	4	①	②	③	④	⑤	4	①	②	③	④	⑤	4	①	②	③	④	⑤
5	①	②	③	④	⑤	5	①	②	③	④	⑤	5	①	②	③	④	⑤	5	①	②	③	④	⑤	5	①	②	③	④	⑤
6	①	②	③	④	⑤	6	①	②	③	④	⑤	6	①	②	③	④	⑤	6	①	②	③	④	⑤	6	①	②	③	④	⑤
7	①	②	③	④	⑤	7	①	②	③	④	⑤	7	①	②	③	④	⑤	7	①	②	③	④	⑤	7	①	②	③	④	⑤
8	①	②	③	④	⑤	8	①	②	③	④	⑤	8	①	②	③	④	⑤	8	①	②	③	④	⑤	8	①	②	③	④	⑤
9	①	②	③	④	⑤	9	①	②	③	④	⑤	9	①	②	③	④	⑤	9	①	②	③	④	⑤	9	①	②	③	④	⑤
10	①	②	③	④	⑤	10	①	②	③	④	⑤	10	①	②	③	④	⑤	10	①	②	③	④	⑤	10	①	②	③	④	⑤
11	①	②	③	④	⑤	11	①	②	③	④	⑤	11	①	②	③	④	⑤	11	①	②	③	④	⑤	11	①	②	③	④	⑤
12	①	②	③	④	⑤	12	①	②	③	④	⑤	12	①	②	③	④	⑤	12	①	②	③	④	⑤	12	①	②	③	④	⑤
13	①	②	③	④	⑤	13	①	②	③	④	⑤	13	①	②	③	④	⑤	13	①	②	③	④	⑤	13	①	②	③	④	⑤
14	①	②	③	④	⑤	14	①	②	③	④	⑤	14	①	②	③	④	⑤	14	①	②	③	④	⑤	14	①	②	③	④	⑤
15	①	②	③	④	⑤	15	①	②	③	④	⑤	15	①	②	③	④	⑤	15	①	②	③	④	⑤	15	①	②	③	④	⑤
16	①	②	③	④	⑤	16	①	②	③	④	⑤	16	①	②	③	④	⑤	16	①	②	③	④	⑤	16	①	②	③	④	⑤
17	①	②	③	④	⑤	17	①	②	③	④	⑤	17	①	②	③	④	⑤	17	①	②	③	④	⑤	17	①	②	③	④	⑤
18	①	②	③	④	⑤	18	①	②	③	④	⑤	18	①	②	③	④	⑤	18	①	②	③	④	⑤	18	①	②	③	④	⑤
19	①	②	③	④	⑤	19	①	②	③	④	⑤	19	①	②	③	④	⑤	19	①	②	③	④	⑤	19	①	②	③	④	⑤
20	①	②	③	④	⑤	20	①	②	③	④	⑤	20	①	②	③	④	⑤	20	①	②	③	④	⑤	20	①	②	③	④	⑤

※ 본 답안지는 마킹연습용 모의 답안지입니다.

※ 절취선을 따라 분리하여 실제 시험과 같이 사용하면 더욱 효과적입니다.

SK그룹 SKCT 온라인 역량검사 OMR 답안카드

고사장

성 명

수 험 번 호						
⓪	⓪	⓪	⓪	⓪	⓪	⓪
①	①	①	①	①	①	①
②	②	②	②	②	②	②
③	③	③	③	③	③	③
④	④	④	④	④	④	④
⑤	⑤	⑤	⑤	⑤	⑤	⑤
⑥	⑥	⑥	⑥	⑥	⑥	⑥
⑦	⑦	⑦	⑦	⑦	⑦	⑦
⑧	⑧	⑧	⑧	⑧	⑧	⑧
⑨	⑨	⑨	⑨	⑨	⑨	⑨

감독위원 확인
(인)

언어이해						자료해석						창의수리						언어추리						수열추리					
문번	1	2	3	4	5	문번	1	2	3	4	5	문번	1	2	3	4	5	문번	1	2	3	4	5	문번	1	2	3	4	5
1	①	②	③	④	⑤	1	①	②	③	④	⑤	1	①	②	③	④	⑤	1	①	②	③	④	⑤	1	①	②	③	④	⑤
2	①	②	③	④	⑤	2	①	②	③	④	⑤	2	①	②	③	④	⑤	2	①	②	③	④	⑤	2	①	②	③	④	⑤
3	①	②	③	④	⑤	3	①	②	③	④	⑤	3	①	②	③	④	⑤	3	①	②	③	④	⑤	3	①	②	③	④	⑤
4	①	②	③	④	⑤	4	①	②	③	④	⑤	4	①	②	③	④	⑤	4	①	②	③	④	⑤	4	①	②	③	④	⑤
5	①	②	③	④	⑤	5	①	②	③	④	⑤	5	①	②	③	④	⑤	5	①	②	③	④	⑤	5	①	②	③	④	⑤
6	①	②	③	④	⑤	6	①	②	③	④	⑤	6	①	②	③	④	⑤	6	①	②	③	④	⑤	6	①	②	③	④	⑤
7	①	②	③	④	⑤	7	①	②	③	④	⑤	7	①	②	③	④	⑤	7	①	②	③	④	⑤	7	①	②	③	④	⑤
8	①	②	③	④	⑤	8	①	②	③	④	⑤	8	①	②	③	④	⑤	8	①	②	③	④	⑤	8	①	②	③	④	⑤
9	①	②	③	④	⑤	9	①	②	③	④	⑤	9	①	②	③	④	⑤	9	①	②	③	④	⑤	9	①	②	③	④	⑤
10	①	②	③	④	⑤	10	①	②	③	④	⑤	10	①	②	③	④	⑤	10	①	②	③	④	⑤	10	①	②	③	④	⑤
11	①	②	③	④	⑤	11	①	②	③	④	⑤	11	①	②	③	④	⑤	11	①	②	③	④	⑤	11	①	②	③	④	⑤
12	①	②	③	④	⑤	12	①	②	③	④	⑤	12	①	②	③	④	⑤	12	①	②	③	④	⑤	12	①	②	③	④	⑤
13	①	②	③	④	⑤	13	①	②	③	④	⑤	13	①	②	③	④	⑤	13	①	②	③	④	⑤	13	①	②	③	④	⑤
14	①	②	③	④	⑤	14	①	②	③	④	⑤	14	①	②	③	④	⑤	14	①	②	③	④	⑤	14	①	②	③	④	⑤
15	①	②	③	④	⑤	15	①	②	③	④	⑤	15	①	②	③	④	⑤	15	①	②	③	④	⑤	15	①	②	③	④	⑤
16	①	②	③	④	⑤	16	①	②	③	④	⑤	16	①	②	③	④	⑤	16	①	②	③	④	⑤	16	①	②	③	④	⑤
17	①	②	③	④	⑤	17	①	②	③	④	⑤	17	①	②	③	④	⑤	17	①	②	③	④	⑤	17	①	②	③	④	⑤
18	①	②	③	④	⑤	18	①	②	③	④	⑤	18	①	②	③	④	⑤	18	①	②	③	④	⑤	18	①	②	③	④	⑤
19	①	②	③	④	⑤	19	①	②	③	④	⑤	19	①	②	③	④	⑤	19	①	②	③	④	⑤	19	①	②	③	④	⑤
20	①	②	③	④	⑤	20	①	②	③	④	⑤	20	①	②	③	④	⑤	20	①	②	③	④	⑤	20	①	②	③	④	⑤

※ 본 답안지는 마킹연습용 모의 답안지입니다.

※ 절취선을 따라 분리하여 실제 시험과 같이 사용하면 더욱 효과적입니다.

SK그룹 SKCT 온라인 역량검사 OMR 답안카드

고사장

성 명

수 험 번 호						
⓪	⓪	⓪	⓪	⓪	⓪	⓪
①	①	①	①	①	①	①
②	②	②	②	②	②	②
③	③	③	③	③	③	③
④	④	④	④	④	④	④
⑤	⑤	⑤	⑤	⑤	⑤	⑤
⑥	⑥	⑥	⑥	⑥	⑥	⑥
⑦	⑦	⑦	⑦	⑦	⑦	⑦
⑧	⑧	⑧	⑧	⑧	⑧	⑧
⑨	⑨	⑨	⑨	⑨	⑨	⑨

감독위원 확인
(인)

언어이해						자료해석						창의수리						언어추리						수열추리					
문번	1	2	3	4	5	문번	1	2	3	4	5	문번	1	2	3	4	5	문번	1	2	3	4	5	문번	1	2	3	4	5
1	①	②	③	④	⑤	1	①	②	③	④	⑤	1	①	②	③	④	⑤	1	①	②	③	④	⑤	1	①	②	③	④	⑤
2	①	②	③	④	⑤	2	①	②	③	④	⑤	2	①	②	③	④	⑤	2	①	②	③	④	⑤	2	①	②	③	④	⑤
3	①	②	③	④	⑤	3	①	②	③	④	⑤	3	①	②	③	④	⑤	3	①	②	③	④	⑤	3	①	②	③	④	⑤
4	①	②	③	④	⑤	4	①	②	③	④	⑤	4	①	②	③	④	⑤	4	①	②	③	④	⑤	4	①	②	③	④	⑤
5	①	②	③	④	⑤	5	①	②	③	④	⑤	5	①	②	③	④	⑤	5	①	②	③	④	⑤	5	①	②	③	④	⑤
6	①	②	③	④	⑤	6	①	②	③	④	⑤	6	①	②	③	④	⑤	6	①	②	③	④	⑤	6	①	②	③	④	⑤
7	①	②	③	④	⑤	7	①	②	③	④	⑤	7	①	②	③	④	⑤	7	①	②	③	④	⑤	7	①	②	③	④	⑤
8	①	②	③	④	⑤	8	①	②	③	④	⑤	8	①	②	③	④	⑤	8	①	②	③	④	⑤	8	①	②	③	④	⑤
9	①	②	③	④	⑤	9	①	②	③	④	⑤	9	①	②	③	④	⑤	9	①	②	③	④	⑤	9	①	②	③	④	⑤
10	①	②	③	④	⑤	10	①	②	③	④	⑤	10	①	②	③	④	⑤	10	①	②	③	④	⑤	10	①	②	③	④	⑤
11	①	②	③	④	⑤	11	①	②	③	④	⑤	11	①	②	③	④	⑤	11	①	②	③	④	⑤	11	①	②	③	④	⑤
12	①	②	③	④	⑤	12	①	②	③	④	⑤	12	①	②	③	④	⑤	12	①	②	③	④	⑤	12	①	②	③	④	⑤
13	①	②	③	④	⑤	13	①	②	③	④	⑤	13	①	②	③	④	⑤	13	①	②	③	④	⑤	13	①	②	③	④	⑤
14	①	②	③	④	⑤	14	①	②	③	④	⑤	14	①	②	③	④	⑤	14	①	②	③	④	⑤	14	①	②	③	④	⑤
15	①	②	③	④	⑤	15	①	②	③	④	⑤	15	①	②	③	④	⑤	15	①	②	③	④	⑤	15	①	②	③	④	⑤
16	①	②	③	④	⑤	16	①	②	③	④	⑤	16	①	②	③	④	⑤	16	①	②	③	④	⑤	16	①	②	③	④	⑤
17	①	②	③	④	⑤	17	①	②	③	④	⑤	17	①	②	③	④	⑤	17	①	②	③	④	⑤	17	①	②	③	④	⑤
18	①	②	③	④	⑤	18	①	②	③	④	⑤	18	①	②	③	④	⑤	18	①	②	③	④	⑤	18	①	②	③	④	⑤
19	①	②	③	④	⑤	19	①	②	③	④	⑤	19	①	②	③	④	⑤	19	①	②	③	④	⑤	19	①	②	③	④	⑤
20	①	②	③	④	⑤	20	①	②	③	④	⑤	20	①	②	③	④	⑤	20	①	②	③	④	⑤	20	①	②	③	④	⑤

※ 본 답안지는 마킹연습용 모의 답안지입니다.

2025 최신판 시대에듀 All-New 사이다 모의고사 SK그룹 SKCT 온라인 역량검사

개정12판1쇄 발행	2025년 02월 20일 (인쇄 2024년 12월 16일)
초 판 발 행	2019년 04월 05일 (인쇄 2019년 03월 12일)
발 행 인	박영일
책 임 편 집	이해욱
편 저	SDC(Sidae Data Center)
편 집 진 행	안희선 · 김내원
표지디자인	김도연
편집디자인	장하늬 · 고현준
발 행 처	(주)시대고시기획
출 판 등 록	제10-1521호
주 소	서울시 마포구 큰우물로 75 [도화동 538 성지 B/D] 9F
전 화	1600-3600
팩 스	02-701-8823
홈 페 이 지	www.sdedu.co.kr

I S B N	979-11-383-2539-4 (13320)
정 가	18,000원